호텔경영론

김용식·박영기·하채헌

Hotel Management

에이드북

Copy Right ⓒ2022 by Aidbook Publishing Co.
Second Edition(corrected version)
6, Sadang-ro 9ga-gil, Dongjak-gu, Seoul
Seoul, Korea

Preface

영국에서 18세기 중엽에 일어난 산업혁명의 영향이 교통혁명으로 이어져 미국뿐 아니라, 유럽 대륙에서 아프리카까지 교통수단이 파급되면서 사람과 물류의 이동을 촉진하게 되었고, 이동하는 사람들로 하여금 숙박시설의 존재 가치를 더욱 소중하게 느끼게 되었다.

이후 여행객이 증가하면서 숙박시설도 함께 증가하게 되면서 기업형태로 전환된 호텔은 산업혁명에 힘입어 성장하게 되었다. 또한, 공업화로 인하여 도시로 인구가 집중하면서 호텔산업은 관광산업과 더불어 기간사업으로서 지속적인 성장을 거듭하면거 한층 더 발전하는 계기가 되었다.

우리나라의 호텔산업은 각종 국제회의·전시회·세계대회 등의 유입으로 국가 경쟁력에 크게 기여하고 있으며, 또한 해외관광객의 지속적인 증가로 호텔산업은 비약적으로 발전할 것이다. 그러나 오늘날 매우 복잡하고 다양한 시대변화에 따라 호텔산업의 운영도 고도의 운영기술을 필요로 하고 있다. 이에 경쟁시대에 우위를 점하기 위한 호텔경영의 핵심과제는 고객에게 편리하고 안락한 서비스를 제공하는 고객중심의 경영이 되어야 한다는 것이다.

현재의 호텔산업을 경영함에 있어서는 사회적·정치적·경제적·문화적 측면의 영향을 많이 받지만, 국제적인 인적교류를 뒷받침해 주는 역할을 하고 있으므로 국가경제에도 크게 기여하고 있다고 하겠다.

향후 천연자원이 절대적으로 부족한 우리나라로서는 21세기 IT산업과 함께 핵심 산업 중의 하나로 떠오르고 있는 관광산업과 더불어, 호텔산업을 더욱 더 발전시키기 위한 국가적인 노력을 기울여야 할 것이다. 따라서 글로벌 시대에 경쟁력 있는 호텔산업이 될 수 있도록 국가적인 뒷받침과 업계 스스로의 끊임없는 노력이 필요할 것이다.

저자들은 그동안의 현업에서 쌓아 온 경험과 교육경험을 바탕으로 이 책을 정리하였는데, 호텔경영을 공부하는 학생들과 호텔 분야에 근무하는 종사원들 그리고 호텔·관광에 관심이 있는 모든 분들에게 호텔산업에 대한 이해를 돕고자 편찬하였으며, 총 15장으로 구성하여 부록에 호텔에서 사용되고 있는 핵심용어를 참고로 수록하였다. 이를 통하여 호텔산업의 경영 활동에 대한 전반적인 흐름의 이해와 각 호텔조직에서의 기능과 활동에 관한 지식을 습득하게 되기를 희망한다.

한편 저자들이 오랫동안 호텔에 근무한 경험을 바탕으로 실무적인 측면에서 정리하였다고 하지만, 호텔경영에 대한 사례부족과 내용의 구성 및 충실도, 세밀한 설명에서 다소 부족한 점은 지속적인 연구와 함께 독자들의 아낌없는 질책을 통해서 보완해 가고자 한다.

하지만, 이 책을 시작으로 호텔경영 분야의 학문적 이론과 실무적인 면에 도움이 될 것이라 생각하며, 끝으로 이 책이 출판되기까지 물심양면으로 지원을 해 주신 에이드북 양준석 사장님과 직원 여러분들께도 깊은 감사의 마음을 전한다.

2022. 2
저자

Hotel Manatement **Contents**

Chap. 01 호텔의 이해 ·· 17

Sec **1. 호텔의 기원과 어원** ··· 17
    1. 호텔의 기원 ··· 17
    2. 호텔의 어원 ··· 18

Sec **2. 호텔의 정의와 기능** ··· 19
    1. 호텔의 정의 ··· 19
    2. 호텔의 기능 ··· 23

Chap. 02 호텔산업의 발전과정 ··· 25

Sec **1. 호텔 발전과정** ··· 25
    1. 숙박업의 시대적 변천사 ··· 25
    2. 호텔의 변천과 시대별 특징 ······································· 28

Sec **2. 한국 호텔의 발전과정** ··· 41
    1. 한국 숙박시설 변천사 ··· 41
    2. 한국 호텔의 역사 ··· 42
    3. 한국 현대 호텔의 발전 ··· 44
    4. 호텔의 시설 및 등급 ··· 48

Chap. 03 호텔 경영 ·· 51

Sec **1. 호텔의 경영형태** ··· 51
    1. 단독 호텔(Independent Hotel) ································· 51
    2. 체인 호텔(Chain Hotel) ··· 52

3. 조인트 벤처 호텔(Joint Venture Hotel) ·· 57
4. 업무제휴 호텔(Affiliation Hotel) ·· 57

Sec 2. 호텔의 특성 ··· 57
1. 시설상의 특성 ·· 58
2. 회계상의 특성 ·· 59
3. 상품상의 특성 ·· 61
4. 영업상의 특성 ·· 62

Sec 3. 호텔의 조직 ··· 64
1. 호텔의 조직 ·· 65
2. 호텔의 조직과 임무 ·· 67
3. 호텔의 경영조직 ·· 69
4. 호텔 경영조직의 실제 ·· 69

Sec 4. 호텔의 분류 ··· 72
1. 관광진흥법에 의한 분류 ·· 72
2. 객실요금 계산방식에 의한 분류 ·· 73
3. 장소에 의한 분류 ··· 75
4. 숙박기간에 의한 분류 ··· 79
5. 숙박목적에 의한 분류 ··· 79
6. 시설 형태에 의한 분류 ··· 82
7. 기타 형태의 분류 ·· 83

Sec 5. 호텔경영에 영향을 주는 환경요인 ·· 86
1. 고객(Customer) ·· 86
2. 종사원(Employee) ··· 87
3. 정부(Government) ··· 87
4. 경쟁기업(Competitive Enterprise) ··· 89
5. 지역사회(Community) ·· 89
6. 언론매체(Mass Media) ·· 90

Chap. 04 호텔 객실 ·········· 91

Sec 1. 호텔 객실의 이해 ·········· 91
1. 객실의 개념과 중요성 ·········· 91
2. 객실부서 조직과 직무 ·········· 93
3. 객실의 특성 ·········· 94
4. 객실의 기능 ·········· 96

Sec 2. 호텔 객실의 분류 ·········· 98
1. 침대에 의한 분류 ·········· 98
2. 객실 위치 및 구조에 의한 분류 ·········· 101

Sec 3. 호텔 침대의 분류 ·········· 104
1. 명칭별 분류 ·········· 104
2. 사이즈 및 용도별 분류 ·········· 104

Sec 4. 호텔의 객실요금 제도 ·········· 106
1. 객실요금의 중요성 ·········· 106
2. 객실요금의 구분 ·········· 106
3. 객실요금 책정방법 ·········· 111

Chap. 05 호텔 현관 서비스 ·········· 115

Sec 1. 호텔 현관의 이해 ·········· 115
1. 현관의 역할 ·········· 115
2. 현관의 기능 ·········· 116

Sec 2. Door Desk ·········· 117
1. Door Desk 개요 ·········· 117
2. Door Desk 주요업무 ·········· 117

Sec **3. Bell Desk** ·· 119
    1. Bell Desk 개요 ·· 119
    2. Bell Desk 주요업무 ·· 120

Sec **4. Concierge** ··· 123
    1. Concierge의 개요 ·· 123
    2. Concierge의 주요업무 ·· 123

Chap. 06 호텔 프런트오피스 ·· 127

Sec **1. 프런트오피스의 이해** ·· 127
    1. 프런트오피스 역할 ·· 127
    2. 프런트오피스 기능 ·· 128
    3. 프런트오피스 조직 ·· 129
    4. 프런트오피스의 인적구성 ································ 129
    5. 프런트오피스 업무 특성 ·································· 131

Sec **2. 프런트 데스크(Front Desk)** ·· 131
    1. 프런트 데스크 역할 ·· 131
    2. 프런트 데스크 조직구성과 임무 ···················· 131

Sec **3. 객실 예약(Room Reservation)** ·································· 138
    1. 객실 예약의 이해 ·· 138
    2. 예약의 종류 ·· 140
    3. 객실 예약업무 ·· 143
    4. 예약업무 실제 ·· 146

Sec **4. 교환실(PBX)** ·· 149
    1. 교환실 개요 ·· 149
    2. 교환실장의 직무 ·· 150

Sec 5. 비즈니스센터(Business Center) ································· 151
 1. 비즈니스센터 개요 ··· 151
 2. 비즈니스센터의 기능 ··· 152

Sec 6. 귀빈층(EFL) ·· 152
 1. 귀빈층(EFL)의 개요 ·· 152
 2. 귀빈층(EFL)의 업무 ·· 153

Sec 7. 피트니스센터(Fitness Center) ······························ 155
 1. 피트니스센터의 개요 ··· 155
 2. 피트니스센터 구성 및 운영방식 ·· 156
 3. 피트니스센터 직원의 근무자세 ·· 156

Chap. 07 호텔 하우스키핑 ································· 157

Sec 1. 하우스키핑(Housekeeping)의 이해 ······················ 157
 1. 하우스키핑 개요 ·· 157
 2. 하우스키핑 업무 ·· 158
 3. 하우스키핑의 중요성 ··· 163

Sec 2. 하우스키핑의 조직과 직무 ··································· 164
 1. 하우스키핑 조직 ·· 164
 2. 하우스키핑 조직구성 ··· 165

Sec 3. 미니바(Mini Bar) 관리 ··· 172
 1. 미니바 개요 ·· 172
 2. 미니바 업무 ·· 173
 3. 미니바 운영 ·· 173

Sec 4. 리넨(Linen) 관리 ··· 174
 1. 리넨의 개요 ·· 174

2. 리넨 재고관리 및 세탁 ·· 175
　　3. 영업장 리넨과 유니폼 관리 ··· 177
Sec 5. 론드리(Laundry) 관리 ·· 178
　　1. 론드리 개요 ··· 178
　　2. 론드리 업무 ··· 180

Chap. 08 호텔 식음료 ·· 183

Sec 1. 호텔 식음료(F & B)의 이해 ·· 183
　　1. 식음료의 개요 ··· 183
　　2. 호텔 식음료 부문의 운영 ··· 186
　　3. 호텔 식음료 부문의 조직 ··· 188

Sec 2. 호텔 식음료(F & B) 부문의 성공요소 ······························ 196
　　1. 식음료 부문의 기능 ·· 196
　　2. 식음료 부문의 역할 ·· 196
　　3. 식음료 부문 운영의 핵심요소 ······································ 196

Sec 3. 호텔 식음료 상품관리 ··· 199
　　1. 식음료 상품의 의의 ·· 199
　　2. 식음료 상품의 특성 ·· 200

Sec 4. 호텔 식음료 서비스의 이해 ··· 204
　　1. 식음료 서비스 개념 ·· 204
　　2. 서비스 유형 ··· 204
　　3. 식음료 서비스 특성 ·· 205

Sec 5. 레스토랑(Restaurant)의 이해 ··· 206
　　1. 레스토랑(Restaurant)의 유래 ······································ 206
　　2. 레스토랑의 정의 ·· 208
　　3. 레스토랑의 분류 ·· 209

Sec 6. 레스토랑 접객서비스 실제 ·· 219
    1. Mise-en-Place ·· 219
    2. 예약 업무 ·· 220
    3. 고객 영접 ·· 220
    4. 주문 방법 ·· 221
    5. 전화 응대 ·· 222
    6. 테이블 매너 ·· 222

Sec 7. 메뉴(Menu) 관리 ·· 227
    1. 메뉴(Manu)의 이해 ·· 227
    2. 메뉴의 분류 ·· 229
    3. 메뉴 기획 ·· 236

Chap. 09 | 호텔 주장관리 ·· 241

Sec 1. 음료(Beverage) 관리 ·· 241
    1. 음료의 이해 ·· 241
    2. 호음료의 분류 ·· 242

Sec 2. 주장(Bar) ·· 248
    1. 주장의 개요 ·· 248
    2. 주장의 조직 ·· 249
    3. 주장의 구성원과 임무 ·· 250

Sec 3. 칵테일(Cocktail) 서비스 ·· 251
    1. 칵테일의 유래 ·· 251
    2. 칵테일의 개요 ·· 251
    3. 칵테일의 기본기법 ·· 252

Chap. 10 호텔 연회장 ·· 255

Sec 1. 연회장(Banquet Hall) ·· 255
1. 연회(Banquet)의 개요 ·· 255
2. 연회의 종류 ·· 256
3. 연회장의 특성 ·· 258

Sec 2. 호텔의 연회 서비스 ·· 261
1. 연회 서비스의 중요성 ·· 261
2. 연회 서비스의 분류 ·· 262

Sec 3. 호텔 연회 예약 ·· 263
1. 연회 예약의 개념과 중요성 ·· 263
2. 연회 예약 경로 ·· 264

Sec 4. 연회장 테이블 및 좌석 배열 ·· 265
1. 테이블과 좌석 배열의 중요성 ·· 265
2. 테이블 및 좌석 배열 형태 ·· 266

Chap. 11 인적자원관리와 교육훈련 ·· 271

Sec 1. 인적자원관리의 이해 ·· 271
1. 인적자원관리의 의의 ·· 272
2. 인적자원관리의 중요성 ·· 274

Sec 2. 직무관리 ·· 275
1. 직무분석 ·· 275
2. 직무기술서와 직무명세서 ·· 278
3. 직무평가 ·· 279

Sec 3. 호텔의 고용관리 ·· 281
1. 채용 ·· 282

2. 선발 ………………………………………………………… 282
3. 시험 및 면접 ………………………………………………… 283
4. 배치 ………………………………………………………… 284
5. 인사고과 …………………………………………………… 284

Sec **4. 임금관리** ………………………………………………… 287
　1. 임금관리의 이해 …………………………………………… 287
　2. 임금의 형태 ………………………………………………… 288

Sec **5. 교육·훈련** ……………………………………………… 292
　1. 교육·훈련의 이해 ………………………………………… 292
　2. 교육·훈련의 분류 ………………………………………… 297
　3. 교육·훈련 방법 …………………………………………… 298

Chap. 12 호텔 안전관리 및 방화관리 ……………………… 301

Sec **1. 호텔의 안전관리** ……………………………………… 301
　1. 안전관리의 목적 …………………………………………… 301
　2. 안전관리부서의 역할 ……………………………………… 302
　3. 안전관리 조직과 임무 ……………………………………… 302

Sec **2. 호텔의 방화관리** ……………………………………… 303
　1. 화재 예방관리 ……………………………………………… 303
　2. 화재 예방교육 ……………………………………………… 304
　3. 방화통제 모니터링 및 사고대처 ………………………… 304

Chap. 13 호텔 마케팅 ………………………………………… 305

Sec **1. 마케팅의 이해** ………………………………………… 305
　1. 마케팅의 발전 개념 ………………………………………… 307
　2. 마케팅 형성의 핵심 개념 ………………………………… 310

Sec **2. 호텔 마케팅의 이해** ·· 312
    1. 호텔 마케팅의 정의 ·· 312
    2. 호텔 마케팅의 역할과 활동 ······································ 313

Sec **3. 마케팅 전략** ·· 316
    1. 시장세분화(Market Segmentation) ······························ 316
    2. 표적시장(Target Market) ·· 319
    3. 포지셔닝(Positioning) ·· 320

Sec **4. 마케팅 믹스(Marketing Mix) 전략** ······························ 323
    1. 마케팅 믹스 개념 ·· 323
    2. 마케팅 믹스 수단 ·· 324

Sec **5. 내부마케팅과 관계마케팅** ·· 332
    1. 내부마케팅 ·· 332
    2. 관계마케팅 ·· 336

Chap. 14 호텔 회계관리 ·· 341

Sec **1. 회계의 개요** ·· 341
    1. 회계의 이해 ·· 341
    2. 회계의 분류 및 기능 ··· 344

Sec **2. 재무제표** ·· 348
    1. 재무제표의 이해 ·· 348
    2. 재무제표의 종류 ·· 350

Sec **3. 호텔의 회계제도** ·· 364
    1. 호텔 회계의 중요성 ··· 364
    2. 호텔 회계의 실제 ·· 364
    3. 호텔의 영업회계 ·· 374

Chap. 15 호텔산업의 향후 전망 ········ 381

Sec 1. 호텔산업의 동향 ········ 381
1. 인수·합병(M&A) ········ 381
2. 기존 시설의 전환 ········ 381
3. 규모의 축소화 ········ 382
4. 증가하는 여성상용자 시장에 대한 대응 ········ 382
5. 호텔 고객의 변화 ········ 383
6. 호텔 시스템의 변화 ········ 383
7. 프랜차이징(Franchising) ········ 384
8. 아웃소싱(Outsourcing) 경영의 확대 ········ 384
9. 차별화된 소규모 호텔 전략 ········ 385

Sec 2. 호텔산업의 향후 과제 ········ 386
1. 레저 변화에 대한 제시 ········ 386
2. 소비 형태에 따른 경영기법의 제시 ········ 388
3. 창조적·혁신적 인재에 의한 경영관리 제시 ········ 388
4. 새로운 복합문화공간으로서의 활용방안 제시 ········ 388
5. 유비쿼터스 시대를 초월한 휴머니즘적 경영기법 제시 ········ 389

Sec 3. 산학협동 전략 ········ 389
[호텔등급 별표시 제도(Hotel Rating System)] ········ 392

Hotel Management Appendix ········ 393
- 테이블 세팅(Table Setting) ········ 393
  [테이블 세팅의 기본] ········ 393
  [테이블 세팅 요소 및 방법] ········ 394
  [테이블 세팅 순서] ········ 395
  [테이블 매너] ········ 395

- 호텔 객실 관련용어 ·· 398
  [호텔 유형 용어] ·· 398
  [객실 유형 용어] ·· 398
  [프런트오피스 관련용어] ·· 398
  [객실 시설 용어] ·· 399
  [객실 예약 용어] ·· 399
  [객실 점유 용어] ·· 400
- 호텔 식음료 관련용어 ·· 401
  <참고문헌> ·· 406

호텔의 이해

1 호텔의 기원과 어원

1. 호텔의 기원

인간은 생존을 위해 환경에 따라 이동하게 되었고, 고대 서양에서 이동은 물물교환과 종교 순례지 방문 및 전쟁으로 인한 것이 대부분이었다.

인간의 이동이란 여러 가지 목적으로 여행을 하는 것을 말한다. 여행을 할 때는 "Eating and Drinking, Lodging, Enjoying"의 세 가지 기본적인 요건이 갖추어져야 하는데, 여행에서 필요한 사항 중, 숙박이 발전하여 여행자에게 숙박을 위한 시설과 음식, 그리고 휴식 장소를 제공하게 되었다. 또한, 숙박시설의 발달과 더불어 화폐의 유통도 촉진되었다.

미국 코넬 대학의 G.W. Lattin 교수는 기업으로서의 호텔 출현을 B.C. 6세기경으로 추정하였으며, 당시의 호텔은 Self-Service 형태로 운영되었으며, 인(inn) 정도의 규모로 중세까지 운영되었다고 한다. 오늘날 기업형태의 호텔은 18세기 이후 영국의 산업혁명에 의하여 공업도시로 인구의 집중과 대량 이동에 따라 숙박시설의 필요에 의한 발전과정에서 출현하였다고 한다.

이와 같은 과정 중에서 산업혁명은 사람의 이동(movement)을 대형화시키고, 그에 따른 교통수단의 발달은 도로망 정비의 계기가 되었으며 이러한 변화는 여행에 필요한 숙박시설을 기업형태로 발전시키게 되었다.

2. 호텔의 어원

호텔(hotel)의 어원은 "순례자, 참배자, 나그네를 위한 숙소"라는 의미의 라틴어 Hospitális라는 형용사로 손님접대(환대)라는 말에서 유래되어 병원을 뜻하는 Hospital이 파생되었고, 다른 한편으로 파생된 Hostel이 Inn, Hotel, Motel로 변천되었으며, 오늘날 Hotel이 된 것이다.

호텔의 원시적 형태인 Hospital이 오늘날 병원이라는 뜻으로 사용되고 있지만, 오래 전에는 두 가지 의미를 가지고 있었다. 하나는 여행자들이 휴식을 취하고 심신을 회복시킬 수 있는 간이 숙박소라는 장소의 의미가 있고, 또 하나는 여행에서 생긴 병자나 전쟁에서의 부상자 또는 고아나 노인들을 쉬게 하고 간호하는 시설로서의 의미를 지니고 있다.

즉, 여행자의 숙박과 휴식의 장소로 설명되던 Hospital이 Hotel이라는 숙박시설로 발전한 것이고, 다른 하나는 노인과 병약자 그리고 고아들을 수용하는 자선시설로서의 의미가 오늘의 병원(Hospital)으로 발전한 것이다.

또한, Hostel에서 변천된 Inn은 전치사 "in"과 관계가 있는데, 14세기 영어의 동사로 '숙박시키다'는 의미로 잘 완비된 여관이기보다 여행자들이 잠시 들러 밤을 지낼 수 있었던 간이 숙소를 말하며, 후일 Inn은 명사화되어 주막, 여관을 의미하는 숙박시설이란 뜻을 지니게 되었다. Hostel을 Inn이라는 숙박시설의 뜻으로 사용한 것은 19세기이다.

오늘날 환대산업이라고 하면 호텔, 레스토랑, 사교클럽 등을 의미하며, "정중하고 예의바르게 격식을 갖추어 접대하는 장소"라는 의미를 내포하고 있다.

> **Hospital**은 병원을 의미하고 있지만, 원시적인 숙박시설의 기원을 의미하기도 한다. 따라서 여행자의 숙소 또는 휴식 장소를 의미하게 되었다. 또한, 이 용어는 환자나 전쟁 부상자를 치료하고 고아나 노인들을 쉬게 하거나 간호하는 시설을 의미하고 있다.
> 후에 기숙사 같은 숙박시설인 호스텔(hostel)을 거쳐 지금의 호텔(hotel)이라는 단어가 생겨났는데, 지금의 Hotel은 일정한 지불 능력이 있는 사람에게 숙박과 식음료를 제공할 수 있는 시설을 갖추고, 공공사업체로서의 사명을 다하는 서비스업체이다.

∴ HOTEL 어원의 변천

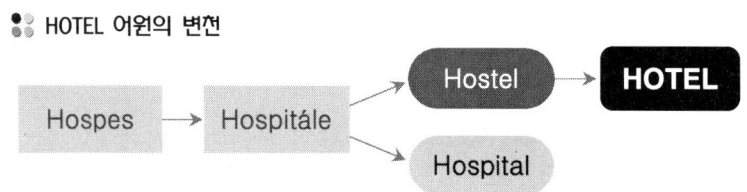

2 호텔의 정의와 기능

1. 호텔의 정의

초기의 호텔은 주로 숙박을 중심이었으나 오늘날 생활패턴의 변화와 서구화 추세에 따라 호텔도 다양하게 변화되어 일반 대중을 대상으로 숙박과 음식에 관련되는 물적 서비스와 인적 서비스를 제공하며, 레스토랑, 연회장, 스포츠 시설, 컨벤션 등의 다양한 부대시설을 갖추고 고객들에게 이용 또는 체류할 공간의 서비스를 제공하는 곳이다.

오늘날 관광사업 분야의 한 부분인 숙박업은 호텔(hotel), 모텔(motel), 콘도미니엄(condominium), 리조트(resort), 펜션(pension), 유스호스텔, 국민숙사 등, 다양한 숙박시설과 휴양시설이 존재하고 있으나 그 대표적인 것이 호텔이다.

> Webster Dictionary에서는 호텔을 "a place of shelter and rest travelers(피난처와 휴양지)", 즉, 숙박과 휴식의 장소로 설명되며, 현대적인 의미로는 "a building or institution providing lodging, meals, and service for the public(대중을 위한 숙박, 식사, 서비스를 제공하는 건물이나 시설물)"으로 호텔을 정의할 수 있다.

호텔업은 관광산업의 발전에 있어 가장 중요한 기간산업으로 투자 수익성과 경영 활동을 통한 외화 획득의 가치가 크고, 고용 확대의 효과가 높기 때문에 일반 투자가는 물론, 지역의 경제 활성화 측면에서도 그 가치를 인정받고 있다.

일반적으로 호텔의 개념은 여러 가지의 형태로 설명할 수 있겠으나 통상적으로 호텔의 시설규모나 운영방식 그리고 호텔의 위치 및 성격에 따라 다양하게 나타내어지고 있다.

호텔은 주거지를 떠나서 일시적 또는 장기체류를 위해 숙소를 찾는 여행자에게 적절한 숙박과 식음료 및 기타 편의시설을 제공하고, 그 대가로 일정금액의 사용료를 징수하는 장소로 사회의 공공사업체로서의 사명을 다하는 서비스업체로 정의할 수 있다.

오늘날 호텔은 고객에게 주로 숙박을 제공하며, 음식과 함께 부수되는 서비스 등을 제공하는 숙박 공간의 기능을 넘어 현대 호텔기업은 심화되는 경쟁 속에서 살아남기 위하여 고객에게 숙박과 음식을 제공하는 것 이외에 고객의 새로운 욕구를 충족시켜 줄 수 있는 다양한 서비스를 제공하고 있다.

　즉, 스포츠, 레저와 레크리에이션 시설, 회의장, 전시장, 웨딩홀, 연회장을 비롯하여 백화점 등 고객의 욕구를 충족시킬 수 있는 다양한 서비스 제공시설을 갖추고 있으므로 현대 호텔의 의미는 단순히 숙박객들만의 공간이 아닌 사회생활에 필요한 공중의 휴식 공간으로 지역사회의 예술적, 문화적 커뮤니케이션의 공간으로 인식되는 공공의 건물이라 할 수 있다.

　현대의 호텔은 업무나 여행을 위한 일반 대중에게 숙박과 음식, 그리고 인적 서비스와 상품을 제공할 뿐만 아니라 여러 가지 부대시설인 헬스클럽, 수영장, 카지노, 회의실, 비즈니스센터, 미용실 등의 갖가지 현대적 시설을 갖추고 부대사업을 영위하면서 종합 레저시설의 성격도 띠고, 휴식과 오락은 물론 여가와 문화생활 및 사업 활동의 장까지 확대되고 있다.

　오늘날의 호텔은 객실과 식음료 시설과 부대시설을 가지고 경영하는 체제가 아니라 가정을 떠난 여행자에게 가정(a home away from home)처럼 편안하고 아늑한 분위기를 제공해 주는 장소로서 사회에 봉사하는 기업이어야 하므로 호텔을 '환대산업(hospitality industry)'이라고 한다.

　하지만, 운영하는 호텔의 규모, 위치, 이용고객의 특성에 따라 전문성에 차이가 있으므로 호텔의 개념을 한 마디로 정의하기는 어렵지만, 호텔의 정의에 대해서는 여러 문헌에서 찾아볼 수 있듯이 그 뜻은 거의 비슷하게 표현되고 있다. 사전적 정의, 국가별 법규적인 정의, 학자간의 정의로 구분하여 살펴보면 다음과 같다.

(1) 사전적 정의

　웹스터사전(Webster's 3th New International Dictionary)에 의하면 호텔은 대중을 위한 것으로 여행자에게 숙박을 제공하거나 식당 회의실 등을 갖추어 일반 대중에게 이용하게 하는 상업적 시설"이라고 정의하고 있다.

　관광사전(The Dictionary of Tourism)에서는 "여행객이나 체류객들에게 빌려줄 목적으로 숙박 시설을 제공하는 장소"라고 정의하고 있다.

(2) 국가별 법규적 정의

　➡ **한국** : 호텔업이란 "관광객의 숙박에 적합한 시설을 갖추어 이를 관광객에게 제공하거나 숙박에 딸리는 음식·운동·오락·휴양·공연 또는 연수에 적합한 시설 등을 함께 갖추어 이를 이용하게 하는 업"

으로 정의하고 있다.(관광진흥법 제3조2항)
- ➡ **일본** : 호텔업이란 외래객의 숙박에 적합하도록 서양식의 구조 및 설비로 되어 숙박과 음식을 제공하는 영업체로 규정하고 있다. 이는 관광 사업진흥을 목적으로 한 국가적 견지에서 규제 요건을 설정한 개념이다.(국제관광호텔 정비법 제2조1항)
- ➡ **이탈리아** : 호텔업이란 일정한 관리 하에 일반 대중에 개방되어 있고, 하나 이상의 건물 또는 객실 숙박을 제공하며, 경우에 따라서는 음식과 기타 부대 서비스도 제공하는 수용시설로 정의하고 있다. 여기에는 고객재산의 보호책임, 공공의 건강과 안전규칙에 대한 순응, 높은 수준의 청결, 위생의 유지가 전제되고 있다.(관광법 제6조2항)

(3) 학자 간의 정의

- ➡ **김충호** : 호텔은 일정한 지불 능력이 있는 사람에게 객실과 식사를 제공할 수 있는 시설을 갖추고, 잘 훈련되고 예의바른 종사원이 조직적으로 서비스를 제공하고 그 대가를 받는 기업이라 정의하고 있다.
- ➡ **김재민·신현주** : 일정한 지불능력이 있는 사람에게 객실과 식음료를 제공할 수 있는 시설을 갖추고 예의가 바른 종사원이 조직적으로 서비스 용역을 제공하여 그 요금을 받는 사업체라 정의하고 있다.
- ➡ **메들릭(S. Mecdlik)** : 호텔은 일정한 대가를 받고 여행객이나 투숙객에게 숙소 및 식사를 제공하고, 그 밖에 이용자에게 식음료나 부대시설을 제공하는 기업이라 정의하고 있다.
- ➡ **제퍼리(J. P. Jefferies)** : 호텔은 일반 대중에게 숙박 시설을 제공하거나 한 가지 이상의 호텔 서비스를 제공하는 것을 기본으로 하는 사업구조라고 정의하고 있다.

이상과 같이 호텔이란 숙박 및 기타 부대시설의 제공을 우선으로 하지만, 상업적 또는 기업적인 면이 추가되었음을 알 수 있다. 오늘날의 호텔은 시장 환경의 변화에 대응하여 휴식·오락은 물론, 여가·문화생활을 위한 지원 사업에까지 공공장소로서의 다양한 기능을 수행하고 있다. 호텔의 개념을 정리해 보자.

✣ 호텔의 개념 정리 ✣

- 숙박시설 및 기타 부대시설을 보유하고 있어야 한다.
- 식사를 제공할 수 있는 시설을 갖추고 있어야 한다.
- 지역 사회에 기여하는 공익성을 가진다.
- 비즈니스 활동을 지원할 수 있는 시설이 있어야 한다.
- 각종 국제행사를 개최할 수 있는 시설이 있어야 한다.
- 사교 및 오락 장소로서의 시설을 보유하고 있어야 한다.
- 영리 추구를 최우선의 목적으로 한다.

(4) 호텔업의 종류와 정의

호텔업의 종류는 관광진흥법(시행령 제2조2)에 관광호텔업, 수상관광호텔업, 한국전통호텔업, 가족호텔업, 호스텔업, 소형호텔업, 의료관광호텔업으로 되어 있다.

① **관광호텔업** : 관광객의 숙박에 적합한 시설을 갖추어 관광객에게 이용하게 하고 숙박에 딸린 음식·운동·오락·휴양·공연 또는 연수에 적합한 시설 등을 함께 갖추어 관광객에게 이용하게 하는 시설을 말한다.

② **수상관광호텔업** : 수상에 구조물 또는 선박을 고정하거나 매어 놓고 관광객의 숙박에 적합한 시설을 갖추거나 부대시설을 함께 갖추어 관광객에게 이용하게 하는 시설을 말한다.

③ **한국전통호텔업** : 한국전통의 건축물에 관광객의 숙박에 적합한 시설을 갖추거나 부대시설을 함께 갖추어 관광객에게 이용하게 하는 시설을 말한다.

④ **가족호텔업** : 가족단위 관광객의 숙박에 적합한 시설 및 취사도구를 갖추어 관광객에게 이용하게 하거나 숙박에 딸린 음식·운동·휴양 또는 연수에 적합한 시설을 함께 갖추어 관광객에게 이용하게 하는 시설을 말한다.

⑤ **호스텔업** : 배낭여행객 등 개별 관광객의 숙박에 적합한 시설로서 샤워장, 취사장 등의 편의시설과 외국인 및 내국인 관광객을 위한 문화·정보 교류시설 등을 함께 갖추어 이용하게 하는 시설을 말한다.

⑥ **소형호텔업** : 숙박에 적합한 시설을 소규모로 갖추고 숙박에 딸린 음식·운동·휴양 또는 연수에 적합한 시설을 함께 갖추어 관광객에게 이용하게 하는 시설을 말한다.

⑦ **의료관광호텔업** : 의료관광객의 숙박에 적합한 시설 및 취사도구를 갖추거나 숙박에 딸린 음식·운동 또는 휴양에 적합한 시설을 함께 갖추어 주로 외국인 관광객에게 이용하게 하는 시설을 말한다.

표 1-1 · 호텔업의 개념에 따른 기능

호텔업의 개념과 기능	
관광진흥법(제3조2)의 규정에 의한 호텔업	관광객의 숙박에 적합한 시설을 갖추어 이를 관광객에게 제공하거나 숙박에 딸리는 음식·운동·오락·휴양·공연 또는 연수에 적합한 시설 등을 함께 갖추어 이를 이용하게 하는 업
일반적 개념의 호텔업	일정한 지불 능력이 있는 사람에게 객실(room)과 식음료(F & B) 및 각종 오락 시설을 갖추고 잘 훈련된 직원이 조직적인 무형의 인적서비스와 함께 호텔상품/서비스를 제공하고 그 대가를 받는 업.
현대적 개념의 호텔기업	현대의 호텔기업은 숙박, 휴식, 오락 및 여가와 문화생활과 사업 활동의 공간까지 제공되는 장소이다. 현대적 호텔은 관광객에게 단지 숙식만을 제공하는 서비스산업이라는 인식에서 탈피하여 대형국제행사와 각종 학술세미나 장소 제공 및 전시회·패션쇼, 음악회·연극 등의 공연장, 스포츠센터, 웨딩홀 및 각국 정상들의 회담 장소로의 기능과 다양한 문화행사 및 경제적 기능을 수행하는 복합공간이라 할 수 있다.

2. 호텔의 기능

호텔의 기능은 여행자에게 수면과 음식을 제공하고, 생명과 재산의 보호라는 기본적 기능을 갖고 있지만, 현대의 호텔은 공공의 장소라는 기능적인 측면을 강조하여 숙박, 식사, 고객의 재산과 안전에 대한 보호책임, 청결, 위생, 안락을 위한 최상의 시설을 제공하며, 비 숙박자에게도 널리 개방되는 공공장소(public space)로서의 성격과 레저와 문화의 중심"이라는 별도의 기능이 추가되었다.

현대 호텔은 고객 편의 공간뿐만 아니라 지역사회의 경제, 문화, 예술 및 커뮤니케이션의 활용 공간으로서 포괄적 기능을 가진 공공건물이라 할 수 있다.

따라서 현대적 의미의 호텔 기능은 숙박시설 기능, 음식시설 기능, 사교시설 기능, 레크리에이션 기능, 비즈니스 활동시설 기능, 지역사회 봉사 기능으로 대별해 볼 수 있다. 즉, 호텔은 하나의 조직화·세트화된 종합상품이며 특수형태의 상품으로서 포괄적 기능을 수행하는 종합예술의 결정체라 할 수 있다.

[health club]

[convention center]

[cultural center(theater)]

[executive lounge]

표 1-2 · 호텔의 서비스 기능

서비스 종류	기 능
인적 서비스	• 호텔을 찾는 고객을 맞이하여 직접 서비스를 제공하는 기능. • 안내 및 판매 서비스, 객실 정비 서비스, 접객 서비스 제공.
물적 서비스	• 호텔 시설을 제공하는 기능(객실, 로비, 컨벤션센터, 헬스클럽 등의 호텔 시설 제공). • 객실, 식음료 및 부대시설 제공.
기타 서비스	• 정보 활용 기계 설비로 고객에게 편의를 제공하는 기능. • 비즈니스 라운지, PC, 팩스 및 텔렉스 등 제공.

Chap. 02 호텔산업의 발전과정

1 호텔의 발전과정

1. 숙박업의 시대적 변천사

(1) 고대(Ancient)

숙박업은 역사상 가장 오래된 산업 중의 하나로 여겨질 만큼 고대부터 장거리를 이동하는 사람들이 잠을 자고 머무를 수 있는 기본 욕구를 충족시키기 위해 존재해 왔다. 숙박시설의 태동은 인간의 이동과 관계가 있으며 수천 년 전 인간이 여행을 시작하면서 휴식과 피난처 및 야간에 잠을 잘 곳을 필요로 하게 되어 이러한 수요에 따라 숙박시설을 만들게 되었고, 그 역사는 길지만 20세기 이후부터 획기적으로 발전을 하기에 이르렀다.

호텔이라는 용어를 사용한 것은 200년 정도이지만 인간이 여행하면서 숙박을 한 기록을 보면, 기원전까지 거슬러 올라가게 된다. 그 근거는 고대 바빌로니아의 함무라비 법전에 여인숙 운영에 관한 입법 내용이 남아 있으며, 폼페이의 유적 가운데에는 아치형의 여인숙으로 추정되는 건물형태가 남아 있는 것을 볼 수 있다. 최초 숙박시설은 이라크의 메소포타미아 지역에 거주했던 수메르(Sumer)인에 의하여 건설되었다고 하는데, 이들의 주거지역에서 최초의 숙박시설로 간주되는 태번(tavern)이 존재하였다. 고대 이집트인들은 종교적인 목적으로 여행하였으며, 중앙정부와 식민지간의 교류로 공무수행을 위해 내방하는 자들을 맞

이하기 위한 출영소를 주요 도로나 도시에 설립하기도 했다.

여행이 본격적으로 시작된 때는 그리스 시대로 그때의 여행은 주로 신전 참배를 위한 종교적인 목적과 올림피아에서 개최된 고대올림픽에 참가하기 위한 목적 그리고, '에게해'의 여러 섬에 요양이나 즐거움을 추구하기 위한 목적 등으로 여행을 시작하였다. 이 시기에는 여행자들이 이용할 만한 숙박시설이 없어 주로 민박이나 수도원을 이용하였다.

로마시대에 들어와서 경제가 부강해짐에 따라 중산층이 형성되기 시작하면서 공용화폐가 유통되었고, 여행자의 짐도 가벼워졌다. 또한, 유럽 전역에 건설한 도로망이나 교통수단의 발달로 상용, 관용, 관광, 휴양, 종교 등의 다양한 목적에 따라 여행이 빠르고 안전하게 이루어졌다. 따라서 숙박시설의 번성도 함께 이루어졌다. 이 시대의 숙박시설로는 로마제국 황제의 사신을 위한 고급 숙박시설인 Hospitium과 여행자를 위한 민박이나 민가를 개조한 상업적 여인숙인 Tavern, Inn, Caupona가 등장하였으며, 장거리 여행자를 위하여 당시에는 우체국으로 불렸던 호텔도 건설되었고, 술과 음식을 파는 Popinas라는 식당도 있었다.

또한, 지중해 연안을 중심으로 무역이 성행하여 대상들의 이동을 촉진시켰고, 이들을 위한 여관인 Caravaserai도 캐러반 루트를 따라 건설되었다.

(2) 중세(Medieval)

로마제국의 멸망 후, 약 1,000년간은 관광의 암흑시대(the dark age)로서 여행뿐 아니라 교역이나 물물교환을 위한 지역 간의 이동도 극히 제한되어 사기업으로서의 숙박시설은 일부 태번(tavern)과 인(inn)을 제외하고는 도로시설과 함께 거의 황폐화되었다.

그러나 이 시기 내내 로마 가톨릭교회는 번성하여 사람들의 가치관이나 생활양식에 종교가 정치적, 영적으로 큰 영향력을 미치어 세속적인 향락을 금기시하였다. 따라서 근검절약을 강조하여 경제활동이 쇠퇴하였으며, 여행의 안락함과 편리함도 사라지게 되었고, 여행자에게 숙박과 음식은 교회나 수도원을 통하여 제공하였다. 당시의 수도원은 성지순례자와 여행객에게 숙박과 음식을 제공하는 역할을 하였다.

그러나 12세기 무렵부터는 종교 세력의 쇠퇴와 더불어 그 신도 수도 줄어들었고, 십자군의 원정, 대상들의 대규모 이동, 식민지 개척을 위한 해상 여행객의 증가로 인하여 주로 많은 헌금을 기대할 수 있는 부유층이나 기독교에서 자선정신 구현을 위해 빈곤층을 대상으로 숙박을 제공하는 영리적이고 서비스의 실체적인 기업으로서의 숙박시설로 발전하게 되었다. 따라서 중산층 여행자들은 수도원에 더 이상 숙박을 할 수 없게 되어 예전에 거의 사라졌던 상업적 숙박시설인 태번(tavern)과 인(inn)이 부활하게 되었다.

(3) 근대(Modern)

근대시대 호텔이 등장하였으며, 최초 호텔은 1807년 독일의 바디쉬 호프(Der Badische Hof)이며, 최초 대형호텔은 1850년대 파리의 Grand Hotel이다.

미국의 최초 호텔은 1794년 뉴욕에 건설된 City Hotel로 이를 교두보로 보스턴에 Exchange Coffee House, 뉴욕에 Adelphi Hotel을, 1829년 보스턴에 초일류 Tremont Hotel을, 뉴욕에 세계 제일의 고급 호텔 Woldorf Astoria Hotel, 덴버에 Brown Place Hotel이 건립되었다.

20세기 들어서면서 근대 호텔의 혁명왕으로 호텔맨 중의 호텔맨이며, 미국에서 최초로 체인호텔을 등장시킨 장본인인 Ellsworth Milton Statler가 나타나서 상업 호텔로 유명한 Buffalo의 Statler Hotel을 1908년에 개업하였으며 이것이 상용호텔(business hotel)의 효시가 되었다.

호텔경영의 산실이라 할 수 있는 스위스에서 가장 오래된 호텔로 여겨지고 있는 Hotel Krone(Crown)은 1411년에 태번(tavern)으로 건립되었으며, 태번 옆으로는 라인강과 제네바를 연결하는 고속도로가 건설되어 그 이용도가 아주 활발하였다. Hotel Krone(Crown)은 Ours성 성당 반대편의 Solothurn에 위치하여 태번으로 운영되던 것이 개발·확장되면서 현대적 호텔로 면모를 갖추고 있었다. 또한, 14세기에는 Guild of Landlords가 있었는데, 이는 적어도 400여 년을 유지했었던 호텔이다.

1681년에 건립된 Beau Rivage와 1908년에 증축된 Palace Hotel을 복합한 두 호텔은 Beau Rivage-Palace Hotel이라고 불리어졌으며, 그 호텔의 벽에는 평화기념의 상징인 비문이 새겨져 있어 역사적으로 더욱 유명한 호텔이 되었다. 또한, 그 벽에는 유럽 지도와 위대한 국가를 상징하는 많은 그림들과 1912년 이탈리아와 터키 사이의 Tripoli에서 전쟁의 종식을 의미하는 "Peace of Lausanne"이 새겨져 있어 더욱 유명하다. 같은 시대에 또 다른 Beau Rivage가 있었는데 그것은 1863년에 건립된 Grand Hotel Beau Rivage이다. 이 호텔은 70개의 객실을 보유하고, 호수를 내다 볼 수 있는 전면에는 단 11개의 창문만 있었다는 역

사적 기록이 있는데, 1925년에 와서야 비로소 새로 단장하여 현대적인 시설을 갖추게 되었다.

1838년에 건립된 Zurich에 있던 Hotel Baur는 그리 쾌적한 장소는 아니었지만 건축에서나 디자인은 수준급이었으며 스위스에서 호텔기업의 시초가 되었다. 당시 이 호텔은 우체국과 함께 개업한 최초의 호텔이었으며 140개의 침대와 큰 식당을 구비하고 있었다. Baur의 아들 Theodor Baur는 Tschurni와 함께 Ouchy에서 호텔전문학교를 설립하기도 하였는데, 그 당시 Theodor Baur는 스위스에서 처음으로 팁(tips)제도 폐지를 제안했으나 받아들여지지는 않았다.

Lucerne의 Grand Hotel National은 1871년에 개업하여 6년 후에는 프랑스에서 Ritz가 27세 나이의 지배인으로 종사했던 유명한 호텔이기도 하다. 이 호텔에 정기적으로 유럽 지역의 왕족들이 방문하기도 하였는데, 벨기에의 앨버트 왕과 왕비가 신혼여행 중에 투숙한 후 그의 왕족들이 정기적으로 이 호텔을 방문하였다는 것이다. 그 후 스위스는 유럽인들뿐만 아니라 세계 각국에서 사랑받는 휴양지로서 무수한 고급호텔들이 속속 건립되기 시작하였다.

2. 호텔의 변천과 시대별 특징

숙박업의 발전과정에 대한 학자들의 견해는 대체적으로 '인(inn)' ➡ '그랜드 호텔(Grand Hotel)' ➡ '커머셜 호텔(Commercial Hotel)' ➡ '현대 호텔의 시대'로 구분하고 있다. 다음의 시대별 특징을 살펴보자.

(1) Inn 시대

초기 숙박업은 종교, 경제, 군사적인 동기로 이동에 따른 현상과 함께 발달하였다. 문헌에 나타난 여행자들이 잠시 들러 밤을 지낼 수 있었던 간이 숙소인 인(inn)의 등장은 1400년경 영국에서 최초로 등장하였고, 대중 숙박시설로는 19세기 현대적 의미의 호텔로 발전하게 되었다.

고대 서양에서 인간의 이동은 생활을 영위하기 위해 물물교환을 하기 위한 이동 및 종교 순례지를 방문하기 위한 이동이 대부분이었다. 또한, 고대 이집트는 B.C 5세기경 바빌로니아와 통상관계를 맺어 상인들의 왕래가 빈번하였으며, 그리스인들은 에게 해(the Aegean Sea)를 중심으로 한 해상진출로 식민지 개척과 교역활동을 시작하였다.

따라서 이 시기에도 여행자들을 위한 휴식과 피난처 역할을 하면서 숙소 문제와 음식을 해결하는 장소가 존재하였을 것이다.

하지만, 숙박업이라고 할 수 있는 숙박시설의 건설과 운영이 시작된 시기는 그리스와 로마시대였다고 볼 수 있다. 로마제국 시대에 군사도로와 도시를 건설함으로써 인간의 이동이 급속히 증가하였으며, 교통수단의 발달은 장기간 인간의 이동을 가능하게 하였다. 당시에 여행자에게 숙소로 제공하는 맨션(mansion)이 존재하여 여행자들은 관청에서 발행하는 증명서를 제시하고 숙박할 수 있었으며, 고대 동양의 실크로드에는 광장을 중심으로 많은 건물이 밀집한 형식의 카라반서리(caravansary)가 대상들의 숙소로 사용되었다.

중세시대 십자군전쟁 때는 교회와 수도원이 숙소로 이용되었으나 나중에는 인(inn)이 숙박시설의 역할을 감당하였다. 이 시대의 숙박시설의 주요 기능으로는 여행자들에게 숙박과 음식 제공, 그리고 생명과 안전을 보호하여 주는 일이었다. 중세에서 근대로 넘어가는 14~16세기에 일어난 유럽의 문예부흥과 대항해 여행으로 지리상의 대륙발견은 유럽 중심의 세계관을 파괴하며 지중해 중심의 무역을 신대륙까지 확대시킴으로써 상업적 여행을 증가시켰다. 따라서 15세기에 접어들면서 숙박업이 본격적으로 영리를 추구하는 상업적 부문으로 등장하게 되었고 16~18세기에는 상공업이 발달하게 되어 유럽 각지에 INN이 생기게 되었다.

또한, 16세기 초에 시작된 그랜드 투어(grand tour)는 17~18세기에 들어와서 귀족들에게 일반화됨에 따라 유럽에 장기간 순회 여행을 유행시켰다. 이 시대에는 이미 중세기 말에 생긴 인 길드(inn guild)가 발전하였으며 그 숫자도 많은 편이었기 때문에 여행이 쉬워졌다. 그러나 인(inn)은 현대 호텔에 비하여 시설이 매우 빈약하여 여행에 최소한의 필요조건인 수면, 음식, 생명과 재산 보호에 관련된 사항만을 제공하였다.

영국은 산업혁명을 계기로 숙박업이 급속히 발전하기 시작하여 17세기에 페더스 호텔(Feathers Hotel)이 생겨난 후, 호텔이라는 용어가 사용되기 시작하였고, 18세기 말엽 상업 활동이 점차 번성기로 접어들면서 여행객의 증가에 따라 데이비드 로우(David Low)에 의해 1774년에 코벤트 가든(Covent Garden)에 있는 아처(Lord Archer) 경의 농지에 'First Family Hotel'을 건립함으로써 현대적 호텔의 모형이 나타났다. 그리고 호텔기업 형태로의 발전은 18세기 이후 영국의 산업혁명을 계기로 농촌 인구의 도시로 이동과 국내외 시장유통과 원료공급을 위한 상거래로 상인들의 교류가 활발해짐에 따라 이를 뒷받침할 증기기관을 이용한 기관차, 기선(shipping) 등의 교통기관이 혁신적으로 발전하여 인간은 여행을 쉽게 할 수 있게 되면서 종래와 다른 새로운 형태의 숙박시설에 대한 시대적

요청에 의해 호텔이 생기게 되었다.

유럽제국의 숙박업은 초기에 단순한 여행자 숙소로의 역할 외에 재판이나 회의, 종교단체 및 학교단체의 집회 등의 정치적, 사회적으로 이용 범위가 확대되었다. 유럽제국의 초기 숙박시설 주요 기능은 여행객을 위한 수면 공간과 식사 제공 등의 일차적인 기능이 중시되었지만, 15세기경부터는 영리를 목적으로 하는 상업적 숙박시설이 등장하게 되었고, 18세기 1차 산업혁명을 계기로 숙박업이 급속도로 발전하여 단순한 숙소만을 제공하던 기능에서 정치, 경제, 사회적인 역할을 담당하는 장소로 범위가 확대되었다.

이때, 영국은 미국 식민지를 본국 상품의 판매시장 및 원료 공급지로 보는 중상주의(mercantilism) 정책을 채택하여 식민지의 상공업 발달을 억제하였다. 이러한 영국의 식민지 정책으로 인하여 점차 식민지인들의 불만이 커지고 반항운동이 고조되면서 식민지인들의 이동이 빈번해짐으로써 자연히 태번(tavern)이나 인(inn)들이 생겨나게 되었다. 1607년에 영국의 태번(tavern)을 복제한 숙박시설이 미국에도 생겨났으며 영국의 태번(tavern)과 같이 시설을 갖추지는 못했지만 단지 여행자의 숙식만 해결해 주는 Jamestown Tavern이 존재하였다.

미국의 태번(tavern)은 대부분 유럽 형태를 모방하였지만 개척되지 않은 황량한 지역에 산재하였다는 것이 그 특징일 것이다. 또한, 항구가 있는 곳에 인(inn)들이 존재하였고 도시를 잇는 도로 주변에도 인(inn)과 태번(tavern)이 생겨났는데 이러한 숙박시설을 이용하는 사람들은 말을 이용하는 사람들이었다.

1634년도 새뮤엘 콜스(Samuel Coles)에 의해 보스턴에 건립된 영국식 여관인 Coles Ordinary는 미국에서 여관의 형태를 갖춘 첫 번째의 숙박시설이었을 것으로 추정되고 있다.

(2) Grand Hotel 시대

18세기 1차 산업혁명 이후 교통기관의 발달과 대도시의 출현으로 19세기 초에 드디어 새로운 형태의 호텔로 대형 숙박시설이 등장하게 되었다. 이 시기에 유럽에서는 새로운 사상이 나타나면서 정치적으로 많은 변혁이 일어났다. 그 결과 왕정은 공화정으로 바뀌고 귀족 세력의 붕괴 현상으로 인하여 그들의 사교 모임이 궁전에서 밖으로 옮겨지게 되면서 새롭게 사교장으로 등장한 곳이 바로 호텔이었다. 호텔은 이들의 분위기에 맞추기 위하여 건물의 외관이나 내장, 가구, 요리, 직원의 복장, 서비스 방법 등을 궁전의 형태를 흉내 내어 호화스럽게 치장하였다.

　이 시기 호텔은 단순히 여행자를 숙박시키는 역할만 하는 중세시대의 인(inn)과는 전혀 다른 기능인 숙박·음식과 관계되는 호화스러움과 사치를 제공하는 장소로 등장하게 되었고, 귀족 세력의 붕괴 후에는 새로운 부유층을 위한 사교의 장으로 등장하였다.

　최초의 근대적 호텔은 독일 온천 휴양도시인 바덴바덴(Baden-Baden)에 1807년에 건립된 바디쉬 호프(Der Badische Hof)로 인(inn)과는 다른 호화스러운 건축양식을 취하고 있으며, 기둥이 있는 홀과 이동식 무대 장치, 연회장 등과 로마풍의 목욕탕에 냉·온수 공급 등, 현대 호텔의 초기적 모습을 보였다. 그래서 Hof라는 용어는 인(inn)에서 호텔(Hotel)로 넘어가는 가교로 평가하기도 한다.

　프랑스는 철도회사들이 부대시설로서 철도역이나 터미널 근처에 간이 숙박시설을 부설하여 운영하던 것이 점차 독립적인 회사의 경영조직으로 발전하면서 대규모 호텔 시대를 맞이하여 1850년 파리에 건립된 그랜드호텔(Le Grand Hotel)은 회사 조직체에 의해 경영되는 최초의 호텔이며, 그랜드호텔이라는 명칭은 고급 호텔의 대명사로 세계에서 가장 호화로운 호텔이라는 의미로 오늘날에도 사용되고 있다.

　1855년에는 나폴레옹 3세의 요청에 의해 루브르호텔(Hotel de Louve)이 건립되었고, 1874년에는 독일 베를린에 카이저 호프(Kaiser Hof)가 건립되었으며, 1876년에는 프랑크푸르트에 프랑크푸르트 호프(Frankfurter Hof)가 건립되었다. 또한, 그랜드호텔 시대의 대표적인 호텔 경영자 세자르 리츠에 의에 의해 건립된 리츠호텔(Ritz Hotel)은 체인호텔의 효시라 할 수 있으며, 1898년 설립된 리츠호텔(Ritz Hotel)은 호텔 역사상 최초의 프랜차이즈 체인식의 호화 호텔을 성공시켜 호텔업계에 많은 공헌을 하였다.

　세자르 리츠는 1887년 사보이호텔(the Svoy Hotel) 지배인으로서 호텔을 경영하였으며, 1898년에는 호텔리츠(Hotel Ritz)를 건립하고, 1902년에 영국 런던에 칼튼(The Carlton)을 개업하여 성공을 거두었다. 그 후 미국인 앨버트 켈러가 리츠 이름 사용권을 획득하여 보스턴에 '리츠칼튼'이라는 호텔이 생겨나는 등, 리츠칼튼은 최고급 호텔 브랜드로서 명성을 유지하고 있다.

　리츠는 탁월한 능력이 있었다. 첫째, 서비스 맨 으로서의 탁월한 재능을 지니고 있는 리츠는 "손님은 항상 옳다(Guest is always right)"라는 경영이념으로 모든 초점을 고객에 맞추어 고객의 행동 하나하나를 관찰하여 모든 서비스를 고객의 개성에 맞추어 제공하였다. 둘째, 요리의 황제라고 불리는 에스코피에와 함께

조리방법을 체계화시켰으며 여성 고객의 중요성을 인식하여 그들을 만족시키는 다양한 요리를 개발하였다. 셋째, 법과 새로운 관행을 창출하였는데 당시의 법률로 금지되었던 일요일에 영업을 하여 부부동반으로 외식하는 습관을 정착시켰다.

오늘날 우리가 알고 있는 세계의 고급호텔들의 전통적 서비스 방식인 화려한 외관과 실내장식, 호화스러운 프랑스 요리와 식기류, 가구 및 비품, 호텔직원의 유니폼 등, 고객서비스 방식 및 내용은 프랑스의 왕족과 귀족들의 생활양식을 사업화한 것이며 기존의 인(inn)과는 전혀 다른 새로운 개념의 숙박시설로 여행자의 피난처 역할과 같은 단순한 기능에서 벗어나 숙박과 음식에 관하여 왕족과 귀족들의 허영심을 환대로 충족시켜 주었고, 그들에게 사교장소로 활용되도록 하였으며, 시민혁명 후에는 신흥 부유층의 사교장소로 이용되었다. 이와 같이 그랜드 호텔의 특색은 주요 고객이 특권층 및 부유층이었다. 따라서 호텔 경영자들은 그들에게 호화로운 환대로 최대한 만족시켜주는데 초점을 맞추었고, 조직의 특징은 체인보다는 독립 호텔과 대규모 조직을 선호하였다.

1794년 미국 뉴욕에 City Hotel이 건립되었으며, 그 후부터 Tremont Hotel, Old Waldorf Astoria Hotel, Brown Palace Hotel이 건립되는 등, 1829년까지 35년간이 미국 호텔산업의 제1차 황금기였다.(The First Golden Age of Hotels in the United States)

그랜드호텔 시대에는 교통수단의 발전과 해변이나 산악지대에 휴양지가 생겨나 개발되면서 숙박시설의 수요가 확대되기 시작하다. 이는 미국을 중심으로 휴양지 호텔이 건립되었다는 또 다른 특징을 가지고 있다. 1767년 이후 뉴욕의 사라토가(Saratoga) 온천의 발견을 시작으로 하여 1870년까지 온천을 중심으로 한 휴양지 호텔이 급속도로 발전되었으며, 이와 더불어 해변 휴양지에서의 숙박시설 또한 점진적인 성장을 보이기 시작하였다.

그러나 그랜드호텔 시대에는 경영상의 한계로 인해 "스타틀러"(E. M. Statler, 1863~1929)에 의해 상용호텔의 시대가 열리게 되었다. 그랜드호텔의 경영상 문제점은 첫째는 수요자가 특권층 및 부유층에 한정되어 있어 일반인들이 호텔을 이용하기가 어려웠다는 문제. 둘째는 직원들에 대한 배려가 부족한데 기인할 수 있다. 즉, 리츠의 "손님은 항상 옳다"는 슬로건에서 알 수 있듯이 고객만족을 최우선으로 한 것은 아주 훌륭한 경영철학이었으나 특권층만 이용하는 좁은 시장과 인적서비스를 하는 직원들에 대한 배려가 부족하여 진심에서 우러나오는 서비스 제공을 기대하기 어려웠다는 것이다. 따라서 경영상의 한계 극복해야겠다는 강한 의지로 경제적·사회적 변화에 맞춰 대중적이면서 저렴하게 만족스런

시설을 갖춘 숙박시설이 발달하게 되었다.

(3) Commercial Hotel 시대

근대 호텔산업의 발전을 위한 터전을 마련한 곳은 유럽이었으나 크게 성장하지 못하고, 미국에서 크게 번성한 이유는 유럽의 호텔은 의례적으로 거추장스러울 정도로 격식을 중요시 여기고, 귀족이나 부호들의 전유물로 인식되었다.

하지만, 미국에서는 지불 능력이 있으면 누구나 쉽게 호텔을 드나들며 이용할 수 있도록 자유스러운 분위기 제공하였고, 실질적인 것만을 추구하는 실용주의적 사고를 가지고 합리적으로 호텔을 경영함으로써 번성하게 된 것이다.

또한, 미국인들은 유럽인보다 잦은 여행 성향을 가지고 있어서 여행객이 많았고, 미국의 호텔 요금이 유럽에 비해 훨씬 대중적으로 부담 없이 이용할 수 있게 하였으며, 숙박업자들도 유럽인들에 비하여 진취적인 성향이 있었기에 호텔 산업을 크게 발전시킬 수 있었다.

미국의 펜실베이니아의 동북부의 도시 윌크스-배러(Wilkes-Barre)에 Arndt's Tavern은 1787년에 건립한 인기 있는 호텔로 설립자 안트(Ardnt)는 세계 최초로 무연탄이 불에 탄다는 사실을 발견한 사람이며, 그 발견 이후에 무연탄을 호텔의 벽난로에 이용하기도 했다.

1807년에는 필라델피아에 Exchange Coffee House의 거대한 호텔이 탄생했고, 그 후 40여 년간 그 명성이 대단하였다. 또한, 같은 해 미시간 주에 훌(General W. Hull)에 의하여 건립된 Wales Hotel은 최초의 벽돌 건물로 유명하다. 그리고 보스턴에 Exchange Coffee House, 볼티모어에 City Hotel이 건립되고, 뉴욕의 Adelphi Hotel은 당시 6층 건물로서 고층 빌딩의 효시가 되었다. 보스턴에서 가장 오래된 1824년 현대적인 규모로 건립된 United States Hotel은 당시 보스턴에서는 가장 규모가 크고 거대한 구조로 유명하였다.

호텔이라는 용어를 처음 사용한 곳은 1794년에 건립된 뉴욕의 시티호텔(City Hotel)이라고 하지만, 1829년에 최초의 현대식 호텔로 건립된 트레몬트 하우스(Tremont House)이며, 이 호텔이 근대 호텔산업의 원조가 되었다. 트레몬트 하우스는 객실 170개를 보유한 호텔로서 당시 미국은 물론, 유럽의 호텔보다 가장 호화스럽고 가장 많은 건축비가 소요되었으며, 근대적인 경영 방식으로 운영하는 최초의 호텔로 유명하다.

또한, 트레몬트 하우스는 200석 규모의 식당 홀을 구비하고, 객실에는 최초로

욕실(bath room)을 설비함으로써 더욱 유명하다. 1932년 뉴욕에 세워진 Astor House와 함께 호텔계의 새로운 바람을 일으켰던 트레몬트 하우스는 전 미국 및 유럽을 통하여 규모, 구조, 설비, 투자액 및 경영기술 등에 대하여 최초로 창안한 호텔이라고 해도 과언이 아닐 것이다. 트레몬트 하우스의 등장 이전까지는 대부분의 여관들이 객실 한 개의 수 개의 침대를 비치하여 동시에 여러 명을 투숙시켰으나 트레몬트는 종래의 경영방식을 과감히 혁신하여 오늘날의 호텔처럼 프라이버시를 충분히 누릴 수 있도록 1인용 객실(single room)과 2인용 객실(double room)을 최초로 운영하여 호텔업계에 새로운 전기를 마련하였다.

또한, 트레몬트 하우스는 객실 열쇠에 체인을 달아 새로운 객실관리의 아이디어를 최초로 제공하는 등의 경영기술을 창안하였으며, 각 객실에 세면대(bowl)를 설치하고, 물주전자(pitcher), 신문 및 비누를 무료로 제공하였고, 지배인 제도(boyden family)로 고객을 정중하게 맞이하도록 종사원에게 교육 훈련을 하였으며, 자본과 경영 분리제도를 실천·운영하였고, 프랑스 요리(french cuisine)를 처음으로 호텔에서 제공하였다. 또한, 벨 보이(bell boy)를 두고 객실과의 연락 역할을 취할 수 있는 호출기를 도입하였다. 이러한 노력으로 트레몬트 하우스는 65년간 세계적인 호텔로서의 명성을 누렸으며 19세기에 호텔 경영자들에게 가장 많은 영향을 준 역사적인 호텔이다.

1855년 트레몬트 하우스 건너편에 Parker House가 건립되면서 유럽피안 플랜(european plan) 제도를 처음으로 도입하여 성공하였는데, 롤빵(bread roll)에 직접 호텔 이름을 새겨 고객에게 제공하는 서비스를 실시함으로써 전국적으로 알려지기도 하였다.

1860년대 Continental Hotel은 8층 건물로 미동부에서 가장 인기 있는 호텔이 되었고, 세계에서 가장 큰 호텔로 여겨졌다. 링컨 대통령도 이곳에 머물렀던 기록이 있다고 한다. 이 호텔은 당시 1년에 4만 달러씩 약 12년간 Paran Stevens에 임대로 엄청난 부를 축적하여 임대 호텔의 본보기가 되었다. 이러한 호텔이 등장하면서 서부지역으로 호텔의 붐이 옮겨가 1830년에서 1850년 사이에 태평양 연안을 따라 경쟁 속에서 호텔은 발전을 거듭하였다. 특히, 1875년에 샌프란시스코에 지어진 Palace Hotel은 800개의 객실을 보유하여 규모나 시설, 설비에 있어서 호화로운 최고급 호텔로 알려지게 되었다.

따라서 당시의 호텔들은 건축 기술의 혁신을 가져다주게 되었으며 수돗물 급수를 할 수 있는 배관 공사로 욕실이 붙은 객실의 설비가 가능하게 되었고 전등 설치, 실내전화 설치, 엘리베이터 설비 등도 하게 되었다. 또한, 호텔 주변에는 경제 활동의 금융 중심지가 형성되었고 실업가들에 의한 철도 부설과 공장의 발전으로 더욱 거대한 호텔의 등장을 가능하게 하였다.

1890년대에 뉴욕 중심가에 '윌리엄 월도프 아스토(William Waldorf Astor)' 일가에 의하여 1,000개의 객실을 보유한 Waldorf Astoria Hotel이 건립되었다. 이 호텔은 서비스 제일주의의 경영이념 하에 지배인으로 슐츠 볼트를 고용함으로써 세계 제일의 서비스 제공 업체가 되었으며, 볼트가 사망한 후 위대한 호텔 맨으로 유명한 '르샤스 퓨마'가 고용되면서 오늘의 호텔 서비스에 있어서 호텔 맨의 Bible이라 여겨지는 서비스 매뉴얼인 월도프 매뉴얼(waldorf manual)을 작성하여 호텔 서비스에 대한 영업지침으로 삼았다. 그 후에 금주법 및 소득세법에 의해 부득이하게 영업이 중지되었지만, Waldorf Astoria의 상호를 단 1달러에 양도하여 1920년에는 거대한 새로운 Waldorf Astoriafmf를 탄생시켰다.

미국은 19세기 말부터 20세기 초반에 이르러 눈에 띄게 성장한 미국경제와 교통의 발달은 여행객 수요의 급증을 이끌게 되었고, 일반 여행자들이 원하는 숙박시설의 형태, 서비스의 신개발, 중산층 고객에 맞는 숙박시설과 서비스의 운영형태인 가격은 저렴하면서도 시설과 서비스는 만족스러운 호텔을 필요로 하게 되었다.

그 시기 호텔의 왕으로 불리는 스타틀러(Ellsworth Milton Statler : 1863~1928)가 1908년에 전 객실에 버팔로(buffalo) 욕실을 완비한 300개 객실의 스타틀러 호텔(Statler Hotel)을 개관함으로써 상용호텔 시대를 맞이하게 되었고, 미국의 호텔산업에 새로운 전환을 가져오게 됨으로써 스타틀러 호텔의 융성기(1910~1920)를 이른바 미국 호텔산업의 제2차 황금기라고 부르고 있다. 스타틀러(Statler)는 호텔경영에 많은 경영기법과 서비스 개선의 혁명을 가져다 준 인물로 '근대호텔의 혁명 왕'으로 불리고 있다.

스타틀러 호텔은 "A room and a bath for a dollar and a half." 즉, "1.5 달러로 욕실이 달린 객실을 이용할 수 있다."라는 슬로건으로 중산층이 자유롭게 이용할 수 있도록 하였으며, 스타틀러 호텔이 개업하던 첫 해에만 당시로는 엄청난 액수인 3만 달러의 순이익을 올리기도 했다. 그리고 중산층 이하의 고객에게도 쾌적한 서비스를 제공하기 위해 호텔 비품들에 대한 표준화, 능률화, 그리고 합리화를 추구하였고, 적정한 요금으로 호텔 이용의 대중화를 유도하였다.

스타틀러는 상용 목적의 중산층 여행자를 주 고객으로 호텔 요금의 저 비용화를 추구하는 등 하드웨어 부문에 중점을 두어 대중화를 유도하였다. 또한, 경영 방식에서 기존의 호텔과 다른 점은 계단에 화재시를 대비한 비상구 설치, 어두

운 곳에서도 쉽게 열 수 있는 객실 열쇠, "Do Not Disturb"라는 표시를 문고리에 걸어 두었고, 객실과 욕실의 어두운 곳에서도 쉽게 켤 수 있는 실내 전등 스위치 설치, 전신 크기의 거울, 모든 객실에 얼음 물(ice water) 제공, 고객들에게 조간신문 무료 제공 등의 서비스를 들 수 있다. 이러한 서비스는 당시로는 파격적이었다. 이상과 같이 새로운 경영으로 성공한 스타틀러 호텔은 이후 40여 년간 근대 호텔의 모델이 되었고, 안락한 서비스와 청결을 신조로 많은 고객에게 좋은 평판을 얻게 되었었으며, 상용호텔의 효시가 되었다. 그리고 거대한 호텔기업(Statler Hotel Company)으로 발돋움하게 되었다.

스타틀러 호텔(Statler Hotel)에 대해 어떻게 해서 오늘에 이르기까지 미국의 호텔업에서 설비, 경영관리 및 서비스의 모델이 되고 있는 것일까에 대해 후세의 학자들은 스타틀러의 창의력과 탁월한 경영이념 그리고 과학적 기법을 통한 끊임없는 경영 개선과 노력에 대한 것을 지적하고 있다.

즉, 일반인들이 부담 없이 호텔을 이용할 수 있도록 저 가격을 실현하기 위해 스타틀러는 호텔 건물의 구조와 객실의 설계, 조리장의 설계부터 사용되는 집기, 각종 비품의 표준화와 경영조직 및 업무관리, 원가관리 기타 경영관리 체계에 대하여 능률주의에 입각하여 단순화를 통한 계수 관리를 추진하는 등, 끊임없는 새로운 아이디어를 통하여 양질의 서비스를 고객들에게 제공하고자 노력했다는 것이다. 당시에 운영되던 대표적인 다른 호텔은 1919년 뉴욕의 펜실베이니아 호텔(Pennsylvania Hotel : 현 Statler Hotel)로 22층, 2,200개의 객실을 보유한 세계 제일의 호텔로 등장하였고, 1920년대의 와돌프 아스토리아 호텔(Waldorf Astoria Hotel : 47층 객실 2,200개 보유), 그리고 1927년에 건립된 스티븐스 호텔(Stevens Hotel : 현 Hilton Hotel 객실 3,000개)이다.

'스타틀러(Ellsworth Milton Statler)'의 호텔경영은 여러 가지 의미에서 혁신적이었는데, 그는 호텔은 사치와 호화로움이 전부가 아닌 편리함과 쾌적함이 공존한다는 생각을 가지고 호텔의 사회적 중요성을 인식했던 최초의 호텔 경영자로서의 경영이념을 갖추고 호텔업을 근대산업의 한 부분으로 끌어 올렸다.

스타틀러는 경영자로서 테일러(Taylor)의 과학적 관리기법을 도입하여 직원들의 조직과 업무, 채용과 교육, 원가관리 등을 과학적으로 접근하여 경영관리 체계를 능률주의에 입각하여 철저하게 단순화·표준화·과학적인 계수관리를 추진하여 경영하였고, 또 미국의 실업가 포드의 포디즘(Fordism)에 영향을 받아 쾌적하고 편리하게 호텔 상품/서비스를 적절한 가격으로 판매하여 호텔의 대중화를 실현시켰다. 또한, 현대적 의미의 프랜차이즈를 처음 시작하여 규모의 경제를 이룩하여 호텔산업의 경쟁력을 강화시켰다.

  1930년 초 대공항으로 인해 미국 내 호텔의 85%가 도산하였음에도 불구하고 스타틀러 호텔은 하나도 도산하지 않고 건재하였으나, 1954년 스타틀러 호텔은 콘래드 힐튼(Conrad Hilton)가 인수함으로써 스타틀러의 시대는 막을 내리게 되고 힐튼호텔(Hilton Hotel)의 시대가 등장하게 되었다.

(4) 현대 호텔(Modern Hotel) 시대

  미국의 호텔역사가 곧 호텔의 역사라 해도 과언이 아닐 정도로 호텔의 역사는 미국에 의하여 이루어 진 실정이다. 대공항이 지나고 제2차 세계대전으로 인하여 군인들의 이동과 전후 복구 활동이 호텔업의 호황기를 만들어 냈다.

  제2차 세계대전 이후 호텔은 국제화되기 시작하였고, 미국의 호텔산업은 체인 시스템을 도입하여 'The Hilton Hotel Corporation'과 'Sheraton Corporation of America'의 대형 체인호텔들이 등장하였다. 20세기 중반 이후부터 숙박업에서 차지했던 현대 호텔의 이용객 층은 관광목적 및 상용목적 여행객과 현지 주민에 이르기까지 다양하여 대자본 및 공공투자를 증대시켜 다각도로 국민 복지를 꾀하며, 경영의 다각화를 통한 가치 지향의 경영방침을 추구하였다. 이러한 추세에 따라 체인 시스템을 도입한 쉐라톤(Sheraton)과 힐튼(Hilton) 등, 대형 호텔기업 체인이 등장하게 되었다.

  따라서 호텔기업들은 체인화 추진을 위해 기존 호텔들을 매입하거나 신규 호텔을 건축하고, 리스·프랜차이즈·대리경영계약 등의 방식을 병행하여 체인의 확대를 시도하였는데, 가장 중요하게 대두되는 체인화는 여러 방법이 있겠으나, 힐튼(Hilton)은 대리경영계약(management contract) 방식으로 체인화를 하였다는 것과 Holiday Inn 창업자 케몬스 윌슨(Kemmons Wilson)은 1952년 Holiday Inn 건립 이후 1968년 1,000여 개의 모텔을 경영함에 있어 저 요금의 숙박시설로 컴퓨터 예약 시스템을 도입하여 프랜차이즈 체인을 전개하여 크게 성공하였다는 것이다.

  한편, 미국인들은 휴가 증대와 철도의 확장에 따라 여행의 대중화 현상으로 휴양지 호텔이 급격히 발달하였는데, 서부 버지니아의 온천 지대에 Greenbrier Homestead 리조트 호텔이 등장하여 미국 국민들은 점차 온천 휴양지를 중심으로 모여들게 되는 등으로 휴양지 호텔(resort hotel)이 발전하였다.

  주로 하계 휴양지(summer resort)에는 보양, 오락 등의 목적으로 안락하고 맛

있는 요리를 제공하는 리조트 호텔들이 세워졌으며, 캘리포니아와 플로리다 지역은 동계 휴양지(winter resort)로의 리조트 호텔이 많이 들어서게 되는 등, 미네소타, 위스콘신, 미시간, 로키산맥 등을 위시하여 동계 휴양지가 발전하였고, 뉴잉글랜드 지역은 산악 휴양지(mountain resort)로서 발전하게 되었으며, 대서양 해변을 위시하여 마이애미 해변 등은 하계 휴양지(summer resort)로서 발전하여 각광을 받게 되었다.

또한, 자가용 승용차 보급과 도로의 발전은 여행객을 더욱 증가시켰으며, 제2차세계대전 후, 대공항을 우려한 미국 정부의 고속도로 확장사업에 따라 고속도로가 많이 생겨나게 되었고, 이로 인해 1950년대는 호화스럽고 규모가 큰 호텔 대신에 새로운 형태의 숙박시설인 모텔이 등장하게 되었다. 당시 미국 국민들은 가족단위의 자동차 여행을 즐기기 시작하면서 이들을 수용할 수 있는 모텔이 등장하게 된 것이다. 모텔은 주로 도로주변에 위치하고 주차장 시설이 잘 갖추어졌으며 셀프서비스를 통해 저렴한 요금으로 이용객을 맞이하였다. 처음으로 모텔 형식의 숙박시설은 1930년대의 Tourist Cabin으로 추정되는데, 1940년대 모텔의 최초 그룹인 Quality Courts가 탄생되면서 모텔에도 서비스와 경영상의 표준화 시대가 열렸다.

제2차세계대전의 발발로 호텔(Hotel)들은 경영의 어려움으로 도산을 면치 못하고 있었으나 모텔(Motel)만은 유일하게 군사 캠프와 군수물자 공장 주위에서 성행하게 되었다. 모텔은 무엇보다 건축이 용이하고, 부대시설이 단순하고, 주차가 편리하고, 객실료가 저렴하다는 특징으로 수요가 날로 증가하였다.

1948년 이전부터 일부 호텔이 체인으로 모텔화하였는데, Holiday Inns, Ramada Inns, Marriott, Congress of Motor Inns, Superior와 Howard Johnson 호텔 등이다. 그리고 1950년 중반 이래 Hilton, Sheraton, Albert Pick, Boss, Schimonel, Knott 등도 점차 모텔을 건립하는 현상이 나타났다.

1951년에는 위스콘신주 Mead Inn이 완전한 호화호텔 설비를 갖추어 모텔로 개업했고, 캔자스주 Topeka에 Jayhawk Junior Highway Hotel(Alsonett Hotels)이 처음으로 호텔 방식으로 건립되었다. 당시 호텔업자들은 모텔의 등장을 그리 대수롭게 생각하지 않고 있었으나 Holiday Inns 설립자 케몬스 윌슨(Kemmons Wilson)에 의해 모텔의 체인화가 활성화되면서 소규모로 100실 이상의 모텔을 건립하여 고객의 욕구를 충족시켜 주었다. 이러한 모텔들은 기존 호텔의 기준을 능가할 정도로 욕실, 연회장, 라운지, 식당, 냉난방 설비, 수영장 설비뿐만 아니라 카펫 등 최신식 설비를 하였다.

또한, San Francisco Hilton 모텔은 주차장과 객실이 인접하게 설계하여 자동차를 탄 채로 데스크에서 등록 수속을 한 후, 객실 문 앞에다 주차를 시키고 입실하도록 하였다. 그러나 이러한 모텔이 대형화되면서 투자의 위축과 고객들의 수요 감소로 인하여 1970년대부터는 객실은 좁고 시설은 단조롭지만, 고객의 성향에 따라 더욱 저렴한 버짓 모텔(Budget Motel)이 성행하게 되었으며 한때 Days Inn은 버짓 모텔의 체인으로서 가장 거대한 체인으로 성장하였다.

표 2-1 · 호텔의 발전사 요약

시대별 호텔	발 전 사
고대 이집트 그리스 시대	캐러밴서리(Caravansary) : 고대 동양의 비단길(silk road) 광장 중앙에 큰 안뜰이 있는 대상들의 숙박시설. 큰 여관을 말한다. 도시 사이를 연결하는 교통요지의 여행객 숙박시설
로마 시대	맨션(Mansion) : 상류계급의 숙박시설(공용 출장을 다니는 관리나 여행자는 증명서를 제시해야 함.)
독일 호텔	1807년 : 바덴바덴, 독일 최초의 호텔인 바디쉬 호프 (Der Badische Hof) 1874년 : 베를린, 카이저르 호프(Caiser Hof) 1876년 : 라인강변, 프랑크푸르트 호프(Frankfrut Hof) ※Hof : 건물 등에 둘러싸인 장소 또는 광대한 저택을 뜻하며, Inn에서 Hotel로 발전하는 과정에서 과도기적으로 쓰였던 호텔의 명칭.
프랑스 호텔	1850년 : 파리, 프랑스 최초의 그랜드호텔(Le Grand Hotel) 1855년 : 나폴레옹 3세의 창안, 루브르호텔(Hotel du Louvre) 1870년 : 그랜드내셔널호텔(Hotel Grand National) 1880년 : 세자르리츠(Cesar Ritz), 리츠호텔(Ritz Hotel)
영국 호텔	1889년 : 사보이호텔(The Savoy Hotel) 1899년 : 칼튼호텔(The Carton Hotel)
미국의 호텔	1794년 : 시티호텔(City Hotel) 1829년 : 트레몬트 하우스(Tremont house) 1897년 : 월도프 아스토리아호텔(Waldorf-Astoria Hotel) 1908년 : 버팔로 스타틀러호텔(Buffalo Statler Hotel) 1920년 : 리츠칼튼호텔(The Ritz-Carlton Hotel)

표 2-2. 미국 호텔의 발전사 요약

시대별 구분	발 전 사
초기	1607년 : 식민지인들의 빈번한 이동으로 영국의 숙박시설 형태를 복제한 Tavern이 생겨남. 1634년 : 새뮤엘 콜스(samuel coles)에 의해 건립된 Coles Ordinary (영국식 여관의 형태를 갖춘 최초의 숙박시설로 추정.) 1787년 : Wilkes-Barre에 Arndt's Tavern(펜실베이니아)
제1차 황금기 1794년~1829년	1794년 : City Hotel : 미국 최초의 호텔. 객실70실(브로드웨이) 1807년 : Exchange Coffee House(필라델피아) 1824년 : United States Hotel(보스톤)
근대 호텔 출현기 1829년~1900년	1829년 : 트레몬트 하우스(Tremont house) : 근대 호텔의 원조 　　　　객실 170실을 보유한 호화스러움. 　　　-지배인 제도 채용　　-Lobby 구비 　　　-프랑스 요리 제공　　-최초 벨맨 제도 시행 　　　-최초 객실 내 세면대 물 사용가능, 물주전자, 신문, 비누 제공 　　　-객실 전화 역할 호출기 도입 　　　-최초의 각 객실별 열쇠와 열쇠 체인 부착 1855년 : Parker House 건립 1860년 : Continental Hotel(8층/미국동부) 1875년 : Palace Hotel. 객실 800실(샌프란시스코) 1890년 : Waldorf Astoria Hotel 1,000실(뉴욕 중심가)
제2차 황금기 1900년~1930년	1908년 : Buffalo Statler Hotel(상용호텔의 효시) 　　　-1.5 달러로 욕실이 딸린 객실 제공 　　　-호텔산업의 혁명왕 스타틀러에 의해 건립 1919년 : Pennsylvania Hotel 2,200개 객실(22층) 1920년 : New Waldorf Astoria Hotel 2,150개 객실(47층) 1927년 : Stevens Hotel(현재 Conrad Hotel) 3,000개 객실
공황기 1930년~1940년	1930년 : 경제대공황기 도래 • 전체 호텔의 85% 도산,　　• Chain Hotel 등장
회복기 1940년~1950년	1942년 제2차세계대전으로 군인의 이동으로 회복세. 　　　-2차세계대전 후 낡은 호텔(12년 이상) 개량, 투숙객 증가 • 체인 호텔과 리퍼럴(referral) 시스템의 팽창, 대집회장 • 상용 및 일반 여행객들의 유치를 위한 활발한 판촉전 전개
근대기 1950년~	• 휴양지 호텔 및 Motel 등장과 발전 • Hotel chain system 도입 - Hilton, Sheraton 1951년 : Mead Inn이 호화호텔 설비로 모텔로 개업. 그 후 • 항공회사의 호텔경영 진출 　Pan America Intercontinental HTL 　TWA - Hilton International, American 항공-Americana Hotels • 하워드 존슨의 Lodge 경영 : 고속도로 레스토랑에 병설 • 메리어트의 다각 경영 : 외식산업 겸 자동차 식당 • 리조트 등 호텔의 다양화 : 휴양지 호텔(여름-해변/겨울-산장) • 지중해 클럽 - 세계 최대의 다목적 관광호텔회사 설립

2 한국 호텔의 발전과정

1. 한국 숙박시설의 변천사

한국의 숙박시설에 대해 삼국사기에 기록에 나타난 것을 보면, 최초의 숙박시설은 신라 소지왕 9년에 '역관驛館'을 세워 관리들이 지방 순찰 시 숙소로 이용하게 하였고, 8세기 중엽 신라와 당나라 관계가 원활하여 인적·물적 교류가 활발해짐으로써 중국 동해안지역에 신라인이 집단 거주하는 자치구역을 신라방新羅坊이라 하며, 사신이나 신라인에게 숙박을 제공하였다. 신라방은 장보고가 해상무역을 장악하면서 번창하였다. 또한, 장안으로 가는 일부 지역에 신라 사신이나 유학생, 승려 등이 숙박을 할 수 있는 신라관新羅館이 생겼으며, 신라인을 위한 사찰寺刹 신라원新羅院도 세워졌다.

고려시대에는 '역참제驛站制'의 발달로 역마驛馬를 두고, 공무로 왕래하는 관리들에게 교통 및 숙박 편의를 제공하였고, 처음으로 공설주막이 개설되어 선비들의 숙식 장소로 이용되었다. 또 사찰에서도 숙식을 제공하고 돈을 받았으며, 고려 말기에는 송나라와의 활발한 무역거래로 인하여 두 나라 상호 간에 숙박시설을 만들어 사신과 상인들에게 숙식을 제공하였다.

※역참제 : 관리나 사신에게 교통수단(馬匹)과 숙식을 제공하는 조직 제도

조선시대에는 고려시대 '역참제驛站制'의 지속으로 전국에 약 537개의 '역驛'이 있었으며, 관리들을 위해 한성에서 의주까지 새로운 숙박시설 '관館'이 설치되고, 하급 숙박시설인 '원院'이 생겨났으나 그 사용 범위가 제한적이었기에 폐지되고 일반 여행객을 위한 '주막酒幕'이 생겼다. 또한, 조선 초기에 생겨난 '주막'이 발달되어 형태가 커지고 교역의 범위가 확대됨에 따라 다른 지역에서 온 상인들에게 거처를 제공하고 물건을 맡아 팔거나 흥정을 붙이는 일을 하는 '객주客主'가 나타났으며, 조선시대 말기에는 위탁매매를 주업으로 하는 장사치를 머물러 묵게 하거나 물품의 소개와 흥정을 붙이는 물상객주物商客主와 보부상을 상대하던 보상객주褓商客主가 인천, 부산, 원산 등을 중심으로 전국에 약 480여 개소에 달했다.

1876년 한국과 일본의 수호조약 체결 및 1882년 미국과의 한·미 수호통상조약이 체결됨에 따라 숙박업은 주로 외국인들에 의해 발전하였고, 그 수요자도 대부분 외국인들이었다. 1887년에 요정과 숙박을 전문으로 하는 '시천여관' 건립이 효시가 되어 1892년 파성관巴城館 등 숙박시설이 점차 증가하였다.

그 후, 1908년에는 전국의 '여관'이 123개에 이르렀고 1927년경에는 철도역을 중심으로 전국적으로 크게 확대되었으나 운영 형태는 대부분 한식과 일식을 제공하는 것으로 호텔의 발전과는 다른 궤도였다.

2. 한국 호텔의 역사

근대 호텔의 형태를 갖춘 우리나라의 최초 서양식 호텔은 1888년(고종 25) 인천 중구에 일본인 '호리리키타로(堀力太郎)'가 3층 벽돌건물에 객실 11개를 갖춘 대불호텔이다. 주로 외교사절이나 외국인 여행객이 이용했다.

1899년에 경인선이 개통되므로 인하여 경영의 어려움을 겪다가 새로운 주인이 중화루라는 청요

리집으로 운영하다가 쇠퇴하여 1978년 철거되었다가 2018년 인천 중구 역사탐방 대불호텔전시관으로 새롭게 복원되었다.

대불호텔이 건립 당시에 번창하자 같은 시기(연대 미상) 청국인 "이태"라는 사람이 맞은편에 스튜어드호텔(Steward Hotel)을 개업했다. 이 호텔은 2층 건물로 1층은 양잡무상(洋雜貿商)의 잡화상과 2층은 8개의 객실로 되어 주로 외국인을 상대로 영업을 하였다. 당시에는 육로교통이 불편하여 서울보다 항구 근처 인천에 호텔이 먼저 생긴 것이다.

손탁호텔

최초 서구식 호텔은 1902년(고종 39) 서울 중구 정동 1184평에 프랑스계 독일 여성인 손탁(Sontag)에 의해 손탁빈관을 경영하였는데, 이것이 서구풍의 손탁호텔이었다. 1층은 일반 객실과 식당, 회의장을 구비하였고, 2층은 황실의 귀인을 모시는 객실이었다. 손탁은 실내장식을 서구풍으로 꾸미고, 서양가구, 장식품, 서양요리,

악기 등을 최초로 도입하고, 건축설비 규모와 운영 면에서 볼 때 우리나라 최초의 서구식 호텔로서 의의가 있다. 당시 사교모임이나 외교모임인 정동구락부(貞洞俱樂部) 모임 장소로 사용되었으며, 영국의 처칠(Churchill)이 수상이 되기 전 기자시절 숙박하여 유명인사가 숙박했다하여 그 명성이 대단했다. 1918년 문을 닫고 이화학당 기숙사로 사용하다가 1923년 새 건물을 지었다. 그 후, 6·25전쟁으로 폐허로 변하여 1969년 3층짜리 건물로 지어 여관과 식당으로 운영되었다가 지금은 정동교회와 정동극장 뒤 길에 손탁호텔 터라는 팻말만 남아 있다.

우리나라 호텔은 철도사와 병행해서 발전했다고 할 정도로 개화시기에 맞춰 만들어지는데, 우리나라 최초의 철도 경인선은 1897년 3월 22일 미국의 지원으로 기공하여 1899년 9월 18일 일부 구간이 개통되었다. 당시 일본은 대륙 침략 야망으로 1898년 경부선 철도 부설권을 얻어내고 '경부철도합동조약'을 체결하여 일본인의 손에 의해 만들어지는 비운의 역사를 가지고 경부선(1901~1905)이 건설·개통하게 되었다. 이시기 여행의 형태가 철도여행으로 전환되었다.

1906년에 경의선 개통으로 부산~신의주 간 급행열차 '융희호(隆熙號)'가 운행되고 열차 내 식당이 생겨 승객들에게 식사를 제공하고, 한반도와 만주 사이의 철도 완성으로 외국인들이 한반도를 경유하여 만주로 이동함에 따라 철도역 주변에 숙박시설이 절실히 필요였지만, 민간자본 투자 형편이 못되어 철도회사 자체적으로 호텔을 건설하고 운영할 수밖에 없어 호텔업은 자연스럽게 철도사업의 부대사업이 되었다. 경부선 개통으로 1910년 2월, 부산역을 벽돌 2층으로 건축하여 1층은 역사 대합실과 철도사무소로 사용하고, 2층은 호텔로 1912년 7월부터 부산철도호텔 영업을 하였으며, 같은 해 8월에는 신의주역에 역사를 겸한 서구식 철도호텔로 영업을 시작하였다. 2년 후인 1914년에 조선호텔이 서양식과 한국식을 겸한 4층 규모의 65개 객실로 서울 중구 소공동에 개관하였다.

일제강점기 때의 조선호텔

Westin Chosun Hotel

1945년 8월 15일 해방되면서 조선호텔의 경영권이 한국인에게로 넘어왔다. 1948년에는 탈 일본정책으로 호텔의 일본식 영문명 CHOSEN HOTEL(조센호텔)을 한국식 영문명 'CHOSUN HOTEL'(조선호텔)로 바꾸었다.

그리고 철도노선에 따라 1915년 금강산-금강산호텔, 1918년 내금강-장안사호텔, 1925년 평양철도호텔이 신설되었고, 철도의 개통과 더불어 1929년에 일본의 항공노선이 개설되어 교통이 더욱 편리해지자 1936년에 일본인 노구찌에 의해 반도호텔이 개관되면서 본격적인 상용호텔(commercial hotel) 시대가 열렸다.

3. 한국 현대 호텔의 발전

한국의 현대식 호텔은 일제강점기 1938년 일본인 '노구치 시다가후'가 건립한 반도호텔로, 미국 스타틀러(Buffalo Statler) 상용호텔 방식을 도입하여 서울 중구에 건립했다. 대지 1,544평에 연건평 6,164평, 8층 철근 콘크리트 건물로 당시 국내 최대 시설의 규모를 갖춘 호텔로 한국 호텔산업의 전환기를 가져왔다.

[현대식 반도호텔(상용호텔)]

반도호텔 전경 　　　　반도호텔 현관 　　　　반도호텔 주변도로

1953년 7월 한국전쟁 휴전 후 많은 미군들과 군무원, UN 한국부흥단위원 등이 한국을 방문하게 되자 관광사업의 필요성을 인식하기 시작하여 여행사와 민영호텔들이 생겨나기 시작하였다.

1952년에 민영호텔인 대원호텔이 개관하였고, 1954년 교통부 육운국(陸運局)에 관광산업 촉진을 위하여 관광과가 설치되었으며, 1955년에 앰베서더호텔의 전신인 금수장호텔, 그리고 1957년에 부산 해운대관광호텔, 서울의 민자호텔인 사보이호텔이 각각 개관을 했다.

1957년에 세계관광기구(WTO)의 전신인 국제관광기구에 회원으로 가입했고, 1958년 3월에는 중앙 및 지방에 관광위원회가 설립되면서 본격적으로 호텔산업이 발전하기 시작하였다. 당시 국내 최초 여행사인 대한여행사가 창립되었다.

1960년대에는 정부지원과 민간 기업인들의 꾸준한 노력으로 1963년에 호텔산업은 현대적인 감각과 254개의 객실과 레저 시설을 갖춘 최초의 리조트 호텔인 워커힐호텔(Walker's Hill Hotel)이 건립되어 그해 4월 개관되었고, 1978년에는 쉐라톤 체인 호텔(Sheraton Chain Hotel)로 확장하여 운영되었다. 또한, 1966년에는 322개의 객실을 보유한 세종호텔이 최초로 민간자본에 의하여 건립되었으며, 당시에 중소 민영호텔도 많이 건립되었다.

1960년대에 들어서면서 관광산업은 정부의 정책적인 지원과 민간 기업들의 노력으로 외화획득 산업으로서 괄목할만한 성장을 하게 되었다. 당시 시설을 기준으로 우수한 호텔을 선정하여 관광호텔로 분류하고 적극적인 행정지원을 하기 시작하였다. 따라서 메트로호텔(Metro Hotel), 아스토리아호텔(Astoria Hotel), 뉴코리아호텔(New Korea Hotel), 사보이호텔(Savoy Hotel) 등의 민영 관광호텔이 탄생하였고, 호텔의 객실 수도 약 300개 정도를 확보하였다.

특히, 워커힐 호텔(Walker Hill Hotel)은 한국 호텔산업에 있어 최초의 현대적인 호텔이라고 할 수 있는데, 워커힐 호텔은 동양 굴지의 리조트 호텔로 당시에 객실 254개를 보유하고 있었으며 한국관광공사에서 운영하였다.

1970년대에는 제3차 경제개발 5개년 계획에 따라 호텔산업은 더욱 빠른 발전을 하였으며, 관광호텔의 등급화 제도가 시행되는 등, 국제수준의 대형호텔들이 속속 개관하였다. 1970년 3월에는 일제강점기 때, 조선철도국에 의해 1914년에 건립된 조선호텔 구 건물을 현대식 20층 규모의 호텔로 바뀌었는데, 이 조선호텔은 한국관광공사와 미국의 아메리칸 항공사(America Airlines)의 합작투자로 국내에서 처음으로 자본과 경영이 분리되어 운영하는 호텔이었다.

1972년 하반기에 한국관광공사가 운영하던 워커힐호텔, 반도호텔, 대한항공사가 민영화되었으며, 1976년에는 서울 프라자호텔, 1978년에는 하얏트호텔, 부산조선비치호텔, 코모도호텔, 경주 코오롱호텔 등이 각각 개관하였고, 1979년부터 1980년 사이에는 신라호텔, 롯데호텔, 경주조선호텔, 경주도큐호텔, 부산서라벌호텔, 서울가든호텔 등의 대규모 호텔들이 개관되어 국내 호텔산업의 중흥기를 이루었다.

1978년에는 하얏트리젠시호텔(Hyatte Regency Hotel), 1979년에는 호텔신라(Hotel Shilla)의 5성급(당시 특1급) 호텔이 개관되었으나 1979년에 제2차 석유 파동으로 세계경제의 침체기가 시작되고, 80년대 정치 격변으로 사회적·경제적 혼란으로 국내 호텔산업은 시련기에 직면하게 되었다.

1983년에는 힐튼호텔(Hilton Hotel)이 개관되고, 86아시안게임과 88서울올림픽 등 대규모의 국제행사를 치르면서 정부는 호텔산업의 질적인 향상과 수용 태세 정비를 위한 등급 제도를 대폭 개선하고 다각적인 행정적 지원과 함께 행정 규제도 강화하였다.

　이시기에 국제행사 등을 대비한 숙박시설을 확충하기 위하여 서울 르네상스호텔(Seoul Renaissance Hotel), 스위스 그랜드호텔(The Swiss Grand Hotel), 호텔 인터콘티넨탈 서울(Hotel Intercontinental Seoul), 호텔롯데월드(Hotel Lotte World) 등, 현대적이고 국제적인 시설을 갖춘 5성급(구 특1급) 호텔들이 확충되어 질적, 양적 중흥기를 거치면서 외국 관광객에게 국제화된 표준화 서비스를 제공할 수 있게 되었다. 또한, 세계적인 대규모 호텔의 체인을 바탕으로 하는 체인경영 호텔이 증가하고, 한국의 국제적 위상이 향상되었다. 따라서 1995년에는 리츠칼튼서울호텔(Ritz Carlton Seoul Hotel), 1999년 이후에는 코엑스인터콘티넨탈호텔(COEX Intercontinental Hoter), 2000년에 497개의 객실을 보유한 메리어트호텔(jw-Marriott Hotel)의 대형호텔이 개관되었다.

표 2-3 · 한국 호텔의 발전사 요약

시대별	내 용
삼국초기 ~ 고려시대	[삼국사기에 최초의 숙박시설 관련 기록됨] • 역관(驛館) : 신라 소지왕 9년 관리들이 지방 순찰시 숙소로 이용 • 신라방(新羅坊) : 통일신라시대 당나라를 찾는 신라인의 숙소. (당나라 때 중국 동해안 일대에 설치된 신라인의 집단거주 지역.) • 역참제(驛站制) : 삼국시대 역참의 유래가 비롯되어 고려시대 중앙과 지방 사이에 역마(驛馬)를 두고, 공무로 왕래하는 관리에게 숙박 편의 제공을 위해 설치된 역참으로 관에서 운영하는 교통·통신 및 숙박시설.(25리마다 1개의 역참(驛站)을 두었음)
조선시대	• 고려시대의 역참제 지속 : 전국에 537곳에 역참을 설치 • 관(館) : 새로운 숙박시설로 공무로 여행하는 관리를 위해 지방관아(地方官衙)에 설치 • 원(院) : 하급 숙박시설인 원이 점차 제한되어, 주점(酒幕)이 발달
개항기 ~ 1900년대	[19C 말 서구문물 유입과 외국인 방문으로 전통적 숙박시설의 변화시작] • 1888년 : 인천/대불호텔(➡우리나라 최초의 호텔 등장) • 1902년 : 서울 정동/손탁호텔(서울의 최초 근대적 호텔 등장) 　※손탁호텔 등장으로 프랑스 요리 처음으로 제공
1910년대	• 1912년 : 부산철도호텔(➡최초의 철도호텔 등장) • 1912년 : 신의주철도호텔 • 1914년 : 조선호텔(처음으로 회의장소로 이용됨)
1930년대	• 1938년 : 반도호텔(➡최초의 상용호텔 등장) 　※그 시기 우리 국민의 여행이 제한되어, 주로 일본인이나 외국인을 위한 호텔로 사용

1950년대	• 1952년 : 대원호텔(➡최초의 민영호텔 등장) • 1955년 : 금수장호텔(지금의 소피텔엠버서더호텔의 전신) • 1959년 : M.O.T(교통부)가 직영한 호텔(서울의 반도, 조선호텔과 지방의 8개 호텔 등 10개)
1960년대	• 1961년 : 8월 관광사업진흥법 시행- 시설기준이 우수한 호텔을 관광호텔로 지정(메트로호텔, 아스토리아호텔, 뉴코리아호텔, 사보이호텔, 그랜드호텔) • 1963년 : 워커힐호텔(➡최초의 휴양지 호텔 등장) • 1965년 : PATA총회 개최로 서울에 호텔의 중요성 인식
1970~1980년	• 1970년 : 조선호텔(➡국내 처음으로 자본과 경영을 분리 운영) • 1970년 : 관광호텔 등급제도 및 관광호텔 지배인 자격시험 제도 실시 • 1976년 : 서울프라자호텔 • 1978년 : 하얏트호텔, 부산조선비치호텔, 경주코오롱호텔 • 1979년 : 호텔신라 개관을 시작 ※ 1979~1980년 사이 호텔롯데, 경주/조선호텔, 경주/도큐호텔, 부산/서라벌호텔, 서울/가든호텔 등 대형호텔 개관
1980~2000년	• 1983년 : Hilton 호텔(➡제53차 ASTA총회 개최) ※ 86 아시안게임, 88 서울올림픽 이후, 외국 체인호텔 등장 (스위스그랜드호텔, 인터콘티넨탈호텔, 라마다호텔, 호텔롯데월드 등 개관) • 1990년 : 제주신라호텔(➡Resort Hotel로 개관) • 1995년 : 리츠칼튼서울호텔 • 1999년 : 코엑스인터콘티넨탈호텔 • 2000년 : (jw-Marriott Hotel) 등 …
 호텔 시그니엘서울	• 2017년 : 시그니엘서울(SIGNIEL SEOUL) 호텔은 우리나라 최고층 건물인 서울 송파구에 높이 555.7m, 123층 롯데월드타워의 76층~101층에 위치하여 객실 235실을 보유한 호텔로 한국의 아름다움을 현대적인 감각으로 풀어낸 객실에서 서울의 파노라믹한 스카이라인과 환상적인 야경을 조망할 수 있으며, 일몰과 일출을 한 자리에서 감상할 수 있는 호텔이다.

4. 호텔의 시설 및 등급

(1) 호텔의 시설

우리나라 관광진흥법 상의 호텔업은 "관광객의 숙박에 적합한 시설을 갖추어 이를 관광객에게 제공하거나 숙박에 딸리는 음식·운동·오락·휴양·공연 또는 연수에 적합한 시설 등을 함께 갖추어 이를 이용하게 하는 업"이라 하고 있다.

시설기준은 객실과 모든 시설의 질과 만족도 등에 의해 등급을 정하게 되며, 법령에 정한 적합한 시설로 이용자의 편의를 도모하고 시설 및 서비스 수준의 효율적인 관리를 도모하며 이용자의 취향과 필요에 따라 호텔을 선택할 수 있는 객관적인 목표로 지향하고 있다. [p.392, 호텔등급 별표시 제도((Hotel Rating System) 참조]

(2) 호텔의 등급

① 등급결정

호텔업 등급은 관광진흥법 시행령에 의하여 5성급·4성급·3성급·2성급·1성급으로 구분한다.[시행령 제22조(호텔업의 등급결정) ②]

호텔업 등급평가기준은 ▸서비스 분야에서 현관, 로비, 복도와 객실, 식당 및 주방, 부대시설의 관리·운영과 종사원의 복지 및 관광산업에 대한 기여도, ▸건축, 설비, 주차시설 분야, ▸전기, 통신시설 분야, ▸소방 안전상태 분야, 그리고 라운지 및 휴식을 취할 수 있는 부대시설 등에 대한 법령 준수 여부'에 따라 평가를 하여 등급을 결정한다.

그 세부적인 기준 및 절차는 문화체육관광부장관이 정하여 고시한다.[시행령 제66조(등급결정 권한의 위탁) ③]

등급평가단 구성은 「첫째, 서비스 상태 평가자 2인 이상」, 「둘째, 건축이나 설비 그리고 주차 시설평가자 1인 이상」, 「셋째, 전기나 통신시설 평가자 1인 이상」, 「넷째, 소방과 안전상태 평가자 1인 이상」, 「다섯째, 소비자 만족도 평가자 1인 이상」으로 구성하여 평정한다.

등급별 결정기준은 ▸5성급 : 총배점 1,000점(현장평가 700, 암행평가 300) 중 90% 이상, ▸4성급 : 총배점 850점(현장평가 585, 암행평가 265) 중 80% 이상, ▸3성급 : 총배점 700점(현장평가 500, 불시평가 200) 중 70% 이상, ▸2성급 : 총배점 600점(현장평가 400, 불시평가 200) 중 60% 이상, ▸1성급 : 총배점 600점(현장평가 400, 불시평가 200) 중 50% 이상 점수를 득해야 한다.

② 오텔 등급표지(標識)

호텔의 등급을 관광진흥법 시행규칙(19조)에 따라 문화체육관광부장관이 정하여 고시하는 별의 개수로 5성급, 4성급, 3성급, 2성급, 1성급의 호텔로 구분하여 해당 등급표지 현판을 붙일 수 있다.

우리나라의 호텔 등급표지는 지난 40여 년간 사용해 오던 무궁화(❀) 표지를 관광진흥법시행령 개정으로 2015년 5월 8일부터 별(☆) 표지제도를 도입하여 별표지판으로 변경했다.
[문화체육관광부고시 제2015-16호, 2015. 5. 8. 제정]

[별 문양]
가로 : 73.26mm,
세로 : 69.7mm

[별/표지판 재질]
듀랄루민(dralumin)
알루미늄 합금

별의 문양은 한국전통 기와지붕의 곡선을 모티브(motive)로 하여 별 형태를 만들었고, 전통적인 구름 문양을 별의 곡선 상에 부분적으로 가미하여 세련미를 더하고 있다.

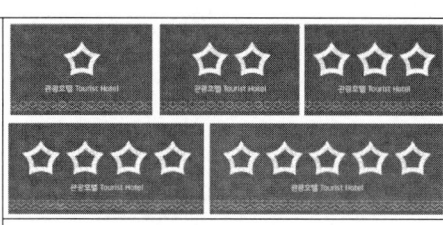

[별 표지판 규격]
- 1~3성급 : 가로 430mm, 세로 186mm
- 4~5성급 : 가로 600mm, 세로 186mm

[표지판 바탕색]
- 1~4성급 : 전통감청색(C-100, M-99, Y-37, K-51)
- 5성급 : 고궁갈색(C-64, M-87, Y-58, K-65)

[호텔등급표지 현판(사례)]

<1성급 호텔> <2성급 호텔> <3성급 호텔> <4성급 호텔> <5성급 호텔>

> **알아보기** 미국은 다이아몬드의 수로 호텔의 등급을 규정하기도 하지만, 호텔의 규모나 서비스, 객실수준의 다양한 형태로 분류를 하고 있다. 영국(잉글랜드, 스코틀랜드, 웨일즈)은 시설/서비스 복합평가로 왕관의 수로 표시하는데, 높은 수준의 호텔에는 왕관등급 이외에 Approved, Commended, Highly Commended, Deluxe의 4등급으로 호텔을 분류하며, 등급 체제 가입은 업계 자유의사에 맡기고 있다. 대만은 자국의 국화인 매화를 등급에 따라 4~5개로 표시하고 있으며, 마카오는 별표시제(star rating system)를 채택하고 있다. 헝가리의 경우는 국제적인 관용에 의해 5등급으로 분류하며, 스웨덴은 객실과 침대 수로 분류하여 호텔의 등급을 결정하고 있다. 일부국가를 제외하고 다른 나라는 등급제도가 없다.

Grand Walkerhill Seoul(☆☆☆☆☆)

Lotte Hotel Jeju(☆☆☆☆☆)

The Shilla Seoul(☆☆☆☆☆)

The Westin Chosun Seoul(☆☆☆☆☆)

Millennium Hilton Seoul(☆☆☆☆☆)

Grand HYATT Seoul(☆☆☆☆☆)

1 호텔의 경영형태

1. 단독 호텔(Independent Hotel)

단독 호텔은 개인 소유의 호텔 하나만 경영하는 경우와 대기업에서 호텔사업에 투자하여 관리인을 두어 단독으로 경영을 하는 것으로, 조직이나 판촉 등의 모든 면을 독자적으로 경영하는 형태이다. 제3자로부터 자금지원이나 경영지원 없이 독립적으로 운영하기 때문에 자유롭게 영업할 수 있으며, 체인 수수료와 같은 비용을 지불할 필요가 없기에 수익을 최대한으로 확보할 수 있지만, 경영에 대한 위험부담과 비수기에 어려움을 겪을 수도 있다. 특정한 지역 호텔(local hotel)은 이미지 형성이 가능하고, 자율성·융통성을 발휘할 수 있으며, 소규모나 중규모가 적합하다. 20세기 초의 스타틀러 호텔의 탄생까지는 모든 호텔들이 거의 개인의 소유로 개별 경영형태이었다.

호텔기업은 대개 주식회사 조직으로 경영과 자본이 분리되어 경영을 하지만, 아직도 공동경영(partnership) 또는 개인소유주(individual proprietors)에 의한 경영 형태를 취하고 있는 실정이다. 이제 호텔사업도 시대에 걸맞게 전문조직으로 경영되지 않으면 안 된다. 즉, 경영의 과학화와 전문화로 유도하기 위해서는 자본과 경영이 분리되어야 한다는 것이다.

오늘날 호텔은 체인화 조직으로 부상하고 있기 때문에 단독으로 호텔경영을 하는 것은 위축되지 않을 수 없다. 왜냐하면, 호텔의 특성과 대자본의 필요성,

공동선전 및 상호 숙박권장 등에 대한 문제로 단독 호텔은 체인 호텔로부터 경영에 대한 심각한 도전을 받고 있기 때문이다. 따라서 대규모 호텔은 모두 체인화의 방향으로 발전되고 있다.

단독 호텔은 해외광고 및 판촉 제한과 장기적 마케팅 비용의 지출을 필요로 하며, 자본과 경영의 미 분리로 원가절감의 어려움, 각 분야의 전문가 활용의 어려움, 공동예약 망 구축 및 상호 고객 연결 등의 어려움이 있다.

2. 체인 호텔(Chain Hotel)

체인 호텔(chain hotel) 경영은 최소 2개국 이상의 국가에서 둘 이상의 호텔이 일정한 협약에 의해 경영기술을 공유하여 규모의 경제(economics of scale)를 최대한 살려 경영의 능률성과 수익을 향상하기 위한 경영 형태이다.

호텔의 체인화 경향은 세계적인 추세이며 이러한 추세에 따라 보다 호화롭고, 보다 대형화된 호텔이 발전할 수밖에 없다. 호텔사업은 대자본이 필요하기 때문에 자본조달 방법에 있어서 연쇄적인 경영을 합리화하지 않으면 안 된다. 즉, 대량생산(mass production), 대량판매(mass sales)와 같은 대량 수법 전략으로 고객으로부터 얻어지는 신뢰감과 안정감으로 통일화시켜 고객을 충족시킬 수 있는 경영 효과가 요구되는 것이다. 체인 호텔은 경영계약 호텔(management contract hotel)과 프랜차이즈 경영호텔(franchise management hotel)로 나뉜다.

(1) 경영계약 호텔(Management Contract Hotel)

경영계약 호텔은 경영에 대한 노하우와 경영능력을 보유하고 있는 호텔 경영회사(operator)와 호텔 소유주(owner)와의 경영계약으로 호텔 소유주는 자산관리에만 전념을 하고, 호텔경영 전문회사는 전적으로 경영을 해주고, 그에 따른 수수료를 받는 형식이다. 다만, 호텔 소유주는 경영권만 상실된다는 것이 프랜차이징 호텔과 차이점이 있다.

호텔 소유주는 운영자금과 영업비용, 금융비용 등의 모든 재정적인 부담을 하게 되며, 경영회사는 호텔 소유주를 대신하여 경영을 함으로써 그 경영의 대가를 호텔 소유주와 합의한 일정한 수수료를 받는 것이다.

경영계약 방식은 일종의 위탁경영 방식으로 수수료는 광고·홍보 등의 마케팅 비용 등, 손익에 상관없이 총 매출액의 1~3% 정도의 경영수수료(management fee)와 영업이익(operating profit)에 대한 인센티브제 형식으로 10~15% 정도를 받는 경영성과 수수료(incentive fee) 등이 있는데 프랜차이즈 방식의 수수료 비용보다 다소 높다.

❖ 경영계약 시스템

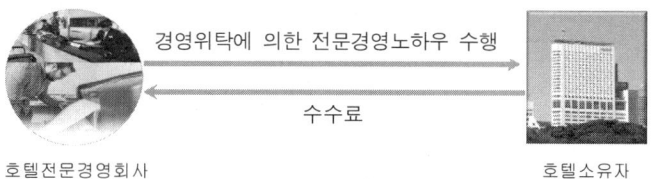

(2) 프랜차이징 호텔(Franchising Hotel)

프랜차이징(franchising) 호텔은 경영 기술을 보유하고 경영 시스템을 갖춘 특허권자(franchiser)인 가맹본부에서 가맹계약을 체결한 가맹호텔(franchisee)에 호텔의 상호, 상표 등의 사용권을 부여하고, 가맹비와 수수료(fee)를 받는 방법으로 지속적으로 경영 방법과 조직 형태를 지원해 주고, 그에 따른 체인 수수료를 받는 형태이다. 즉, 가맹본부에서 가맹호텔에 가맹권 부여와 상품/서비스 판매를 지원해 주고 수수료를 받는 것이다.

❖ 프랜차이징 시스템

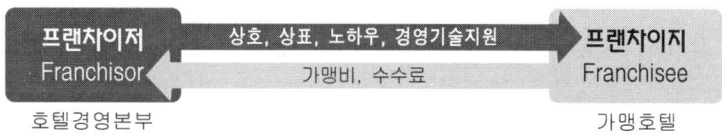

호텔과 모텔업계에 있어 가장 빠른 발전과 성장을 이룩한 것은 프랜차이징(franchising)에 의하여 발전하게 된 것이다.

프랜차이징은 하워드 존슨(Howard Johnson)이 자기의 식당경영에서 성공을 거둔 기록을 가지고 이를 본격적으로 호텔과 모텔 분야에 이용한 것은 1950년대에 들어서이다. 여기서 독립된 프랜차이즈 경영(franchising)과 체인 경영(chain operation)을 구별하기가 어려울 것이다.

왜냐하면, 건물의 외부 모양이나 구조, 시설, 객실, 설비, 장식, 비품, 메뉴까지도 이 두 종류의 경영 형태는 거의 동일성을 갖고 운영되기 때문이다. 실제적인 차이점은 재무구조 면에서만 서로 상이한 것으로 이 점은 일반 고객들로서는 쉽게 알 수가 없는 것이다.

　프랜차이징 조직에 독립된 호텔 소유자가 가맹함으로써 가맹자는 자기 호텔을 소유하면서 사업할 수 있고, 항상 경영본부 조직의 도움을 받을 수 있는 장점이 있다. 예를 들어, 가맹자가 좋은 위치에 대지를 소유하고 있어서 모텔 사업을 하기를 원할 경우에 프랜차이징 본부와 모텔 사업에 관한 적절한 계약을 체결하면 된다. 대개 프랜차이징 회사(franchising corporation)로부터 가맹자는 회원으로서 특권을 부여받는데 대한 회비(license fee)를 납부하게 되며, 광고·선전비는 보유 객실수와 영업 일수에 근거하여 부담하게 된다.

　이와 같이 프랜차이징 가맹비와 광고비를 납부함으로써 가맹자는 모텔 건축에 필요한 모텔 설계에서부터 자금에 대한융자 알선까지도 받을 수 있다. 또한, 모텔 경영에 관한 조직 편성이나 종사자의 직업훈련, 상품/서비스 판매, 회계처리 등의 모텔 경영 전반에 관한 기술적 도움을 프랜차이징 본부로부터 지원받게 된다. 그뿐만 아니라 프랜차이징 본부는 계열회사로 비품, 집기를 전문적으로 취급하는 회사를 두고 있으므로, 가맹자는 이를 통하여 모텔에 필요한 집기를 구입함으로써 비용을 절감할 수 있다.

　미국에서 널리 알려진 프랜차이징 경영 회사는 콩그레스 모터 인(Congress Motor Inns), 홀리데이 인(Holiday Inns), 라마다 인(Ramada Inns), 하워드 존슨 모터 로지(Howard Johnson Lodges), 쉐라톤 회사(Sheraton Corporation) 등이 있다.

　이 회사들은 여러 개의 직영 호텔이나 모텔을 소유하고 경영하지만, 이 체인 경영회사 소속의 대부분 호텔이나 모텔은 가맹계약에 의해 경영되고 있다. 따라서 프랜차이징 가맹계약을 통하여 호텔이나 모텔을 경영할 수 있게 되며, 어떤 개인이 독립적으로 호텔이나 모텔을 소유하고 경영하려고 함에 있어서 큰 도움을 받게 되는 것이다. 즉, 개인 소유의 호텔이나 모텔은 프랜차이징에 의한 이점을 충분히 이용하고, 가맹자는 호텔 또는 모텔을 자기의 소유로 유지하면서 독립 경영자로서의 위치를 확보해 갈 수가 있는 것이다.

　모든 프랜차이징 회사는 회원 호텔이나 모텔에 높은 수준의 기준을 정하고 있으며, 이 기준에 맞는 시설과 서비스, 청결함을 유지하도록 정기적인 실태조사를 하고 있다. 따라서 개별적으로 직접 호텔을 경영하기에는 시설과 상품의 수준을 유지하기에는 애로점이 있지만, 많은 호텔기업들이 프랜차이징에 가맹하게 되는 것은 이 분야에서 얻는 이익이 불이익보다 더 크기 때문이다.

　또 다른 경영 형태는 합자체인(co-owner chain) 호텔이 있다. 이것은 호텔이나 모텔이 본사와 개인 투자가와의 합자에 의한 소유 형식을 취하는 것이다.

미국의 경우에는 지방 투자자가 각각 모텔의 주식을 50%씩 소유하고 모텔을 건립할 때 도시의 본사가 모텔의 설계와 재무관리, 건물 설비 및 장식 등을 책임 시공하고, 관리한다. 대표적인 모텔로는 트래블 로지(Travel Lodge)이다.

❖ **프랜차이징 경영의 이점** ❖

① 프랜차이징 회원 상호 간에 홍보 및 판매활동을 최소의 비용으로 신속하게 할 수 있다.
② 프랜차이징 회사가 호텔이나 모텔의 객실예약 및 숙박시설 안내 업무를 적극적으로 수행하고 소개를 한다.
③ 호텔이나 모텔은 프랜차이징의 명성이 그들의 영업을 위한 충분한 영업권이 될 수 있다는 점에서 가맹하게 되므로, 회비와 각종 비용을 프랜차이징 회사에 납부하게 되며, 프랜차이징 회사에서는 이러한 수익을 얻을 수 있다.

1950년대 호텔업계에 큰 변화와 발전을 가져 온 것은 모텔과 모터호텔의 급진적인 발전의 현상이다. 당시에 미국인의 여행함에 있어서 자동차를 이용하여 가족과 함께 여행하는 사람들의 습관, 기호, 욕구의 변화를 가져오게 된 것이다. 즉, 미국인의 생활방식은 형식에 구애되지 않는 경향이 뚜렷해졌으며, 가족을 동반하고 호텔 로비를 가로질러 걷는 불편함과 팁(tip), 주차 시간 등에 대한 것을 모텔과 모터 호텔이 해결해 주었던 것이다.

또한, 모텔의 객실은 새로운 가구와 바닥에 카펫(carpet)을 깔고 객실마다 욕실을 구비하고, TV 등 편의시설을 갖추고 있으며, 대부분 모텔이 수영장 시설까지 구비하고, 모텔의 주차장은 무료로 자유롭게 이용할 수 있게 했다.

(3) 리퍼럴(Referral) 조직 호텔

1950년대 미국 호텔업계의 2가지 현상은 리퍼럴 조직(referral organization)과 프렌차이즈 경영(franchise management)인데, 체인 호텔들이 전문화된 경영방법과 체계적인 예약 시스템의 도입으로 시장 점유율을 확보·증대하자 단독 호텔들은 경영상의 위험을 실감하게 되었다.

따라서 단독 호텔들은 리퍼럴 조직으로 동맹호텔의 형태를 구성하게 되었는데, 리퍼럴 조직(referral organization)은 동업자 결합에 의한 경영방식으로 각각의 호텔업자들로 구성되어 종합적 성격을 띠고 있지만, 프랜차이징과는 달리 기

존의 단독 호텔들이 공동의 상표를 사용하면서도 각자 소유한 호텔을 독립적으로 경영형태를 유지하며, 상호 협력하고 제휴하여 경영의 효율성을 높이는 형태이다. 또한, 본부의 지원이나 통제가 없고, 조직 단체에 수수료도 지불할 필요가 없다. 대신 그들만의 연합적인 공동상표를 사용하여 이미지를 향상시키며, 공동으로 판매촉진 활동과 예약업무를 공유할 수 있다. 특히, 모텔(motel) 및 모터호텔(motor hotel)과 관련을 맺으면서 발전하였다. 당시 미국 여행자들은 일반적으로 상표와 기업 성장에 대한 민감한 반응을 보이면서 고객으로부터 좋은 이미지를 가지고 있는 상표를 이용하여 성공적인 판매활동을 전개할 수 있었다.

체인 경영 모텔들은 표준화된 건축양식, 시설, 장치, 설비, 도로변 입간판(road sign)이나 광고 등에서 선전되는 상표를 통하여 쉽게 찾아볼 수 있으며, 이들은 여행 고객을 다른 도시나 지역에 있는 체인 모텔에 숙박하도록 권장·예약도 해주며, 숙박등록까지도 미리 해주는 이점을 지니고 있었다.

이러한 체인 경영에 대해 대처하기 위해 단독으로 경영하는 호텔이나 모텔에 도움을 주기 위한 리퍼럴 조직이 생기게 되었으며, 그 조직으로 크게 성공하였다. 리퍼럴 조직은 비영리 단체로 조직에 가입된 회원들에 의해 운영하며, 이 조직에 가입함으로써 단독호텔 경영자들은 자신의 호텔에 대하여 전적으로 경영권을 행사하는 동시에 리퍼럴 조직 경영체제에 의해 모텔이나 호텔이 비슷한 판매증진의 혜택을 누릴 수 있다. 또한, 모든 리퍼럴 조직에 속해 있는 모텔이나 모터 호텔 등은 예약 망을 통하여 예약업무 편의를 제공할 뿐만 아니라, 시설과 서비스의 수준을 정하여 회원업체들은 그 기준에 적합한 수준을 유지하여야 하며, 시설 및 서비스 면에서 정기적으로 점검을 받게 되며, 불합격된 모텔은 회원자격을 상실하게 된다.

회원은 연회비를 납부하게 되며, 선전·광고비를 공동부담하게 되는데, 비용 부담은 모텔의 판매 객실수와 영업일수 등을 근거로 산출되기 때문에 회비는 규모에 따라 다르다.

미국의 리퍼럴 조직에서 연합 규모나 지명도에서 대표적인 연합으로는 '퀄리티 코츠(Quality Courts)', '베스트 웨스턴(Bast Western)', '베스트 이스턴(Bast Estern)', '마스터 호스트(Master Hosts)' 등을 들 수 있다.

이러한 리퍼럴 조직 호텔이나 모텔들이 광고와 같은 단순한 협력 관계에 그치지 않고, 본격적인 기업 형태로 활발한 활동을 함으로써 순수한 의미의 리퍼럴 조직은 미국 숙박업의 발전사에 불과한 것이라고 볼 수 있다.

이 외에도 단일 호텔기업이 다수의 호텔을 소유하여 스스로 경영하는 형태의 '소유자 직영 방식(ownership chain 또는 regular chain)'과 다른 기업이 소유하고 있는 토지와 건물을 호텔경영회사가 임대하여 임대차 계약을 맺고 경영하는 방식인 '임대차 방식(lease chain)'과 본부가 되는 호텔회사가 공동 선전과 예약업무 등의 면에서 몇 개의 독립호텔과 업무제휴를 맺고 하나의 체인을 구성하는 방식인 '업무제휴 방식'이 있다. 이러한 방식들의 경영효과를 정리해 보면, 대량구입에 의한 '원가절감 효과', '전문가 활용효과', '공동선전 효과', '효율적인 예약망 이용효과', '자금조달의 용이성', '계수 관리의 적정화', '표준화된 상표사용', '운영자료 제공' 등의 이점이 있다.

3. 조인트 벤처 호텔(Joint Venture Hotel)

조인트 벤처 호텔을 보통 합작투자 호텔이라고 하는데, 자본 제휴를 통해 호텔을 설립하여 운영하는 것으로 경영방식에 초점을 맞추기보다는 일정 지분의 자본이 투자되었음을 강조한 표현이다.

앞에서 살펴본 프랜차이징이나 경영대리 계약의 형태가 기존에 영업 중인 호텔에서 경영의 노하우를 갖지 못해 연계한 형태라면, 조인트 벤처(joint venture) 호텔은 호텔 건립 시점부터 시작한다는 것에서 구별된다. 이와 함께 경영 노하우와 자본을 동시에 추구하는 경향도 있는데, 우리나라에서는 라마다 르네상스 호텔(Ramada Renaissance Hotel)이 대표적이다.

4. 업무제휴 호텔(Affiliation Hotel)

단독 호텔 간의 업무 제휴를 통하여 서로의 경영 노하우를 공유하는 형태로서 우리나라의 신라호텔과 일본의 오쿠라 호텔이 대표적 사례이다.

2 호텔의 특성

호텔산업은 다른 산업과 다르게 다양한 특성을 갖고 있다. 즉, 시설상의 특성과 회계상의 특성, 상품상의 특성, 영업상의 특성으로 생각해 볼 수 있다.

1. 시설상의 특성

(1) 시설의 조기 노후화

호텔은 시설 자체가 상품이기 때문에 시설이 노후화되면 상품 가치를 상실하게 된다. 호텔은 시설 노후화로 인한 수명 단축이 타 기업의 일반적인 시설보다 수명이 짧다. 또한, 호텔 객실 등은 고객의 이용과 상관없이 지속적으로 노후화되고 있다. 따라서 항상 시설 개선을 하여 국제적인 수준을 유지해야 경쟁 우위를 점할 수 있다. 호텔 건물의 내구연한은 목조일 경우는 15년, 시멘트일 경우는 40년으로, 일반 건물의 내구연한(목조 건물이 30년, 시멘트 건물은 60년)보다 짧다. 일반적으로 호텔 건물의 수익성이 가능한 사용 기한은 20~30년이며, 40년을 경과하면, 일반 건물 50년 사용한 것과 동일하게 보아야 한다. 그러므로 내구연한이 경과하면 대대적인 리모델링을 하거나 새로 건축해야 한다.

일반 기업의 시설은 부대적인 성격을 갖고 있기 때문에 그 효용이 비교적 장기성을 갖는데 비하여, 호텔은 부대시설을 비롯한 모든 시설 자체가 상품으로 고객에게 제공하기 때문에 노후화가 빠르다. 따라서 자본비용, 관리비용 등의 절감에 대한 노하우가 요구된다.

(2) 비생산적인 공공장소 확보

비생산적인 공공장소를 마련해야 하는 단점이 있다. 대표적으로 로비(lobby)를 들 수 있는데, 로비는 수익 창출이 없는 공공장소(public area)이다. 그러나 로비는 호텔의 얼굴이라고 볼 수 있으므로, 화려한 장식 등의 시설과 쾌적한 연출을 위한 시설을 갖추고 유지하는데 많은 비용이 소요된다.

호텔은 기본적으로 고객전용 시설과 공공의 이용을 전제로 하는 Public Space 나눌 수 있는데, 생산적인 객실, 식당, 라운지, 커피숍 등과는 달리 로비는 비생산적이지만, 많은 투자를 하여 고객 영접은 위해 반드시 필요한 장소이다.

(3) 기계화의 한계성

호텔은 객실과 식음료 부문의 부대시설 유형의 상품 외에도 무형의 상품인 인적서비스를 제공한다. 전산화에 의해 예약, 등록, 회계업무 등의 대다수 모든 업무가 시스템화로 원활한 서비스를 제공하고 있지만, 고객들은 따뜻한 인간적인 서비스를 기대하므로 기계화의 한계성이 있을 수밖에 없다.

2. 회계상의 특성

(1) 초기에 일시적인 막대한 투자

호텔산업은 타 산업에 비해 초기투자(initial investment)가 일시에 막대하게 투입되어야 한다. 그리고 호텔은 시설 자체가 상품인 만큼, 상품/서비스 판매를 위해서는 부분적·연차적 투자가 불가능하기 때문에 토지비용, 자재비용의 상승과 인건비 등의 상승으로 지연될수록 초기투자 비용은 높을 수밖에 없다.

(2) 고정자산 비율의 과다

호텔산업은 토지, 건물, 기계, 비품, 집기 등의 고정자산의 시설투자가 타 산업에 비하여 매우 높은 산업이다. 일반 산업은 상품이나 현금 등의 유동자산 비중이 크지만, 호텔은 건물과 시설만 보더라도 고정자산 비중이 큰 것을 알 수 있다. 제조업과 같은 일반 산업은 고정자산 비율이 41%인데 비하여, 호텔산업은 고정자산 비율이 80~90%를 차지하며, 수익률은 일반 산업에 비해 매우 낮으므로 자본가의 투자 의욕을 쉽게 유발하지 못한다.

(3) 고정경비 지출의 과다

호텔이라는 상품은 점점 고급화되고, 건축비 상승 등으로 고정자산 투자 비율이 높아질 것이며, 고정경비의 지출도 많다.

특히, 호텔은 내장비, 기계설비, 기구 및 비품 등의 고정자산이 상당한 비중을 차지하여 투자비율이 높고, 유동자산 활용이 극히 적으며, 자본 회전율도 일반 산업에 비해 매우 낮다. 일반 산업의 지출비용은 고정비와 변동비로 구분되는데, 호텔산업은 높은 고정비를 감수해야 하는 특성이 있다.

즉, 연료비, 전기료, 인건비 등과 공공장소에 관련된 모든 경비는 호텔의 고정경비로서 고객이 많거나 적거나 관계없이 일정 수준을 유지하여야 한다. 따라서 시설유지관리비, 감가상각비, 보험료, 인건비, 세금 및 수선비 등의 고정경비가 과다하게 지출되는 특성이 있다.

(4) 계절적 요인에 의한 수익 불균형

호텔 상품은 여행자가 주요 수요자로 성수기와 비수기의 계절적인 요인으로 수입 격차가 심하다. 또한, 주말과 주중의 수요공급도 조화롭지 못하다. 호텔의

수입평가지표는 평균 투숙율, 평균 객실가격 등으로 결정되는데, 일반적으로 도심지의 번화가에 위치한 호텔은 계절적 영향을 적게 받지만, 외곽 휴양지의 리조트 호텔 같은 경우는 성수기와 비수기가 뚜렷이 구분되는 계절적 요인으로 운영의 불안정성은 피할 수 없고, 수익의 불균형이 심하다.

따라서 휴양지 리조트 호텔들은 비수기 타개책으로 고객 유치를 위한 각종 모임(행사, 세미나, 연수 등)의 적극적 유치, 부대시설 및 레크리에이션 시설의 확대, 레스토랑과 클럽에서 여흥을 즐길 수 있는 다양한 패키지 상품 개발과 이벤트 제휴 마케팅을 강화해야 한다.

(5) 요금체계의 다양성과 회계의 복잡성

호텔의 특성이 그대로 호텔회계의 특성이 되고 있다. 호텔 내에서 발생되는 거래 종류와 요금체계도 다양하며, 발생 장소나 시간에 따라 다르다. 또한, 결제방법은 현금 또는 외환이나 신용결제 등, 매출 발생 순간부터 결제에 이르기까지의 신속하게 처리해야 하는 업종은 호텔 이외에는 거의 없을 듯하다. 뿐만 아니라 이러한 현상은 호텔 개업 후, 24시간 연중무휴로 지속이 된다.

또한, 각 영업 부문에서 발생한 거래를 상세히 기록하고, 식재료 등은 바로 원가관리 자료로 계수를 산출하고, 특히 숙박 계정의 집계 및 투숙객이 각 업장에서 이용한 매상 집계는 거래 발생 집계와 반드시 일치해야 한다. 또한, 24시간 영업 중, 일정 시간(예, 자정 영업마감 후)에 감사를 하지 않으면 안 된다.

그리고 고객의 체크아웃(check out)을 대비하여 그 시점까지 발생했던 모든 거래를 고객 계정에 집계하여 회계를 종결해 놓지 않으면 안 된다. 즉, 고객의 체크인(check in) 후, 객실에서 국제전화 사용이나 세탁의뢰, 객실의 미니바(mini bar) 이용과 식음료 주문의 룸서비스(room service) 등, 일련의 과정은 단기간 내에 발생하므로 일일이 기록하여 프런트에 고객 객실번호를 알리고, 각 장소에서 발생하는 매상이 즉시 숙박계정에 집계되지 않으면 안 된다.

한편, 투숙객 이외에 연회나 일반 외래 방문객의 식사대금 등, 현금 거래가 발생하므로, 이러한 상황이 발생하기 이전의 수취 계정에 대한 내부 감사가 반드시 필요하다. 식음료 부문의 상품은 생산과정에서 소멸할 가능성이 크기 때문에 그 수량과 분량에 대한 체크도 해야 한다. 호텔용품 비용이나 영업경비에 관하여는 타 기업과 흡사하지만, 도자기 등의 호텔비품이나 유리, 은제품 등의 식기류, 리넨(linen)류의 회계처리는 호텔 특유의 회계처리가 필요하다.

원가관리 부문의 식음료 재료 수량관리 문제도 호텔회계의 특수한 한 분야를 형성하고 있다. 이러한 호텔의 특수성에 따라 세계 공통적인 호텔전문회계제도로서 'Uniform System of Accounts for Hotels'이란 것이 있으나 5성급 호텔 일부에서 이 제도를 도입하여 사용하고 있는 실정이다.

호텔전문 회계제도를 도입하면 효율적으로 부문별 원가관리, 동업계 지표에 의한 경영분석, 경영자 및 부문 관리자의 능력평가 등을 알 수 있는 장점이 있기 때문에 호텔전문 회계제도 도입은 바람직할 것이다.

3. 상품상의 특성

(1) 상품 이동의 불가능성

호텔 상품은 이동할 수 없는 특성을 가지고 있다. 즉, 호텔은 시장성이 큰 곳으로 쉽게 이동하여 상품을 판매할 수 없고, 고객이 스스로 찾아와서 호텔의 상품을 구매해야만 한다. 하지만, 호텔 상품 중의 하나인 식음료, 뷔페와 같은 상품은 출장판매가 가능하여 일부 호텔은 식음료 상품 판매에 대한 노하우를 바탕으로 외식업체를 별도로 운영하기도 한다.

특히, 호텔의 객실과 식음료는 유형상품이지만, 인적 서비스는 무형상품이라는 특성이 있다. 인적 서비스는 직원이 고객과의 직접적인 접촉으로 상품/서비스 판매 증대에 결정적인 역할을 하기 때문에 접객 서비스의 질을 높여야 한다.

또한, 일반 기업의 상품은 이동이 쉽고, 판매원에 의해 샘플을 고객에게 제시할 수 있으나, 호텔은 아무리 시장성이 좋은 곳이 있어도 쉽게 이동하여 판매할 수도 없고 샘플도 제시할 수 없기 때문에 호텔 상품은 현재 입지환경에 정착하여 판매해야 하므로 호텔 상품을 식물성 상품이라고도 한다. 하지만, 식음료 상품은 출장판매를 통하여 장소 위치에 대한 제약을 어느 정도 해소하고 있다.

(2) 상품의 비 저장성(소멸성)

호텔 상품/서비스는 생산과 동시에 소비되므로 저장이 불가능하다. 당일 판매되지 못한 객실은 그날을 넘기면 상품 가치를 상실하게 된다. 이러한 단점을 극복하기 위해 객실 점유율 극대화를 위해 성수기에는 초과예약이라는 방법을 통해 객실 판매의 극대화를 도모하고 있다. 또한, 호텔의 식음료 상품은 고객의 주문에 의해 생산하므로 정확한 수요예측이 곤란하며, 많은 식재료를 저장하여 둘

경우, 적정기간이 지나면 부패하거나 변질되어 사용할 수 없게 되어 결과적으로 원가 손실 뿐 아니라 식음료 상품의 질을 저하시켜 호텔의 이미지를 나쁘게 하는 원인이 된다.

특히, 객실 상품은 일반 상품과 비교하여 장소나 시간의 제약을 많이 받고, 재고라는 개념이 거의 존재하지 않으므로 초과예약, 분할판매 방법 또는 항공사와 연계한 단골고객에 대한 특별대우를 통하여 객실 점유율에 의한 수입의 극대화를 꾀하고 있다.

4. 영업상의 특성

(1) 인적 서비스 의존성

호텔의 영업은 먼저 대 고객서비스를 강조하게 된다. 호텔의 개념은 임시적인 가정(home)으로 집약됨으로써 고객에게 가정처럼 안락하게 유쾌한 시간을 즐길 수 있도록 최대한 보장해 주어야 한다. 따라서 법률적 강제 규정은 아니라도 호텔이 환대산업의 주된 기능을 하는 본래의 특성으로 볼 때 당연한 것이다. 그러므로 고객에게 언제나 예의바르게 정확하고 세련되고 신속하게 만족스러운 인적 서비스를 해야 한다. 이는 훈련이 잘된 직원으로서도 어려운 일이다.

호텔을 이용하는 고객의 요구는 매우 다양하여 응변성 있게 재치 있는 서비스를 해야 하는데, 이는 규격화되고 자동화된 기계로는 충족되어 질 수 없다. 따라서 호텔은 기계화나 자동화로는 경영합리화 측면에서 볼 때 제약이 있기 때문에 인적 서비스에 대한 의존도가 타 기업에 비하여 크다. 그러므로 호텔 영업은 인적 서비스만이 고객을 만족시켜 줄 수 있으므로 자동화 시스템도 중요하지만, 직원에 대한 동기부여를 통해 직무만족을 높이고, 이직률을 낮게 하여 숙련된 직원이 고객들에게 훌륭하고 따뜻한 서비스를 제공할 수 있도록 지속적인 교육훈련을 통해 최상의 서비스가 제공되도록 해야 한다.

(2) 협동성

호텔 영업은 각 부서 간의 긴밀한 협동이 매우 중요하다. 호텔의 조직은 각기 상이한 여러 부서가 존재하므로 호텔 상품의 형성 및 판매를 조직적, 공간적으로 폭넓게 공존하는 것이다. 따라서 현관(front)을 비롯하여 각 층의 객실 서비스 및 식음료 서비스까지 다양하게 주어진 임무를 상호 협동으로 원활하게 수행하는 것이 조직의 궁극적 목표이며, 곧 고객서비스에 귀착되는 것이다.

만약, 부서 간 협동이 잘 이루어지지 않아서 고객이 체크아웃 할 때 나쁜 이미지를 받게 되면 다시는 그 호텔을 찾지 않을 수도 있다. 따라서 여러 부서 중 어느 한 부서도 고객서비스에 소홀함이 없도록 부서 상호 간의 협동의식과 서로에 대한 신뢰와 존중으로 일류 호텔을 만들 수 있어야 한다.

(3) 쾌적한 근무 환경

호텔 영업은 훌륭한 시설에 화려한 실내장식 및 쾌적함으로 깨끗한 위생 상태를 유지하여 고객들을 맞이해야 하므로, 근무자들은 타 기업에 근무하는 사람들에 비해 매우 훌륭한 환경에서 업무를 수행하는 환경적 특성이 있다. 따라서 호텔은 어느 기업보다 자부심을 갖고 업무 수행을 할 정도로 근무 환경이 쾌적하다고 하겠다.

(4) 연중무휴 영업

호텔 영업은 집을 떠난 사람에게 가정과 같은 기능을 하는 상품/서비스를 판매하는 곳으로 365일 연중무휴의 고객서비스가 제공되므로, 투숙객이나 레스토랑 등의 업장을 이용하는 고객은 특별한 대우와 관심을 받게 된다.

따라서 고객이 호텔 내의 활동시간에는 그 시간에 따라 고객의 요구대로 만족하게 서비스를 제공해야 하고, 호텔 주변의 위험 환경으로부터 고객을 보호하며, 야간 취침 시에도 고객의 생명과 재산을 보호하여야 할 의무가 있다. 특히, 호텔 근무 직원들은 집을 떠난 사람, 혹은 휴일을 즐기고자 하는 고객들을 위해 365일 대 고객 연중무휴 영업을 수행해야 하는 특성이 있다.

(5) 환경에 민감

호텔 영업은 타 산업에 비해 환경에 민감하다. 오늘날 호텔의 경영환경이 매우 복잡하고 다양하며, 그 범위도 확대되어가고 있는 추세이다. 즉, 호텔 영업에 영향을 주는 환경은 타 호텔들과의 경쟁악화, 정보기술의 발달, 고객의 다양한 욕구 증대, 직원의 직업의식 수준, 환경단체 등의 변화가 급격하고 복잡하게 진행되고 있기 때문에 호텔 영업활동에 큰 영향을 미치고 있다.

호텔기업에 영향을 미치는 환경은 외부환경과 내부환경으로 구분할 수 있는데, 외부환경은 호텔기업에 직접적인 영향을 미치는 요인으로 정치·경제·사회·문화 등에 의한 요인이 있으며, 내부환경은 호텔 내의 조직 분위기로 인하

여 영향을 미치는 요인이 있다. 이러한 요인은 호텔도 일반 기업이나 마찬가지로 영향을 미치는 환경 요인을 보면 정부, 노동조합, 고객, 지역사회, 경쟁사, 식재료공급자, 주주 등의 이해 집단들에 의해 호텔기업에 직접적인 영향을 미치게 되는 것이다.

3 호텔 조직

호텔 조직은 목적 달성을 위해 능률적·효과적 운영과 호텔의 성장·발전을 도모하도록 구성되어 있으나, 호텔의 규모 및 제공하는 서비스 유형에 따라 다양하게 조직구성이 되고 있다.

일반적으로 호텔은 대개 객실관리의 객실부서(rooms division)와 레스토랑 관리의 식음료부서(food & beverage division)를 총무부서(general affairs division)로 기본적으로 운영하고 있다. 그 외에 여러 부서가 있는데, 호텔의 규모나 실정에 맞게 나름대로 운영상의 특성에 따라 연회부서 등이 있으며, 그 업무에 대한 책임과 권한은 다음과 같다.

첫째, 객실부서는 고객의 예약, 체크인, 체크아웃, 하우스키핑, 유니폼 서비스 및 전화, 인터넷 서비스 등을 주관하고 있으며, 소규모 호텔에서는 이러한 기능들이 지배인의 감독과 지시에 따르는 것으로 특정 관리자에 의하여 업무가 이루어지는 반면, 대규모 호텔에서는 객실부서 책임자의 지시 감독에 따르며, 구성원들은 모든 사항을 객실부서 책임자에게 보고한다.

둘째, 소규모 호텔에서는 현관에 위치한 직원이 고객을 맞이하고, 퇴실하는 고객의 객실료를 받는 등, 호텔 운영을 총괄하기도 하지만, 대규모 호텔은 부서별로 각자 맡은 바 임무를 수행하는 것이 일반적이다.

셋째, 소규모 호텔은 현관부서, 식음료부서, 건물 유지 및 보수, 하우스키핑(혹은 객실관리 부서)의 4개의 부서로서 운영되며, 각 부서별 기능은 각각의 권한과 책임이 있는 특정 관리자에 의하여 운영되고, 대규모 호텔은 총지배인이 모든 부분을 총괄하여 운영하고 있다.

다시 말하며, 호텔은 크게 현관, 각 영업장 현장부서(front of the house), 현장부서를 지원하는 지원부서(back office)로 구성된다고 할 수 있다.

즉, 매출을 발생시키는 수입센터(revenue centers)와 비용센터(cost centers)로 구성한다는 것이다. 매출센터는 상품/서비스 판매를 통하여 수익을 창출하는 반면, 비용센터는 직접적인 수입은 없지만, 지원을 통하여 매출센터에 속한 부서들이 정상적으로 기능할 수 있도록 하는 역할을 한다.

호텔을 보다 효율적으로 운영하고 많은 수익을 창출하기 위해 유사 부서들을 통합하거나 중간관리자층을 축소하기도 하는데, 어떤 호텔에서는 객실부서와 식음료부서를 통합하여 운영하기도 한다. 이 통합된 부서는 객실판매 및 예약, 출장연회 등의 활동을 통하여 매출센터의 역할을 수행하고, 총무부서는 인사관리와 회계업무를 통합 관장하기도 한다.

1. 호텔의 조직

호텔의 조직은 호텔기업에서 달성하고자 하는 목적이나 각 단위 조직의 목적을 능률적으로 유효하게 달성하고, 호텔의 성장과 발전을 촉진하기 위하는데 있다. 호텔 조직에는 표준 모델은 존재하지 않는다.

따라서 호텔 조직은 호텔의 입지와 제공되는 서비스의 유형, 호텔의 구조적 형태, 지배인의 배경 및 교육훈련, 전체 경영진의 개성 및 능력, 호텔 소유 형태, 직원의 인성과 능력 배경 및 교육 등에 따라 달라질 수 있다.

일반적으로 호텔에서 채택하고 있는 전통적인 조직은 크게 영업부문과 관리부문으로 나누어지는데 다음을 살펴보자.

∷ 호텔의 조직

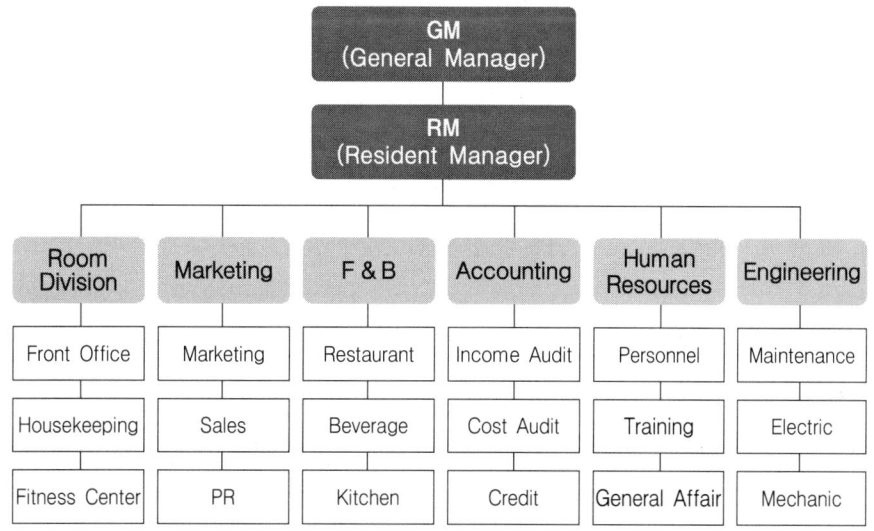

(1) 영업부문 조직

영업부문의 조직은 크게 객실부문과 식음료부문, 그리고 조리부문으로 구분되어 진다.

⇨객실부문은 프런트오피스(front office)와 하우스키핑(housekeeping)으로, 프런트오피스는 객실 판매를 담당하는 부서로 현관 사무실과 유니폼 서비스, 교환실로 나뉘는데, 현관 사무실은 호텔에 따라 차이가 있지만, 대형 호텔을 기준으로는 프런트 캐셔, 룸 클럭, 벨 클럭, 메일 클럭, 인포메이션 클럭, 예약 사무원과 나이트 클럭이 소속되어 있다.

프런트오피스에서는 고객영접, 체크인·체크아웃, 객실지정, 객실예약, 객실열쇠 및 우편물 취급, 정보제공, 수화물 관리, 차량안내, 전화안내 등을 담당하며, 하우스키핑은 객실을 생산하는 부서라고 할 수 있는데 하우스키퍼와 하우스맨, 룸 메이드, 리넨 룸, 세탁소 등이 속한다. 하우스키핑의 주요업무는 객실과 공공장소 청소 및 객실 청소와 침대정리, 투숙 고객의 생명과 재산을 보호하고 안전을 유지하며 안락한 분위기를 조성하는 업무를 수행한다.

⇨식음료부문은 식음료 판매를 담당하며, 식음료부문 조직은 레스토랑, 연회장, 음료(바)로 나누어지며, 식음료 구매 및 저장, 식사 준비와 제공, 식음료 통제 등을 담당한다.

⇨조리부문은 주방에서 음식 조리를 담당하며, 조리사가 만든 음식이 고객의 입맛에 맞도록 조리하려면 고도의 기술과 많은 경험이 있어야 한다. 조리는 호텔의 3대 요소인 '훌륭한 시설', '훌륭한 서비스', '훌륭한 조리' 중의 하나로 그 비중이 크다. 따라서 주방시설이나 조리 기구를 현대적으로 설비해야 하고, 위생면에서도 식품위생, 환경위생, 개인위생 등을 철저히 해야 한다.

조리과장은 고객의 선호도와 메뉴 프로세싱 기법에 따른 식재료 선정에서부터 구매 청구 및 수령, 보관관리, 적정원가의 유지관리, 식품위생 및 공중위생 관리, 주방설비 및 시설관리, 인력조정, 근태관리, 메인 주방을 비롯한 각 주방의 효율적인 운영 및 지원업무 등이 복합적으로 이루어지도록 한다.

(2) 관리부문 조직

관리부문은 지원부서로서 호텔의 상품/서비스 판매에 조금도 불편함이 없도록 지원하며, 부서 간의 상호협력을 통하여 수익창출 목표에 기여하는 것이다. 관리부문의 조직은 호텔에 따라 차이가 있지만 대개 업무 내용은 다음과 같다.

⇨총무부는 관리부문의 중추기능을 하는 곳으로 인적자원관리를 한다. 즉, 조직관리, 직원채용, 이동, 배치, 교육훈련과 대내외 행정, 직원들의 후생복지 등과 그밖에 통신시스템 관리, 비상사태 대비, 경비실 관리 등의 업무를 수행한다.

⇨경리부는 일반경리 업무와 현장수납 업무로 구분하며, 일반경리는 출납회계와 관재, 세무, 급여 등의 업무를 수행하고, 현장수납은 각 업장의 금전출납과 업장별 영업수입을 집계·보고를 한다.

⇨구매부는 호텔에서 소요되는 모든 물품을 구매 조달하는 곳으로, 식재료의 입고관리, 재고관리와 구매한 식재료 검수관리(품질, 규격, 성능, 수량 등)를 하며, 구매 요청 내용과 일치하는가에 대한 검사 업무 및 식재료 문제점에 대한 관리, 외주 발주업체에 대한 관리를 한다.

⇨시설부는 호텔 건물자체와 모든 시설을 관리한다. 건물, 기계, 전기, 열관리, 통신, 목공, 도장, 냉동, 안전에 관한 업무수행과 호텔 방문객들에게 쾌적한 환경 제공을 위하여 시설을 안전하게 사용할 수 있도록 하는 업무를 수행한다.

⇨마케팅부는 대개 호텔의 규모가 커짐에 따라 각 부문별로 맡은 분야를 조직적으로 전개하지 않으면 안 되기 때문에 마케팅 활동에 기대를 하게 된다. 따라서 마케팅부의 업무는 정보수집에 유의하여 조그마한 기회도 놓치지 말고, 적극적인 활동을 전개하여 모든 서비스에 소홀함이 없도록 업무를 수행한다.

2. 호텔의 조직과 임무

① **총지배인(General Manager : GM)** : 전문경영자로서 소유주(혹은 주주)로부터 책임과 권한을 위임받아 호텔을 경영하며, 고객과 직원, 소유주(혹은 주주) 모두의 기대를 충족하게 해야 하는 막중한 직무를 담당한다.

② **부지배인(Executive Assistant Manager : EAM)** : 총지배인을 보좌하며, 예약업무, 현관 및 객실부서 업무, 식음료부서 업무, 마케팅 수행 등의 호텔 영업과 모든 업무를 총괄 보좌한다.

③ **당직지배인(Duty Manager)** : 현관 입구에 위치하며, 고객 불평불만 처리 및 비상사태를 처리하고, 총/부지배인 부재시 직무대리를 한다. 일반적으로 당일 밤부터 다음 날 오전까지 근무하며, 수시로 공공지역(public area) 및 각 영업장 순찰과 야간 근무자들의 업무수행을 확인하고, 도난방지, 화재예방, 에너지 절약 등의 필요한 조치를 한다.

④ **관리지배인(관리이사)** : 관리부문 or 지원부문 책임자로 총지배인을 보좌하며, 주 업무는 총무, 경리, 관리, 구매, 보안 및 경비를 통제 관리한다.

⑤ **기획실** : 호텔의 경영 합리화를 위해 객실부서를 비롯한 각 업장별 상품판매 및 운영을 분석하여 가치창출의 극대화를 도모하고, 총지배인을 보좌하며 경영 전반에 대한 조정을 한다. 주 업무는 경영 전반에 대한 전략수립과 예산편성 등, 발전적인 경영계획을 수립하며, 경영계획과 실적이 일치하는가를 조사·분석하여 문제점을 파악하고 대안을 모색·개발한다.

⑥ **총무부** : 호텔의 내외적 업무를 총괄하고 직원에 대한 각종 업무를 취급한다. 주 업무는 인사관리, 복지후생, 의무, 교육훈련, 보안 및 경비, 비품, 기구 등을 관리한다.

⑦ **경리부** : 호텔의 출납회계와 관재, 세무, 급여 관련 업무(일반경리)를 수행하며, 또 각 업장별 영업 수입을 집계·입금하고, 영업일보와 통계자료를 작성하여 관리자에게 보고한다(현장경리).

⑧ **구매부** : 호텔 운영에 필요한 물품을 구입·조달하며, 일일 식재료 구매 및 재고확인, 구매 물품 확인 및 검수, 기타 호텔 관련 기자재 구매와 재고파악을 하고 총체적인 관리를 한다.

⑨ **시설부** : 호텔의 건물, 기계설비, 전기 통신, 목공, 도장 등, 모든 시설을 관리하고, 안전 등에 대한 관리를 한다.

⑩ **판매촉진(판촉)부** : 호텔 상품/서비스의 판매 극대화를 도모하며, 영업은 국내영업과 해외영업으로 크게 구분된다. 국내영업은 여행사, 관공서, 기업체, 일반단체, 항공사 등의 관련 영업을 한다.

⑪ **객실부** : 접객업무와 객실정비 업무를 주로 담당하며, 고객을 최초로 맞이하고, 마지막 배웅까지 수행하는데, 체크인·체크아웃, 객실예약, 객실배정, 고객등록, 숙박비 정산, 그리고 객실 청소 및 정비를 담당한다.

⑫ **식음료부** : 다양한 식음료를 판매하는 레스토랑과 주장을 관리를 한다. 일반적으로 레스토랑, 연회장, 그릴, 커피숍, 룸서비스 등으로 구분되며 주장은 바, 라운지, 나이트클럽 등에 대해 관리를 한다.

⑬ **조리부** : 조리부는 각 레스토랑에서 판매되는 다양한 상품의 식재료 준비 및 생산 업무를 담당한다. 대형호텔에서는 메인 주방을 설치·운영하여 조리의 효율을 기하고 있다.

3. 호텔의 경영조직

(1) 직계조직(Line Organization)

지시명령 계통이 경영자로부터 관리자→하부 직원에까지 수직으로 연결되어 경영계획 및 의사가 신속하게 전달되어 집행되도록 하는 장점이 있으며, 소규모 호텔에 적합하다.

(2) 참모조직(Staff Organization)

최고경영자가 참모들의 전문적 능력에 의해 경영계획을 입안·검토·분석하게 하여 그 의견으로 최종적인 결정을 하는 것으로 합리적인 경영이라 할 수 있으나, 계선조직(line organization)을 통하지 않고서는 지시 명령을 할 수 없으므로 업무협조가 어려운 단점이 있다.

(3) 직계참모조직(Line and Staff Organization)

직계조직과 참모조직의 단점을 보완하여 장점을 살리기 위한 절충 형태로, 지계조직의 명령 지휘의 일원화를 유지하고, 한편으로는 수평적 분화에 따른 책임과 권한을 확립하려는 조직형태이다. 따라서 직계참모조직 기능은 진취적·발전적이며, 개발업무를 수행할 때, 특수성에 따라 장점을 선택할 수 있다.

4. 호텔 경영조직의 실제

(1) 경영부문의 조직
- 객실부문(Room department)
- 식음료부문(Food & Beverage department)
- 부대사업부문(Other operations)
- 관리부문(Administration department)

(2) 조직의 세분화
- 프런트오피스 부문(Front office department)
- 객실정비 부문(Housekeeping department)
- 세일즈·마케팅 부문(Sales & Marketing department)
- 레스토랑 부문(Restaurant department)

- 주장 부문(Bar department)
- 오락·연회 부문(Entertainment & banquet department)
- 주방 부문(Kitchen department)
- 회계 부문(Accounting department)
- 기술 부문(Engineering department)
- 관리 부문(Management & executive department)

[대형호텔 조직]

대형호텔의 조직은 크게 총지배인, 부지배인-당직지배인, 관리담당이사, 영업담당이사로 조직을 이루어 하부에 각 부문(기획심사부, 총무부, 경리부, 시설부, 판촉부, 객실부, 식음료부, 조리부 등)으로 구성된다.

※일반적으로 소규모 호텔은 150실 이하, 보통규모 호텔은 150~300실, 대규모 호텔은 300~1000실, 초 대규모 호텔은 1000실 이상의 객실을 보유한 호텔을 말한다.

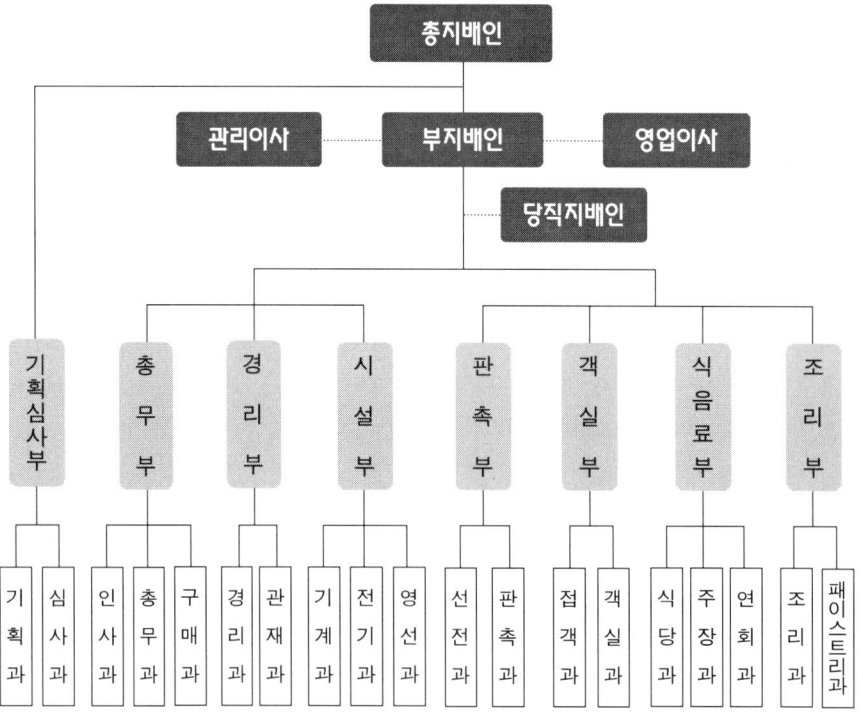

대형호텔 조직

※ 대형호텔의 각 하부 세부조직과 임무
- 기획과 : 기획(영업)
- 심사과 : 심사분석, 식음료관리
- 인사과 : 인사, 보험
- 총무과 : 총무, 복지후생, 안전, 직원식당, 매점, 호텔 외 사업
- 구매과 : 구매, 창고
- 경리과 : 경리, 현금수납, 후불 등 제반 경리
- 관재과 : 비품, 관재
- 기계과 : 기계, 냉동, 열관리
- 전기과 : 전기, 통신
- 영선과 : 목공, 도장, 미장
- 선전과 : 광고선전, 광고제작
- 판촉과 : 객실판촉, 식음료판촉
- 객실과 : 예약, 프런트 데스크, 현관서비스, 교환
- 객실과 : 리넨, 하우스키핑, 객실정비, 세탁 등 객실관리
- 식당과 : 양식당, 커피, 룸서비스, 한식당, 중식당
- 주장과 : 주장, 연회주장
- 연회과 : 연회 및 연회예약
- 조리과 : 양식주방, 한식주방, 중식주방, 일식주방, 스튜어드
- 패이스트리과 : 제과, 제빵

[중·소 호텔의 조직]

중·소형 호텔은 지배인과 각 부서 관리자로 조직되며, 권한과 책임의 한계를 명확히 하고, 각 부문 기능은 대형호텔에 비해 통합·조정하여 운영한다.

◦◦ 중·소 호텔의 조직

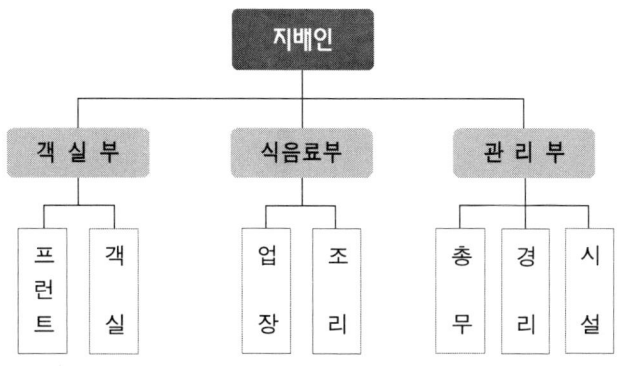

4 호텔의 분류

1. 관광진흥법에 의한 분류

호텔업의 종류는 관광진흥법 시행령 제2조 2에 의거 다음과 같다.

(1) 관광호텔

관광객의 숙박에 적합한 시설을 갖추어 관광객에게 이용하게 하고 숙박에 딸린 음식·운동·오락·휴양·공연 또는 연수에 적합한 시설 등(이하 "부대시설"이라 한다)을 함께 갖추어 관광객에게 이용하게 하는 호텔.

(2) 수상관광호텔

수상에 구조물 또는 선박을 고정하거나 매어 놓고 관광객의 숙박에 적합한 시설을 갖추거나 부대시설을 함께 갖추어 관광객에게 이용하게 하는 호텔.

(3) 한국전통호텔

한국전통의 건축물에 관광객의 숙박에 적합한 시설을 갖추거나 부대시설을 함께 갖추어 관광객에게 이용하게 하는 호텔.

주로 외국인 관광객 수요에 대처하기 위한 숙박시설로 외국인에게 한국 고유의 전통건축양식에 한국적 분위기를 느낄 수 있는 객실과 정원을 갖추고 식사는 한국전통요리를 제공한다. 예를 들면, 제주중문관광단지의 호텔 씨-빌리지가 5성급 전통호텔로 쉼을 위한 힐링과 휴식의 공간으로 전통적인 아름다움을 느끼게 하는 초가지붕과 돌담, 나무울타리 등으로 가꾸어 우리나라에서 제일 먼저 꽃이 피는 한국 유일의 별장식 한국전통호텔이다.

(4) 가족호텔

가족단위 관광객의 숙박에 적합한 시설 및 취사도구를 갖추어 관광객에게 이용하게 하거나 숙박에 딸린 음식·운동·휴양 또는 연수에 적합한 시설을 함께 갖추어 관광객에게 이용하게 하는 호텔. 예를 들면, 양양의 오색그린야드호텔(양양), 주문진 리조트, The-K설악산가족호텔, 무주덕유산리조트, The-K지리산가족호텔, 산정호수가족호텔(포천), 청평가족호텔(가평) 등이 있다.

(5) 호스텔

배낭여행객 등 개별 관광객의 숙박에 적합한 시설로서 샤워장, 취사장 등의 편의시설과 외국인 및 내국인 관광객을 위한 문화·정보 교류시설 등을 함께 갖추어 이용하게 하는 호텔.

(6) 소형호텔

관광객의 숙박에 적합한 시설을 소규모로 갖추고 숙박에 딸린 음식·운동·휴양 또는 연수에 적합한 시설을 함께 갖추어 관광객에게 이용하게 하는 호텔.

(7) 의료관광호텔

의료관광객의 숙박에 적합한 시설 및 취사도구를 갖추거나 숙박에 딸린 음식·운동 또는 휴양에 적합한 시설을 함께 갖추어 주로 외국인 관광객에게 이용하게 하는 호텔.

[호텔의 객실규모에 의한 분류]

Motel, Inn, Pension 등, 소규모 고급숙박시설 증가로 인하여 미국의 컨설팅회사 "Laventhol and Horwath"에 의하면 호텔 규모(size)에 따른 분류 기준은 다음과 같다.

- Small Hotel(소규모 호텔) : 객실 150개 이하.
- Average Hotel(중규모 호텔) : 객실 150~300개.
- Large Hotel(대규모 호텔) : 객실 300~1000개.
- Super Large Hotel(초대형 호텔) : 객실 1000개 이상.

---

2. 객실요금 계산방식에 의한 분류

(1) 아메리칸 플랜(American Plan) 방식

고객에게 아침, 점심, 저녁의 식사요금을 포함해서 하루 총 숙박요금으로 계산하는 방식을 말한다. 1일 또는 1주일의 통산요금을 계산하는 방식으로 객실요금에 식사요금을 포함시켜 공표하고, 개인사정으로 식사를 못한 경우에도 공제해주지 않으며, 고정요금(flat rate)으로 계산한다. 주로 휴양지·산간호텔에서 적용

하며, 지역적인 입지 조건상 도시의 호텔과 달리 주변에 식당이나 상점이 없어 투숙객들이 전적으로 호텔에서 식사를 해결해야 되는 경우에 이 방식을 택한다.

■ American Plan 고객 입장의 장단점
[장점] : 호텔 내에서 정해진 시간에 규칙적으로 식사를 해결할 수 있다.
[단점] : 한정된 메뉴로 선택의 폭이 좁고, 식사시간이 제한되어 시간을 놓치기 쉽다. 일반호텔 식당보다 획일적이고 서비스가 소홀하다.

■ American Plan 호텔 입장의 장단점
[장점] : 한정된 메뉴로 식사인원의 수요 예측이 가능하여 식재료의 대량구매로 원가절감을 할 수 있으며, 식사시간이 정해져 있어 충분한 준비와 세팅에 시간적 여유가 있고 예산을 쉽게 수립할 수 있어 회계 절차가 간단하다.
[단점] : 제한된 시간에 동시에 여러 명에게 식사를 제공해야 하므로 충분한 공간 확보 및 서비스 인력이 필요하며, 고객의 취향에 맞지 않는 메뉴를 제공했을 때 남겨진 음식이 많이 생겨 낭비의 요인이 된다.

(2) 마드파이드 아메리칸 플랜(Modified American Plan) 방식

아메리칸 플랜을 수정하여 주로 조식과 석식을 객실요금에 포함시키는 방식을 말한다. 이를 Half-Pension 혹은 Demi Pension이라고도 한다.

※Full-Pension : 1일 3식을 객실요금에 포함하는 요금계산 방식.

(3) 유러피언 플랜(European Plan) 방식

객실요금과 식사요금을 분리하여 각각 계산하는 방식으로 고객에게 식사를 강요하지 않고 고객의 의사에 따라 식사를 포함 또는 제외하고 계산하는 방식을 말한다. 도시의 상용호텔(commercial hotel)에서 많이 적용하며, 우리나라 호텔에서 일반적으로 적용하는 요금제도이다.

■ European Plan의 장점
첫째, 자유로운 식사시간을 가질 수 있다.
둘째, 식성 및 취향에 맞는 외부 식당에서 충분한 시간을 갖고 충실하게 서비스를 받으면서 식사를 할 수 있다.
셋째, 식사요금이 객실요금과 분리되어 별도 계산하므로 경비절약도 가능하다.

(4) 듀얼 플랜(Dual Plan) 방식

듀얼 플랜은 고객의 요구에 따라 아메리칸 플랜(American Plan)이나 유러피안 플랜(European Plan)을 선택할 수 있는 두 가지 형태를 도입한 복합식 요금방식을 말한다.

(5) 콘티넨탈 플랜(Continental Plan) 방식

유럽에서 일반적으로 사용되는 방식으로 객실요금에 아침식사 요금만 포함하는 방식을 말한다.

고객에게 큰 부담이 주지 않으며, 호텔에서는 매상을 증진시킬 수 있는 이점이 있다. 아침식사 메뉴로는 부담이 되지 않는 빵, 버터, 잼과 주스류, 커피, 홍차, 코코아 중에서 한 가지를 선택하여 제공한다.

우리나라는 여행사를 통해서 투숙하는 패키지 상품의 경우 콘티넨탈 플랜 방식을 적용하기도 한다.

(6) 버뮤다 플랜(Bermuda Plan) 방식

객실요금에 온전한 미국식 아침식사(American breakfast) 요금이 포함되는 방식이다. American Breakfast 메뉴는 계란요리, 토스트와 커피, 주스 등이다.

3. 장소에 의한 분류

(1) 메트로폴리탄(Metropolitan) 호텔

대도시에 위치하여 수 천 개의 객실을 보유하고 있는 매머드(mammoth) 호텔로 한 번에 많은 인원을 수용할 수 있다.

대연회장, 전시장, 대집회장, 대형주차장 등을 모두 갖춘 호텔로 컨벤셔널 호텔(conventional hotel)이라고도 하며, 회의 및 비즈니스에 필요한 시설 구비가 필수적이다.

예를 들면, 미국 뉴욕에 객실 2,000개의 아메리카나호텔, 객실 2,150개와 5,000명을 수용할 수 있는 회의실을 갖춘 힐튼호텔, 시카고에 객실 3,300개의 콘드라호텔이 메트로폴리탄 호텔이라고 할 수 있다.

(2) 시티(City) 호텔

도심지에 위치하며 대도시의 매머드 호텔과 같은 부류에 속하면서 비슷한 경영 방식으로 운영되고, 단기 체류자를 대상으로 도심의 사교적 집회 및 연회 등의 장소로도 이용되며, 많은 관광객이 이용한다. 휴양지 호텔(resort hotel)과 대조적인 호텔을 말한다. 상업호텔 · 주거호텔 · 아파트호텔 · 터미널호텔 등이 대표적인 도시호텔의 유형이다.

도심지에 위치함으로써 사교적 집회나 연회에 의한 수입을 중요시 하여 그에 따른 설비를 충분히 갖춰야 한다. 특히, 객실과 공공 공간과의 관계도 기능적으로 충분히 고려해야 한다. 시티 호텔의 특징으로는 다른 호텔들보다 식음료 매출이 높고 주중 객실 점유율이 주말보다 높다.

(3) 다운타운(Downtown) 호텔

다운타운 호텔은 도심의 비즈니스센터와 쇼핑센터 등이 있는 중심가에 위치하여 교통 편리한 곳에 있는 호텔을 말한다.

고객의 왕래가 불편하지 않아야 하는데, 오늘에 와서 교통 불편과 공해, 지가 상승과 주차장 문제는 다운타운 호텔의 난제로 설립이 쉽지 않다.

다운타운 호텔은 비즈니스를 위한 다양한 시설을 갖추고 있어서 주로 상용 또는 도심을 찾는 관광객들이 많이 이용하며, 연회장, 전시장 등도 구비되어 있어서 도시민들의 사교의 장으로나 공공장소 등으로도 이용된다. 즉, 각종 회의, 연회, 집회, 웨딩, 전시회, 발표회 및 쇼핑 등의 기능을 한다. 우리나라의 조선호텔, 롯데호텔, 프라자호텔, 로열호텔, 프레지던트호텔, 인터컨티넨탈호텔, 메리어트호텔 등이 이에 해당된다.

(4) 서버번(Suburban) 호텔

도시를 벗어나 조용하고 한산한 공기가 맑은 교외에 있는 호텔을 말한다. 자동차 여행객들의 주차가 편리한 교외에 쾌적한 공기를 만끽하면서 즐길 수 있는 호텔로 가족단위 이용객이 많다.

서버번(suburban) 호텔은 도심지보다 지가가 다소 저렴하여 호텔 건립을 위한 토지 매입에 대한 투자가 적고 비교적 넓은 주차장을 확보할 수 있어 주차가 편리하고 전원 분위기를 느낄 수 있기 때문에 자동차 여행객의 증가에 따라 많은 호평을 받고 있다.

(5) 컨트리(Country) 호텔

컨트리(country) 호텔은 도심 벗어난 산간에 위치한 호텔을 말한다. 시티호텔과는 반대 개념의 산간 호텔(mountain hotel)이라 할 수 있다. 특히, 골프·스키·등산 등의 레크리에이션 기능을 할 수 있는 호텔을 말하며, 도심을 벗어났다고 해안에 있는 호텔은 이에 속하지 않는다. 우리나라에서는 설악산호텔, 내장산호텔, 속리산호텔 등이 이에 속한다고 할 수 있다.

(6) 에어포트(Airport) 호텔

공항과 바로 연결되어 있거나 주변에 위치한 호텔을 말한다. 탑승대기 항공여객 또는 승무원들이 이용하기에 편리하다. 이를 에어텔(airtel)이라고도 한다.

해외 여행객의 증가와 거대화된 공항이 도심과 떨어져 있어 이용의 편리함으로 빠른 속도로 발전하고 있다. 최초의 에어포트 호텔은 마이애미 국제공항에서 시작되었고, 1953년 시카고, 1955년 Knott Hotels Corporation에서 피츠버그에 에어포트 호텔을 건립했다. 대표적으로 뉴욕의 아일드위트 공항 부근에 힐튼 에어포트 인(Hilton Airport Inn)은 세계적인 공항호텔로 발전하였다.

※참고 : 에어포트 호텔과 흡사한 역전호텔(station hotel)도 있는데, 기차역 부근에 위치하여 기차 여행객이나 철도승무원들이 이용하며, 그 개념은 에어포트 호텔과 같다.

(7) 시포트(Seaport) 호텔

시포트 호텔(항구 호텔)은 에어포트 호텔과 동일한 콘셉트(concept)를 지닌 호텔로서 항구 부근에 위치하고 있으며 여객선이나 크루즈(Cruise)를 이용하는 선객과 선박에서 근무하는 승무원 및 선원들이 주로 이용하는 호텔이다.

(8) 터미널(Terminal) 호텔

교통기관의 발착지점/종착지점의 고속버스 터미널, 철도역, 공항 터미널 근처에 위치하여 교통이 편리한 호텔을 말한다. 리조트 호텔 형태를 취하는 곳도 있으며, 각국의 주요도시마다 터미널 호텔이 있어 여행객들이 편리하게 이용하고 있다. 예를 들면, 펜실베이니아 역에서 지하도(underground roads)로 연결되는 뉴욕 힐튼호텔과 같은 곳도 있다.

참고로 유럽에서는 철도승객을 위해 유레일패스(eurailpass)가 운용되고 있으

며, 유럽권 15개국(영국, 구 동구는 제외)의 철도이용에 발매되고 있는 통용기간 동안만 이용할 수 있는 일등 승차권을 말한다.

(9) 하이웨이(Highway) 호텔

고속도로 변에 위치하여 자동차 여행객을 위한 호텔을 말한다. 주유, 세차, 수리 등의 설비를 갖추고 호텔 수준의 서비스를 제공한다. 모텔과 유사다.

(10) 비치(Beach) 호텔

해변에 위치하여 피서객과 휴양객을 위한 호텔을 말한다. 온난한 지중해, 카리브해, 남태평양에 많은 비치 호텔이 있다.

표 3-1 · 시티 호텔과 리조트 호텔의 특성 비교

구분	특성	명칭	특성
시티 호텔	• 도심형 대형 호텔로 일반적으로 사회적 시설을 완비하고 있으며, 최대한의 많은 수용력을 가진 객실과 공공 공간과의 관계를 충분한 기능적인 고려를 하고 있다. • 도심에 입지하므로 호텔 외부의 도시 서비스 기능 이용을 고려하기 때문에 고밀도의 고층형이 된다.	커머셜 호텔	비즈니스 여행자를 위한 호텔로서, 도시의 가장 번화한 교통의 중심으로 편리한 위치에 있다.
		레지덴셜 호텔	비즈니스 여행자, 관광객, 단기체류자 등의 일반 여행객을 대상으로 한 최고의 스위트와 호화로운 설비를 하고 있다.
		아파트먼트 호텔	장기간 동안 체류하는데 적합한 호텔로서 각 객실에는 주방설비를 갖추고 있는 것이 대부분이다.
		터미널 호텔	교통기관의 발착(총착)점에 위치한 호텔로서 이용자의 편리를 도모한다.
리조트 호텔	• 조망과 기타 광대한 환경적인 조건에 대한 충분한 고려를 하고 있으며, 호텔의 내외에는 레크리에이션 시설을 갖추고 있다. • 건축 형식은 주변 조건에 어울리게 자유롭게 이루어진다.	해변 호텔 산장 호텔 온천 호텔 스키 호텔 스포츠 호텔	해변의 광활하고 시원함. 산속의 푸르름과 쾌적함. 온천과 건강. 레저, 스포츠와 휴식. ※각각의 주변 환경의 특색이 있다.
		클럽하우스	스포츠 시설에 부속되어 있는 시설로 주로 회원들이 이용하며 즐긴다. 스포츠 시설을 위주로 이용할 수 있는 숙박시설을 갖추고 있다.

4. 숙박기간에 의한 분류

(1) 트랜지언트(Transient) 호텔

트랜션트 호텔은 잠시 머물렀다가 가는 단기체류 고객이 주로 이용하며, 교통이 편리한 곳에 위치하여 다른 목적지로 가기에 편리한 호텔을 말한다. 숙박객 이외의 일반 고객도 이용할 수 있는 Coffee Shop과 간식을 판매하는 Cafeteria 등을 갖추고 있다. 예를 들면, Airport Hotel, Seaport Hotel, Station Hotel과 도심지의 Commercial Hotel이 트랜지언트 호텔에 해당된다.

(2) 레지덴셜(Residential) 호텔

주거형식으로 장기체류 고객을 위한 호텔을 말하며, 최소 1주일 이상 체류하기 때문에 경영방식 및 시설도 장기체류에 맞추어져 있다. 스위트(suite) 룸으로 최고의 시설을 갖추고, 도심에서 약간 벗어난 조용한 곳에 위치하며, 아파트와의 차이점은 메이드 서비스(maid service)가 있고, 기본적인 식사와 음료 서비스가 제공되며 식당과 주장도 갖추고 있다. 객실판매를 주 수입원으로 하고 있으며, 식음료 부문의 시설은 비교적 소규모이다. 레지덴셜 호텔을 이용하는 고객들은 신흥도시 산업체에 파견되는 기술자나 가족 등이 임시 거주지로 이용하거나 외교관 등이 관사가 마련될 때까지 사용하기도 한다.

(3) 퍼머넌트(Permanent) 호텔

장기체류를 전문으로 하는 호텔을 말한다. 1주일 이상 머무는 아파트식 호텔로 레지덴셜 호텔과 유사하지만, 최소한의 식음료 서비스 시설을 갖추고 있다. 아파트와 차이점은 메이드 서비스(maid service)가 제공된다.

5. 숙박목적에 의한 분류

(1) 컨벤셔널(Conventional) 호텔

각종 회의를 유치하는 호텔로 일반 호텔보다는 규모가 크다. 대형화는 물론, 회의 참가자들이 충분히 투숙할 수 있는 객실 및 대회의장과 주차장, 연회실, 전시장 등이 확보되어 있으며, 타 유형 호텔에 비해 다량의 객실 판매와 식음료 판매, 회의실 임대 및 기타 쇼핑으로 인한 수입이 크다. 컨벤셔널 호텔에서는 회

의 유치를 위해 많은 노력을 하고 있으며, 5성급 호텔들은 3개국 이상의 동시통역시설을 갖춘 대연회장을 대부분 구비하고 있다.

(2) 커머셜(Commercial) 호텔

국제회의나 각종 행사 및 사업상 목적을 가진 고객을 대상으로 하는 호텔이다. 도심지의 호텔들은 대부분 커머셜 호텔에 속하며 중급 호텔이다.

커머셜 호텔은 상용 목적의 비즈니스 고객을 위한 편리성과 능률성이 중요한 요소이며, 주로 세일즈맨이나 엔지니어, 기업의 지점원, 연락사무원들이 이용하며, 일반 고객도 이용할 수 있도록 각종 부대시설을 갖춰 놓고 있다.

또한, 응접실을 겸할 수 있는 커넥팅 룸(connecting room)과 비즈니스에 필요한 컴퓨터, 프린터, FAX, 복사기 등을 비롯한 여러 가지 사무기기를 비치한 비즈니스센터(business center)를 운영하고 있다.

주 고객은 상용 목적의 고객이지만, 단체 여행객이나 개인 관광객도 이용할 수 있으므로 대부분의 커머셜 호텔은 교통이 편리한 도심에 위치하고 고층화되어 많은 여행객이 이용하는 편이다. 1층에는 레스토랑, 커피숍, 쇼핑센터, 임대 사무실 등이 있다.

(3) 리조트(Resort) 호텔

관광지 호텔로 보양, 휴양 또는 레크리에이션을 목적으로 한 호텔로 해안이나 경치 좋은 곳에 있는 별장식 호텔을 말한다. 피서나 피한 고객이 이용할 수 있도록 해변, 산간 등의 휴양지와 온천지에 위치하여 심신 휴양을 위한 시설을 완비해 두고 있다. 리조트 호텔은 도시에서 떨어진 산, 바다, 호수, 강, 공원 등에 위치하여 주변의 넓은 대지에 주차장과 배구장, 족구장 등의 운동시설과 수영장과 레크리에이션 시설을 갖추어 리조트의 특색을 충분히 살린 호텔이다. 또한, 종류와 규모가 다양하며, 스키장이나 호반에 위치한 작은 규모의 호텔은 마치 클럽과 같은 모습이기도 하다.

리조트 호텔은 겨울에는 윈터 리조트(winter resort)에서 설경을 감상하면서 스키를 즐기기도 하고, 여름에는 더위를 피할 수 있는 섬머 리조트(summer resort)에 일광욕과 해수욕을 즐기며 더위를 식히기도 한다.

대부분의 리조트 호텔은 사우나, 수영장, 테니스장과 같은 스포츠 시설과 스키장, 눈썰매장 등의 시설을 갖추고 있다. 리조트 호텔은 각기 위치와 주변 환경의 조건에 따라 실정에 알맞게 골프, 하이킹, 요팅 등을 즐길 수 있는 다양한 시설을 갖추고 있으며, 규모는 여러 가지가 섞여 즐거움을 더한다. 우리나라에는 서울에 워커힐 호텔 앤 리조트를 비롯하여 평창에 오리엔트 호텔 앤 리조트, 경주, 부산 해운대, 제주, 설악산 속초 등지에 리조트 호텔이 있다.

리조트 호텔은 입지 조건과 주변 환경에 따라 일반 호텔에 비하여 빈번하게 정비 및 보수를 해야 하기 때문에 관리상의 어려움이 있으며, 성수기와 비수기의 매출 편차가 심하기 때문에 불안정한 수입구조를 해소하기 위해 비수기에는 컨벤션센터(convention) 기능을 활성화하여 대규모 모임이나 각종 회의 유치에 심혈을 기울이고 있다.

[위치에 따른 리조트 호텔]

- 해변지역 : Beach Hotel
- 산장지역 : Mountain Hotel
- 온천지역 : Hot Spring Hotel
- 기타 스키이호텔, 스포츠호텔, 클럽하우스(club house) 등이 있다.

(4) 아파트먼트(Apartment) 호텔

아파트먼트 호텔은 레지던셜 호텔(residential hotel) 부류에 속하며, 다른 호텔과 달리 객실에는 취사 설비와 간단한 주방기구를 갖추어 놓고 임대하는 아파트와 같은 인상을 주는 호텔로 장기체류자들이 이용하도록 한 것이다. 특히, 미국에서 발달된 형식으로 은퇴자를 위한 사회복지제도의 일환으로 활용되고 있으며, 주 수요자는 도시의 생활을 좋아하는 중류층 생활자들이다. 이러한 호텔을 미국에서는 리타이어먼트 호텔(retirement hotel)이라 하여 문자 그대로 은퇴자를 전문으로 수용하는 차원에서 운영되고 있다.

(5) 카지노(Casino) 호텔

호텔 내의 부대시설로 일종의 갬블링(gambling) 시설을 갖추어 놓은 호텔로, 다른 호텔처럼 객실 수입보다 카지노에서 발생된 수입이 훨씬 큰 비율을 차지하고 있다. 또한, 카지노 외에 여흥(entertainment)을 제공을 위해 크고 작은 쇼를 공연하기도 한다.

6. 시설 형태에 의한 분류

(1) 모텔(Motel)

자동차 여행자들(Motorists)의 숙소라는 의미의 Motel은 Motorist's+Hotel의 합성어이다. 모텔은 1908년 미국 애리조나주 교외의 한 마을에서 단출한 목조집에서 1박에 50센트로 유숙시킨 것이 그 효시이다.

자동차 여행객이 날로 증가하는 추세에 따라 미국에서의 그 규모는 호텔 또는 그 이상 규모의 훌륭한 시설로 자동차 여행객을 유인하고 있다. 모텔은 도시 또는 교외에 위치하는 비즈니스 모텔과 고속도로 변의 하이웨이 모텔로 구분할 수 있으며, 규모는 대개 객실이 50개 이하이며, 거의 셀프서비스(self-service)로 운영되고 있다. 요금은 호텔보다 저렴하고 비교적 이용하기 편리하며, 객실 바로 앞에 자동차를 주차할 수 있게 되어 있는 것이 보통이다.

모텔의 특징은 미국의 경우 첫째, 구조가 수평으로 펼쳐져 있으며, 호텔과 달리 단층 구조가 많다. 둘째, 비교적 호텔보다 요금이 저렴하다. 셋째, 객실 이용 등록절차가 비교적 간편하다. 넷째, 대부분 셀프서비스이다.

(2) 보텔(Botel)

보트(boat)를 이용하여 관광하는 여행객이 주로 이용하는 숙박시설을 말하며, 규모가 작은 부두나 해변에 위치한 호텔로 육지의 모텔과 성격이 같다.

(3) 요텔(Yachtel)

요트 여행을 하는 관광객을 위한 숙박시설로, 해안과 호반에 요트를 정박하여 두고 휴식을 취하며 주로 잠자리만 제공하는 일종의 간이호텔이다.

(4) 유스호스텔(Youth Hostel)

청소년들을 위한 비영리 숙박시설로 심신단련과 휴양을 위한 여행을 장려하기 위하여 저렴한 비용으로 숙박시설을 제공하는 사회복지시설의 일종이다.

(5) 플로텔(Floatel)

여객선이나 페리(ferry)호 또는 유람선(cruise ship) 같이 배 위에 있는 숙박시설을 플로팅(floating) 호텔이라 한다. 플로팅 호텔의 객실(선실)을 캐빈(cabin)이라 하고, 캐빈에는 일반 호텔의 객실처럼 시설이 갖추어져 있다. 플로텔에는 비상 발전설비와 해양오염 방지를 위한 오수저장 및 처리시설, 폐기물 처리시설을 갖추어야 한다.

7. 기타 형태의 분류

(1) 콘도미니엄(Condominium)

콘도미니엄(condominium)은 '함께'라는 의미의 라틴어 Con과 'Dŏmĭnĭum(소유권)'이라는 의미에서 유래되었다. 이는 소유지분을 구분한 공동소유 주택과 같은 숙박시설을 말한다. 1960년대 등장했으며, 대개 도심에서 떨어진 외곽에 위치하고 있으며, 주방시설과 취사도구가 준비되어 있어 이용객이 직접 취사를 하면서 휴양을 즐기는 숙박시설이다.

기본적인 청소는 이용자가 해야 한다. 그러나 메이드 서비스(maid service)는 받을 수 있지만, 호텔처럼 룸서비스(room service)는 없다. 이용 요금은 객실의 크기에 따라 차이가 나지만 대체적으로 도심 지역의 고급호텔 객실요금보다는 저렴하다.

(2) 인(Inn)

호텔의 호화로운 시설과는 대조적인 Inn은 주막이나 여관을 의미하는 간결한 숙박시설을 말한다. 오늘의 Inn은 복고적 취향에 영합하고자 출발하거나 환대산업의 본고장인 영국의 인 키퍼(innkeeper)에 대한 동경으로 인(inn)이라는 명칭을 사용하고 있다. 제공되는 서비스는 일반 호텔과 다를 바 없다. 예를 들면, 미국의 퀄리티-인(quality inn) 대형 체인호텔 형태와 홀리데이-인(holiday inn) 서울처럼 대형 체인호텔 형태로 운영되고 있다.

(3) 펜션(Pension)

유럽에서 발전된 전형적인 하숙식 여인숙으로서 소규모의 객실을 갖추어 제한된 서비스를 제공하며, 요금은 저렴하고 따뜻한 분위기를 느낄 수 있는 민박 분위기와 호텔의 편의성을 갖춘 소규모 숙박시설을 말한다.

요금제도는 숙박요금에 3식이 포함된 펜션 플랜(Pension Plan)과 2식이 포함된 데미 펜션(Demi Pension)이 있다.

(4) 파라도르(Parador)

호텔 형태의 하나로 일반적으로 수도원(abbey)이나 성(castle) 같은 역사적인 건물을 여행객들이 이용하도록 복구·개조한 것으로 숙박요금은 비교적 적정하고 풍성한 식사가 제공되는 것이 특징이다.

(5) 유로텔(Eurotel)

유로텔은 유럽호텔(Europe Hotel)의 약자로, 분양식 리조트 맨션의 수탁체인 경영을 하며, 유럽 8개국에 걸쳐 유로텔을 운영하고 있는 Eurotel International Hotel사에 의해 처음으로 시작된 숙박시설이다.

(6) 로지(Lodge)

명칭이 풍기듯 독특하고 아름다운 이미지를 갖는 고전적인 프랑스의 시골 숙박시설을 말한다. 규모는 35~50실 정도로 산간에 있으며 맛 좋은 요리와 꽃 그리고 독특하고 아름다운 장식을 가진 프랑스의 간이 숙박시설이다.

(7) 휴가촌(Vacation · Holiday Vlillage)

휴가촌은 도시의 매연과 소음에서 벗어나 맑은 공기를 마시며 신선함을 즐길 수 있도록 국립공원, 온천지, 해변 또는 호수 주변에 건설하여 일반대중을 상대로 몸과 마음의 휴식을 취할 수 있게 조성한 간이휴양 숙박시설이 모여 있는 곳을 말한다. 시설 내에서 필요한 모든 것의 구입이 가능하다.

휴가촌의 특징은 정부와 공공단체에서 국민복지 차원의 일환으로 재원을 지원해 주어 저렴한 요금으로 가족 단위로 건전한 휴식을 취할 수 있도록 추구한데서 비롯되었다. 서비스는 셀프 서비스 방식으로 운영하고 있다.

(8) 민박(Home Visit System)

민박은 해변이나 산간 휴양지의 가정집에서 계절적·임시적으로 저렴하게 숙박을 제공하는 민가 부업의 한 형태이다. 민박은 원래 식사 제공은 하지 않지만, 요즘은 이용객에게 숙박과 함께 식사를 제공하기도 한다.

민박집의 규모에 따라 식당, 화장실, 샤워장 등을 별도로 제공하기도 하고, 주인과 함께 사용하기도 하며, 주민과의 정을 쌓으며 즐거움도 함께 나누고 지역의 가정 문화를 알 수 있는 기회를 갖기도 한다.

(9) 여텔

여관과 호텔을 복합한 숙박시설로서 객실은 한식·양식·일식의 장점을 가미한 형태로 객실 수용 인원을 제한하지 않는다.

(10) 빌라(Villa)

산이나 호수, 강변 등의 경관이 좋은 곳에 있는 휴양주택을 말하며, 개인이 가족 전용으로 소유하고 있으나, 여행객을 대상으로 숙박제공(임대별장)도 겸하는 형태로 현대 도시인들이 전원생활을 경험하고, 활력을 얻기도 한다.

(11) 방갈로(Bungalow)

베란다가 넓게 딸린 단층 건물로 우리나라의 원두막처럼 환기와 통풍이 잘되는 휴양지의 숙박시설을 말한다. 열대지방에서 많이 볼 수 있으며, 빌라처럼 사생활(privacy)이 보장되고, 가족이나 신혼부부들이 이용하기에 좋다.

해수욕장 주변, 기타 관광지에서 단기 숙박객을 위해 가설한 소규모 목조건물도 있다.

(12) 허미티지(Hermitage)

심산유곡이나 내륙 깊숙한 곳에 있는 산장(mountain cabin) 유사한 소규모 숙박시설로 각종 편의시설을 갖추고 있으며, 이용자는 주로 등산객, 스키어들이다.

(13) 샤토(Chateau)

빌라보다는 크며 관광지에 위치한 숙박시설로 보통 객실이 100실 이내로 건축양식이 서양 호텔과 다르며, 복고적인 중세풍의 지붕양식과 프랑스의 성(castle)과 같은 대저택의 아름다운 시골풍으로 이루어져 있고, 승마장과 골프장 시설을 갖추고 있다.

(14) 샬레(Chalet)

방갈로보다 작은 숙박시설로서 스위스 산골의 시골마을에 차양이 길게 나와 특색 있는 양식의 농가 집을 의미한다. 즉, 산골에 지은 지붕이 뾰족한 오두막 같은 스위스식의 작은 산장 혹은 작은 주택을 말한다.

5 호텔경영에 영향을 주는 환경요인

1. 고객(Customer)

고객은 외부의 사회적 이해 집단으로서 호텔기업에 가장 큰 영향을 미치는 환경 요인이다. 호텔기업의 모든 의사결정은 고객에서 출발하여 고객으로 끝나는 이른바 고객만족(customer satisfaction)을 지향하고 있다. 어떤 기업이든 상품의 생산 판매를 전제로 하고 있다. 더욱이 경쟁자가 늘어나 공급이 수요를 초과하게 된 오늘날의 호텔 상품/서비스 판매는 중요한 부문으로 되었다.

호텔의 상품/서비스 구매자는 고객이다. 여러 가지 환경적 요인 가운데, 고객창조(customer creation), 시장창조(market creation), 수요창조(demand creation)라는 궁극적인 목적과 연결되는 직접적이고 혁신적인 집단이 바로 고객들이다. 따라서 호텔기업이 성장·발전을 위해서는 고객들이 원하는 상품/서비스를 제공하고 그로부터 적절한 이윤을 획득할 수 있어야 한다.

고객과 소비자를 구분한다면, 고객이란 '현재의 시장을 구성하는 사람들'이라 할 수 있고, 소비자란 '장래 그것을 구성하게 되는 사람들'이다. 호텔기업의 경영으로 이윤 획득을 위한 1차적인 직접적 환경은 고객이고, 2차적 환경은 소비자라 할 수 있다. 따라서 고객이나 소비자 모두가 호텔기업의 경영환경에 대한 이해집단으로서 의사결정에 영향을 미치게 되지만, 그 핵심은 1차적인 직접적 환경으로는 고객에게 있다. 그러므로 호텔기업은 불특정 다수의 고객을 대상으로 경영활동을 전개해 나가기 위해 고객의 욕구를 파악하여 그에 적합한 물적·인적 서비스를 제공해야 한다. 그러나 호텔의 입장에서 다양한 고객들의 욕구를 모두 만족하게 제공하기에는 많은 어려움이 따른다.

따라서 호텔의 마케팅 담당자는 고객의 욕구를 파악하기 위하여 시장조사와 고객집단을 효과적으로 구별하기 위한 시장세분화 등, 과학적이고 체계적인 방법을 사용하여야 한다. 그 가운데서도 소비자행동(customer behavior)에 초점을 맞추는 것은 매우 중요한 과정이다.

왜냐하면, 소비자행동에 대한 분석이 없이는 결코 고객지향적인 의사결정을 할 수 없기 때문이다. 특히, 호텔은 생산된 물적 상품을 주로 인적 서비스에 의해 판매하는 대 고객 서비스업으로서 사람산업(people industry)이라고 불릴 만큼 고객관리는 무엇보다도 중요한 환경요인이다.

2. 종사원(Employee)

기업의 경영환경에서 종사원(employee)은 대외적 환경이 아니라 기업조직의 직접적인 구성원이며, 대내적 환경 요인이라는 점에서 기타 이해자 집단들과는 그 질적인 면에서 차이가 있다.

전통적으로 기업조직 내에서 경영자들은 힘의 우위가 있다. 아직도 그러한 상황이기는 하지만, 근래에 노동조합(laborer union) 활동이 활발해져 종사자들의 단결된 힘은 기업의 성패에까지 영향을 미칠 수 있게 되었다. 즉, 그들은 법으로 보장된 권리를 바탕으로 하여 경영자에 대항할 수 있게 된 것이다.

일반적으로 노사관계 문제는 단체교섭과 노사협조(partnership)라는 두 가지 측면에서 다루어지고 있는 추세이지만, 대부분 단체교섭이나 노사협조를 통해야 비로소 의사결정을 할 수 있게 되는 것이다. 따라서 기업은 노동조합이 기업경영에 있어서 이해집단으로서 미치는 영향이 크다고 할 수 있다.

넓은 의미에서 단체교섭은 단결된 힘으로 경영층에 대항하는 일체의 행위를 뜻하지만, 여기서 말하는 단체교섭이란 좁은 의미에서 주로 임금, 노동시간, 기타 노동조건 등에 대해서 경영층과 종사원을 대표하여 노동조합이 교섭하는 것을 뜻한다. 모든 국가에서 경영자측은 정당한 이유 없이 단체교섭을 거부할 수는 없게 되어 있으므로 성공적인 노사관계를 유지하기 위해서는 노사 쌍방 간의 우호적인 대화체제 구축이 꼭 필요하다. 특히, 호텔기업은 종사원들의 인적 서비스가 바로 상품의 일부로 큰 비중을 차지하기 때문에 인적자원에 의존하는 바가 그 어느 기업보다도 크다. 따라서 종사원(employee)은 노동조합의 일원이면서도 개인적으로는 호텔기업에 직접적인 영향을 미치는 중요한 요소가 된다.

그러므로 호텔경영에서 직접적으로 상품/서비스를 생산하는 종사원과의 이해관계를 원만하게 유지하기 위해서는 그들을 자발적으로 생산 활동에 참여하도록 하는 것이 중요한다. 자발적 참여를 유도하기 위해서는 고용의 안정, 임금, 노동시간 및 기타 노동조건을 향상시키고 인간적인 대우가 필수적이다.

3. 정부(Government)

정부가 기업에 미치는 영향에 대해 선진 경제제도 하에서는 정부의 영향력이 작지만, 후진국이나 개발도상국의 경제제도 하에서는 기업경영에 지대한 영향력을 행사한다. 후자의 경우 정부는 주로 기업의 제도와 규제, 나아가 산업구조 조

정 등의 통제적 역할을 수행하게 된다. 고든(R. A. Gordon)에 의하면 정부는 기업의 의사결정에 대한 영향의 원천으로서 보통 다음과 같은 세 가지 형태로 작용하게 된다고 한다.

① 기업의 의사결정을 용이하게 하도록 조성시킨다.
② 기업의 의사결정 자유를 구속한다. 그러나 그 의사결정을 정부의 그것에 의해 대치시키고자 하는 의도는 없다.
③ 기업의 의사결정을 공무원의 그것에 의해 대치시킨다. 극단적인 경우에는 공기업이 생기게 된다.

이러한 세 가지 형태는 달리 표현하면, ① 기업에 대한 직접적 통제와 간접적 통제, ② 기업에 대한 직접적 및 간접적인 보호육성, ③ 기업이 활약하는 기반의 정비와 강화라고도 할 수 있다.

그러나 무엇보다도 정부가 올바른 기업풍토를 조성해서 기업 활동을 촉진케 하는 것이 정부의 역할이라고 할 수 있다. 예를 들면, 재산 및 계약에 관한 법률, 상법, 파산법, 회사갱생법 등의 제정, 법률시행기구의 정비 등을 그 예로 들 수 있다. 나아가 정부는 기업에 대한 조성 내지 보호 시책을 밀고 나간다.

우리나라의 경우, 기업의 활동과 관련하여 정부의 개입은 크게 두 가지 형태로 나누어 볼 수 있다.

하나는 대개 기업에 대한 기대로부터 출발하는 것으로 기업 활동에 지원적 입장을 취하는 경우로, 정부의 지원적 입장을 뒷받침하는 가장 우선적인 이유가 외화 획득에 대한 기대이다. 즉, 정부는 호텔기업에 대하여 일반 수출산업과 마찬가지의 각종 지원책을 제공하고, 호텔기업으로부터 국제교류 증진을 기대하며, 국민 여가 수요의 해결을 기대하는 것이다. 따라서 호텔기업은 정부의 기대에 의해 정부의 지원적 개입을 유도해 왔다고 할 수 있다.

다른 하나는 호텔기업에 대한 정부의 규제적 개입이다. 즉, 한국의 호텔기업들이 직접 경험했던 '소비성 서비스업'으로의 규정과 같은 경우이다. 이외에도 환경 공해 문제라든지, 소비자 보호 문제와 같은 사회 문제들이 호텔기업 활동에 대한 정부의 규제적 개입을 정당화해 주고 있다.

따라서 호텔기업들은 정부와 바람직한 관계를 유지하기 위해 보다 적극적인 대응전략을 수립해야 할 것이며, 정부의 정책과정에 적극 참여해야 하는 것은 물론, 사회와의 공존적 존재로서 새로운 이미지를 창출해야 한다.

4. 경쟁기업(Competitive Enterprise)

이해관계가 있는 경쟁기업(competitive enterprise)은 자사의 의사결정에 미치는 영향이 크다. 특히, 경쟁기업이 상품/서비스를 생산 판매하는 업종일수록 자사 기업환경에 매우 높은 비중으로 등장하게 마련이다. 따라서 어떠한 의사결정을 해야만 경쟁기업에 이길 수 있을 것인가에 대한 대응책이 정해지지 않고서는 경쟁에서 이길 수 없다.

경쟁은 다수의 기업들이 제한된 시장에서 경쟁우위를 차지하기 위한 경영활동을 전개할 때 야기되는 것이다. 한 기업의 경쟁적 조치는 다른 기업들에게 심각한 영향을 미치기 때문에 자연히 그들로부터 보복적인 조치나 대응조치를 불러일으키게 된다. 즉, 경쟁기업의 규모, 수, 전략 내용 등은 어느 특정 기업의 경영성과에 직접적인 영향을 미치게 된다는 것이다.

예를 들면, 경쟁관계에 있는 대형 호텔들이 객실요금 인하정책을 채택할 때, 일반 호텔은 객실요금 인하 여건이 성숙되어 있지 않음에도 불구하고 현존 시장의 점유율 유지를 위해 객실요금의 인하를 단행하지 않을 수 없는 경우이다.

이러한 경우, 경쟁 호텔의 존재가 비교우위의 측면에서 분명히 위협적인 존재이며 부담으로 작용하지만, 올바른 경쟁자가 존재함으로써 호텔의 경쟁우위를 지속적으로 증가시켜 주고 호텔이 속한 산업의 구조를 개선시키는데 도움을 줄 수 있다. 즉, 경쟁자에게는 공격을 가하는 반면, 이로운 경쟁자와는 서로의 시장 지위를 유지하도록 노력한다는 것이다. 따라서 경쟁자가 있다는 것은 긍정적인 측면으로 대응하면 호텔 발전에 유익할 뿐 아니라, 일반적으로 알고 있는 것보다도 훨씬 더 유리하게 작용할 수도 있다는 것이다.

5. 지역사회(Community)

호텔기업에 영향을 미치는 환경 중, 지역사회(community)는 경우에 따라 협력관계 또는 적대관계로 변할 수 있는 양면성을 지니고 있다.

호텔과 지역사회가 원만한 협조체계를 유지할 수 있는 것은 지역사회가 호텔을 자기지역에 유치함으로써 지역주민의 고용과 소득증대를 이룩하여 지역경제 발전의 기반으로 삼고자 할 경우이다. 따라서 해당 지역에서 우수 호텔기업을 유치하기 위해 각종 세제혜택, 저렴한 호텔부지 제공, 저렴한 산업용수 및 전력 공급 등 각종 유인책으로 노력을 하게 된다.

　호텔기업은 지역사회의 발전에 일익을 담당해야 한다는 긍지와 소명감을 갖고 지역주민의 우선 채용과 호텔 초청 간담회, 양질의 서비스를 지역주민에게 우선적으로 제공하는 등의 노력을 경주하면서 지역사회와 상호 신뢰하는 분위기를 조성하면 호텔의 이미지도 좋을 뿐만 아니라 홍보 효과도 거둘 수 있다.

　그러나 호텔기업이 지역사회의 요구와 희망을 무시하고 지나치게 영리만을 추구한다거나, 지역의 문화적·교육적 여건에 역행하나거나, 장기간 세금을 체납할 경우 지방정부의 수입확보에 지장을 초래하는 몰염치한 행위를 할 때는 호텔 발전에 위협요인이 된다. 만약, 이러한 행위에 항의하여 지역주민들이 농성 등의 집단행동을 취한다거나 법정에 제소하여 보상금을 요구하게 되면, 영업 중지 또는 막대한 보상금을 지급하게 됨으로써 호텔의 재정상태가 치명적으로 악화될 수도 있다는 것이다. 또한, 간혹 지방자치단체와의 대립으로 건설 자체가 취소 또는 중단되는 사례가 발생하기도 한다.

6. 언론매체(Mess Media)

　오늘날의 정보화시대에 개인이나 조직 모두가 신속하고 정확한 정보를 필요로 하고 있다. 따라서 호텔기업의 정보를 고객이나 기타 이해집단에 알려 줄 필요가 있다. 이러한 정보를 전문적으로 전달하는 매개체가 언론매체(mass media)이다. 호텔기업에서 갖는 언론매체의 중요성은 크게 두 가지로 정리된다.

　하나는 언론매체를 통해 새로운 이미지를 창출할 수 있다는 점이다. 언론이 호텔기업에 대한 태도는 균형적일 수 있으며, 한쪽으로는 편향되거나 왜곡된 정보를 방지할 수 있다. 따라서 언론매체는 호텔기업 본래의 모습을 여러 사람들에게 전달할 수 있으며, 기대하는 이미지를 창출할 수 있는 요인이 된다.

　다른 하나는 호텔기업은 스스로 가지고 있는 의도와는 전혀 다른 모습으로 사회에서 인식되는 경우가 많다. 즉, 잘못된 모습으로 인식되고 있다면, 언론매체에 의해 호텔기업에 커다란 위협이 될 수 있다는 것이다. 따라서 이러한 문제는 언론에 보도된 내용을 통해 자사의 사회적 위상을 파악할 수 있으며, 그로부터 문제점을 찾아낼 수 있게 되며, 반성할 기회를 가질 수도 있다.

　여기에서 호텔기업은 언론매체와의 관계에 대해 새롭게 인식되게 함으로써 호텔기업의 입장을 언론에 바르게 전달할 수 있도록 하는 전략이 필요하다.

1 호텔 객실의 이해

1. 객실의 개념과 중요성

호텔의 객실은 숙박 기능을 하는 곳으로 고객에게 숙박을 제공하는 호텔의 핵심 부문이다. 즉, 객실부문은 매출 및 수익성 측면에서 가장 중요한 역할을 하는 곳으로, 객실을 중심으로 레스토랑, 연회장, 컨벤션센터 등의 매출을 발생시키는 여러 부대시설이 있지만, 호텔경영에서 객실은 인적서비스와 함께 호텔 최고의 상품으로 중요한 위치를 차지하고 있다. 이는 원가를 고려한 공헌이익 측면에서 객실부문이 다른 부문보다 높은 수익성을 나타내고 있기 때문이다.

표 4-1 · 호텔의 부문별 매출

국가 \ 부서	객실	F&B	기타
미 국	62%	30%	8%
유 럽	54%	33%	8%
아시아	40%	45%	15%
한 국	60%	35%	5%

(1) 객실의 개념

호텔의 규모와 수준을 평가하는 기준으로 삼고 있는 것은 객실의 수에 따라 평가하는 것이 현실이다. 특히, 객실 상품은 물적 시설로 고객에게 제공하는 기본적인 공간으로 객실부서 직원의 인적 서비스와 함께 종합적으로 만들어내는 상품이라 하겠다.

즉, 객실 상품을 구성하고 있는 요소는 안락하게 휴식을 취할 수 있는 공간과 인적 서비스에 의해 이루어진 것이라 할 수 있는데, 객실은 고객들이 요구하는 쾌적한 시설과 소모품 및 청결, 안전, 정숙하고 안락함 등 고객들이 욕구를 충족시켜줄 수 있도록 구성되어 있다. 또한, 호텔의 객실은 잠을 잘 수 있는 수면 공간과 사무를 볼 수 있는 비즈니스 공간, 편안한 휴식을 취하고, 오락을 즐길 수 있는 공간으로의 다양한 기능을 갖춘 복합적인 공간이라 할 수 있다.

(2) 객실의 중요성

호텔의 객실은 다른 지역을 여행하는 사람들에게 업무와 휴식을 위한 공간 제공과 이에 부수되는 서비스를 제공하여 수입을 발생시키는 곳으로 호텔경영에서의 중요한 상품이다. 객실은 초기에는 투자비용이 많이 들어가지만, 운영에는 원가 비중이 낮고, 유지비용이 적게 들어가기 때문에 호텔의 여러 업장 중에서 가장 수익률이 높다고 하겠다.

객실은 객실 판매에 의한 객실료만의 수입이 발생되는 것이 아니라, 투숙객으로 하여금 객실 내에 비치된 미니바(mini bar) 이용, 식음료 업장과 부대시설 이용 등으로 호텔영업 전반에 지대한 영향을 미친다. 따라서 객실 점유율이 높으면 호텔 내 부대업장 이용률도 높아져 호텔의 수입에도 상관관계가 있기 때문에 경영적 측면에서 객실 정책은 매우 중요한 것이다. 그러므로 호텔을 경영함에 있어 궁극적인 목표가 호텔기업의 가치 확대와 이윤 극대화라고 한다면 객실은 호텔의 전반적인 수익에 커다란 영향을 미친다고 할 수 있기 때문에 호텔상품 중 가장 핵심이 객실이라 하겠다.

또한, 호텔경영 상 객실은 고객의 욕구에 따라 계속적으로 변화되고 개선되어야 주위의 경쟁 호텔로부터 우위를 점할 수 있다. 때문에 호텔의 경영전략에 따라 차이는 있지만, 인건비나 식재료비가 많이 들어가는 식음료 업장의 수를 줄이고, 객실영업에 중점을 두기도 한다.

2. 객실부서 조직과 직무

(1) 객실부서의 조직

호텔의 객실부서(room division) 조직은 크게 객실영업(front office)과 객실관리(housekeeping)로 나누어진다.

객실영업은 객실판매와 관련된 프런트데스크, 현관서비스, 예약, 교환실, 비즈니스센터 등의 업무 수행을 하고, 또한, 컨시어지(concierge) 서비스를 한다. 객실관리는 객실정비 및 객실과 관련된 하우스키핑, 세탁실 등의 업무를 수행한다.

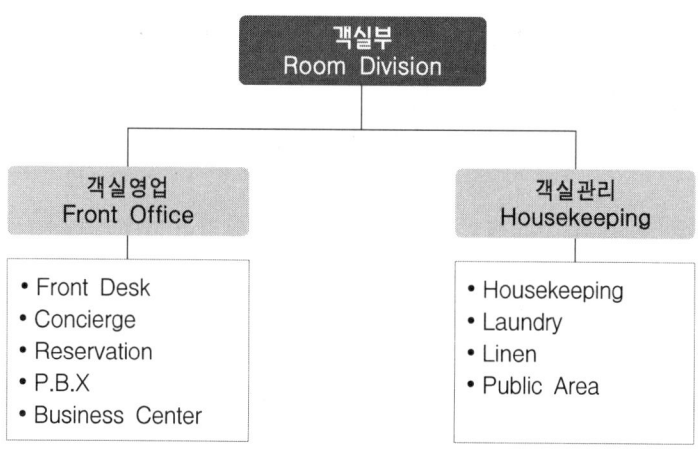

❖ 객실부서 조직

(2) 객실부서 관리자의 직무

① 객실부 이사

객실부문 총 책임자로 총지배인, 부총지배인의 지원을 받으며, 객실부서에 대한 업무를 총괄하고 예산수립, 인원배치, 정보교환 및 직원 교육을 실시하고, 각종 서비스 프로그램 운영 등의 관리를 한다.

② 객실부장

객실부장(혹은 객실부 팀장)은 객실부 이사의 지시와 감독을 받으며, 객실부서 팀원들의 실질적 업무 수행을 통제 및 지시 및 관리·감독을 한다.

❖ 객실부장의 주요 직무 ❖

- 객실부의 영업계획 및 수행.
- 예약 상황의 확인 및 통제.
- 야간회계 감사와 업무보고서 확인.
- 타 부서와 상호협력 관계 유지.
- 객실부 직원의 교육훈련.

③ 프런트오피스 지배인

현관부문의 총책임자이며 객실부장을 보좌한다.

❖ 프런트오피스 지배인의 주요 임무 ❖

- 현관업무에 대하여 책임을 지고 직무를 수행한다.
- 현관 직원들의 업무를 지휘 감독한다.
- 객실 정비부서와 유기적인 관계 업무를 유지·수행한다.
- 객실판매와 고객서비스에 대한 업무를 철저히 수행한다.
- 현관 직원들의 서비스 수준 유지 및 향상 교육을 한다.

3. 객실의 특성

도심지에 있는 호텔의 객실은 높은 점유율을 유지하고 있기 때문에 환경변화에 영향을 덜 받고 있는 것 같지만, 일반적으로는 요일별, 월별, 계절별에 따라 수요의 변동이 심한 특성이 있다.

호텔의 객실 운영에 대한 실적평가 방법에는 다양한 특성에 따라 다르게 평가되기도 하지만, 일반적으로 객실 점유율(room occupancy rate), 객실 평균단가(room average rate), 객실 판매수(sold room)에 따라 평가된다.

따라서 객실 점유율을 극대화하기 위해서는 성수기와 비수기에 따른 상품이 개발되어야 하는데, 성수기에는 공표요금(tariff) 정책을 적용하여 객실단가를 높이는 반면, 비수기에는 패키지(package) 상품을 개발하여 객실 점유율이 높이는 마케팅 전략 수립이 요구된다.

다음은 호텔의 객실 운영에 있어 몇 가지 특별한 특성을 보이고 있는데 간단히 정리하면 다음과 같다.

(1) 객실구조의 표준화

객실은 초기 설계부터 표준화에 중점을 두고 있다. 왜냐하면, 객실은 많은 비용이 투자되기 때문에 객실공간을 최대한 활용할 수 있도록 하여 원가절감 차원에서 고려해야 한다. 즉, 일정기간 사용 후 객실 보수 시에 표준화된 객실은 보수 물품도 동일 제품을 다량 구입함으로써 원가절감을 할 수 있다는 것이다.

또한, 객실구조에 대해 고객의 욕구를 충족시켜 줄 수 있는 객실을 만들기 위해 고객의 다양한 취향 반영은 필수이고, 같은 형태의 침대나 가구, 커튼, 색상, 조명 등의 설비도 관광객이나 상용고객에 따라 표준화된 설계를 한다.

(2) 객실의 고급화

객실은 고객의 취향과 목적에 따라 다양화하여, 호텔마다 차별화 전략을 구사하고 있다. 즉, 객실을 구성하고 있는 시설이나 설비, 소모품 등의 고급화로 외형적인 면을 강조하여 차별화 전략으로 고객 욕구를 충족시켜 고객만족으로 유도하여, 재방문을 위한 노력을 하고 있다.

또한, 침대, 욕실 등을 최고급화 하고 있는데, 침대의 크기를 넓히거나 객실의 가구와 카펫을 현대적으로 고급화하고, 욕실에는 샤워 부스(shower booth)를 설치하는 등 현대화·고급화 한다. 특히, 호텔을 새로 개관하거나 보수(renovation)하는 경우는 표준객실 수를 줄이고, 스위트 룸(suite room)과 같은 특실을 늘려가는 것으로 볼 때, 객실의 고급화 전략에 치중하고 있음을 알 수 있다.

(3) 객실의 변화

객실에는 시대에 맞는 인테리어와 고객들의 다양한 고객의 욕구를 파악하여, 객실 형태를 주기적으로 보수(renovation)·혁신하여 고객의 욕구에 접근하고 있다. 즉, 각종 어메니티(amenity)와 Wi-Fi 시스템, 휴대폰 충전기 등의 서비스와 상용고객을 위하여 컴퓨터와 인터넷 전용회선을 설치·제공하며, 장기 투숙객을 위해 조리가 가능한 객실을 운영하기도 한다.

또한, 여성들의 사회활동이 증가함에 따라 여성전용 층을 운영하고 있는 호텔이 있는가 하면, 호텔이 접해 있는 주변 환경에 따라 어린이 보호를 위한 객실을 운영하는 호텔도 있다. 세계적인 금연시대에 흡연자를 위한 별도의 흡연실(smoking room)을 운영하며, 하와이 와이키키의 일리마(Ilima)호텔은 흡연 층과 주방시설을 잘 갖춘 넓은 객실을 운영하기도 한다.

(4) 객실요금의 다양성

객실을 같은 넓이와 크기에 따라 같은 층에서 이용하더라도 고객이 지불하는 요금은 이용시간과 횟수, 예약시기, 숙박기간, 계약조건, 계절 등의 상황에 따라 차등 적용한다. 특히, 거래회사에서 동일한 직원이 호텔에 투숙하는 경우에도 매년 조금씩 다른 요금체계를 적용하기도 한다.

객실요금은 예약 담당자나 프런트 직원에 의해 할인 요금을 책정하기 보다는 객실 관리자(management)에 의해 정해진 요금을 적용받게 된다. 왜냐하면, 매출을 올리기 위해 호텔 직원의 직급에 따라 객실요금을 적용하게 되면 객실운영에 있어 일관성을 잃을 수 있기 때문이다. 따라서 객실 점유율을 높이고, 매출을 극대화시키기 위해서는 일관성 있게 단일창구에서 관리해야 한다.

(5) 높은 고정비

호텔의 객실은 일반 기업과 달리 상대적으로 높은 고정비용이 투입된다. 특히, 모든 서비스가 인적에 의해 이루어지므로 자동화로는 인간적인 서비스를 제공하기에는 한계가 있다. 또한, 투숙객 유무에 상관없이 객실부서는 24시간 근무자가 있어야 하며, 한 사람의 고객이라도 있는 객실 층에는 전기, 수도, 냉·난방을 공급해야 하기 때문에 높은 고정비가 투입되므로 일부 호텔에서는 고정비를 낮추기 위해 비수기에는 일부 층을 폐쇄하기도 한다.

(6) 상품가치의 소멸성

객실은 이동하여 판매할 수도 없고 저장도 할 수 없기 때문에 당일 판매하지 않으면 가치가 소멸되는 상품이다. 또한, 객실 수는 호텔 실정에 따라 그에 맞게 한정되어 있으므로 객실 수를 초과해서 판매할 수도 없다. 따라서 객실상품은 시간적, 양적 제한을 받고 있기 때문에 객실은 당일 판매를 해야만 가치가 있는 것이다. 그렇지 않으면 그날의 객실상품의 가치는 소멸되어 없어진다.

4. 객실의 기능

호텔 투숙객의 이용측면에서 기능을 보면 잠을 자고 휴식을 취할 수 있는 수면 공간, 휴식 공간, 자신만의 공간에서 자유롭게 행동할 수 있는 자유 공간이자 건강과 직결된 위생 공간의 기능을 한다.

(1) 수면 공간 기능

호텔의 객실은 고객의 수면을 위해 안락하고 편안한 침대·침구류를 제공하는데, 고급 호텔일수록 다양한 종류의 베개와 이불을 준비하기도 한다.

기본적으로 동절기에는 오리털 이불이 제공되지만, 예민한 고객을 위해 거위털이나 양모이불을 준비하고, 깃털 알레르기가 있는 고객을 위해 목화 솜이불을 준비하여 제공하기도 한다. 베개는 오리털 베개, 라텍스(latex) 베개 및 한실 베개 등 다양하다.

(2) 휴식 공간 기능

고객이 안락하게 휴식을 취할 수 있게 객실에 소파가 제공되기도 하고, 레스토랑에 가지 않고도 객실에서 식음료를 주문하면 원하는 시간에 언제든지 룸서비스로 식음료 제공을 한다. 또한, 수면은 조명에 따라 다르게 느껴질 수 있으므로, 충분한 휴식을 위해 객실의 전등은 밝기를 조절할 수 있도록 되어 있다.

(3) 자유 공간 기능

객실은 투숙객만을 위한 자유 공간으로 가정의 거실과 같은 기능을 갖고 있으며, IPTV 서비스 제공으로 자유롭게 영화도 감상할 수 있고, 또, 오디오 시스템으로 음악 감상도 할 수 있으며, 다양한 정보 공유 및 비즈니스를 위한 회의실, 컴퓨터, 팩스 등의 사무기능을 갖추고 있어 업무도 볼 수 있는 다목적 공간으로 이용할 수 있는 자유 공간 기능이 있다.

(4) 위생 공간 기능

투숙객이 머무르는 객실은 고객의 건강을 위해 위생적으로 관리하며, 바닥의 카펫은 매일 청소하여 청결을 유지하고, 정기적으로 카펫을 세척하여 위생적인 공간으로 유지·관리하며, 객실 내의 화장실은 고객 건강과 직결된 위생 공간으로 고객의 생리적 욕구를 해결할 수 있도록 설계된 공간이다. 변기는 비데 설치와 위생커버를 하고, 욕실의 로션이나 샴푸 등도 고급화하고 있다.

호텔의 객실은 한정된 하나의 작은 휴식 공간이지만, 쾌적하고 위생적인 공간을 조성하여 고객에게 제공해야 하는 복합적 기능을 갖고 있다. 따라서 객실의 정해진 공간을 편리하게 사용하기 위해서 침대와 가구 등은 고객동선을 고려하여 구성되도록 하는 것이 절대적으로 필요하다.

2 호텔 객실의 분류

1. 침대에 의한 분류

(1) Single Room

객실에 1인용 침대 1개가 비치된 객실을 말하며, 국내 경우, 싱글 베드 크기를 90×195cm 이상으로 추천하고 있으며, 객실의 크기는 13㎡ 이상으로 제도화하고 있다. 욕실에 따라 Single without Bath와 Single Room with Shower가 있다.

(2) Double Room

싱글 베드의 1.5~2배 정도의 138×195cm 이상 침대를 비치하여 2인이 투숙할 수 있는 객실을 말한다. 객실은 16㎡ 이상으로 규정하고 있다.

(3) Twin Room

한 객실에 2개의 침대를 비치한 객실을 말한다. 싱글 베드 2개를 비치하거나 세미더블 베드 2개, 또는 더블 베드 1개와 싱글 베드 1개를 비치한 객실을 말한다.

Twin Room은 2~3명의 일행이 사용할 수 있으며, 객실의 크기는 19㎡ 이상으로 규정하고 있다.

(4) Triple Room

트리플 룸은 3명이 투숙할 수 있는 객실을 말하며, 트윈 룸에 한 사람이 더 추가하여 투숙할 수 있도록 엑스트라 베드(extra bed)를 하나 더 비치하여 두고 있다. 주로 가족용으로 이용하기에 좋다.

(5) Studio Room

상용호텔(commercial hotel)에서 흔히 볼 수 있는 객실로, 침대(bad)를 소파(sofa)로 변형시켜 사용할 수도 있으며, 또 침대를 벽에 붙여 객실 공간을 넓게 사용할 수도 있는 다목적 침대를 비치하고 있다.

(6) Deluxe Twin Bed Room

더블 베드 2개 또는 싱글 베드 1개와 더블 베드 1개를 비치한 고급스럽고 호화로운 객실을 말한다. 부부나 가족 여행자들이 특별한 이벤트 때, 이용하기에 적합한 객실이다.

※Twin Bed Room : 1인용 침대가 2개 비치되어 있는 객실

2. 객실 위치 및 구조에 의한 분류

(1) Inside Room · Outside Room

‣ 인사이드 룸은 객실이 건물 안쪽에 있어 창문을 통해 바깥쪽을 볼 수 없으며, 창문을 통해 볼 수 있는 부분은 내부의 정원이나 안쪽만 보이는 객실이다.

‣ 아웃사이드 룸은 객실의 창문을 통하여 외부의 아름다운 자연 풍광을 볼 수 있는 전망 좋은 객실이다.

그러므로 객실의 구조와 위치에 따라 Inside Room과 Outside Room으로 구분할 수 있다.

(2) Connecting Room

커넥팅 룸(connecting room)은 객실이 서로 연결되어 내부에서 Connecting Door을 통하여 서로 드나들 수 있으며, 가족 단위나 여러 명의 여행객이 이용하기에 편리한 객실이다. 특히, 부모와 자녀들이 따로 방을 이용하는 서구인들이 편리하게 사용할 수 있는 장점이 있다.

고가의 스위트룸처럼 객실의 생활공간을 공동으로 사용할 수 있으며, 여러 명의 비즈니스맨들이 투숙하여 서로 협의하면서 이용하기에 좋다.

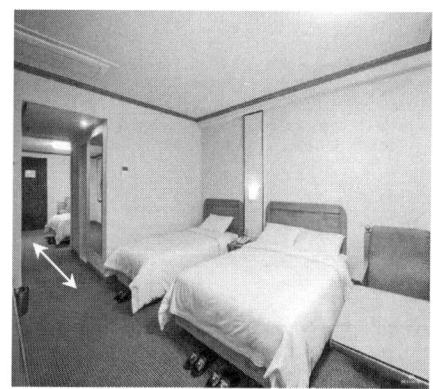 

(3) Suite Room

2실 이상의 객실이 연속되어 욕실이 있는 침실 1개와 넓은 거실을 겸한 응접실을 구비한 특실을 말한다. 침대는 더블베드나 트윈베드가 비치되며, VIP용일 경우에는 식당, 소회의실, 주방 등을 구비하고 있는 호화스러운 룸에 별도의 사우나 시설까지 있다. 요금은 호텔에 따라 다르고, 객실의 크기에 따라 요금 차이가 있으나 대체로 일반 객실요금의 10배에서 30배까지의 요금을 적용하고 있다. 26㎡ 이상으로 규정하고 있다.

(4) Adjoining Room

두 개의 객실이 나란히 바로 옆에 위치하며, 객실 내에서는 통용문은 없고, 복도로 나가서 외부 문으로 출입할 수 있는 인접객실을 말한다. 주로 단체 여행객이나 친분이 두터운 일행들이 인접객실을 이용한다. 대개 신경이 예민한 사람들은 일행의 소음 때문에 커넥팅 룸 대신 Adjoining Room을 이용한다.

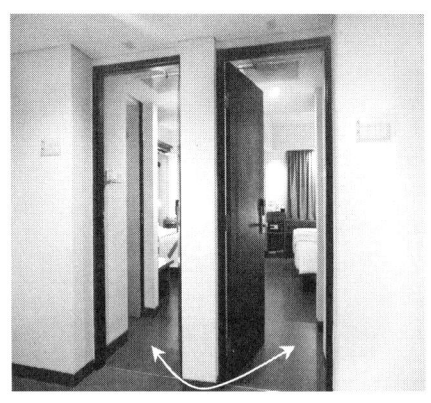

(5) Ondol Room(온돌 룸)

한국 고유의 객실로 침대가 없는 전통 온돌방으로 꾸며진 객실이다. 한국 고유 정취를 느낄 수 있으며, 침구는 보료, 요, 전통이불을 제공하고, 나전칠기 가구를 구비하도 하며, 일부 호텔에서는 온돌방을 선호하는 사람들과 단체 관광객을 위하여 몇 개의 온돌 룸을 보유하고 있다.

(6) EFL(Executive Floor) Room

비즈니스 고객들을 위한 특별 전용층에 위치한 객실이다. 일반 객실과는 달리 고객을 세심하게 보살피고, 비즈니스 업무 편의를 위해 각종 첨단 OA기기를 비치하고 무료음료와 스낵이 준비되어 있는 등, 차별화된 서비스를 제공한다.

항공기의 퍼스트 클래스(first class)에 비유할 수 있다. EFL 객실 이용 고객은 프런트를 거치지 않고 귀빈 전용층에서 예약부터 체크인, 체크아웃, 비즈니스 업무, 비서업무, 통역 등을 지원하는 특별 서비스를 제공한다.

3 호텔 침대의 분류

1. 명칭별 분류

(1) Single Bed

싱글베드는 1인용 침대를 말하며, 사이즈는 길이 195~200cm, 폭 85~100cm, 높이 35~48cm이다. 비즈니스 고객을 위해 싱글베드의 객실이 많았지만, 동반 여행객의 증가로 싱글베드를 축소하는 추세이다.

(2) Double Bed

더블베드는 2인용 침대로, 사이즈는 길이 195~200cm, 폭 140~160cm, 높이 35~48cm이다. Resort Hotel에서 많이 볼 수 있으며, 동반자가 있을 경우나 부부 여행객이 이용하기에 좋다.

(3) Semi-Duble Bed

세미더블베드는 더블베드의 3/4 정도의 크기가 되는 침대로, 사이즈는 길이 195~200cm, 폭 110~130cm, 높이 35~48cm이다. 더블베드의 3/4 정도가 되기 때문에 Three-quarter Bed라고도 한다.

(4) Twin Bed

트윈베드는 대개 싱글베드 2개를 비치하지만, 싱글베드 1개와 싱글베드보다 약간 작은 베드 1개를 나란히 하여 비치해 두기도 한다.

2. 사이즈 및 용도별 분류

(1) King-Size Bed

킹사이즈 베드는 보통 침대보다 큰 침대로, 주로 체격이 큰 외국인을 위한 침대이다. 사이즈는 길이 195~200cm, 폭 200cm 정도로 세미-더블베드 두 개를 붙여 놓은 크기가 된다. 체격이 큰 여성용으로는 비슷한 크기의 퀸 사이즈 베드(queen-size bed)가 있다.

(2) Extra Bed

엑스트라 베드는 싱글베드 크기와 같으며, Rollaway Bed라고도 한다. 주로 트리플 룸(tripple room)에 사용되며, 헤드 보드와 풋 보드가 없는 간편한 침대이다. 또한, 이동식 침대로 접었다 폈다 할 수 있는 것도 있으며, 한 객실에 추가로 투숙자가 더 있을 때 비상용으로도 사용한다.

(3) Baby Crib

베이비 크립은 호텔에서 제공하는 유아용 침대를 말하며, Baby Cot 이라고도 하며, 유아용 특수 침대로 여러 종류가 있다.

(4) Hollywood Bed

할리우드 베드는 일반 침대에 Footboard가 없고, Mattress를 프레임 속에 끼워 넣지 않고, 프레임의 넓이와 같은 Mattress를 위에 올려놓아 만든 침대로, 걸터앉기 편하여 소파처럼 사용할 수도 있다. 프레임 속에 끼워넣지 않기 때문에 침대 두 개를 이어 놓으면 더블 베드처럼 사용할 수 있다.

(5) Studio Bed

스튜디오 베드는 스타틀러 호텔(statler hotel) 처음 사용했다고 하여 Statler Bed라고도 부른다. 소파 베드의 장점을 이용하여 밤에는 침대로, 낮에는 소파로 변형시켜 사용할 수 있으며, 이와 유사한 Couch Bed도 있다.

(6) Sofa Bed

소파 베드는 데이 베드(day bed)라고도 하는데, 주간에 주로 소파하면서 비즈니스를 하다가 야간에 침대로 사용할 수 있다. 사용하기에 다소 불편한 점이 있지만, 객실의 공간을 넓게 사용할 수 있는 장점이 있다.

(7) Conventional Bed

컨벤셔널 베드는 헤드보드(head board)와 풋보드(foot board)가 붙어 있으며, 침대의 프레임(frame)에서 약간 낮게 매트리스(mattress)가 꼭 끼어 들어가게 되어 있는 전통적인 재래식 구조의 침대를 말한다.

4 호텔의 객실요금 제도

1. 객실요금의 중요성

객실운영은 호텔경영에서 중요한 척도가 된다. 호텔의 매출은 객실과 식음료의 매출에 의한 수입으로 구분할 수 있지만, 실질적으로 수입은 객실판매 수에 대한 객실요금의 영향을 받는다. 판매되지 않은 객실은 그날의 손실로 남기 때문에 어떻게 객실판매를 증대하여 객실부문에서 발생하는 손실을 얼마만큼 줄이느냐가 과제이다. 객실상품은 특성상 보존할 수도 없고, 공급량에 대한 신축성도 없기 때문에 객실 점유율과 객실요금 관리는 매우 중요한 부분이다.

따라서 객실부문 관리자는 판매관리와 경영분석에 대한 지식과 실무경험을 겸비한 사람이라야 한다. 왜냐하면, 객실판매가 단순히 객실수입 자체로만 취급되는 것이 아니라, 호텔의 영업수익 전반에 영향을 미치기 때문이다. 즉, 투숙객의 증가에 따라 식음료 매출 증가는 물론, 부대 사업장의 매출에도 연계되어 그 영향이 민감하게 반응하므로 객실판매 증대방안은 중요한 과제라고 하겠다.

2. 객실요금의 구분

객실요금은 성수기와 비수기에 따라 요금을 차등 적용할 수 있다. 또한, 객실 크기에 따라서도 다르게 적용할 수 있다. 즉, 비즈니스 고객의 경우는 시즌과 관계없이 특정기간 목적지에 머물러야 하므로 낮은 할인율을 적용하지만, 관광객에게는 비수기에 높은 할인율을 적용할 수 있다는 것이다. 이 같이 객실요금은 복잡한 구조를 갖고 있으며, 담당행정기관에 신고한 공표요금이 있지만, 마케팅적 요금으로 시간에 따라, 계약에 따라, 시즌에 따라, 각각 다르게 적용된다는 것이다. 즉, 환경에 따라 다르게 적용할 수 있으며, 객실요금 분류는 공표요금, 특별요금, 무료요금, 할인요금, 추가요금, 기타요금으로 분류할 수 있다

(1) 공표요금(Tariff)

공표요금(tariff)은 일반적으로 호텔에서 공식적으로 발표한 요금으로 풀 차지(full charge) 혹은 풀 레이트(full rate)로서 할인(discount)되지 않은 정상적 요금인 정찰가격을 말한다. 객실요금이 명시된 호텔의 브로슈어(brochure)를 태리

프 혹은 룸 태리프(Tariff or Room Tariff)라고 하는데, 태리프는 원래 미국에서 수입품에 부과시키는 관세율표로 사용되었던 것이 현재는 철도의 운임표, 호텔의 요금표로도 사용되고 있다.

공표요금(tariff)은 호텔에서 객실요금을 책정하여 담당행정기관에 신고한 후, Brochure에 게시하여 일반에게 공시한 요금을 말하며, 객실의 종류에 따라 달라질 수 있다. 특히, 휴양지 호텔에서는 성수기와 비수기에 따라 요금이 다르게 적용되며, 식사요금을 같이 병기하여 적용하는 것이 보통이다.

(2) 특별요금(Special Rate)

특별요금은 공표요금을 호텔의 영업정책 또는 그 밖의 이유로 지배인의 권한으로 나름대로의 기준에 따라 할인을 하기도 하고, 또한 특별히 무료로 하기도 하는데, 이는 공표요금에서 할인하여 고객을 유치하기 위한 요금제도이다.

객실요금 무료제공제도는 Complimentary 유형과 Special Use 유형이 있으며, 객실할인요금(room discount rate)은 싱글할인 요금(single discount rate), 비수기 요금(off season rate), 커머셜 요금(commercial rate), 단체할인 요금(group discount rate), 가이드 요금(guide rate) 등이 있다.

(3) 무료요금(Complimentary Rate)

호텔에서 특별히 대접해야 할 고객이나 단체고객을 인솔하는 가이드 또는 여행사 직원과 판촉을 목적으로 초청한 고객(행사 및 세미나 주관 실무담당자, 행사진행요원, 거래회사나 여행사의 임원 및 간부, 고객을 인솔하기 위한 사전답사자 등)에게 베푸는 무료요금을 흔히 'Free'라고 표현한다.

무료는 거래여행사와의 계약에 의해 제공되는 것으로 '15+1'이라 하여 한 단체가 16개의 객실을 사용하면, 15개 객실요금만 징수하고 나머지 1개 객실은 무료로 처리한다. 또, 한 단체가 32개 객실을 사용한다면 15+1 계약에 의해 30개만 계산되고 2개는 무료로 처리한다. ※31개를 사용할 경우는 1개만 무료이다.

무료 제공은 객실만 무료(complimentary on room 혹은 comp on room)인 경우와 식사만 무료(complimentary on food 혹은 comp on food)인 경우, 또 객실과 식사 모두를 무료(complimentary on room and food 혹은 comp on room and food)인 경우의 세 가지가 있다. 객실만 무료로 제공하는 경우, 보통 단체고객 15명에 한 사람을 "Conductor free"라 하여 무료 제공한다.

(4) 할인요금(Discount Rate)

① 싱글 요금(Single Rate) 적용

싱글 룸을 예약한 고객 또는 일반 고객이 싱글 룸을 요구할 경우, 싱글 룸이 모두 팔려 싱글 룸 제공이 불가능할 경우, 고객과 협상하여 더블 룸이나 트윈 룸을 제공하고 싱글 요금을 적용하는 것을 말한다. 이러한 싱글 요금 적용은 객실요금을 할인하는 것으로 보면 된다.

또한, 패밀리 플랜(family plan)이라는 부모와 같이 통행한 14세 미만의 어린이에게 엑스트라 베드(extra bed)를 넣어 주되, Extra Bed Charge는 적용하지 않는 요금제도가 있는데, 이는 고객 위주의 서비스로 호텔 이미지 홍보 효과가 있으며 결국은 호텔의 수익을 증대시킨다는 것이다.

객실요금은 원칙적으로 숙박객 1인당 요금이 부과되는 것이 아니고, 인원수와 상관없이 사용 객실에 대한 요금액을 징수하는 것이 원칙이다.

② 비수기 요금(Off-season Rate) 적용

비수기에 대한 대책으로 공식요금을 할인하는 것을 말한다. 일반적으로 휴양지 호텔에서 많이 적용하고 있다. 도시 호텔에서도 비수기 때는 경쟁정책으로 시행을 하고 있다.

이러한 계절요금에 대해서는 여러 가지 문제점이 있지만, 비수기 때는 대개 10~20% 정도 할인하여 객실을 판매한다.

③ 상용 요금(Commercial Rate) 적용

특정 회사와의 계약에 의해 일정한 할인 요금으로 적용하는 것을 말한다. 미국에서는 도심지 호텔에서 많이 적용하고 있다. 이는 회사 관계자들을 호텔로 유인하기 위함이며, 일종의 할인요금(discount rate)으로 할인율은 10~25% 정도이다. 우리나라에서도 상용목적의 장기 투숙객에게 적용하기도 한다.

④ 단체 요금(Group Rate) 적용

주로 연간 계약으로 이루어지며, 단체로 많은 인원일 때 또는 여행사의 Tour Group일 때 여행사와 협의하여 개인별 요금이 아닌 단체 단위로 요금을 책정하여 일정금액을 할인하는 것을 말한다.

⑤ 가이드 요금(Guide Rate) 적용

여행업자와의 계약에 의해 이루어지며, 여행 안내원(guide)에게 적용하는 특별 요금제도를 말한다. 이는 보통 스페셜 유스(special use)로 처리한다.

(5) 추가요금

① 야간 요금(Midnight Charge)

예약한 고객이 당일 영업 마감한 후 한밤중이나 다음날 도착했을 경우, 호텔에서는 고객을 위하여 전날부터 객실을 마련해 두고 판매하지 않으므로 이로 인하여 발생된 요금을 말한다. 이 제도는 체크아웃 시간이 전날 정오부터 다음날 정오까지 객실요금을 계산하기 때문이다.

② 객실점유 요금(Hold Room Charge)

투숙객이 객실에 짐을 두고 단기간 여행을 떠난 경우나 고객의 사정으로 호텔에 도착하지 않아 객실 판매를 보류시킨 경우, 고객이 객실을 계속 사용하고 있는 것으로 간주하여 부담시키는 요금을 말한다.

③ 취소 요금(Cancellation Charge)

예약 고객이 자신의 사정으로 사용할 당일 일방적으로 취소했을 경우, 객실을 판매하지 못한데 대한 취소 요금을 규정(하루 전 20%, 숙박당일 오후 6시 이전 50%, 오후 6시 이후 또는 No-Show 80%)에 따라 징수하는 제도이다. 우리나라에서는 4성급 이상 호텔에서 실시하고 있다.

④ 분할 요금(Day Use Charge)

분할 요금은 주간에 이용하는 고객에게 적용시키는 요금을 말한다. 즉, 온천지구에서 온천욕을 즐기기 위해 단시간 이용하는 고객이나 업무차 잠시 이용하는 등의 고객에게 적용시키는 요금으로 객실점유율을 높이기 위해 주간에 요금을 할인하여 징수하는 방법이다.

일반적으로 오전 10시~오후 5시 사이에 적용하며 30~50%까지 할인이 가능하다. 이는 당일 도착하여 당일 출발하는 것으로 오후 6시 이후에는 Day Use 적용이 안 된다. 예를 들어, 오후 5~8시까지 3시간 동안 이용하여도 정상 요금인 Full Charge 적용을 하게 된다.

⑤ 초과 요금(Over Charge)

호텔이 정하고 있는 Check-out 시간을 넘겨서까지 객실을 사용할 경우, 부과하는 요금을 말하며, Late Departure Charge라고도 한다. 호텔은 대개 정오를 기준으로 체크아웃 시간을 정하고 있는데, 체크아웃 시간을 넘겼을 경우, 일반적으로 초과요금은 정오부터 오후 3시까지 30%, 오후 3시~6시까지 50%의 초과 요금을 적용하고, 오후 6시 이후부터는 100%의 객실요금을 적용한다.

객실 관리자의 재량으로 단골고객이나 VIP고객에게는 초과 요금을 부과하지 않을 수도 있다.

(6) 기타 요금을 적용하는 경우

① Optional Rate(미결정 요금)

예약 시점에 정확한 요금결정을 할 수 없을 경우를 말한다. 예를 들어, 다음 해에 사용할 객실 예약을 요청할 경우, 인상될 수도 있는 다음 연도의 객실요금이 결정되지 않았을 경우 또는 예약 신청자의 객실요금 할인 요구가 있을 때, 결정권자가 부재중이어서 확약해 줄 수 없을 경우를 말한다.

② Third Person Rate

호텔의 객실요금은 일반적으로 싱글 룸을 제외한 객실이 2인을 기준으로 설비되어 있는데, 3인이 숙박을 원할 경우 적용되는 요금을 말한다. Extra Bed Charge와 같은 개념이다. 단, Family Plan의 Extra Bed의 경우는 제외된다.

③ Family Plan

부모와 함께 동행한 14세 미만의 어린이가 있을 경우, Extra Bed를 무료로 제공하고 Extra Bed Charge를 적용하지 않는 제도를 말한다.

④ Up Grading

고객이 예약한 객실보다 등급이 높은 객실을 제공하는 것을 말한다. 이는 고객이 왔을 때, 예약한 객실이 없거나 호텔 측 사정으로 더 넓은 객실을 배정하고 요금은 예약된 요금으로 처리하는 것을 말한다. 또한, 호텔 측에서 정중하게 모셔야 할 고객에게 대접하기 위한 수단으로 값비싼 고급객실을 제공하고 요금은 예약되었던 객실요금으로 처리하는 경우도 여기에 속한다.

⑤ Hospitality Room

총지배인이나 객실담당 지배인의 허락 하에 단체고객이 식사를 위해 식당으로 이동시 짐을 임시 보관한다든지, 일반 고객이 옷을 갈아입는 등의 목적으로 잠시 객실을 제공하는 것을 말하며, 요금은 징수하지 않는다.

⑥ House Use Room

호텔 임원의 숙소로 사용하거나 객실을 사무실로 사용하는 경우의 객실을 말하며, 침구류를 저장하는 리넨 룸(linen room)이나 객실 비품을 저장하는 스토어 룸(store room) 등을 말한다. 하우스 유스 룸은 호텔 자체에서 사용하는 것이므로 요금을 계산하지 않는다.

3. 객실요금 책정방법

객실요금은 호텔의 수익을 창출하는 원천으로 많은 비용이 투자되었으므로 그만큼 창출된 수익의 일부가 이익으로 축적되어야 하는데, 수익을 통제하기란 쉬운 일이 아니다. 호텔의 수익을 최대로 올리기 위해서는 높은 객실요금으로 객실 점유율을 최대로 높여야 한다. 그러나 객실요금을 너무 높게 책정하거나 낮게 책정하면 이익 극대화에 실패를 초래할 수 있다.

즉, 객실요금을 너무 높게 책정하면 수요를 위축시켜 매출감소를 야기하게 되고, 객실요금을 너무 낮게 책정하면 원가를 회수하지 못하는 이익 저하로 수익성이 위협받게 된다는 것이다. 따라서 기본적으로 객실요금 책정은 모든 영업비용을 충당하고, 투자 대비 타당성 있는 수익을 제시할 수 있는 수준에서 객실 수요를 고려하여 책정되어야 한다. 객실요금 산정은 호텔기업의 투자자본, 인건비, 간접경비 그리고 경쟁 호텔 관계 등을 고려해야 한다. 다음의 요금책정에 대해 알아보자.

(1) 비공식 요금

객실요금 책정에서 원가를 무시하는 접근법이 몇 가지 있을 수 있는데, 이를 비공식 요금책정 방법(informal pricing approaches)이라 한다. 이는 과학적 접근법과는 거리가 있다.

비공식 요금책정 방법에는 대표적으로 경쟁적 요금책정, 직관적 요금책정, 심리적 요금책정, 시행착오적 요금책정을 들 수 있다.

① 경쟁적 요금책정

경쟁적 요금책정은 경쟁 호텔의 객실요금에 근거하여 경쟁적으로 객실요금을 책정하는 방법이다. 경쟁적 요금책정은 시장경쟁이 심각한 상황이라면, 경쟁 호텔과 비슷한 수준일 때, 고려해 볼 수 있다.

그러나 호텔의 위치나 객실 품질, 분위기 등의 상호 간 차이는 무시하면서 상품/서비스 생산에 소요되는 원가도 무시되기 일쑤다. 다만, 서로 상이한 여건에서 낮은 비용구조를 가진 우수한 호텔이라면 유리한 경쟁적 요금책정을 할 수 있지만, 그렇지 못할 경우에는 파산에 이를 수 있는 요금책정이 될 수 있으므로 신중하게 고려해야 한다. 즉, 자사 호텔이 처해 있는 비용 구조를 근거로 경쟁적 요금책정을 해야 한다는 것이다.

② 직관적 요금책정

직관적 요금책정은 경영자가 전문지식 및 비용이나 수익성, 경쟁상대, 수요예측에 대한 고려도 없이 고객이 기꺼이 지급할 것이라고 생각하는 경영자의 직관에 근거하여 요금을 책정하는 방법을 말한다.

일반적으로 경영자는 요금에 대한 고객의 반응을 염두에 두고, 그들의 과거 경험을 기초로 하여 요금을 책정하는 것이다. 그러나 직관적 요금책정도 경쟁적 요금책정과 마찬가지로 원가를 무시한다면, 원가를 상쇄할 수 있는 타당한 이익 획득에 실패할 가능성이 높기 때문에 좀 더 신중하고 치밀하게 생각하여 요금을 책정해야 할 것이다.

③ 심리적 요금책정

심리적 요금책정은 고객이 지급하고자 하는 요금에 근거하여 요금책정을 하는 방법으로 타 호텔들보다 상대적으로 독점적 입지를 가지고 있을 경우에 자사 호텔에 대해 고객들이 '비싼 것이 더 좋을 것이다.'라고 믿을 것이라고 생각하여 경영자들에 의해 적용되어 왔다. 이러한 심리적 요금책정 방법은 이로운 점도 있지만, 비용을 무시하고 적용하여 이익 극대화에 실패할 수 있다.

④ 선도 호텔에 의한 요금책정

요금 구조나 요금의 변화에 대해 선도 호텔의 흐름에 의해 형성될 때, 다른 호텔들도 선도 호텔에 따라서 요금을 책정하는 방법을 말한다.

⑤ 시행착오적 요금책정

우선 객실요금을 책정하여 시행한 다음, 고객의 반응을 살펴 조사하여 고객 반응을 근거로 수정하여 새로이 요금을 책정하는 방법을 말한다. 이는 고객을 최대한 고려한다고 하지만 다음과 같은 문제점이 있다.

- 고객 반응은 경영자의 생각보다 시간이 흐른 후에 문제점이 나타난다.
- 반응에 따른 요금 변경은 고객이 혼란하고 신뢰성이 하락이 된다.
- 고객 구매의사 결정에는 외부 및 통제 불능 요인이 존재한다는 것이다.
  예를 들면, 해변의 리조트는 성수기에 평균보다 10%의 요금을 인상했음에도 불구하고 객실 점유율은 평균보다 훨씬 높게 나타나는 경우가 있다.
- 투자비, 인건비, 간접비 등의 원가를 무시한다는 문제점이 있다.

(2) 회계학적 요금책정

① 오워드 방식(Horwath Method)

호워드 방식은 1930년대 호워드 앤드 호워드(Horwath and Horwath) 호텔회계법인에 의해 이용되었던 방법으로 비교적 큰 호텔의 연평균 객실 이용률 70% 이상일 때 가능하다. 하지만, 오늘날의 호텔은 객실뿐 아니라 식음료, 연회장, 공공부문 등에 많은 자본을 투자하고 있기 때문에 다소 문제점이 있다. 우리나라에서는 예전에 반도호텔과 조선호텔에서 적용하였다.

이는 객실요금 책정을 위해 투자 중 가장 큰 부분에 대한 토지 및 건물건축비용에 근거하여 책정하는 방법으로 객실당 건축비용의 1/1,000에 해당되는 금액이 평균객실료(average room rate)가 된다는 이론이다.

② 로이 휴버트 방식(Roy Hubbart Method)

로이 휴버트 방식은 1960년대 후반 미국 호텔·모텔협회에서 채택한 방식으로 객실요금 결정에 대한 역산법(bottom-up approach)으로도 불린다. 이는 목표이익을 미리 설정하고, 설정된 목표이익 달성을 위해 객실매출원가, 기타 부문이익, 영업비 및 자본을 추정하여 평균객실요금을 산출하는 방식이다. 즉, 호텔 예산을 역산하여 산출하는 것이다. 이 방식에서 제일 먼저 고려되는 이익은 손익계산서 상에 가장 밑에 나타나는 항목이고 법인세는 그 위에, 고정비는 또 그 위에, 마지막 매출액을 처음 나타내는 항목이라는 점에서 역산법이라고 하는 것이다. 이러한 요금책정 방식은 다음과 같은 단계에 의하여 이루어진다.

1 단계 : 투자요구 수익률(ROI)을 토대로 기대이익을 산출한다.
2 단계 : 1세율로 1의 기대이익을 나누어 세전이익을 산출한다.
3 단계 : 고정비를 계산한다. 고정비에는 감가상각비, 이자비용, 제세공과금, 각종 보험료, 임차료, 경영수수료 등이 포함된다.
4 단계 : 미 배분영업비를 계산한다. 미 배분영업비에서는 일반관리비, 자료처리비, 인건비, 수송비, 접대비, 수선유지비, 동력비 등이 포함된다.
5 단계 : 미 객실부문의 이익 또는 손실을 예측한다.
6 단계 : 객실부문에 요구되는 이익을 계산한다. 이것은 2단계의 세전이익과 3단계의 고정비, 4단계의 미 배분영업비, 그리고 5단계의 미 객실부문의 손실은 합산하고 이익은 차감하여 산출한다.
7 단계 : 객실부문의 매출을 결정한다. 이는 6단계의 객실부문 요구이익에 객실부문 노무비와 관련비용과 같은 직접비를 합산하고 기타 직접비용을 합산하여 산출한다.
8 단계 : 7단계의 객실부문 매출액을 예상 판매객실 수로 나누어 평균 객실요금을 계산한다.

$$객실요금 = \frac{연간총경비 + 연간목표이익}{객실\ 수 \times 목표객실점유율 \times 365}$$

(3) 경제 마케팅적 요금책정

효율적인 객실요금 관리를 위해 가장 우선적으로 고려해야 할 것은 목표로 하는 요금책정으로 마케팅 목표에 의해 결정되는 것이다. 마케팅 목표는 호텔기업의 장기목표에 맞는 전략과 마케팅 믹스 설정을 기본으로 하여 목표 범위 내에서 객실요금을 책정하게 된다.

마케팅 목표는 수익성 목표와 시장점유율 목표를 말하며, 전통적 관점에서 수익성 목표가 이익의 극대화라고 할 때, 시장점유율 목표는 매출액 증대를 통한 수익성 향상에 기여하고 장기이익의 극대화를 달성한다는 것이다.

이에 대해 여러 학자들이 시장점유율 극대화와 장기이익 극대화와의 관계에 있어 비례관계를 입증한 연구가 있다.

Chap. 05 호텔 현관 서비스

1 호텔 현관의 이해

1. 현관의 역할

호텔의 현관에서 고객을 예의바르고 친절하게 영접하여 정확하게 안내를 하는 직원의 임무 수행으로 호텔의 이미지를 돋보이게 하는 것이다. 뿐만 아니라 밝은 미소와 유연한 서비스는 호텔의 분위기 조성과 주위환경에 도움을 주며, 고객과 호텔의 관계도 밀접하게 연결되는 것이다.

호텔 현관에서 안내를 하고 정보를 제공하는 것은 단순한 서비스로 중요한 업무라 생각하지 않을 수도 있다. 하지만, 현관에서 고객을 처음으로 접촉하여 대면하여 서비스를 제공하는 곳이다. 그리고 객실 판매와 레스토랑 등의 부대시설 이용 효과를 증대시켜 식음료 판매 향상으로 매출을 극대화하기 위해 전력을 다하는 역할을 하는 곳이다.

현관 서비스 하면, 고객의 숙박에 대한 객실 부문만을 생각하기 쉬운데, 실제적인 현관 업무는 투숙객에게 정성을 다해 친절하게 서비스를 제공할 뿐 아니라, 호텔을 이용하는 모든 고객에게 호텔을 대표하여 서비스를 하는 곳이므로 항상 예의바르고 정중하게 서비스를 해야 한다. 그리고 호텔의 모든 부문과의 중개 역할을 담당하면서 고객이 불편이 없도록 최선을 다해 서비스를 하는 중요한 곳이 현관이다.

2. 현관의 기능

호텔 현관의 기본적 기능은 숙박하고자 하는 고객에게 숙박 등록을 위한 안내 서비스를 제공하고, 고객의 예약 및 필요로 하는 호텔 내·외의 각종 정보를 신속·정확하게 제공하는 기능과 각 부문의 업장과 부대시설 이용안내 및 통신 서비스를 제공하는 기능 등이 있는데, 고객과 호텔 현관 부문의 주요기능을 살펴보면 다음과 같다.

(1) 고객과의 중계기능

호텔 현관은 고객과의 커뮤니케이션을 중계하는 기능이 있다. 투숙객은 물론, 모든 내·외국의 다국적 고객들의 여러 가지 문의에 대한 안내와 각 부문과의 중계를 하는 기능이 있다.

(2) 고객 정보 수집기능

호텔 현관은 객실 판매와 관련된 서비스를 제공하는 업무 외에도 호텔 방문객들의 각종 통계자료와 정보 등을 수집하는 기능을 한다.

(3) 타 부서와의 협조기능

호텔의 현관은 객실을 판매함에 있어 타 부서와 협조를 하는 기능을 한다. 즉, 투숙객은 객실만 이용하는 것이 아니라, 레스토랑, 연회장, 바, 세미나실 및 부대시설을 이용하게 되므로 타 부서와의 연계를 위한 협조 기능을 한다.

타 부서와의 협조 기능과 함께 더 나아가 각종 모임의 참여자들이 방문할 수도 있도록 유도하고, 또한, 그들이 주체자로 연관을 맺어 다수의 고객이 호텔을 방문할 수 있는 기회를 만들 수 있기 때문에 협조 기능은 중요하다.

(4) 고객정보 기록기능

호텔의 현관은 투숙했던 고객의 History(호텔이용 실적)를 통하여, 고객의 호텔 이용정보, 신상정보 등을 기록·보관하고, 고객이 원하는 것을 파악하여, 향후 재방문 시에는 고객에게 더욱 완벽하게 질 높은 서비스를 제공하기 위하여 고객정보를 기록하는 기능을 한다.

2 Door Desk

1. Door Desk 개요

호텔을 방문하는 고객이 현관에 도착하면 가장 먼저 찾는 곳이 Door Desk인데, 여기에서 고객이 느끼는 첫인상은 오랫동안 기억에 남는다. 따라서 고객이 예의바르고 훌륭한 서비스를 받았다면 그 호텔에 대한 긍정적 이미지가 강하게 형성되는데 큰 영향을 미칠 것이다.

Door Desk는 Door Man이 최 일선에서 고객을 최초로 맞이하고, 최후로 환송하는 업무를 담당하는 호텔의 얼굴과 같은 존재이므로 친절하고 절도 있는 행동을 보여 주어야 한다. 따라서 Door Man은 투철한 직업의식을 갖고 고객이 편안하도록 항상 고객 입장에서 배려하는 마음으로 서비스를 제공해야 한다.

2. Door Desk의 주요업무

Door Desk의 Door Man은 고객의 영접과 현관 앞 차량 정리 및 주차관리와 Valet Parking 등의 업무를 수행하며, Bell Man과 함께 고객 영접 서비스를 담당하고 있기 때문에 호텔의 첫 이미지에 커다란 영향을 미친다고 하겠다. Door Desk의 주요업무는 다음과 같다.

(1) 고객 영접

Door Desk의 Door Man은 차량이 들어오면 정지할 위치를 수신호로 알려준 다음, 차량이 정지하면, 차량 문을 열어 드리고 고객을 맞이한다. 이때 고객의 머리가 차량의 문틀에 부딪히지 않도록 보호하며, 정중하게 환영인사를 한다. 그리고 고객의 여행 가방 또는 가벼운 소지품이라도 받아준다. 고객의 짐이 많으면 Bell Man을 호출하여 도움을 청한다.

특히, Valet Parking을 위해 차량을 이동할 경우에 사전에 고객의 휴대폰, 손지갑 등의 소지품이 차 안에 있는지를 확인해야 한다. 또한, 택시나 공항버스 등에서 짐을 내릴 때는 고객의 짐이 맞는지와 개수를 확인하고 크기, 종류, 색상 등을 확인한다. 특히, 디자인이 동일하거나 비슷하여 다른 고객의 짐을 내리는 실수를 하지 않도록 해야 한다.

(2) 현관의 질서 확립

호텔 현관은 불특정 다수의 많은 사람이 이용하는 공공장소로, Door Man은 현관 주변에 장시간 혼잡 상태를 방치하거나 장애물을 방치해서는 안 되며, 방문차량의 소통이 원활하도록 해야 한다. 택시는 고객이 호출한 경우 잠시 대기할 정도로만 관리한다. 또한, 잡상인과 구걸하는 사람 등이 접근 못하도록 잘 살펴 호텔의 품격을 손상시키는 일이 발생하지 않도록 해야 한다.

(3) 근무위치 유지

Door Man은 근무위치를 이탈하거나 장시간 자리를 비워서는 안 된다. Door Man의 유니폼은 누가 보아도 알아볼 수 있으므로, 항상 제자리를 지키고 있음을 인식시킬 필요가 있다. 하지만, 부득이하게 자리를 이탈할 때는 다른 동료에게 업무를 정확하게 부탁하고 자리를 떠나야 한다.

(4) 주차관리

현관 앞은 차량 통행로가 도로보다 협소하여 장시간 주정차를 할 수 없다. 따라서 후속 차량 진입에 불편 없이 원활하게 이용할 수 있도록 해야 한다. 특히, 대형 연회나 웨딩, 디너쇼, 컨벤션 등으로 일시에 많은 차량이 붐빌 때는 주차안내원을 별도로 추가 배치하거나 현관 직원을 충원하는 등 사전에 계획을 세워 차량 소통이 원활하도록 부서 간에 협조를 하도록 한다.

(5) 주차대행 서비스

Valet Parking Service도 Door Desk 업무 중 하나이다. 차량을 이용한 고객의 증가로 주차장도 항시 붐비고 있는 실정이다. 따라서 주차 문제로 고객의 불평불만이 발생하면 호텔 이미지에도 악영향을 미칠 수 있기 때문에 친절하고 정중하게 Valet Parking Service를 제공하여 고객 편의를 도모한다.

(6) 정보제공

호텔의 각종 행사에 대하여 고객 문의가 있으면 행사장소와 시간에 대해 자세한 내용에 대하여 알려 주어야 한다. 따라서 Door Man은 당일 행사일정표(daily function sheet)에 대한 내용을 시간대별로 숙지하고 있어야 될 뿐만 아니라, 외국인과 모든 투숙객들에게는 호텔 주변의 공공장소, 쇼핑, 극장, 공연장, 교회나 성당 및 시내 지리 등, 관광이나 비즈니스 관련 문의에 응하기 위해서는 외국어 능력을 갖추는 등 많은 노력이 요구된다.

(7) 분실물 처리

분실물은 Door Desk 주변에서 발견되기도 하지만, 고객이 이용한 차량에서 가방을 비롯한 귀중품, 휴대폰 등의 물품이 발견되는 경우가 많다. 따라서 습득한 고객 물품은 Door Desk의 Log Book(업무 인수인계 일지)에 기록을 한 후, Door Desk에서 보관할 것이 아니라, 분실물 보관소(lost and found)에 보관하도록 한다.

(8) 환송

Door Desk에서 최후로 고객을 환송하게 되는데, 환송 업무도 매우 중요하다. 호텔 내에서 아무리 좋은 서비스 받고, 모든 것에 만족한 고객이라도 호텔을 떠나는 환송 과정에서 Door Man의 서비스가 좋지 않다거나 불친절하거나 불만족스럽다면 그동안 호텔에서 제공한 모든 서비스는 물거품이 될 수 있다.

따라서 호텔을 떠나는 고객에게 짧은 시간에 좋은 인상이 남도록 하는 환송은 매우 중요하므로 고객에 따라 차별화하는 것도 생각해 볼 필요가 있다.

Bell Desk

1. Bell Desk 개요

Bell Desk의 Bell Man을 Bell Attendant라고도 하는데, Bell Man은 1829년 근대호텔의 원조인 미국 보스턴에 있는 The Tremont House에서 처음 도입하였다. Bell Man의 유래는 프런트 데스크에서 고객등록이 끝나면 고객을 객실로 안내하기 위해 Bell Man을 호출할 때 데스크 있는 벨(bell)을 울려 알린데서 유래되었다고 한다.

Bell Desk의 주요업무는 Bell Man으로 하여금 고객을 객실까지 안내하는 것뿐만 아니라, 고객의 짐을 운반(delivery & pick up)하거나 수하물 보관을 하는

업무를 수행하며, 객실변경(room change), 페이징 서비스(paging service), 신문배달, 정보제공, 메시지 전달, 차량수배 등의 업무를 수행한다. 이와 같이 다양한 업무 수행을 위해 신속하게 움직여야 하고, 조직적 서비스 제공을 위해 호텔 내·외의 모든 정보를 정확하게 숙지하고 있어야 한다. 또한, 당일 Check in과 Check out 예정 객실 수를 파악하여 충분히 준비가 되어 있어야 하며, 각종 행사진행 상태도 파악하고 있어야 한다.

그리고 고객으로부터 호텔 내부의 특정 장소에 대한 안내 요청이 있을 시에는 그 장소가 있는 모퉁이까지 안내하고, 짐을 갖고 있을 때는 들어 드리겠다고 의향을 물어 본 다음 짐을 받아서 운반해 주는 등의 서비스를 한다.

Bell Desk에서 사용하는 카트(cart)나 웨곤(wagon)은 매일 업무 수행을 해야 하는 도구이므로 항상 청결을 유지하여 고객의 짐을 깨끗하게 운반할 수 있도록 한다. 고객의 수하물을 운반할 때는 물건이 손상되지 않도록 주의를 하며, 무겁고 네모난 물건은 벽이나 기둥에 부딪혀서 손상이 없도록 주의한다.

또한, 카트의 바퀴도 매일 부드럽게 정비하여 로비나 객실 복도 이동 시 소음이 발생되지 않도록 하고, 고객의 안전에 유의해야 한다.

2. Bell Desk 주요업무

Bell Desk는 로비에서 방문객의 눈에 잘 띄는 곳에 위치하여 프런트 데스크와 접해 있으며, 상호 연관된 업무를 수행하고 있다. 고객이 호텔에 도착하면 도어 데스크에서 고객의 수하물을 인계받아 처리하기도 하지만, 벨 데스크의 가장 핵심적인 업무는 도어맨이 Check in 고객의 짐을 인계받아 고객과 함께 Front Desk로 안내하고, 등록하는데 불편이 없도록 서비스한 다음, 등록 후에는 프런트 클럭(front clerk)으로부터 객실키를 받아 고객을 객실까지 안내를 담당하는 역할을 수행하는 것이다.

(1) Check in Service

Check in Service는 고객의 투숙객에 편의 제공을 하는 것이다. 현관 입구에서 밖을 응시하며 대기하고 있는 Bell Man은 고객이 도착하면 정중히 환영인사를 하면서 영접한다. 그리고 고객의 짐 유무를 확인한 후, 소유한 짐은 작은 것까지 수량과 특이 사항을 확인하고 무거운 짐은 받아서 카트에 싣고, Front Desk로 안내하여 Check in Service를 한다.

(2) Check out Service

Check out Service는 고객이 호텔을 떠나기 위해 퇴실을 하면, Room Key를 프런트 데스크에 반환과 동시에 계산관계(객실료, 세탁, 룸서비스, 미니바 이용 등)를 신속하게 끝내도록 서비스하는 것을 말한다. 벨 데스크에서는 Check Out 고객 모두에게 같은 서비스를 하며, 객실에서 짐을 옮겨 주고 고객의 체크아웃에 불편이 없도록 서비스한다.

(3) 수하물 보관(Baggage Storage)

고객이 수화물 보관을 요청하면 장기 보관과 일시적 보관으로 구분하여 보관한다. 장기 보관은 1박 이상, 단기는 당일 찾아가는 것으로 분류한다.

수화물 보관 시에는 Baggage Tag을 사용하는데, 두 장으로 되어 있어 1장은 짐에 부착하고, 다른 1장은 고객에게 전달하고, Baggage Check List에 기록한다. 짐이 두 개 이상일 경우에는 각 짐마다 Tag을 부착하거나 Baggage String 또는 Baggage Net를 사용하여 다른 고객의 짐과 섞이지 않도록 한다.

(4) Paging Service

Paging Service는 고객을 찾아 주거나, 메시지를 전달하여 고객 간의 만남을 이루게 하는 서비스이다. 찾고자 하는 고객의 성명, 성별, 연령, 인상착의 등을 접수하면, Paging Board에 이름을 잘 보이게 쓰되, 객실번호는 쓰지는 않는다. Paging Board에 달려 있는 종을 조용히 흔들고 적혀 있는 이름을 돌려가며 보여 주고 다니면서 고객을 찾아주는 방법으로 종소리가 너무 커도 소음으로 들릴 수 있으므로 적당히 흔들면서 다닌다.

(5) Delivery Service

Delivery Service 담당자는 고객의 메시지, 우편물, Fax, Telex 등을 프런트 클럭의 요청에 따라 신속히 전달하며, Fax나 Telex는 필히 고객의 서명을 받아야 한다. 외부에서 전달되어 온 꽃, 과일, 선물상자 등은 임의로 객실에 넣지 말고 반드시 프런트 데스크에서 확인토록 하고 지시에 따른다.

또한, 투숙객이 외부고객에 전달할 물건을 벨 데스크에 요청하는 것은 "Will call for service"라 한다. 벨 데스크에서는 의뢰인 또는 수취인을 볼 수 없는 상황이라서 반드시 성명, 연락처 등을 상세히 기록해 두어야 한다.

(6) Room Change Service

호텔 사정(객실 보수 등) 또는 고객의 요구에 요청에 의해 객실을 옮겨주는 것을 말한다. 호텔 사정에 의해 옮겨야 할 경우에는 사전에 연락을 취하여 고객의 양해를 구한다. 객실변경은 고객이 객실에 있는 경우와 외출 중인 경우가 있는데, 상황에 따라 조심스럽게 다루어야 한다. 특히, 고객이 외출 중인 객실은 변경 후에 객실번호, 변경담당자, 시간, 품목 등을 상세히 기록하여 차후에 문제가 발생하지 않도록 해야 하며, 특이사항은 기록을 하고 상사에게 보고한다.

(7) Pick Up Service

Pick up Service는 공항이나 역, 터미널 또는 회사 등에 가서 투숙할 고객을 직접 호텔로 모시고 오는 서비스이다. 픽업 서비스는 예약된 투숙객의 요청에 의하여 이루어지는 경우와 VIP 고객인 경우 및 호텔에서 자발적으로 항공기 도착시간에 맞춰 공항이나 고객이 있는 곳에 찾아가서 픽업하는 경우가 있다.

대부분의 5성급 호텔에서는 공항 근무자를 별도로 배치하여 호텔 리무진을 예약한 경우와 VIP인 경우 Pick Up하여 호텔로 안내하고 있다. 그러나 예약을 하지 않은 고객일지라도 고객 유치 및 홍보 측면과 판매촉진 수단으로 교통편 도착시간에 맞춰 호텔버스를 정기적으로 대기시켰다가 고객을 호텔로 안내하여 모셔오는 업무를 하고 있다.

(8) 국기 게양

대부분의 호텔에서는 연중 내내 만국기를 게양한다. 호텔에 따라 다르기는 하지만, 각국의 국기를 모두 달 수 없으므로 방문객 수가 많은 나라의 국기를 게양하는 경우가 많다.

일반적으로 태극기, 호텔기, 귀빈 국적기 등과 함께 게양하는데, 귀빈이 자주 방문하는 5성급 호텔에서는 벨 데스크에 만국기가 준비되어 있어야 한다.

(9) Shuttle Bus Service

Shuttle Bus는 호텔 이용고객에게 차량 편의를 제공하는 서비스를 말한다. 서울에서는 인천공항이나 김포공항은 이용자가 많기 때문에 무료 셔틀버스를 운영하고 있으며, 일정금액을 받고 정기적으로 운행하는 Limousine Bus도 있다. 또한, 서울에 있는 5성급 호텔의 경우 이태원, 남대문, 동대문, 명동, 광화문과 경복궁 등의 주변 주요 관광지에 셔틀버스가 배정되어 있다. 그러나 고객이 원하는 모든 곳으로 셔틀버스를 배차할 수는 없다.

 Concierge

1. Concierge의 개요

컨시어지(concierge)는 프랑스에서 유래된 말로, 중세시대 촛불을 들고 성을 지키는 사람인 Le comte des cierges(촛불 관리자)에서 유래되었다는 설이 있다. 또한, 어떤 이론에는 라틴어 Consérvus(노예)에서 유래되었다고도 한다. 유래야 어떻든 지난 100년 동안 컨시어지는 로비에 별도로 그들의 카운터가 있었고, 유니폼을 입고 호텔직원으로 근무를 하지만, 컨시어지는 Information, Room Clerk, Front Cashier와 분리되어, 호텔에서 고객이 필요로 하는 모든 정보를 제공하는 Hotelier이다.

이들을 호텔 직원의 한 사람을 뜻하기도 하지만, 부서로는 Concierge라고 지칭하며, 호텔의 안내는 물론, 여행과 쇼핑까지 투숙객의 다양한 요구를 들어주는 서비스를 하고 있다. Concierge Service는 서비스의 꽃이라 불릴 정도로, 서비스 정신이 강하며 자부심을 갖고 업무에 임하고 있다.

5성급 호텔에는 대부분 Concierge가 있으며, 전문적인 컨시어즈가 24시간 근무하면서 대 고객서비스를 담당하고 있다.

2. Concierge의 주요업무

Concierge 업무는 호텔에 따라 차이가 있지만, 고객이 필요로 하는 정보를 제공하고, 고객이 해결하고자 하는 일들을 법적인 범위 안에서 모두 해결해 주고자 한다. 컨시어지의 주 업무는 VIP 영접 및 환송, 수하물 관리, 교통안내, 쇼핑안내, 관광 스케줄이나 공연예약, 음식 소개, 항공권 예약 또는 구매, 기차표 예매, 스포츠경기 입장권 구매 등, 고객이 어려움을 호소하는 모든 일들을 신속히 해결해 준다고 보면 된다. 때로는 개인비서와 같은 역할까지 수행한다.

(1) VIP 영접과 환송

호텔이 명성을 얻기까지는 VIP에 대한 철저한 서비스가 준비되어야 한다. 즉, 영접/환송을 위해 통역, 의전, 비서, 수행기사 등, 다양한 고객의 요구를 들어주는 Concierge 서비스를 제공하며, VIP 영접으로 품격 있게 업그레이드 된 서비스 제공과 안락하게 쉴 수 있도록 한다. 또한, VIP 고객이 선호하는 취향까지 확인하여 서비스하며, VIP 고객이 예약 전, 또는 투숙 전에 객실 상태와 환경이 어떠한지를 확인하는 순서를 거치게 되는데, 공항 서비스와 호텔 서비스 등에 대해 철저하고 조화롭게 진행해야만 VIP 고객은 만족할 것이다.

(2) 차량 수배 및 배차 관리

Concierge는 VIP 고객이 차량을 요구할 경우, 호텔과 계약된 렌터카 또는 다른 차량을 수배하여 안내하여 선택할 수 있도록 한다. 수배 차량은 30분 전에 도착할 수 있도록 하고, 차량의 청결상태와 기사의 복장상태 등을 사전에 점검하여 좋은 이미지를 심어 주어야 한다. 대개 호텔에서 준비한 리무진을 수배하여 배차 서비스를 하고 있다.

(3) 고객 수하물 처리 및 메시지 전달

Concierge는 고객의 수하물이나 우편물 또는 메시지가 도착하면 고객에 따라 달리 취급하는데, 투숙객에게는 직접 전달하거나 객실에 넣어드릴 수 있지만, 투숙 예정고객은 보관하였다가 고객이 도착하면 착오 없이 즉시 전달한다.

고객에게 전달할 물품이 여러 개가 있을 때는 프런트 데스크에 전하여 컴퓨터에 입력하도록 하고 빠짐없이 전달하여 실수가 없도록 해야 한다. Check Out한 고객의 수하물은 다음 행선지를 확인하여 보내 주거나 연락하여 적정한 조치를 취한다. 해결이 안 되는 경우는 사유를 밝혀 발신지로 반송한다.

(4) 정보 제공

호텔의 모든 부서 직원은 고객에게 원하는 정보를 제공하지만, Concierge는 고객이 원하는 정확한 맞춤정보를 제공한다고 할 수 있다. 특히, 타 지역에 비즈니스 관계로 투숙한 외국인에게 업무와 관련된 정보도 제공하고, 또 그들이 가고 싶어 하는 곳의 정보도 제공한다.(고궁, 교회, 판문점, 유명식당, 교통, 쇼핑, 문화, 스포츠 등에 대한 시간, 비용, 거리, 예약여부와 관광관련 정보를 상세히 제공한다.)

(5) 고객 불평·불만 처리

고객 불평·불만에 대한 연구결과를 보면, 호텔 시설물 또는 직원들로부터의 불평이나 불만을 제3자에게 이야기 하는 경우가 것을 보면, 만족하다는 것보다 불평·불만이 7배 많다고 한다. 따라서 Concierge는 불평·불만을 원만하게 처리할 수 있는 능력이 있어야 한다.

특히, 호텔 이용 고객에게는 지속적으로 새롭고 변화된 서비스를 제공해야 하기 때문에 호텔 측에서는 고객욕구를 먼저 파악하는 것이 중요하다. 그리고 고객의 불평·불만 요인들을 능숙하고 신속하게 처리해야만 그 고객들을 충성고객으로 전환시키는 기회가 될 수 있을 것이다.

(6) 응급환자 처리

응급환자는 어디서나 발생할 수 있다. 호텔에서도 발생할 수 있다. 즉, 투숙객이나 직원들 중에서도 발생할 수 있으며, 관광 또는 비즈니스로 투숙한 외국인일수도 있다. 특히, 호텔의 조리부서나 시설부서에서 응급환자가 발생될 수도 있다. 이러한 상황에 대비하여 Concierge는 응급 상비약과 응급조치를 할 수 있는 비품들을 구비하여 대처할 수 있어야 한다.

물론, 호텔마다 다르기는 하지만, 주중에는 의사나 간호사가 근무하는 호텔도 있으므로, 응급처리를 하는 과정에서 Concierge는 중간 역할을 하게 된다.

중대한 환자가 발생할 경우는 호텔 내에서 해결할 수 없기 때문에 Concierge는 119에 연락을 하여 가장 가까운 병원으로 이송하여 신속한 응급처치를 받을 수 있도록 해야 하는데, 병원과 환자 간의 의사소통과 지불관계 등의 문제가 야기될 수 있기 때문에 경우에 따라서 Concierge가 동승할 수밖에 없다.

(7) 공공지역 관리

공공지역(public area)은 호텔 방문객이 가장 많이 이용하는 로비 같은 곳이다. Concierge는 호텔에 들어서면 잘 보이는 곳에 위치해 있는데, 이는 호텔을 방문하여 이용하는 고객의 불편한 점, 어려운 점을 즉시 해결해 줄 수 있도록 한다는데 목적이 있다고 할 수 있다.

또한, 공공지역에 대한 관리는 호텔 입구의 회전문이나 자동문, 엘리베이터, 에스컬레이터, 계단 등에서 일어날 수 있는 안전사고 예방에 대한 철저한 대비에 대한 관리를 한다는 것이다.

1 프런트오피스의 이해

1. 프런트오피스 역할

　호텔의 현관(front office)은 호텔의 얼굴과 같은 중요한 역할을 하는 곳으로 예약(reservation), 프런트 데스크(front desk), 유니폼 서비스(uniformed service) 부문을 말한다. 현관은 고객을 최초로 만나는 지점(point of guest contact)이다. 따라서 최초로 고객 영접·입숙(check-in)과 최후의 퇴숙(check-out)·환송을 하는 곳으로, 고객의 불편한 사항을 접수·해결하고, 투숙객에게 편의 제공 및 상품/서비스 판매하는 호텔의 중추적 역할을 하는 곳이다.

　현관(front office)에서는 Check-in, Check-Out 뿐만 아니라 각종 안내, 메시지 전달, 환전, 귀중품 보관 등과 고객의 불평불만을 접수하고 해결해야 하는 역할을 수행하는 호텔의 대표하는 부서이다. 그리고 고객과 경영진과의 연결 및 관계부서와 유기적인 연락 및 소통으로 고객서비스를 조정하고 로비의 고객 순환이 원활하도록 정리·조정하는 역할을 한다.

　따라서 호텔에 체류하는 고객에게 모든 정보를 친절하게 제공하여 고객이 만족하도록 해야 한다. 만약, 실수나 서비스 제공을 지체하게 되면, 호텔 이미지에 좋지 못한 인상을 주게 된다.

　현관(front office)의 좋은 인상은 호텔의 상품/서비스 판매를 증진시킬 수 있는 중요한 역할을 하기 때문에 일반적으로 현관은 기능별로 조직을 편성하여 운

영하는데, Room Clerk, Information Clerk, Bell Men, Door Men, Mail Clerk 등으로 나누어 운영하고 있다.

2. 프런트오피스 기능

프런트오피스 기능은 고객에게 상품 판매촉진과 안내 기능 및 고객관계에 따른 정보와 각종 업무에 대한 창구로 고객과 호텔의 관계를 밀접하게 연결을 하는 중요한 기능을 하며 타 부문과의 정확한 의사소통으로 객실 상품/서비스 및 식음료 매출 촉진과 기타 부대시설의 매출을 촉진하는데 전력을 다하는 호텔의 심장부 기능을 담당하고 있다.

따라서 프런트오피스에서 고객이 호텔에 도착하여 떠날 때까지 모든 고객서비스 제공 기능을 한다. 기본적으로 객실판매 관리 기능과 고객편의 및 서비스 제공 관리 기능으로 구분할 수 있다. 이러한 관리 기능을 더 세분화해 보면 객실예약, 객실판매, 정보서비스, 고객서비스, 객실상황보고서 작성 및 고객계산서 관리 등으로 나눌 수 있다.

❖ 프런트오피스 기능 ❖

- 고객 영접 · 환송
- 객실 예약 및 판매
- Check In, Check Out
- 프런트 서비스를 포함한 고객 등록
- 숙박 등록 및 객실배정, 객실정비
- 현금출납 및 Credit 취급
- 외화교환
- 우편물 및 메시지 취급(편지, 전보, 소포 등)
- 호텔 내외의 각종 정보제공
  (교통, 관광지, 쇼핑센터, 종교시설, 행사안내 등)
- 식음료 판매관리 및 부대시설 관리
- 고객의 불평불만(complaint) 처리
- 귀중품 보관
- 타 부서와의 업무 협조

3. 프런트오피스 조직

프런트오피스 조직은 크게 객실부문(room division)으로 객실영업(front office)과 객실관리(housekeeping), 프런트 데스크(front desk), 현관 서비스(front service), 예약실(reservation), 교환실(PBX), 비즈니스센터로 조직되어 일사불란하게 움직이면서 업무를 수행하게 된다. 어느 것도 소홀함이 없이 신속·정확·친절로 수행하기 위해 현관 지배인을 중심으로 효율적인 기능이 수행될 수 있도록 직능에 따라 각 직무를 배정하고, 직무별 전문지식을 숙지하여 고객의 도착에서부터 환송에 이르기까지 모든 것이 완벽하게 고객서비스를 제공할 수 있도록 해야 한다.

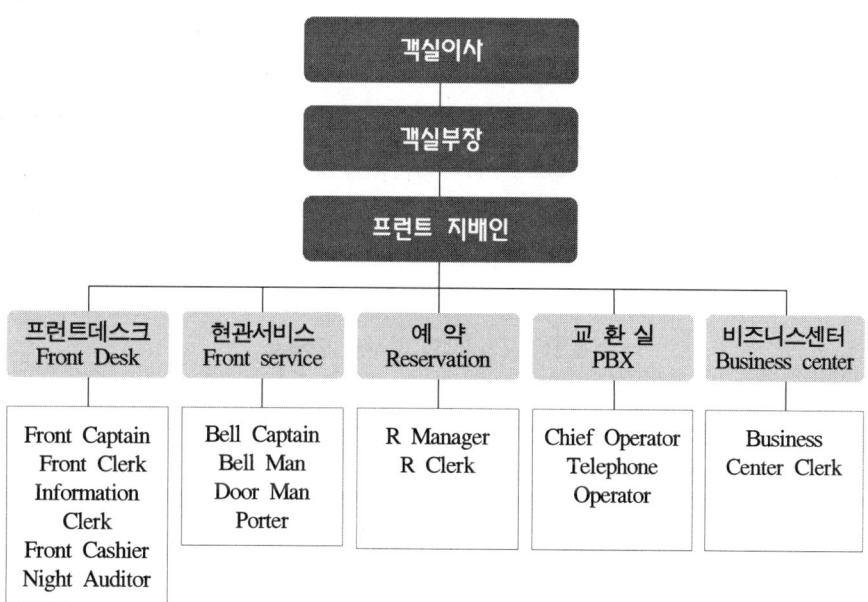

∷ 프런트오피스 조직

4. 프런트오피스의 인적구성

프런트오피스의 인적구성은 호텔의 특성이나 규모, 위치 등에 따라 다를 수 있으나 공통적으로는 하나의 패턴이 있는데, 그 패턴은 다음과 같다.

프런트오피스를 중심으로, 위로 총지배인(general manager), 객실부장 또는 객실지배인(room division manager), 프런트 지배인(front office manager)과 프런트 지배인 하에 각 담당자들로 구성되어 있다.

(1) 객실부장(Room Division Manager)

객실부장은 객실을 생산·판매하는 최고책임자로서 구성원을 지휘·감독하며 경영활동을 수행한다. 따라서 객실부장은 객실에 대한 충분한 지식을 가지고 있어야 하고, 부하 직원에 대한 교육훈련 및 인사고가를 담당한다.

그리고 객실판매와 관련된 의사를 결정하고 타 부서와 긴밀한 협조를 유지하며, 외국어에 능통해야 함은 물론이고 서비스 마인드가 투철해야 한다. 아울러 주요 고객 및 VIP를 접객한다.

(2) 프런트 지배인(Front Office Manager)

일반적으로 프런트 부문의 책임자로 통용되며, 객실과장이라는 직함을 가지고 있다. 프런트 지배인은 현관 접객 부문 내의 각 부서와 유기적인 협력관계를 유지시키고, 객실상품의 생산·판매에 대한 책임을 지고 객실 수입에 적극적으로 임해야 하며, 품위가 있는 예의 바른 인격자로서 호텔에 대한 전문지식과 외국어 능력이 탁월해야 한다. 그리고 고객 의전(escort)에 최선을 다하여 호텔의 품위를 높이도록 노력해야 한다. 프런트 지배인의 임무는 현관 스태프(staff)들의 업무를 지시·감독·통솔 및 교육훈련 등이다.

❖ 프런트 지배인의 주요 임무 ❖

- 프런트오피스 직원의 직무 편성 및 감독과 지휘
- 예약 업무의 감독 및 예약 시스템 모니터링
- 룸 클럭(room clerk)의 업무 지휘 및 감독
- 고객의 불평불만(complaint) 처리
- 현관부서의 회계처리 감독 및 야간회계 감사
- 객실 예측보고서 및 일일보고서 작성
- 고객 영접
- 현관 청소 확인·감독 및 타 부서와의 협조
- 고객 유치 영업을 위한 거래처와의 관계 유지
- 객실부서 직원들의 인사, 복리후생, 스케줄 관리

5. 프런트오피스 업무 특성

프런트오피스의 업무는 호텔 수입의 원천을 관리하는 곳으로 호텔의 상품 판매를 좌우하는 곳이다. 호텔 수입의 원천은 객실 판매에 있으므로 객실 판매를 촉진하고 조정·통제하는 담당부서가 프런트오피스이다. 객실 판매는 궁극적으로 호텔의 식음료(food and beverage) 판매에도 영향을 미치기 때문에 프런트오피스 부문은 호텔 전체 운영에 영향을 미치게 된다.

또한, 프런트오피스는 고객의 호감(goodwill)을 창조하는 전략적 요지인 동시에 그러한 업무를 수행을 하는 곳이다. 고객이 좋은 이미지를 받고 체크아웃했다면, 다음에 다시 그 호텔에 재방문할 가능성이 높기 때문에 중요한 요지이다.

프런트 데스크(Front Desk)

1. 프런트 데스크 역할

프런트 데스크는 호텔에 찾아오는 고객을 제일 먼저 영접하여 고객등록을 하고 제반 정보를 제공하는 안내소 역할을 한다. 그리고 고객이 떠날 때 마지막으로 환송을 하는 곳이다. 일반적으로 프런트 데스크 직원(front desk clerk 또는 receptionist)이 주요 업무 전반에 걸쳐 관할하지만, 대형호텔은 업무량이 많아 레저베이션 클럭(reservation clerk), 리셉션 클럭(reception clerk), 플로어 클럭(floor clerk), 인포메이션 클럭(information clerk), 키 클럭(key clerk), 메일 클럭(mail clerk), 나이트 클럭(night clerk), 프런트 캐셔(front cashier) 등으로 나누어 업무를 수행하고 있다.

2. 프런트 데스크 조직구성과 임무

(1) 룸 클럭(Room Clerk)

룸 클럭은 객실을 담당하는 임무를 수행한다. 즉, 객실 예약·판매·준비를 하는 현관의 실무진이다. 호텔 매출액에서 가장 많은 이익을 발생시키는 부문이 객실부문이기 때문에 관리자들은 계획된 목표달성을 위해 프런트 데스크에 많은 관심을 가지고 지속적으로 독려를 하게 된다.

객실 매출성과는 판매된 객실요금과 평균 객실요금(average room rate)에 의해 좌우된다. 그러므로 프런트 데스크의 룸 클럭은 가장 중요한 위치에서 막중한 역할을 수행하고 있다고 할 수 있다. 따라서 룸 클럭은 매우 섬세하면서도 복잡다단한 일들이 많기 때문에 항상 긴장하여 정확하게 업무를 처리하지 않으면 안 된다. 또한, 룸 클럭은 호텔 전체에 지대한 영향을 미치기 때문에 많은 실무 경험을 축적한 능력 있는 사람이어야 하며, 룸 클럭의 노련한 업무수행이 호텔 전체의 분위기를 생동감 있게 이끌게 된다. 만약, 그렇지 못한 사람일 경우에는 호텔 전체의 이미지와 목표 달성에 부정적 영향을 끼치게 될 것이다.

따라서 룸 클럭은 객실판매에 대한 기술적 능력(technical skills)도 중요하지만, 고객과의 안정적인 의사소통 능력(communication skills)이 있어야 한다. 그래서 외국인과의 유연한 의사소통을 위해 외국어 소통능력은 필수적이다.

그리고 룸 클럭은 당일 현관 서비스 직원의 일과표를 작성·훈련시키며, 지휘·감독한다. 객실 배정은 고객의 의사를 존중하고, 불만은 즉시 해결할 수 있어야 하며, 투숙객에게는 부대시설 이용정보 제공을 하며, 고객이 원하는 주변의 관광지와 지역 정보도 제공한다. 그리고 고객의 큰 가방이나 짐은 벨맨(bellman)을 호출하여 도움을 받도록 한다. 일반적으로 소규모 호텔에서는 룸 클럭(room clerk)이 프런트 캐셔(front cashier) 업무를 겸하기도 한다.

✧ 룸 클럭 임무 ✧

- 고객을 최초로 영접 인사.(고객 영접시 최초의 인사가 된다.)
- 고객등록(registration) 후, 객실배정 및 객실안내.
- 예약 없이 온 고객(walk-in guest)의 현장 객실판매 및 객실 배정.
- 객실 키 전달 인계
- 신용(credit) 등의 이용료 지불수단을 문의하여 처리.
- 특별한 고객은 총지배인에게 보고한다.(즉, VIP고객은 고액객실 제공을 하고, 달갑지 않는 고객은 객실판매를 거부할 수도 있다.)
- Check-in, Check-out 시 Room Rack Slip 확인.
- 고객의 객실 변동(room change)에 대한 조치.
- 호텔의 다른 서비스 안내
- 식당 및 연예·오락 서비스에 대한 판매
- 고객의 불평불만을 성실한 태도로 해결
- Log Book 기록

(2) 인포메이션 클럭(Information Clerk)

인포메이션 클럭은 대부분 여직원이 임무를 수행하며, 프런트 데스크의 주 업무 가운데 하나이다. Reservation과 Reception 업무의 주축은 객실판매이지만, Information Clerk은 고객의 문의에 대한 안내 서비스가 주된 업무이다.

즉, Information Clerk은 고객들의 요구와 문의에 응답하고 안내하는 업무를 하며 관광지, 관공서 등에 관한 정보에서부터 항공, 열차 등의 교통수단 이용에 이르기까지 다양한 정보를 제공하는 것이다. 따라서 인포메이션 클럭은 고객에게 성심성의껏 응대를 할 수 있도록 호텔에 대한 전반적인 지식을 항상 사전에 숙지하고 있어야 한다.

> 문의나 메시지는 비즈니스 고객이 많은 도심의 호텔에서 많이 발생하는데, 이는 고객의 업무와 관계가 있으므로, 인포메이션 클럭은 실수가 없도록 해야 한다.
> 또한, 명승지 안내 등에 대하여 새로운 정보를 숙지하여 제공함으로써 예상 밖에 고객의 체류 연장이 실현될 수 있으므로 호텔의 수입 증대에 기여할 수 있다는 것을 알아야 한다.

인포메이션 클럭 숙지사항
- 열차편, 항공편, 공항버스 등의 교통편과 시간표
- 명승지·유적지, 유명 관광지 및 교통편
- 인접한 쇼핑센터
- 인접 교회의 예배시간 또는 그 외 종교시설 정보
- 호텔이 위치한 도시와 교통 및 지리에 관한 사항
- 근교 도시 및 숙박시설
- 관청, 학교 등 주요 공공시설

❖ 인포메이션 클럭의 주 임무 ❖
- 투숙객의 문의에 대한 안내
- 메시지 취급 안내
- 호텔 시설의 안내
- 시내의 주요 관광지와 관공서 및 빌딩 안내

(3) 메일 클럭(Mail Clerk)

메일 클럭은 호텔에 도착된 우편물(편지, 전보, 메시지 등)을 접수·보관·반송하는 것이 기본 임무이다. 도착된 우편물은 접수 즉시 고객에게 전달 또는 부재시 보관했다가 고객이 돌아 왔을 때, 객실 키와 함께 전달한다.

이미 체크아웃 한 고객의 우편물은 추후에 전달하거나 반송한다. 우편물은 현재 체류 중인 고객은 물론이고, 도착 예정 고객에게 전달해야 하는 것도 있으므로 각별히 유의해야 한다. 객실 300실 미만의 호텔에서는 별도의 메일 클럭을 두지 않고 룸 클럭이 대행하기도 한다.

(4) 키 클럭(Key Clerk)

키 클럭은 대형호텔에서 직종을 세분화한 형태로서 주요 임무는 룸 키(room key)·패스 키(pass key)·마스터 키(master key) 관리와 예비키 관리 및 불량키의 보고 처리, 키 락(key rack)의 확인, 분실된 키의 회수 등이다.

(5) 플로어 클럭(Floor Clerk)

플로어 클럭은 대형호텔에서 볼 수 있으며, 담당하는 해당 층에서 객실에 대한 프런트 클럭 기능을 수행한다. 주요 임무는 해당 층의 고객 영접 및 기록, 객실상태 관리, 우편물 관리, 키 관리, 안전관리 등의 업무를 수행한다.

(6) 나이트 클럭(Night Clerk)

나이트 클럭은 야간 근무자를 말하며, 주간에 프런트오피스에서 진행하던 업무를 연장 수행한다고 보면 된다. 나이트 클럭은 주간 현관 업무와 똑같은 업무를 23:00부터 익일 07:00까지 수행하며, Graveyard Shift라고도 한다.

야간 근무만 전문으로 하는 야간 룸 클럭을 두고 있는 호텔도 있으나, 대부분 호텔에서는 주야 교대로 업무를 수행하고 있다.

나이트 클럭은 '룸 클럭·키 클럭·인포메이션 클럭' 등, 제반 업무를 총괄적으로 수행하며, 밤늦게 도착하는 고객의 Check In 등, 프런트 데스크 업무에 해당하는 예약·등록·인포메이션·우편물의 처리는 물론, 룸 랙 관리와 객실판매현황파악 및 수입현황에 대한 객실 영업일보(daily rooms report)를 작성하여 보고한다. 이때 객실 영업보고서의 매출액은 Night Auditor의 수입 통계와 일치하여야 하며, 불일치가 발견되면 수정하여 보고서를 작성해야 한다.

❖ 나이트 클럭 임무 ❖

- 객실 키 점검(key inventory)
    - 투숙중인 객실 키와 빈 객실의 키 파악
- 늦게 도착하는 고객의 체크인(late check-in)
    - 오후 11시 이후에 도착할 고객을 확인하고 객실 배정
- No Show 파악 처리
    - 24:00 이후 아무런 연락 없이 도착하지 않는 예약자를 No Show로 처리하고 객실 영업일보에 기록
- Cancellation(예약취소 처리)
- 객실현황표(room status sheet or house count sheet) 작성
- Morning Call 접수 처리
    - 모닝콜 서비스는 자동화되어 있지 않을 경우, 고객의 모닝콜 요청이 있을 때, 리스트 작성을 하여 교환원에게 인계
- 접수된 Mail, Message, FAX 점검 및 고객에 전달
- 인수인계 업무일지(log book) 작성
- 익일 출발 예정자의 현황파악 기록
- 익일 룸 체인지 요구사항 파악
- 객실(단체 객실) 별 조식 예약상황 점검
- Turn Away Guest 처리
- Daily Rooms Report 작성
    - 객실수입 합계
    - 객실 점유율(occupancy rate) 기록
        (판매된 객실 수/판매 가능 총 객실 수 × 100)
    - 1실당 평균 객실료 파악 기록
        (매출액/판매 객실 수)

객실경영지표

1. 객실점유율 : 일정 기간 보유 객실 수에 대한 판매 객실 수의 비율을 의미.

$$객실\ 점유율 = \frac{총판매\ 객실\ 수}{총판매\ 가능\ 객실\ 수} \times 100$$

2. 복식 점유율(가중 점유비) : 1실에 2명 이상 투숙한 비율을 나타내는 것으로 식음료 수입을 예측하고, 필요한 리넨 수량을 파악과 일별 객실 평균단가를 분석하기 위해 활용.

$$복식점유율 = \frac{총판매\ 1실당\ 2인\ 이상\ 점유\ 객실\ 수\ (총투숙객\ 수 - 총판매\ 객실\ 수)}{총판매\ 객실\ 수} \times 100$$

3. 일별 객실 평균단가 : 요금이 다른 다양한 객실의 종류와 객실요금의 할인으로 인하여 다양하게 판매된 객실 평균단가를 산출하여 객실 경영의 지표로 활용.

$$일별\ 객실평균단가 = \frac{총객실\ 수입}{총판매\ 객실\ 수}$$

4. 고객 1인당 객실 평균단가

$$고객\ 1인당\ 객실평균단가 = \frac{총객실\ 수입}{총고객\ 수}$$

ex) R호텔의 총객실은 600실이다. 총투숙객 수가 650명이고, 총객실 매출이 7,800만원일 때, 객실경영지표를 구하시오.

- Total Room Available Room : 600실
- House Use : 3실
- Out of Order Room : 5실
- Total Room Sold : 500실
- Total No of Guests : 650명
- Total Room Revenue : 7,800만원

① Occupancy Rate(객실점유율)는 얼마인가?
② Double Occupancy Rate(복식점유율)는 얼마인가?
③ Average Room Rate(평균객실요금)는 얼마인가?
④ Average Guest Rate(1인당 평균객실요금)는 얼마인가?

(7) 프런트 캐셔(Front Cashier)

프런트 캐셔는 투숙객의 객실료, 식음료 사용 등에 대한 요금을 계산하고 징수하는 임무를 수행한다. 프런트 데스크 업무 중에서 유일하게 영업회계를 취급하며, 고객등록을 하면, 고객등록카드에 기록되어 그 현황이 회계장부의 고객 원장(guest ledger or guest folio)이 생성되는데, 투숙객에게 청구된 고객원장은 일주일 분량 단위로 출력하여 보고한다.

❖ 프런트 캐셔 임무 ❖

- Bill 작성
    - 고객 원장인 Bill 관리대장 관리.
    - 원장 기재사항 : Bill 번호, 사용일, 객실번호, 성명, 인원수, 객실료, 도착 시간 등을 기재.
    - Bill은 3매 발행 : 청구서, 영수증, 호텔용 원장기록 목적으로 이용
    - 프런트 캐셔는 회부된 Bill에 객실료, 서비스료, 세금, 그 외에 각종 요금을 입력하여 투숙객이 퇴실할 때 정산하여 청구함.
      ※ Bill 정산방법은 현금 지불과 Credit의 두 가지 방법이 있다.
- 고객이 식음료를 이용한 계산과 객실료 수불 처리
- 귀중품 보관
- 외화 환전 업무

Guest Ledger 작성시 유의사항

- 장·단기 투숙객을 구분한다.
- Bill은 각 층별과 실별로 구분하여 기록한다.
- 금액을 합산하고 Service Charge, Tax의 순으로 가산한다.
- 각 업장의 계산서를 집계하여 밤 12시 업무 마감한 후, 당일의 총 매상액을 집계한다. 이때 당일의 현금 수입과 크레디트 수입 집계도 함께 한다.

3 객실 예약(Room Reservation)

1. 객실 예약의 이해

객실 예약은 고객과 호텔 사이에 이루어지는 첫 번째 접촉으로 중요한 사항이다. 객실 예약은 고객이 직접 예약하거나 중개인에 의해 이루어지며, 그 형태는 직접 방문예약, 전화, 인터넷, 우편 등에 의한 예약이 있다. 특히, 인터넷을 이용한 예약은 원거리 또는 해외에서도 고객이 필요할 때 예약을 할 수 있다.

예약은 상품적 기능과 부가적 기능 두 가지가 있는데, 일반적으로 상품적 기능은 고객이 실제 원하는 것이 무엇인지를 찾아내어 만드는 것이며, 고객이 실제 구매하고 사용하는 실체로서 객실 그 자체가 여기에 포함된다. 부가적 기능은 업체 간의 치열한 경쟁으로 고객에게 핵심적 기능 외에 서비스나 마케팅 차원에서 추가적인 것을 더 제공하여 고객을 유치하는 기능을 말한다.

예약은 예약 자체가 하나의 매매계약 행위로서 예약이 불이행되었을 때는 그에 대한 보상이 이루어져야 한다. 즉, 성수기 때는 고객이 일방적으로 파기를 하면 호텔 측은 객실판매 기회를 상실하는 피해를 볼 수 있기 때문에 이를 최소화하기 위해 예약금을 받는 등의 규제 방법을 적용하고 있다.

그러나 비수기 때는 대부분 호텔이 예약금을 받지 않고 무담보 예약을 하므로 예약 취소나 No Shows의 경우, 호텔에서 그 피해를 고스란히 입는 경우가 있고, 반대로 호텔 측에서 초과예약으로 인하여 예약 고객에게 예약 불이행으로 큰 불편을 주어 고객은 불만을 표출하기도 한다. 만약, 예약 고객에게 객실을 제공하지 못한다면 호텔의 신용 추락 등, 영업활동에 지장을 초래할 수 있다.

또한, 투숙 고객이 약속된 시간에 체크아웃하지 않고, 객실 이용을 더 원하는 상황이 발생할 경우, 당일 예약된 신규 고객과의 사이에서 우선순위가 누구에게 있는가를 따져야 할 상황이 발생하기도 하는데, 이러한 경우에는 국제호텔협회(IHA)에서는 예약된 신규 고객을 우선해야 한다고 정하고 있다.

하지만, 현재 투숙 중인 고객의 입장도 고려해야 하기 때문에 다른 호텔로 안내(turn-away service)하는 것도 한 방법으로 이러한 업무도 호텔의 예약 업무에 포함될 수 있다.

예약은 호텔과 고객 사이에 최초 거래가 시작되어 예약 직원에 의해 접수되고, 객실유형, 객실요금, 이용시설 등이 예약 직원의 재량에 따라 결정되는 관계로 그 직원에 의해 호텔의 전체 매출액에 큰 영향을 미치게 될 수도 있으므로 예약 직원의 업무는 매우 섬세하면서 고차원의 업무기술이 요구되는 것이다.

❖ **예약 업무** ❖

- 예약 접수 및 거절(accept or refusal reservation)
- 선불 예약 취급(handle guest deposit)
- 예약신청서 작성(record the reservation card)
- 예약 통제 및 조정(reservation control)
- 예약상황판 관리(reservation rack control)
- 예약 랙 슬립 작성(reservation rack slip typing)
- 초과예약 조정(over booking control)
- 예약확인서 발급(reservation confirmation sheet)
- 예약 취소 및 변경(cancellation and change)
- 연회장 및 회의장 예약(banquet room reservation)
- VIP의 예약 보고(VIP reservation report)
- 예약 관계서류 관리

(1) 예약 접수

예약 접수는 객실상품의 주문 받는 것으로, 친절하게 접수·처리를 해야 한다. 예약 접수시에 예약자 성명, 객실 종류, 실제 이용자, 체류기간, 연락처, 요금과 그에 따른 서비스, 지불조건, 조치사항 등을 확정해야 한다.

확정된 데이터는 접수됨과 동시에 고객 예약 정보(도착일, 지불수단 등)가 중앙관리센터의 고객이력관리 파일에 저장되므로 향후 고객에게 다시 예약을 하거나 호텔을 방문할 시에는 훌륭하게 영접할 수 있는 자료로 활용된다. 또한, 마케팅 활동에 요긴하게 이용되므로 정확성이 요구된다.

객실 예약을 분명히 하기 위하여 예약신청서(예약확인서)를 발급하고 있는데, 보통 예약은 흰색용지에, 무료제공(Comp : complimentary service)은 푸른색 용지 등으로 색깔별, 날짜별로 구분해서 비치하여 예약 유형을 쉽게 알아 볼 수 있도록 취급한다.

❖ 예약카드 내역 입력사항 ❖

① 예약 신청자 성명, 연락처, 예약 접수자의 성명
② 객실 종류 및 요금
③ 예약일자 및 도착일시
④ 도착시의 교통편(항공/차량)
⑤ 출발일자와 교통편
⑥ 객실요금 결제조건
⑦ 객실에 대해 특별한 요구사항이 있을 때는 예약카드 작성시 확인하여 기록

(2) 예약금 선불제도

예약금 선불(advance deposit) 제도는 예약과 동시에 일정 금액의 예약금을 선불로 받는 것을 말한다. 예약은 호텔에서는 고객에게 객실을 반드시 제공하겠다는 약속 이행을 의미하며, 고객은 반드시 객실을 이용하겠다는 의미로 예약금을 선불하는 제도이다. 이 제도는 주말이나 성수기 때 고객이 객실을 구하지 못하는 어려움을 없애기 위함이며, 호텔은 객실판매 기회를 놓치는 경우가 발생하는 것을 사전 방지할 수 있다는데 있다. 또한, 호텔은 매출액을 일정수준 유지하고 경영 리스크를 최소화하기 위한 방안으로 적용하고 있다. 예약금 선불제도는 전 세계 호텔업계에서 쌍방의 리스크를 최소화하기 위해 보편적으로 적용하고 있다. 객실의 가동률이 높은 성수기에는 더욱 적극적으로 활용하여 적용시키고 있다. 그러나 예약금 선불제도는 고객의 유형(로열고객, VIP 등)에 따라 선별적으로 적용되어야 그에 따른 부작용을 최소화할 수 있다.

2. 예약의 종류

(1) 문서예약(Paper Reservation)

예약은 문서예약과 구두예약으로 구분할 수 있는데, 어느 경우든 예약은 근거를 확보해 두기 위해서 반드시 문서로 기록을 하고, 예약금을 받은 다음, 예약확인서(예약금 입금확인서)를 발급해 주는 등의 문서화를 해야 쌍방 모두 피해를 최소화 할 수 있게 된다.

(2) 개인예약(Individual Reservation)

개인이 예약을 하는 경우를 의미하는데, 개인이라고 무조건 1인이 예약하는 것만을 의미하는 것은 아니다. 1인 이상 가족이나 동반자가 있는 경우도 개인예약에 속하며, 단체를 제외한 예약은 모두 개인예약으로 볼 수 있다.

(3) 단체예약(Group Reservation)

단체예약은 숙박할 인원이 15명 이상일 때를 의미하는데, 이때는 인솔자(tour guide)가 있는 경우가 많기 때문에 15명을 대상으로 '15+1' 제도를 적용하고 있다. 단체예약은 식사가 포함되는 경우가 많으며, 주로 여행사를 통한 단체와 학술단체, 종교단체, 기업체 등 여러 그룹으로 나눌 수 있다.

(4) 특별예약(Special Reservation)

귀빈(VIP)이나 특별한 개인 또는 단체의 예약을 말하는데, 일반적인 예약과 구분되며, 수시로 발생할 수 있는 사항이므로 주의를 기울여야 한다.

(5) 여행사예약(Travel Agency Reservation)

여행사에서 대행하여 예약하는 것을 말하며, 이런 경우에는 호텔 측이 여행업자에게 일정 수수료를 지불하게 된다.

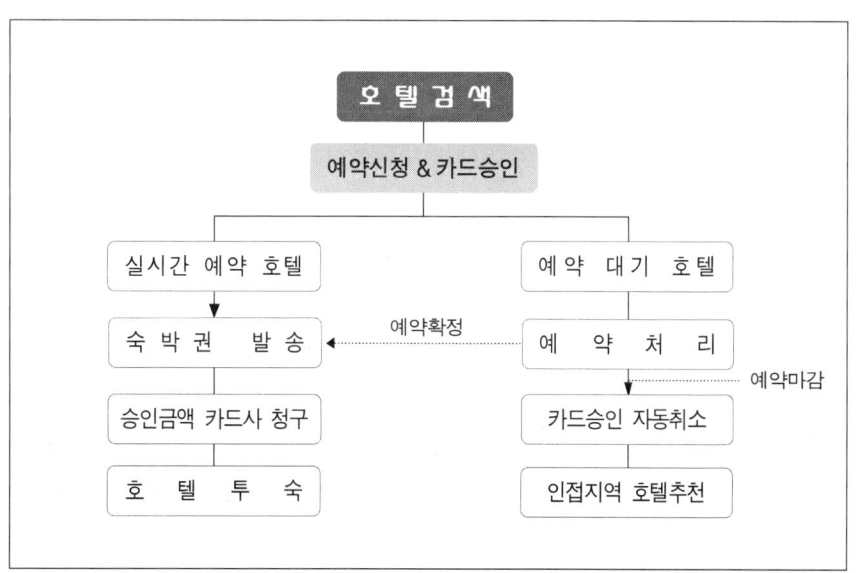

표 6-1 · 예약 용어

용 어	설 명
Over-Booking	초과 예약
Blocking Room	특별한 고객 혹은 미리 예약된 고객을 위하여 객실번호를 미리 지정해 놓은 객실이다.
Arrival Except Slip	예약 고객의 도착을 알리는 투숙 예상고객 명단을 말하며, 관련부서에 배포한다(예 : 교환실, 룸서비스, 하우스키핑, 세탁실 등).

(6) 초과예약(Over Booking)

예약 업무를 취급하다 보면, 예약한 고객이 예약 취소를 하거나 고객이 도착하지 않는 경우가 있는데, 이를 대비하고 객실점유율을 높이기 위해 판매 가능한 객실을 초과하여 예약을 받는 경우를 Over Booking이라 하며, 성수기 때나 주말에 비즈니스호텔 등에서 많이 발생하는데, 이 때 항상 수요가 공급을 초과하게 되어 공급 가능한 객실 수보다 초과하여 예약을 받고 있다.

보통 예약한 고객이 아무런 연락도 없이 투숙하지 않을 경우(no show)를 5% 정도 예상하고, 예약 취소를 8~10% 정도를 예상하여 초과 예약을 받는 것이 가장 합리적으로 보고 있다. 또한, 호텔의 피해를 최소화하는 방법으로는 Credit 예약에 대하여 예약 취소시 벌금 부과을 부과하거나 벌칙 사항을 적용하는 것이 바람직한 수단이라 할 수 있다.

초과예약으로 인하여 예약된 고객에게 객실을 제공할 수 없을 경우에는 고객에게 상황을 설명하고 양해를 구한 다음, 연계되는 다른 호텔로 안내하여 숙박을 할 수 있도록 주선하기도 하는데, 이를 Turn-Away Service라고 한다. 그리고 다음 날이라도 빈 객실이 나오면 반드시 그 고객에게 연락하여 먼저 객실을 배정해 주어야 한다.

예약 취소나 No Show가 발생하면, 호텔 측에서는 객실 판매 기회의 손실과 객실 예약에서 발생하는 불확실성을 최소화하기 위하여 초과예약 제도를 실시하고 있는데, 초과예약 원인은 Under-Stay, Walk-Out, Stay-Over, No Show의 4가지에 의해 발생한다. 다음의 초과 예약을 발생 원인을 알아보자.

❖ 초과 예약 발생 원인 ❖

첫째, Under-Stay : 예기치 못한 사정으로 투숙기간보다 일찍 떠난 경우
둘째, Walk-Out : 고객이 체크아웃 과정이 없이 호텔을 떠난 경우
　　　-고객이 체크아웃을 하지 떠난 경우에는 고객이 언제 다시 돌아올지 알 수 없어 당일 늦게까지 해당 객실을 판매하지 못하는 경우도 발생한다.
셋째, Stay-Over : Check Out 예정일보다 더 체류하는 경우
넷째, No Shows : 예약을 하고도 취소 연락 없이 나타나지 않는 경우

3. 객실 예약업무

객실 예약업무는 고객과 호텔이 최초로 접촉하여 객실 판매를 위한 거래가 시작되어 투숙을 원하는 고객으로부터 객실 사용 요청을 받아 객실을 제공하기로 약속하는 업무이다. 객실 예약은 전화, 팩스, e-mail 또는 직접방문 예약으로 이루어진다.

(1) 객실 예약업무의 중요성

객실 예약 담당부서는 객실뿐만 아니라 식음료 및 부대 서비스 상품 판매와 밀접한 관련이 있기 때문에 고객과 호텔 사이에 정확한 의사소통을 해야 하기 때문에 예약업무는 중요성이 크다.

(2) 예약업무의 순환과정

예약 직원(reservation clerk)이 고객들로부터 예약 신청이 들어오면 예약대장에 입력하여 룸 클럭(room clerk)에게 인계하기까지의 여러 과정을 거쳐야 하는데 그 순환과정은 다음과 같다.

예약업무 순환과정

① 예약 신청 접수-예약 신청 접수대장 기록(예약자, 체류기간, 연락처 등을 정확히 기록)
② 예약 상태 점검(객실정비부서에 사전 연락하여 예약상태 점검)
③ 예약자의 숙박 내역 확인·검토(거래회사 관련 등과 예약자의 기호, 취미 등)
④ 예약자 요구사항 기재
⑤ 예약 확약 통보 및 예약 확정·확인
⑥ 예약 카드 작성(예약자 등록카드 작성)
⑦ 룸 클럭에게 명단 인계

다음의 예약 프로그램 화면을 알아보자.

Screen Layout

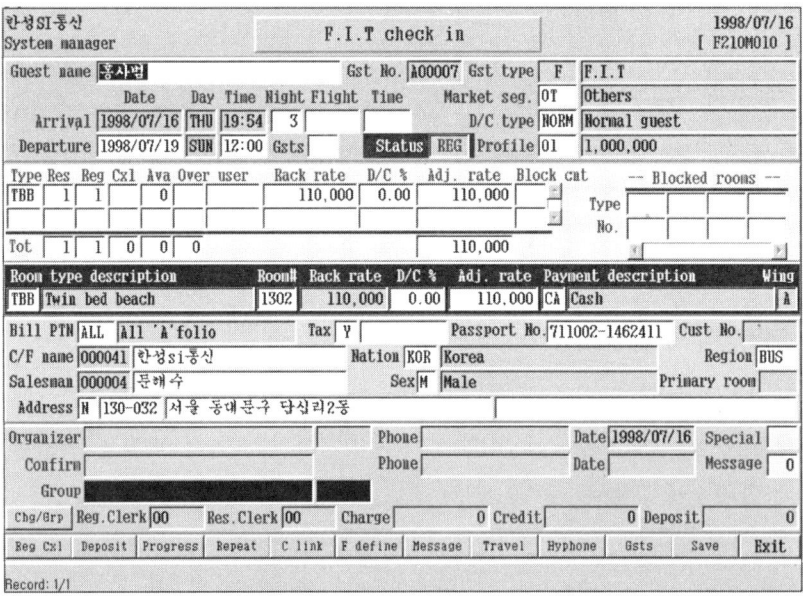

Hotel Management

:: 고객등록 화면

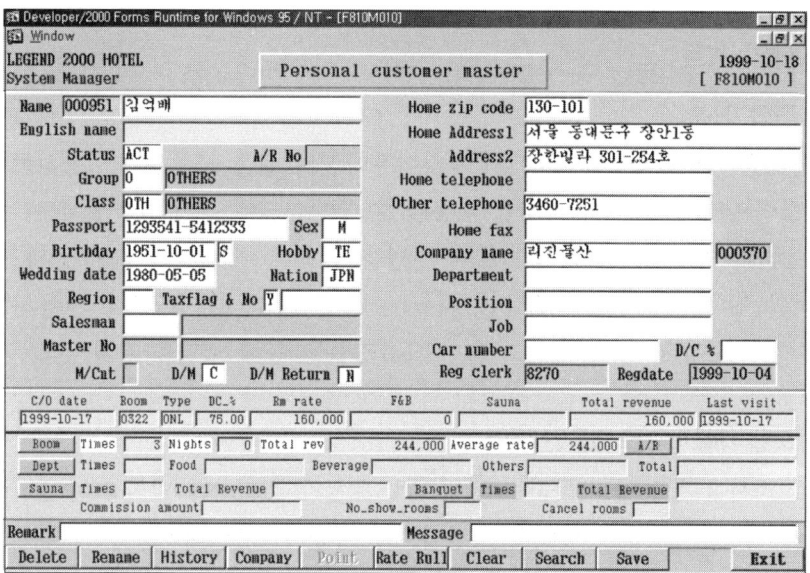

:: 객실예약 조회화면

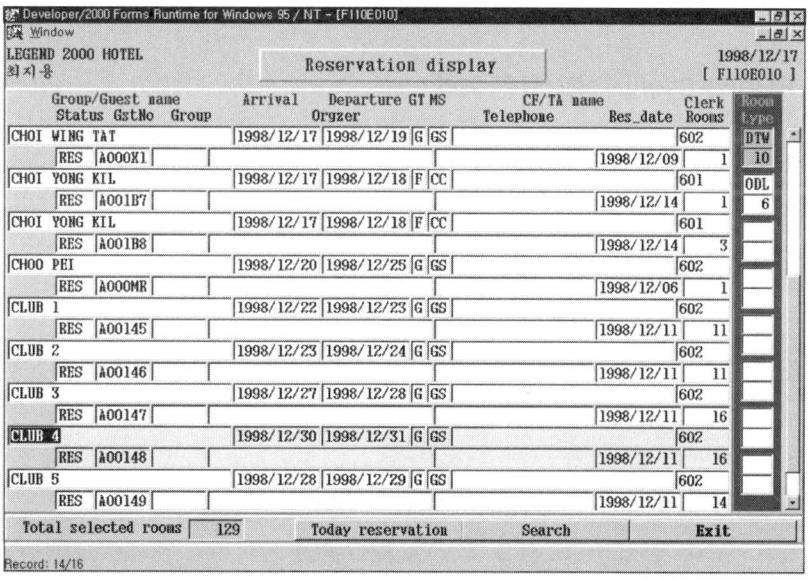

4. 예약업무 실제

(1) 예약 경로

① 전화 예약

체인호텔이나 단독운영호텔에서 중앙컴퓨터 시스템을 구축하여 활용하는 전화예약 방법으로 고객은 이 방법을 활용할 수 있다. 일부 특정 호텔에서는 여행사와 연계하여 개별고객을 대상으로 이 방법을 사용할 수 있도록 하고 있다.

미국의 경우, 무료 전화(toll free number)를 1-800-(123-4567)로 사용하고 있다. 우리나라는 080-으로 서비스 또는 대표전화를 통해 예약을 한다.

② 호텔 대표기구를 이용한 예약

호텔 지사를 통하여 예약하는 방법으로 호텔의 홍보기관 역할을 수행하는 독립적인 기업을 이용하여 예약하는 방법으로 일종의 홍보 대리점을 통한 예약 방법을 말한다.

③ 판매 요원을 통한 예약

호텔 내의 판매 요원이 직접 고객을 찾아가 예약을 받아 오는 방법이다.

④ 제3자의 전자시스템을 통한 예약

여행사, 항공사 등의 제3자의 전자시스템 통한 예약으로, 이때 호텔 측은 여행사나 항공사에 일정액의 수수료를 지불한다.

⑤ 호텔과 호텔 간의 예약

체인 호텔에서 주로 사용하고 있으며, 체인 호텔의 컴퓨터 네트워크를 통한 예약 방법이다. 이는 체인 호텔에 예약을 하기에 앞서 호텔 측으로부터 사전에 무료 예약 서비스를 받을 수 있다.

⑥ 사전 예약 없이 투숙하는 고객(Walk In Guest)

사전에 예약을 하지 않고 직접 호텔에 방문하여 투숙하는 방법이다.

⑦ Internet or Mail 예약

인터넷 또는 메일을 이용하거나 전화를 이용하여 예약하는 방법이다.

(2) 예약의 형태

① 보증형 예약

고객이 예약할 때 호텔 측에 신용을 설정하고 반드시 예약을 실행한다는 의미의 예약으로, 호텔은 고객이 도착하는 시간에서부터 퇴실하는 시간까지 객실을 준비해 놓고 기다린다는 보장의 의미가 있는 예약이다.

보증형 예약은 고객과 호텔 간의 확실한 예약 방법이며, 호텔 측은 예약이 취소되지 않는 한, 고객이 투숙하지 않더라도 객실요금을 부과한다.

[보증형 예약금 결제방법]

- **선불** : 예약할 때 일정금액을 선불로 예치하도록 하는 제도로 1일치 전체 사용 요금을 예치금으로 받아 둔다.

- **크레디트(credit)** : 보통 예약한 고객이 오지 않아도 예약된 객실요금이 지불될 수 있도록 하는 시스템을 개발해 놓고 있다.

- **여행사에 의한 방법** : 여행사 지불보증으로 과거에는 많이 사용 되었으나 크레디트 이용의 확대와 선불금 선호 추세로 거의 이용되지 않음.

- **회사를 통한 예약 방법** : 특정 회사법인과 호텔이 사전 협약에 의한 계약을 통하여 No Show를 포함한 호텔 이용의 모든 대금 지불에 대하여 회사에서 재정적인 책임을 지는 경우이다.

- **바우처(in house voucher) 방법** : 호텔과 호텔 또는 호텔과 여행사 사이에서 홍보 차원으로 발행한 상품권이나 쿠폰을 사용하는 방법이다.(voucher는 특정한 금전적 가치가 있으며, 특정한 이유나 특정한 상품에 대해서만 소비할 수 있는 교환 거래 채권의 하나이다.)

② 비보장형 예약(Non-Guaranteed Reservations)

고객이 예약 당시 호텔 측에 신용을 설정하지 않은 상태를 의미하는 것으로 예약 고객에 대해 일정한 시간까지 객실을 판매하지 않고 유보하고 있되, 정해진 시간(보통 오후 6시)까지 고객이 나타나지 않으면 예약된 객실은 판매 가능한 객실로 간주되어져 Walk in Guest에게 판매할 수 있다. 이때에 기존 예약된 고객은 항의를 할 수가 없다.

예약업무 취급시 고려사항

- 객실 예약은 호텔에서 고객의 주문에 의하여 객실 판매에 대한 계약을 하는 것으로, 고객은 숙박기간 동안 계약에 준하여 숙박하게 된다.
- 객실 예약은 객실 사용에 대해 사전 판매 업무이므로 여러 사정에 의한 변동사항이 수시로 발생할 수 있다. 즉, 이용시점, 이용기간, 이용형태 및 규모, 예산 등의 변동이 있을 수 있다는 것이다. 그러므로 예약 업무 담당부서에서는 이러한 사항들을 수시로 확인, 차질이 없도록 해야 한다. 즉, 예약 접수시 객실요금(할인율 적용여부), 지불수단, 고객 이름, 연락처, 이용기간 등은 반드시 확인해 두어야 한다.
- 예약 접수시 지불방법과 책임소재를 분명히 해 둔다.
- 예약 고객의 숙박기간, 인원수, 희망 객실수, 단체객의 국적, 여행목적, 지불조건 등을 확인하고 접수한다.
- 예약조정상황표에 불확실성이 많은 단체나 여행사, 항공사는 투숙객 도착 1주일 전에 예약을 재확인해야 한다. 예약을 확약할 때에는 단체명, 도착시간, 식사여부, 여행일정 등을 확인하고 호텔 전 업장에 모든 일정을 통보한다.
- 단체객이 객실요금 및 식비를 후불로 할 경우, 후불담당 지배인에 후불지급 승인을 받은 후, 후불지급을 허용하고, 예약 단체객이 도착하면 먼저 숙박등록카드에 필요 사항을 기록하고 객실을 배정한다.
- 단체객의 명단과 숙박등록카드는 Front Cashier에게 인계하고, Front Cashier는 청구서 원장을 생성하여 퇴실시 객실요금을 정산하여 청구하도록 한다. 후불일 경우는 서명을 받은 후 후불계로 인계한다.
- ※예약 업무는 대개 객실부에 예약계를 두어 운영하고 있으나 일반호텔의 경우, 객실예약 업무를 판촉부에서 운영하기도 한다.

❖ 효율적 객실 판매를 위한 숙지사항 ❖

- ▸ 호텔 상품에 대한 정보 숙지
- ▸ 호텔의 영업시설에 대한 충분한 지식 숙지
- ▸ 객실요금의 조정방법 숙지
- ▸ 객실을 숙박 이외의 목적으로 사용하는 경우에 대한 적용방법 숙지

4 교환실(PBX)

1. 교환실 개요

교환실(PBX : Private Branch Exchange)은 Switch Board 또는 Operator라고도 하며, Telephone Operator라고도 불린다. 오늘에는 호텔들이 원스톱 서비스 구축으로 모든 것을 도와준다는 의미에서 Service Center로 명칭을 바꾸어 부르기도 한다.

교환실 근무자들은 다국적 고객을 대상으로 하기 때문에 상당 수준의 외국어 구사 능력을 갖추고 있어야 한다. 교환실 근무자들은 보이지 않는 호텔의 얼굴이라 할 수 있다. 즉, 고객은 교환원의 목소리만 듣고도 호텔의 인상을 결정한다고도 하기 때문에 PBX는 호텔의 통신을 매개체로 하는 안내센터이자, 호텔의 심장부와 같은 중요한 부서라고 할 수 있다.

정보통신기술의 발전에 의해 장거리직통전화(DDD : Direct Distance Dialing)와 국제자동전화를 할 수 있으나 모바일 폰(mobile phone)과 인터넷의 등장으로 고객은 객실에서도 교환을 거치지 않고 고객이 직접 장거리전화(long distance call)나 국제통화(overseas call)를 할 수도 있지만, 호텔에서 교환실(PBX 또는 Switch Board)은 고객이 궁금한 것들을 교환을 불러 문의하는 등, 호텔영업에 직·간접적으로 외부와 1차적으로 고객을 접촉하는 곳이므로 교환실은 중요한 기능을 하는 부서 중의 하나이다.

교환실은 인체의 신경망과 같은 기능을 한다고 볼 수 있다. 그러므로 교환실에서는 외부 및 내부에서 걸려온 전화를 친절하고 신속·정확하게 받아 연결해 주어야 하며, 호텔 내부의 전반적 업무도 잘 파악하고 있어야 한다. 그리고 외부 고객의 문의사항(교통, 문화, 관광지, 관공서, 교회 등)에 능숙하게 신뢰할 수 있도록 응답해야 한다.

또한, 비상사태 발생 시에는 교환실장의 지시에 따라 침착하게 연락망을 이용하여 신속하게 조치를 취해야 한다.

> **교환실 기능**
> - 통신 매개체로서의 기능
> - Information Center 기능
> - 홍보 및 판촉 기능
> - 비상연락센터로서의 기능

2. 교환실장의 직무

교환실장은 교환실의 업무를 총괄하며, 교환원들의 업무를 지시, 감독하며, 긴급사태 등에 대한 대비를 철저히 하고, 비상시 교환원들이 당황하지 않고 침착하게 업무를 수행할 수 있게 한다.

외부에서 고객이 통신상으로는 처음 접하는 곳이 교환실이므로 교환원들이 항상 친절하고 상냥하게 고객 응대를 할 수 있도록 교육을 해야 하며, 교환실장은 상황 판단력이 있어야 한다.

특히, 잠재고객들의 문의에 대한 응답 서비스는 매우 중요한 업무이므로 항상 숙련된 자세로 상냥하고 친절하게 응대할 수 있어야 한다. 또한, 호텔을 문의하는 고객에게는 재치 있게 순간의 진실(MOT)를 느끼도록 전하여 방문할 수 있도록 동기부여를 할 수 있어야 한다.

❖ 교환실장의 직무 ❖

- 교환업무의 총괄
- 보고서 및 근무일지 작성
- 비상상황, 긴급 상황에 대한 대비
- 교환원 지휘·감독
- 교환 업무에 대한 불평불만 처리
- 부서회의 참석
- 신입 교환원의 교육과 주기적인 교환업무 교육을 실시
- 교환실 및 휴게실의 청결상태 확인·감독

❖ 교환원 업무 ❖

- 전화교환 업무수행
- 국제통화 및 전보 접수 보고 · 처리
- 전화 문의 접수 및 응답
- 모닝콜(morning call) 접수 및 처리
- 국제전화 연결 및 시외전화 연결
- 메시지(message)의 접수 및 처리
- 호텔 및 시내 주요 관광지, 관공서 등에 대한 안내
- 업무일지의 작성 및 보고
- 휴게실, 교환실의 청결상태 유지

5 비즈니스센터(Business Center)

1. 비즈니스센터 개요

호텔의 서비스도 다양화되고 전문화되어 가고 있는데, 가장 큰 변화는 비즈니스 고객의 요구에 대한 서비스로, 투숙객이 호텔에서 언제든지 업무를 처리할 수 있도록 비즈니스센터를 설치하여 운영하는 것이다.

비즈니스센터는 자신의 사무실을 떠난 사무실(office away from office) 개념으로 상용고객에게 업무편의를 도모하고, 효율적이고 원활한 비즈니스 업무를 위한 제반 사무기기 설비를 하여 서비스를 제공한다. 이곳에서 비즈니스 고객뿐만 아니라 모든 고객에게 각종 정보 제공이나 예약 업무도 하고 있어, 비즈니스센터는 호텔의 필수적인 부서라고 할 수 있다. 따라서 호텔 직원은 시설이나 서비스에 대해 정확히 숙지하고, 다방면의 지식을 습득하고 있어야 한다. 또한, 글로벌 시대에 외국인의 출입이 많으므로 국제적인 매너와 외국어 능력이 출중하고 투철한 서비스 마인드를 가진 직원이어야 한다.

비즈니스센터는 상용고객 뿐만 아니라 모든 고객에게 다양한 정보제공과 수준 높은 서비스를 제공하는 곳으로 호텔의 이미지 제고와 판매증진 및 호텔홍보에 기여할 수 있는 부서라 할 수 있다.

2. 비즈니스센터의 기능

비즈니스센터는 상용고객들이 업무상 가장 많이 활용하는 PC, FAX, Beam Projector, Copy Machine 등의 사무기기와 회의실 등을 갖추고 있어 상용고객이 업무를 수행하는데 필요한 기능을 제공하는 곳이다.

비즈니스센터는 24시간 언제든지 이용하기 편리한 1층에 위치하여 다양한 서비스를 제공하며, 호텔의 규모와 이용 고객에 따라 다르지만, 일반적으로 다음과 같은 기능을 한다.

❖ 비즈니스센터 기능 ❖

- 각종 사무기기 서비스(rental service)
- 회의실 서비스(meeting room service)
- 심부름 대행(messenger service)
- 비서업무(secretarial work) 대행 및 컴퓨터, 전화 제공
- PC, FAX, Beam Projector, Copy Machine 제공
- 통·번역 업무 서비스
- 특수 우편물 취급(DHL Pedral Express)

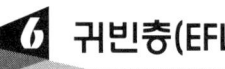 귀빈층(EFL)

1. 귀빈층(EFL)의 개요

전문화된 비즈니스 서비스를 하는 호텔은 EFL(Executive Floor Lounge)을 빼놓을 수 없다. 이를 비즈니스를 위해 숙박하는 고객들을 위한 귀빈층이라 한다.

1980년대 이후 우리나라는 국제 비즈니스의 중심지로 각광받고 있으면서 많은 다국적 비즈니스 고객들이 방문하고 있다.

비즈니스 고객들은 대개 단기체류보다 장기체류 고객들로서, 호텔에 대한 평판과 홍보에 큰 영향을 미친다고 할 수 있다. 따라서 5성급 호텔에서는 비즈니스 고객들을 위한 귀빈층(EFL : Executive Floor Lounge)을 운영하며, 그들만을 위한 특별한 서비스를 제공하고 있다.

귀빈층(EFL)은 '호텔 내의 호텔이라고도 불리며, 항공기의 비즈니스 클래스(business class)와 비슷한 차별화된 객실로 이해할 수 있다.

호텔에 따라서 EFL의 명칭을 'Business Floor', 'Executive Guest Floor', 'Hotel Club', 'Club Lounge' 등으로 부르기도 한다.

호텔의 경영관점에서 EFL은 기업의 간부 및 직원들이 잦은 해외출장, 바쁜 스케줄, 복잡한 업무에 시달리는 현대 비즈니스맨들을 위해 보다 신속·정확하게 차별화된 서비스 제공을 위해 EFL에 별도의 직원들을 배정하여 서비스를 제공하고 있다.

2. 귀빈층(EFL)의 업무

EFL 근무자는 VIP고객을 응대한다는 자부심과 호텔리어 관점으로 투철한 봉사정신과 책임감을 갖고 고객에 편의제공은 물론, 가족 같은 친근감 있는 분위기를 만들어 줄 수 있도록 노력해야 한다. 또한, 고객 개개인에 대한 세심한 서비스를 제공하기에는 EFL의 특성상 모든 분위기를 조성한다는 점에서 여직원이 상냥하게 업무를 수행하는 것이 적합하다고 할 수 있다.

EFL 근무자는 외국어 실력을 겸비하고 호텔의 다른 부서에서 근무한 경험이 많거나 프런트 데스크에서 다년간 근무한 사람들이 대부분이며, EFL 업무를 혼자서 수행하려면 주요업무 내용을 숙지하여 숙련된 능력으로 고객 응대를 할 수 있도록 해야 한다. 다음의 EFL에서 제공되는 서비스 내용을 알아보자.

(1) Check in & Check out Service

EFL 고객은 호텔에 도착하면 프런트 데스크를 거치지 않고, 바로 EFL로 안내되어 전용 라운지에서 설치되어 있는 별도의 데스크에서 Check In 서비스를 받을 수 있으며, Check Out 시에도 EFL 라운지에서 여유롭게 커피를 마시면서 기다리면 담당직원이 Check Out 처리를 완료하고, 영수증을 넘겨준다.

EFL 고객이 현관(front desk)에 도착하면 EFL 층으로 고객의 도착을 통보하면 바로 등록카드, 볼펜, 환영편지(welcome letter), Room Key를 준비하여 테이블 위에 올려놓고, 고객이 도착할 엘리베이터 앞에서 환영 준비를 하고 직원이 기다렸다가 엘리베이터 문이 열리고 고객이 나타나면, 미리 암기하고 있던 ○○○님(고객 성함) 어서오십시오. 인사를 하면서 밝은 얼굴로 고객을 맞이하면서 안내를 한다.

(2) Information Service

EFL 고객의 요구가 있을 시에는 관광 안내 및 항공기, 열차편, 극장, 공연장, 외부 유명 레스토랑 등의 각종 예약과 확인 그리고 변경과 취소를 대행하며, 다양한 쇼핑에 대한 정보(information)를 제공한다.

관광에 대한 문의가 있을 때는 오전과 오후, 전일 중, 어느 시간의 관광에 관심이 있는지를 비치되어 있는 관광안내 책자(brochure)를 보여 주면서 고객이 원하는 관광의 종류를 확인한 다음, 즉시 여행사에 연락한 후 고객에 Pick-up 시간을 알려 준다.

(3) Lounge Service

EFL Lounge Service는 보통 오전 6시부터 오후 10시까지 제공되며 서비스는 모두 무료이다. Lounge에서 제공되는 아침식사 역시 무료이며, Lounge 근무 직원은 수시로 부족한 음식이나 음료 등을 주방과 협조하여 Refill 해주고 있다.

EFL Lounge 직원은 근무 중에는 수시로 라운지 내를 체크하고, Coffee와 차(tea)류 및 Snack류 등이 충분하게 준비되어 있는지 확인하고, 부족 시에는 보충하여 고객이 언제든지 이용할 수 있게 하고 있다.

또한, 낮 시간에는 커피나 차, 음료, 과일, 쿠키, 초콜릿 등을 제공하며, 저녁 Happy Hour 동안에는 여러 종류의 술과 음료(soft drink), 칵테일(cocktail), 마른안주와 스낵 류 등을 Bar Wagon에 세팅(setting)해 두고 제공한다.

(4) Message Service

EFL 고객들은 대부분 프런트 데스크를 거치지 않고, 바로 EFL로 올라가서 Check in을 하기 때문에 프런트 데스크에 메시지를 남겨 두면 즉시 EFL로 연결되어 고객이 전달받을 수 있게 하고 있다.

(5) Shoeshine Service

호텔에서 제공하는 Shoeshine Service는 무료와 유료가 있는데, 고객이 특별하게 Shoeshine을 부탁하지 않는 한, 무료 서비스를 원칙으로 한다.

EFL 직원이 근무 중일 때는 고객이 Shoeshine을 요구하면, 언제든지 서비스가 가능하지만, 특별히 요구하지 않아도 Shoes Basket에 넣어 객실 문 앞에 놓아두면 다음날 아침에 구두가 깨끗하게 닦아져 있게 된다.

표 6-2 · EFL의 Room과 Lounge의 무료 서비스

Executive Room	Executive Lounge
• 피트니스센터 이용 서비스 • 초고속 인터넷 제공 • Wi-Fi 제공 • 신문, 잡지 류 제공	• 신속한 Check in/out 서비스 • 조식 뷔페 제공 • Board Room 무료이용(1일 2시간) • 복사기/프린터 이용
• 다 채널 위성방송 제공(다국어) • 생수 제공(1일 2병) • 다림질 서비스 제공 • Shoe Cleaning 서비스 제공	• Happy Hour 서비스 • 신문과 잡지 제공 • Daytime Snack 서비스 • 인터넷 이용 서비스

피트니스센터(Fitness Center)

1. 피트니스센터의 개요

현대사회는 건강에 대한 관심이 어느 때보다도 높다. 주말의 여유시간이 늘어나고 경제 여건이 좋아지면서 건강한 삶과 장수를 누리고자 훌륭한 헬스 시설과 장비, 고급 서비스를 제공해 주는 헬스장을 찾고 있는데, 그 중 하나가 호텔의 피트니스센터(fitness center)라고 할 수 있다.

호텔의 피트니스센터는 직장인이나 건강을 추구하는 사람들의 스트레스와 피로를 풀어 줄 수 있는 호텔의 부대시설이다. 피트니스센터는 단순히 체력단련에 중점을 두었던 과거와 달리 지금은 건강 증진뿐만 아니라 여가시간 활용과 사교목적 등의 웰빙(well-being) 공간으로 인식되고 있다.

이러한 측면에서 볼 때 호텔의 피트니스센터는 피트니스 회원과 호텔을 찾는 고객에게 건강과 레크리에이션 시설을 제공하고, 건강증진과 복지향상을 도모하는 역할을 하는 것이다.

뿐만 아니라, 호텔의 마케팅 측면에서 보면 고정고객 확보와 호텔홍보 및 호텔의 수입증대에도 상당한 역할을 하고 있다.

2. 피트니스센터 구성 및 운영방식

호텔의 피트니스센터(fitness center)는 호텔의 규모나 투자 여건에 따라 다르지만, 기본적으로 체력단련장(gymnasium : gym & exercise room), 수영장, 테라피(therapy), 사우나(sauna) 등을 갖추고 있으며, 또 골프장, 라켓볼, 에어로빅, 암벽등반 시설 등의 다양한 스포츠 시설을 갖추고 있다. 피트니스센터의 운영은 각 호텔의 특성 및 여건 등을 고려하여 운영하지만, 호텔의 피트니스센터는 직원도 많고, 관리하는 면적도 넓어서 별도의 부서로 운영하고 있다. 하지만, 최근 호텔의 부서가 통합되는 추세로 객실부 소속으로 운영되기도 한다.

피트니스센터는 호텔의 경영방침에 따라 다양한 방식으로 운영을 하고 있는데, 피트니스 멤버(fitness member)로 가입하고자 할 때는 일정 금액의 보증금과 연회비를 내면, 정회원으로 가입할 수 있다. 가입이 되고 회원카드를 발급받은 후에는 휴회나 탈퇴는 되지만, 회원카드를 양도할 경우에는 정해진 규정에 의한 비율에 따라 보증금 중의 일부를 반환 받지 못할 수도 있다. 회원관리는 회원규정에 따르지만, 일부 5성급 호텔의 피트니스클럽 회원권 관리는 회원권 거래소를 통하여 기존 회원의 회원권을 구입하는 방식으로 되어 있다. 이들의 회원권은 상장기업의 주식거래와 같은 방식으로 거래되는데, 경제 원리에 따라 회원권 가격이 정해지며, 인지도가 높고, 유명인사가 많은 피트니스센터나 훌륭한 시설과 접근성 등, 다양한 요인에 의해 거래 가격이 정해진다.

3. 피트니스센터 직원의 근무자세

피트니스센터 내에서는 예상치 못한 안전사고가 발생될 수 있으므로, 직원들은 항상 고객안전 우선에 역점을 두고 근무에 임해야 한다. 원활한 업무수행과 고객의 안전을 위해 갖추어야 할 여러 가지 요건이 있겠지만, 그 중에서도 자신의 서비스 마인드와 투철한 직업관을 갖고, 올바른 정신자세로 업무를 수행해야 한다.

피트니스센터 직원이 되기 위해서는 마음에서 우러나오는 서비스 정신으로 언행이 일치해야 하며, 최선을 다해 충실하게 업무수행을 해야 한다. 또한, 친절하고 밝은 표정으로 고객에게 먼저 인사하며, 회원의 얼굴을 기억하도록 노력하고, 겸손한 태도로 정확한 용어와 적절한 화법으로 대화한다. 그리고 항상 고객이 잘 보이는 곳에서 대기하되, 복장은 언제나 깨끗하고 단정해야 하며, 고객안전이 최우선이라는 마음가짐으로 고객서비스를 해야 한다.

Chap. 07 호텔 하우스키핑

1 하우스키핑(Housekeeping)의 이해

1. 하우스키핑 개요

하우스키핑(housekeeping)이란 집 또는 건물을 돌보고 유지하는 일, 회사관리, 가정관리 등 여러 가지 사전적 의미가 있지만, 호텔에서 하우스키핑이란 객실의 관리 및 객실부문에서 제공되는 서비스의 모든 것을 말한다.

즉, 객실관리, 객실정비 및 객실부문에 관련되는 모든 서비스 뿐 아니라, 호텔 건물 전반에 걸쳐 유지·보수·관리하는 부서로 고객들에게 항상 쾌적하고 안락한 객실을 제공하는 임무를 수행하는 부서이다. 특히, 안전한 객실 제공과 함께 고객들의 생명과 재산을 책임지고 지키는 업무 수행을 한다.

객실은 호텔의 가장 중요한 상품으로 고객에게 쾌적한 객실을 제공하기 위한 업무가 하우스키핑의 중심 업무가 된다. 따라서 하우스키핑은 객실을 또 하나의 내 집(home away from home)과 같은 아늑함과 편안함을 고객이 느낄 수 있도록 항상 세심하게 살펴 준비되어 있도록 한다.

또한, 하우스키핑은 수입증대에 영향을 미치는 경비절감을 위해 재산관리를 하고 객실 상품의 생산 및 창조 등, 중요한 역할을 담당한다고 볼 수 있다.

따라서 하우스키핑은 고객이 기대하는 서비스에 부응하도록 철저한 객실정비와 최고의 객실상품을 생산하기 위한 목표를 설정하고, 호텔 특유의 고유한 매력을 가지도록 해야 한다.

하우스키핑의 업무는 크게 객실정비와 호텔환경을 유지하는 일반정비로 나눌 수 있다. 즉, 프런트 데스크에서 고객에게 객실을 판매하는 업무를 맡아 한다면, 하우스키핑은 프런트 데스크에서 객실을 판매하여 배정하기 전에 객실 청소 및 정비를 하는 역할을 맡아서 하는 부서이다.

따라서 하우스키핑은 첫째, 객실의 철저한 정비와 정리정돈을 하고, 안전에 만전을 기하도록 한다.

둘째, 객실 정비는 프런트오피스와 시설부의 업무 협조로 원활하게 수행한다.

셋째, 객실 정비에 소요되는 모든 소모품, 각종 비품의 관리 및 보수 점검을 효과적으로 수행하여 내실을 기하도록 한다.

2. 하우스키핑 업무

하우스키핑에서는 옥상부터 지하까지 호텔 건물의 내외를 총체적으로 관리하며, 기술적인 부분을 제외한 전 구역의 청결상태 관리와 모든 시설의 유지·보수를 주 업무로 하고 있다. 일반적 업무는 객실 및 공공시설 청소와 정비, 고객의 재산과 생명 보호 및 안전 유지하여 편안하고 안락한 분위기를 조성·제공하는데 있다.

하우스키핑은 호텔에서 가장 바쁜 부서 중의 하나이다. 객실의 정리 정돈과 청결, 공공시설의 청결 상태 유지 등의 책임을 지며, 고객과의 직접 접촉이 비교적 적은 편이지만, 업무 이행의 성실도에 따라 고객들의 호텔 평가가 달라질 수 있으므로, 고객에게 단순하게 쾌적한 시설을 제공한다는 것만 아니라 호텔 상품의 판촉에도 기여하는 역할을 하고 있다.

하우스키핑의 업무장소는 대개 업무 수행에 필요한 용품들이 있는 곳이나 리넨 룸이 된다. 이곳에서 슈퍼바이저(supervisor)는 매일 지시사항을 하달하게 되는데, 여기에는 호텔 운영에 필요한 기계 설비부서와 프런트 데스크에 직접 연결되는 텔레라이터(telewriter)가 설치되어 있어서, 프런트 데스크로 호텔 시설에 대한 투숙객의 불만사항이 들어오면 바로 하우스키핑으로 연락되며, 기계적인 문제는 다시 엔지니어링 부서로 연락을 하여 신속한 보수가 이루어질 수 있도록 한다. 즉, 투숙객이 퇴실을 하게 되면 바로 하우스키핑에 연락되어 즉시 객실 청소와 정리 정돈이 이루어지고, 완료가 되면 프런트 데스크로 보고하여 새로운 고객을 언제라도 영접할 수 있도록 하는 등, 하우스키핑의 기능과 업무는 호텔의 규모나 경영방식에 따라 다를 수 있지만, 주요 기능과 업무는 다음과 같다.

(1) 객실 청소

객실 청소는 룸 메이드(room maid)와 어텐던트(room attendant)가 수행하며, 슈퍼바이저(supervisor)는 객실 상태를 점검하고 재실과 퇴실을 구분한다.

이른 아침 시간에 투숙객이 청소를 원하는 객실과 일찍 입실 예정인 객실, VIP Room, 일반 객실로 나누어 청소의 우선순위를 정한다.

객실 청소를 배정받은 룸 메이드는 객실에서 사용한 컵, 생수, 타월, 리넨 등을 치우고, 베드 메이킹(bed making)을 한 후, 욕실청소 및 욕실용품 보충 또는 새롭게 구비하여 다음 고객이 쾌적하게 입실할 수 있도록 한다. 이때, 객실과 욕실의 구석구석을 확인하여 고객이 모르고 두고 간 물건이 없는지를 확인한다.

(2) 객실용품 준비 및 비품의 유지 보충

호텔의 객실용품은 대체적으로 모든 호텔이 거의 비슷하므로 호텔의 규정에 따라 객실용품이나 비품을 빠짐없이 비치한다. 객실의 모든 용품을 점검한 뒤에는 TV, 전등의 On, Off 상태, 객실온도, 배기상태, 커튼, 욕실전등의 이상 유무를 확인과 파손품은 곧바로 대체할 수 있도록 정비요청서(maintenance order)를 작성하여 신속히 조치를 취한다.

[객실용품]

① 객실 비품 및 가구
- 소파(sofa)
- 책상(desk)
- 사이드 테이블(side table)
- 의자(chair)
- 전기 주전자(kettle), 컵
- 커튼(curtain)
- 램프(lamp)
- 라디에이터(radiator)
- TV, 냉장고
- 헤어드라이어(hair drier)

② 객실 리넨
- 이불(duvet)
- 침대 시트(bed sheet)
- 베개(pillow)
- 목욕 수건(bath towel)
- 욕실 가운(bath robe)
- 침대 패드(bed pad)
- 침대 덮개(bed spread)
- 베개 커버(pillow cover)
- 얼굴 수건(face towel)
- 발 깔개(bath mat)

③ 객실 소모품

- 비누
- 칫솔
- 치약
- 슬리퍼 및 옷걸이
- 화장품 및 머리빗
- 구둣솔 및 구두주걱
- 세탁물 봉투
- 화장지
- 1회용 면도기
- 쓰레기통
- 샤워용 모자(shower cap)
- 기타 소모품

④ 객실 사무용품, 인쇄물

- 문구류 폴더(stationery folder)
- 호텔 안내서(hotel directory)
- 세탁물 리스트(laundry list)
- 미니바 리스트(minibar list)
- 볼펜, 메모지
- 입실금지 및 청소요청 카드
- 전화번호부
- 설문지
- 편지지 및 봉투
- 위생 봉투
- 리넨 재사용 표지
- 룸서비스 메뉴
- 호텔 홍보물
- 기타 : 휴대폰 충전기

※ 객실 비품

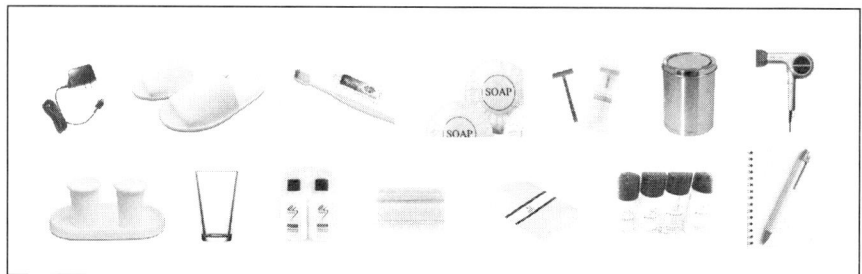

(3) 공공지역 및 장식·가구 청소

하우스키핑은 객실 뿐 아니라 공공지역을 항상 청결하게 유지해야 하며, 공공지역은 고객지역과 Staff 지역으로 나누어진다.

고객지역은 각 객실층, 식음료 업장, 화장실, 로비, 복도, 계산대, 승강기, 연회장, 피트니스센터 등이며, Staff 지역은 사무실, 기숙사, 비상계단, 직원숙소 및 직원화장실 등이 있다.

공공장소 청소

- 로비 등의 공공지역 청소는 전담 직원을 두어 24시간 수시 점검·청소하여 청결을 유지한다.
- 식음료 업장 청소는 영업시간 전후에 실시, 영업종료 후 야간 청소는 카펫, 창문, 출입문, 의자, 테이블 장식품, 가구 등 업장의 모든 부분을 닦아 내고 청소한다.
- 연회장의 카펫은 행사 전후에 청소를 하고, 주기적으로 카펫 세제로 세척하여 청결을 유지하고 노후화를 방지한다.
- 공공지역의 가구는 매일 먼지를 닦아내고 주기적으로 왁스 작업도 실시한다. 특히, 조각·조형물은 종류에 따라 알맞은 세제를 사용하여 주기적으로 닦아 준다.
- 출입문은 수시로 확인·청소하여 쾌적하게 한다.
- 화장실은 항상 쾌적하게 관리하여야 하며, 화장지·타월·물비누 등의 비품과 꽃꽂이 등도 수시로 점검하여 떨어지지 않게 잘 정비해 놓아야 한다. 특히, 변기 주변을 수시로 닦아 악취와 오물이 생기지 않도록 한다.
- 엘리베이터, 에스컬레이터, 계단의 손잡이를 항상 청결하게 하고, 주기적으로 광택이 나게 닦아서 쾌적하게 관리한다.
- 호텔 사무실에도 고객들이 많이 방문하므로 쾌적한 분위기 연출을 위해 카펫, 화분 등과 장식도 신경을 써야 한다.
- 피트니스센터는 헬스기구의 먼지 뿐 아니라, 기계의 결함이 없는지도 수시로 점검해야 하며 수영장과 사우나는 매일 청소를 하고, 미끄럼 사고를 방지하도록 한다.
- 호텔의 건물 외벽, 내벽, 천장 등은 전문용역회사에 의뢰하여 청소·관리한다.

(4) 리넨(linen) 및 세탁물 관리

객실, 식음료 업장, 스포츠센터의 리넨류 및 직원 유니폼 등의 세탁물을 철저하게 관리하여 구입비용을 절감할 수 있도록 한다.

호텔의 세탁실 운영은 객실과 업무의 연계성 때문에 주로 하우스키핑에서 리넨 업무와 함께 운영하며, 호텔 세탁실의 주 고객은 투숙객이므로 룸 메이드의 절대적인 협조를 필요로 한다. 그리고 세탁물은 호텔용과 고객용을 분리하여 취급하여야 한다.

(5) 미니바 관리

미니바(mini bar)에 구비된 품목은 객실을 청소할 때마다 확인하여 부족분은 즉시 보충해야 한다. 미니바의 품목은 어메니티(amenity) 체크 시 함께 확인하며, 고객의 퇴실 즉시 미니바를 확인하여 프런트 데스크에 통보한다.

(6) 객실용품 관리

객실용품 관리와 통제는 하우스키핑에서 전담하는데 그 종류가 다양하고, 양적으로도 많기 때문에 재고파악이 쉽지가 않다. 따라서 현장에서 낭비되는 경우에도 정확히 파악하기도 어렵다. 그러므로 직원들에게 항상 끊임없는 원가절감 교육과 주의를 환기시켜 낭비를 예방해야 한다.

(7) 분실물 관리

하우스키핑 임무 중 하나는 고객의 재산과 생명을 보호하는 일이다. 그러므로 투숙객이 두고 간 물품이 있다면, 잘 보관하였다가 돌려주어야 한다. 따라서 객실 청소 중에 발견된 물건은 발견 즉시 고객에게 연락을 취하고, 연락이 안 될 경우, 하우스키핑 분실물센터에 보관해 두었다가 분실 고객이 물건을 찾고자 할 때는 본인임을 확인한 후 돌려주고, 서명을 받아 근거로 남겨둔다.

(8) 보고서 작성

객실관리 책임자는 객실 청소상태를 점검하고, 미비할 때는 즉시 시정하도록 하고 객실 점검보고서를 작성한다. 하우스키퍼는 당일의 전체 객실현황표를 만들어 메이드에 업무지시를 하고, 룸 메이드는 객실 청소가 끝나면 객실점검보고서, 객실이용보고서, 하우스키핑보고서를 작성하여 객실주임에게 보고한다.

(9) 타 부서와의 연계 협조

하우스키핑 업무는 여러 부서와 협조가 이루어지지 않으면 원활하게 업무를 수행하기 어려우므로 하우스키핑과 타 부서와의 책임 한계를 구분하기 어렵다. 따라서 타 부서와의 긴밀한 정보교환으로 업무협조가 필요하다.

프런트 오피스와 하우스키핑은 시시각각 고객서비스와 관련된 모든 정보를 밀접하게 교환해야 한다. 프런트 오피스와 하우스키핑은 밀접한 관계에 있으므로 고객이 퇴실한 객실은 신속히 판매 가능하도록 정보교환을 유지해야 하며, 객실에 발생된 하자는 투숙객이 없는 시간에 보수·정비를 할 수 있도록 한다. 일반적으로 하우스키핑은 프런트 오피스와 묶어 하나의 부서로 관리하지만, 대형호텔에서는 분리하여 관리한다.

연회장 운영은 연회 관련 회의나 연회예약 정보를 하우스키핑과 연회부가 서로 정보를 교환하여 업무를 수행한다.

하우스키핑에서 업무에 필요한 청소용품 및 객실용품 등을 구매부에 청구를 하는데, 이 때 하우스키퍼(housekeeper)는 용품의 특징, 원가 및 효율성을 고려하여 구매부와 서로 협의하여 구매하도록 한다.

또한, 하우스키핑은 식음료부와의 룸서비스 및 테이블 트레이 사용 문제도 서로 상의하여 협조를 해야 하며, 하우스키핑에서 식음료 업장의 카펫, 가구, 장식품, 꽃꽂이, 화분 등을 관리를 하고 있지만, 식음료부서와의 협조가 절대적으로 필요하다. 그리고 시설부와도 시설물 파손을 예방하고, 고객에게 불편을 끼치지 않기 위하여 공동으로 협조하고 노력해야 한다.

3. 하우스키핑의 중요성

프런트 데스크에서 객실예약, 객실판촉 등, 객실 판매를 위해 많은 노력을 한다 해도 객실정비를 담당하고 있는 하우스키핑에서 질 좋은 객실 상품을 만들어 내지 못할 경우에는 높은 객실 점유율과 높은 객실 평균단가를 이룩하기란 어려울 것이다. 또한, 인건비 및 소모품 관련 비용을 가장 많이 사용하는 하우스키핑에서 질 좋은 객실 상품을 만들어 내지 못한다면 서서히 호텔을 파멸로 몰아넣을 수도 있다는 것이다. 그 만큼 하우스키핑은 중요하다고 하겠다.

따라서 객실 생산성과 품질을 높이기 위해서 하우스키핑 책임자는 일과표에 의해 일간, 주간, 월간, 연간 계획표를 작성하여 객실의 품질을 높이기 위해 철저하게 지속적으로 업무를 지시하고 감독해야 할 것이다.

뿐만 아니라 완벽한 객실 상품을 만들기 위해서는 연관된 기계·영선 부문의 업무 흐름도 정확하게 파악하고 있어야 한다. 이는 곧 막대한 고정자산을 올바르게 관리하는 것이며, 고부가가치가 있는 객실 상품을 합리적으로 운영할 수 있게 해 주는 것이다.

이와 같이 하우스키핑 부서는 호텔을 효율적으로 경영할 수 있도록 세심한 부분까지 담당하는 조직력을 갖춘 중요한 관리부서라 할 수 있다.

2 하우스키핑의 조직과 직무

1. 하우스키핑 조직

하우스키핑 조직은 호텔의 규모와 유형에 따라 다르다. 또한, 체인 호텔인 경우에도 체인 형태와 운영 등에 따라 구성원의 직무와 명칭이 다르지만 전체적인 업무에는 큰 차이가 없다. 대개 핵심 업무는 하우스키핑에서 담당하고, 객실 청소와 공공구역 청소는 용역업체에 맡기고 있다.

하우스키핑 조직구성은 목표를 먼저 설정하고, 목표를 효과적으로 달성하기 위해 서로 협력할 수 있도록 구성되어야 하며, 구성원들에게 적절한 업무배정 및 책임과 권한의 한계를 설정하여 적절한 통제를 한다.

또한, 구성원들은 객실 생산 목표를 달성하여 이윤을 극대할 수 있게 서로 협력하면서 경영적 이익을 추구해야 한다. 다음의 하우스키핑 조직을 살펴보자.

하우스키핑 조직

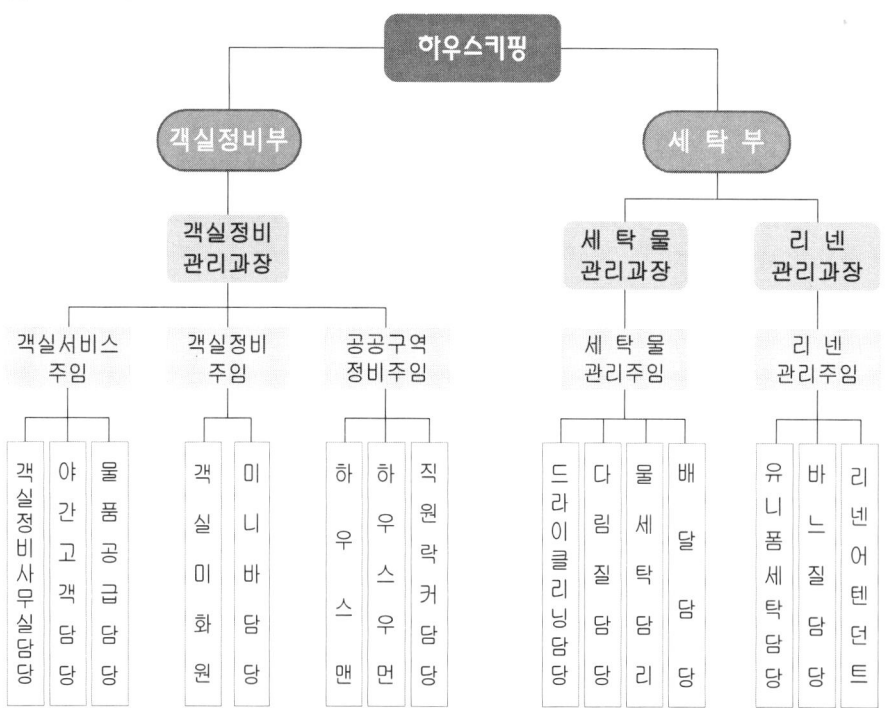

일반적으로 객실에 대한 정비와 청소는 하우스 맨(house man)과 룸 메이드(room maid)하며, 하우스키퍼, 리넨 담당으로 구분하여 운영한다.

하우스키핑의 일반적 조직구성을 참고로 알아보면 '하우스키핑 매니저', '하우스키핑 부 매니저', '하우스 맨', '룸 메이드', '리넨실 감독자', '플로어 감독자', '리넨 및 론드리 담당자', '오더 테이커', '재봉사' 등으로 구성된다.

2. 하우스키핑 조직구성

(1) 하우스키핑 매니저(Housekeeping Manager)

① 하우스키핑 매니저는 객실과 공공지역 및 모든 업장의 청소와 시설 정비, 그리고 고객의 생명과 재산 보호 및 막대한 호텔의 재산을 보호해야 하는 책임이 있으므로 항상 최선을 다해야 한다.

② 하우스키핑 구성원의 교육훈련을 실시하고 적절한 인원을 배치하여 각 부문에 대한 업무 지시·감독 및 결과를 확인한다.

③ 각 부문 책임자들과 접촉하여 호텔 전체의 원활한 운영의 도모를 위해 협조하고 노력하도록 한다.

④ 객실정비 및 유지관리에 대한 전반적인 업무를 기획하고, 소모품, 비품, 장비의 적정량 주문과 확보를 위해 재고조사를 실시하고, 적정 재고량 유지를 위한 감독을 하며, 각종 물품과 비품·집기 관리에 세심한 주의를 기울여 원가절감 대한 노력을 해야 한다.

❖ 하우스키핑 매니저의 직무 ❖

➡ 작업관리
- 1인 1실제 객실정비 배정
- 주간 운영 및 야간 룸 메이드의 작업 지시·감독
- 주당 일정량의 객실 점검 및 확인
- 각 층(floor) 상태 점검
- 각종 회의주관 및 간부회의 참석
- 면담 실시 내용의 기록 및 보고
- 작업 능력 및 근무상태 감독

➡ **구성원 관리**
- 적절한 구성원 배치와 근무상태 유지 관리
- 복지후생 대책 수립
- 직원의 교육훈련
- 작업역량, 근무태도 점검

➡ **재산관리**
- 정기적인 객실 소모품과 비품의 조사 파악 및 적정량 비치와 유지관리
- 가구 및 집기 수선의뢰와 비품 소요량 산출
- 리넨류 재고조사 및 재고 수준 유지 감독

➡ **고객관리**
- 귀빈 또는 장기투숙객(long term guest) 우대지시, 감독 및 점검
- 고객정보 파악 및 기호를 기록하여 제출하고 활용
- 각종 국제행사 관리
- 고객 불평, 요구사항 처리 보고 및 대책수립

➡ **분실물 및 습득물 관리**
- 분실물 및 습득물 기록 조치 관리 감독
- 보관품 및 송달품 관리 감독

➡ **객실 음료관리**
- 객실 음료관리 및 선정(생수 등)
- 미니바 품목 점검 감독
- 음료 매출계획 및 실적집계 보고
- 미니바 사용료 미지불 고객 방지교육 및 대책수립
- 미니바 이용 품목 청구서 및 영수증 발급 관리 감독

➡ **환경위생관리**
- 공공장소(public area) 청결유지 점검 및 감독
- 복도 룸서비스(room service) 기물 수거 감독
- 미니바 및 객실 컵(glass) 위생 상태와 청결 유지 감독
- 객실 소독 의뢰 및 감독
- 사용한 리넨류 수거 감독

- 개인위생 점검 감독 및 위생교육
- 객실 청결유지 점검 및 감독

➥ 안전관리
- 방화, 방재 안전교육 실시 및 점검
- 안전에 대한 정보 전달
- 산재 예방교육 및 점검

➥ 사무관리
- 각종 문서의 보관 및 유지관리
- 인사행정 사항 기록 및 제출
- 하우스키핑 예산편성 집행 및 사후 조치
- 각종 보고서 작성
- 모든 기록의 철저한 시행과 유지
- 근무계획표 작성 및 조정

(2) 객실정비주임

객실정비주임은 객실과장의 업무지시를 받아 부하 직원에 지시·감독하며 상사와 부하 간의 교량적 역할을 한다.

① 객실 지역(block)의 책임 관리자로, 그 지역의 정비 사항 발생에 대해 책임지고 철저하게 정비를 한다.
② 객실정비주임은 정비 지식에 능통하고, 솔선수범하여 객실 정비과의 방침 및 정비부서 전체에서 일어나는 사항에 적극 참여하고 협조한다.
③ 부하직원의 업무지식 및 능력 향상을 위해 효과적으로 지도한다.
④ 관련부서와의 항상 협조하여 업무를 추진해야 하며 업무의 진척상황을 수시로 점검하여 미결사항이 없도록 해야 한다.
⑤ 항상 원가(cost) 의식을 가지고 업무에 임해야 하며, 서비스 개선을 위하여 부단한 연구와 노력이 필요하다.

❖ 객실정비주임 직무 ❖

- 하우스키핑 회의참석, 지시 및 전달사항 수령 이해
- 룸 메이드 작업지시 및 감독
- 객실 점검
- 고장 객실의 보수·정비 의뢰에 대한 조치
- 열쇠사용 관리, 감독
- 가구, 집기, 비품의 현황파악 및 보고
- 리넨류 현황파악
- 분실물 보고 및 처리와 인계
- 고객의 주문사항 연계처리
- 고객 불평처리 보고
- 당일 업무보고서 집계 제출(청소분담표, 일일 객실정비실적평가표, 재고기록서, 유실물 및 습득물 정리·기록, 작업 전표 등)

(3) 룸 인스펙터(Room Inspector)

호텔의 객실을 최후로 점검하는 사람을 말하며, 완전한 상태의 객실상품 판매를 위하여 객실을 점검·감독하는 것이 룸 인스펙터의 주 업무이다.

룸 메이드의 근무상태, 객실 청소 및 정리정돈 상태, 소모품 비치 상태, 객실 기능의 이상 유무 등을 점검하고 잘못된 점은 고치도록 지시하여 완전한 객실상품이 되도록 한다.

❖ 룸 인스펙터 직무 ❖

- 객실과 복도, 비상구 등의 청결 및 비품/소모품의 비치상태 확인
- 객실 내 시설에 대한 고장 유무 및 안전상태 점검
- 객실의 이상이나 문제점 현황에 관한 기록 보고
- 객실의 가구 및 전기 시설의 점검

(4) 룸 메이드(Room Maid)

객실 청소를 담당하는 사람을 말하며, 룸 인스펙터(room inspector)의 지시에 따라 신속하게 객실 청소 및 정리정돈을 하여 가장 빠른 시간 내에 쾌적하

게 질 높은 객실 상품을 판매할 수 있도록 사명감을 가지고 업무에 임해야 한다. 호텔 규모와 객실 크기, 청결 밀도 정도에 따라 다르지만, 일반적으로 1일 8시간을 기준으로 교대근무하면서 하루에 대개 10~14개의 객실을 청소와 정리·정돈을 한다.

> - 룸 메이드는 간단한 회의를 통해 당일 투숙 예상인원, 각층의 할당 객실번호와 특기사항을 전달받는다.
> - 전날 사용하지 않은 객실과 퇴실한 객실, 투숙중인 객실을 구별하여 우선순위를 정하여 청소 및 비품을 정리하고, 그 결과를 보고한다.

❖ 룸 메이드 임무 ❖

- 담당 층의 객실, 복도 및 공공구역 청소
- 할당된 객실의 청소 및 정리정돈과 욕실 청소
- 세탁물 수거
- 미니바(mini bar) 체크
- 에어 슈터(air shooter) 사용법 숙지, 활용
- 일지 작성
- 객실 리넨류 및 소모품 사용 확인 및 관리
- 투숙객의 보안 관리
- 객실열쇠 사용 관리
- 객실의 고객이 분실한 습득물의 신속한 신고 및 관리
- 시설물 관리 및 하자·고장 신고
- 대여품의 수거 및 보관
- 턴다운 서비스(turn-down service) 수행
- 객실 청소도구 유지 관리
- 기타 호텔 전반에 대한 지식 숙지

(5) 유틸리티 맨(Utility Man)

공공구역의 청소원으로, 로비나 화장실, 주차장, 호텔주변 등의 청소를 담당하는 업무를 수행한다. 특별한 기술이 필요하지 않은 단순직이라는 의미에서 유틸리티 맨이라고 하며, 주요 임무는 다음과 같다.

❖ 유틸리티 맨 임무 ❖

- 로비 및 공공지역의 화장실 청소
- 주차장 청소
- 유리창 청소 및 호텔 주변 청소
- 호텔 현관 정·후문 주변 청소
- 엘리베이터 및 복도, 계단 청소
- 호텔 내부와 외부 경관(화분 및 화훼 손질) 정비
- 직원 락커룸 및 사무실(영업부, 관리부 사무실) 청소
- 룸 메이드 업무지원(유사시)
- 카펫 샴푸 계획에 따른 작업방 청소 관리
- 외장 대리석 보호 관리(왁스 계획 지시에 따라 작업 실시)

(6) 하우스 맨(House Man)

하우스 맨은 하우스키핑 업무를 보조하며 여성이 감당하기 힘든 룸 메이드를 도와 힘든 물건을 옮기는 작업 등을 한다. 오더 테이커로부터 업무를 전달받아 수행하며, 하우스키퍼의 지시 감독을 받는다. 규모가 큰 호텔에서는 각 층별로 하우스 맨이 한 사람씩 배치되어 있다.

❖ 하우스 맨 임무 ❖

- 리넨류 및 보급품 확인
- 폐품 수거 및 간단한 보수작업
- 룸 메이드 업무 보조
- 카펫 세척 및 포스팅
- 객실 장비 점검 및 보수
- 외부업체 관리 감독
- 객실 시설물 점검 및 보수 계획 수립

(7) 공공구역감독관(Public Area Supervisor)

건물은 다양한 자재 사용과 고급화로 추세에 따라 공공구역의 관리도 전문성이 요구되고 있다. 따라서 공공구역감독관은 건물관리에 대한 전문성이 있어야 하고, 정비는 신속성, 정확성을 겸비하여 관리에 완벽을 기해야 한다.

❖ 공공구역감독관 임무 ❖

- 근무자 용모 및 복장 점검
- 공공구역 일일 작업사항 지시 및 점검
- 주 단위 근무자의 출퇴근 계획 수립
- 공공구역 주별, 월별 청결 유지 상태 점검
- 공공구역 작업장 청결 유지 상태의 지속적 점검
- 공공구역의 적당한 왁스작업, 화장실과 출입구 및 풀장 주변 청소 등에 대한 작업 감독 및 점검
- 객실정비부서 장비 보관 상태와 손질상태 확인 점검
- 모든 상황을 하우스키핑 매니저에게 보고

(8) 객실정비감독관(Coordinator, Supervisor)

객실정비감독관은 하우스키핑 매니저의 객실정비에 대한 설명을 듣고 지시사항에 따라 그 업무를 수행한다.

❖ 객실정비감독관 임무 ❖

- 하우스키핑 매니저의 지시에 따라 업무 수행
- 근무 스케줄, 휴가 스케줄 운영
- 사무실과 부서의 안내사항 및 공공사항 준비
- 각종 보고서 준비
- 직원들의 출퇴근 상황점검 및 관리
- 연장근무자의 시간 확인 및 연장수당신청서 작성
- 비치용 꽃(花) 신청 및 일정 주기의 소비량을 작성·보고
- 부서의 각종 서류 관리 보관·폐기(폐기는 일정기간 후 상사의 지시에 따라 폐기하여야 한다.)
- 모든 열쇠 관리

(9) 오더테이커(Order Taker)

오더테이커는 투숙객의 각종 요구 및 문의에 대해 접수 처리하는 것을 주 업무로 하고 있다. 특히, 객실 시설의 수리 및 의뢰에 대한 업무를 관장함으로써

객실에 대한 문제점을 각 관련 부서에 연락하여 해결하는 역할을 하고 있다.

부수적으로는 고객 세탁물, 소모품, 영선, 각종 재고조사 등의 업무를 취급하는 등, 하우스키핑 내의 중요한 역할도 맡고 있다고 할 수 있다. 오더테이커의 근무시간은 2개조로 나뉘어 근무한다.

❖ 오더테이커 임무 ❖

- 객실 시설 수리 및 정비 의뢰
- 습득물 신고 접수 및 반환 처리
- 호텔의 열쇠 관리
- 세탁실, 객실 청소 및 객실 편의용품의 추가 제공 요구 접수
- 룸 메이드의 일일 객실 청소 업무량 확인 및 보고

 미니바(Mini Bar) 관리

1. 미니바 개요

미니바(mini bar)는 객실 매출 수익 면에서 일정부분 영향을 미친다. 미니바 운영의 근본적 목적은 고객편의 제공을 위해 객실 내에서 스낵(snack)과 음료를 고객이 즐길 수 있게 하는 것이다. 미니바는 고객이 Self Service로 이용하도록 객실에 소형 냉장고를 비치하여 주류 일부와 캔 음료와 건과류 등, 투숙객이 기호에 맞는 품목을 선택하여 이용한 다음, 퇴실할 때 정산하는 하나의 호텔 수입원 역할을 하는 일종의 Small Bar이다. 미니바에 비치된 작은 양류나 안주, 스낵류, 캔류 등의 종류가 다양하며, 요금은 일반 요금보다는 조금 비싸게 책정하고 있다. 세금만 부가되며, 봉사료는 없다.

미니바 영업은 호텔에 따라 룸서비스 부서나 프런트오피스에서 운영한다. 그러나 미니바는 객실에 비치되어 있으므로 객실을 관리하는 하우스키핑에서 관리하는 것이 더 효율적이라서 하우스키핑에서 관리한다.

미니바의 품목관리는 판매 자료에 근거하여 품목의 선정과 변경, 추가 품목을 정하여 구매과에 요청하면 구매과에서 매입하여 공급하며, 하우스키핑에서는 판매만 한다. 미니바는 40리터 내외의 소형 냉장고로 품목 수는 그리 많지 않다.

> 미니바 품목은 알코올류(whisky, beer, vodka, wine), 코냑(cognac), 일반 음료(juice, water, coke), 스낵류(chip, peanuts, chocolate, dry beef), 탄산 음료류(cider, soda, tonic water, sparkled water) 등을 비치하고 있다.

2. 미니바 업무

미니바의 업무는 비치할 품목을 수령하여 객실에 배당하고, 판매집계 보고서 작성과 점검, 포스팅(posting) 품목 선정 및 교체 작업 등의 업무를 수행하는데 구체적으로 보면 다음과 같다.

❖ 미니바 담당자의 업무 ❖
- 미니바 품목 관리 및 재고 조사
- 미니바 품목 선정(추가) 및 교체 작업
- 판매 집계 및 보고서 작성
- 미니바 점검 보충 및 확인
- 미니바 품목 수령 및 각 층에 공급

3. 미니바 운영

미니바는 고객편의를 위하여 제공되지만, 고객 체크아웃 시 미니바 사용 품목 확인으로 장시간 고객을 기다리게 할 수는 없다. 따라서 고객에게 물어보고 고객이 표시한 것에 의존하여 계산서(bill)를 처리하는 경우도 있다. 이 경우 고객이 정확히 기억을 못하거나 일부 사용을 부인하면 그에 대한 부분은 손실처리를 할 수밖에 없다.

따라서 미니바 운영이 호텔에 일부 수익은 가져오지만 운영상 어려움이 많은 것도 사실이다. 그러므로 고객이 퇴실하면 미니바 담당자는 즉시 객실에 들어가 미니바를 확인하고, 사용 내역을 프런트 캐셔에게 통보하여 객실요금과 함께 정산할 수 있도록 한다. 또한, 체크인 시 사전에 고객등록을 받을 때, 미니바 사용 여부를 확인하여 현금 보관을 충분히 하도록 유도하는 것도 손실을 줄일 수 있는 방법이 된다.

4 리넨(Linen) 관리

1. 리넨의 개요

리넨(linen)이란 아마사로 짠 마직류를 말하며, 호텔에서의 리넨이란 면직류로 만들어진 타월, 냅킨, 시트, 담요, 유니폼, 커튼, 도일리(doily) 등을 말한다.

호텔에서 상품 판매와 서비스를 뒷받침하고 생산적인 기능을 수행하는 부문이 하우스키핑인데, 하우스키핑에서 리넨은 큰 비중을 차지하고 있다.

하우스키핑은 일정에 따라 타 부서와의 업무협조를 통하여 하우스키핑 업무가 원활히 수행될 수 있도록 하는 기능이 하우스키핑의 핵심이라 할 수 있다. 따라서 하우스키핑을 지원하기 위한 리넨 보관 장소인 리넨 룸이 있다.

리넨 룸에서는 원활하게 객실에 필요한 리넨을 공급하는 것이 주 업무이므로 전일의 객실 판매 현황에 따라 리넨 소요량을 예측하고 수량을 결정하여 필요량에 맞게 투입 인원과 소요량을 주별·월별로 결정하기 위해서는 프런트오피스와 긴밀하게 연락을 하여 예약현황 등을 확인한다.

사실상 리넨 룸은 호텔의 규모와 상관없이 하우스키핑을 중심으로 하는 다양한 업무에 대한 모든 정보와 지시가 리넨 룸으로 집중된다. 소규모 호텔에서는 한 사람의 리넨 룸 우먼이 서비스를 담당하고 있으나, 대규모 호텔에서는 리넨 룸 우먼을 보조하는 여러 명의 보조자가 있다.

리넨 룸은 호텔 내의 모든 리넨을 관리·운영을 하는 곳으로, 객실에서 사용하는 이불, 베개, 시트커버, 타월, 커튼을 비롯하여 레스토랑의 테이블크로스, 냅킨과 직원의 유니폼 등, 각 업장에서 나오는 더럽혀진 리넨류는 취합하여 세탁소에 보내고, 깨끗이 세탁된 리넨류를 보관하였다가 필요한 부서에 공급하는 것이 리넨 룸의 주 기능이다.

리넨은 고객이 가장 많이 접촉하고 사용하는 것이므로 철저한 위생관리로 청결을 유지해야 하며, 필요한 적정량을 효율적으로 예측하여 공급함으로써 비용을 절감시키는 노력도 해야 한다.

> ❖ **리넨 룸 우먼(linen room woman) 임무** ❖
> - 리넨 룸 정리 정돈 및 청소
> - 리넨 불출 및 수거
> - 세탁물 수거 집계 및 확인
> - 구매과에 필요 물품 청구 및 수령
> - 손실된 리넨류 파악, 보고 및 처리
> - 리넨 장부 기록 정리
> - 폐품 반납
> - 재고품 정리정돈
> - 각종 리넨류의 적정량 유지
> - 각종 물품일람표(inventory) 작성
> - 일일 리넨·소모품 사용량을 객실 지배인에게 보고
> - 월말 결산 보고

2. 리넨 재고관리 및 세탁

리넨 재고는 론드리(laundry)와 프런트 데스크의 업무 협조를 통해 월별 재고를 조사하여 부족한 만큼의 수량을 합리적인 가격으로 산출하여 구매 요청을 한다. 리넨 재고보유는 섬유재질, 재고관리, 사후관리로 나누어 현황을 고려하여 필요량을 구매하는 것이 좋다.

리넨의 공급의 적정재고 수량은 호텔의 객실 수, 침대 수와 침대형태, 부대시설에서 필요한 종류와 수, 고객이 필요로 하는 리넨 수 그리고 식음료 업장 등의 소요량을 측정하고, 세탁시간 및 교환 시기와 횟수 등을 고려하여 파악해야 하는데, 대체로 객실에 사용되는 리넨 수량은 객실 수의 4배를 보유하는 것을 이상적인 수준으로 보고 있다. 이상적인 리넨 보유 수준은 사용 중인 리넨 수량과 세탁 후 리넨 룸에 보관 중인 수량, 세탁 대기 또는 세탁 중인 리넨 수량과 메인 창고(main store room)에 보관 중인 비상 대비용 리넨 수량을 모두 고려한 것이 이상적인 보유 수준으로 보고 있다. 일부 호텔에서는 메인 창고 보관용이 없이 3배수로 보유하기도 한다.

- 장기간 사용하여서 탈색되었거나 손상된 리넨은 반드시 폐기처분하는 것을 원칙으로 한다.
- 리넨 구입 요청은 매월 재고조사를 하여 부족한 분량에 대해 적정한 수량을 구입신청하면, 구매부에서 구입해 준다.
- 구입 신청에 앞서 리넨 책임자는 재고파악 현황을 확인하고, 리넨류의 재질 선택을 위해서는 섬유에 대한 노하우가 있어야 한다.

리넨은 단순히 마모나 오염에 의해서 폐기도 하지만, 분실·도난과 현장 폐기양도 많다. 따라서 리넨의 총체적인 관리는 리넨 룸에서 하고, 현장에서의 손실에 대해서는 현장 책임자가 관리할 수 있도록 시스템화 해야 한다.

리넨 창고

- Linen 종류 -
- face towel
- wash cloth
- pillow case
- bath towel
- foot towel
- sheet(single, double, king size)
- pad(single, double, king size)
- blanket(single, double, king size)
- spread(single, double, king size)
- uniform 등

[리넨세탁]

청결한 리넨은 고객 만족도를 높이는데 매우 중요한 역할을 하므로 항상 위생적으로 깨끗하게 세탁하여 잘 정돈된 상태로 고객에게 제공해야 한다.

모든 리넨은 결함이 없어야 한다. 특히, 식음료 부문에서 리넨의 결함은 음식의 효과를 감퇴시므로 매우 세밀한 주의를 필요로 한다.

리넨 세탁 사용 회전수

- Sheet : 382번 세탁, ・Face Towel : 250번 세탁, ・Bath Towel : 345번 세탁
- Wash Cloth : 190번 세탁, ・Foot Towel : 195번 세탁, ・Pillow case : 352번 세탁하여 사용할 수 있으며, 이후에는 교체를 한다.

※ Towel은 보풀이 없어지면 교체하고, 리넨 교체비용은 아끼지 말아야 한다.

3. 영업장 리넨과 유니폼 관리

(1) 영업장 리넨(linen) 관리

호텔의 객실과 모든 업장에서 사용하는 리넨(linen)은 원활하게 수급되어야 하며, 사용된 리넨은 수거하여 세탁을 한 다음 각 업장에서 필요한 만큼 공급되어야 한다.

리넨은 종류와 크기, 색상이 다양하며, 사용되는 부서는 크게 객실 부문과 식음료 부문, 헬스클럽으로 나눌 수 있다.

헬스클럽에서 사용하는 리넨 수급도 객실과 식음료 업장의 수급 방법과 그 과정은 차이가 없다. 하지만, 객실에서 사용되는 가운, 타월, 시트, 베개, 이불 등과 음식을 다루는 레스토랑에서 사용하는 테이블 크로스(table cloth), 냅킨(napkin), 테이블 스커트(table skirt)와는 구별해 둔다.

즉, 리넨의 종류가 다양하므로 헬스장의 운동복, Bathrobe, 대형 타월, 중형 타월, 매트커버, 베갯잇 등을 구별해 두어야 한다는 것이다.

(2) 유니폼 관리

호텔 유니폼(uniform)은 나름대로의 자부심과 소속감을 갖고 긍지를 높여주는 역할을 하며, 직원들이 고객에게 서비스할 준비를 하고 있음을 보여주는 것이다.

따라서 깨끗하고 맵시 있는 유니폼 차림은 호텔의 분위기를 좌우하며, 상냥하고 친절한 직원들의 이미지를 나타내고 있다 하겠다.

유니폼은 착용 자체가 호텔을 방문하는 모든 고객에게 서비스할 준비가 되어 있다는 상태를 묵시적으로 표현하는 것이기 때문에 항상 신선함을 줄 수 있도록 유니폼을 관리해야 한다.

매력적인 유니폼을 입은 직원들이 고객을 영접하고, 수준 높은 서비스를 하며, 환송하는 자세는 고객들에게 좋은 이미지를 심어주게 되며, 유니폼은 호텔의 명성이나 이미지에 중요한 역할을 할 수 있기 때문에 유니폼을 착용한 직원은 항상 단정하게 밝은 모습으로 고객서비스 제공에 최선을 다해야 한다.

따라서 리넨 룸에서는 호텔 전체 근무 직원들이 항상 완벽한 유니폼을 입을 수 있도록 세탁상태나 단추가 떨어진 것이 있거나 손상된 부분을 확인하여 결함이 없도록 준비하여 착용할 수 있도록 해야 한다.

5 론드리(Laundry) 관리

1. 론드리의 개요

론드리(laundry)는 호텔의 객실과 레스토랑 등에서 사용하는 각종 리넨류, 직원들의 유니폼 등을 세탁하여 항상 깨끗하고 위생적인 상태를 유지하게 하여 고객들에게 최상의 서비스가 이루어질 수 있게 하는 곳이다. 또한, 고객들의 세탁물도 요청에 따라 원하는 시간에 맞춰 세탁, 드라이클리닝, 다림질 서비스를 제공하고 있다.

대형호텔에서는 매일 엄청난 양의 타월, 침대커버, 가운 및 식음료 업장의 냅킨, 테이블클로스 등의 리넨류와 직원들의 유니폼 등, 다양한 종류의 세탁물이 많이 나오기 때문에 하우스키핑 부서 소속으로 고가의 세탁 장비를 갖추어 직접 론드리를 운영하기도 하며, 호텔에 따라 외부 세탁업자에게 용역 맡겨 론드리 서비스를 대행하기도 한다.

호텔에서 론드리를 별도로 운영하기 보다는 객실과의 업무 연계성으로 인하여 하우스키핑에 속하여 있는데, 이는 하우스키핑의 룸 메이드와 론드리의 협조가 잘 이루어져야 할 필요가 있기 때문이다.

론드리에서는 고객 세탁물과 사내 세탁물(객실의 침대 커버, 타월 및 직원유니폼, 식음료 업장 냅킨, 테이블 커버 등의 세탁물)로 분류하여 취급한다.

론드리에서 각종 세탁물을 분류에 따라 물세탁, 드라이클리닝, 프레싱 등의 업무를 수행하며, 론드리의 세탁 기계 설비의 유지 보수 및 관리를 하며, 고객의 세탁물 수불 및 세탁물 접수증과 영수증의 발급·관리 업무를 취급하고 있다.

가족 단위 여행객이나 장기 투숙객이 많은 호텔에서는 게스트용 Washateria를 설치하여 직접 코인(coin)을 투입하여 세탁할 수 있도록 하고 있다.

Guest Washateria

◆ 론드리 운영은 고객 세탁과 사내 세탁으로 나눌 수 있다.

(1) 고객 세탁(Guest Laundry)

고객 세탁은 객실고객 세탁과 외부고객 세탁으로 구분할 수 있는데, 객실고객 세탁은 투숙객의 요청에 따라 객실에서 세탁물을 수거하여 세탁에서 다림질까지 완료되면 투숙객에게 반송하게 된다.

외부고객 세탁은 외부고객의 세탁물을 접수하여 세탁에서 다림질까지 완료하여 반송하는 서비스를 말한다.

❖ 고객세탁 처리과정 ❖

① **객실고객** : 세탁주문접수 ➡ 세탁물배달통보 ➡ 세탁물수거 ➡ 세탁물분류 ➡ 고객리스트기입 ➡ 접수증/영수증발급 ➡ 세탁의뢰 ➡ 세탁·드라이클리닝 프레싱 ➡ 분류 ➡ 객실로 배달

② **외부고객** : 세탁주문접수 ➡ 리스트기입 ➡ 접수증/영수증발급 ➡ 세탁의뢰 ➡ 세탁·드라이클리닝 프레싱 ➡ 분류 ➡ 배달

(2) 사내 세탁(Inhouse Laundry)

사내 세탁은 주로 객실용 타월, 침대커버, 베개, 가운, 커튼 등과 레스토랑이나 연회장 등의 냅킨, 테이블클로스(tablecloth), 헬스클럽의 타월, 가운, 운동복 및 직원 유니폼 등의 세탁을 말한다.

사내 세탁의 양은 객실 점유율과 식음료 업장에서의 영업 활동량에 따라 증감한다.

사내 세탁은 호텔 내에서 나오는 세탁물은 객실용과 식음료 업장용으로 구분하여 세탁을 해야 한다.

왜냐하면, 세탁물에 따라 세제의 사용 종류와 양을 다르게 사용해야 되기 때문이다. 특히, 식음료 업장용 냅킨 등을 더욱더 철저히 위생적으로 관리되어야 하기 때문에 유의해야 한다.

⁑ Laundry Room

2. 론드리 업무

(1) 세탁물 취급

① 사내 세탁물은 리넨 클럭이 수거하여, 세탁물 메이드(maid)가 객실용과 식음료 부문용으로 종류에 따라 구분하여 정확히 인수한 다음, 수불장에 기입하고, 세탁완료 후, 보관하였다가 인계한다.

② 고객 세탁 요청시 세탁물 종류와 수량을 정확히 확인하고 세탁물 수불장에 기입한 다음, 세탁물 종류와 색깔, 섬유의 질, 세탁물에 묻은 때의 종류, 세탁 방식에 따라 분류한다.

③ 고객 세탁물은 세탁된 후, 시간에 맞춰 고객에게 인계하고, 외부고객 세탁물은 세탁 완료 후, 세탁 의뢰자에게 연락하여 인계하고 정산한다.

(2) 세탁물 취급 요령

① 세탁물은 객실별로 분류하고, 세탁방식에 따라 구분하여 분류한다. 분류된 세탁물에 접수증을 끼워 메이드에게 인계한다.

② 세탁물을 분류된 순서에 따라 세탁한 후, 건조·다림질하여 룸 메이드나 리넨 클리너에게 인계한다.

③ 완료된 세탁물을 인계할 때, 인수증/영수증도 같이 룸 메이드에게 인계한다. 직원 유니폼은 본인이 직접 가져오는 것을 원칙으로 하며, 접수함과 동시에 접수증을 교부한다.

(3) 고객 세탁물 수령

① 고객이 세탁 의뢰를 하면 오더 테이커는 룸 메이드에게 픽업 요청을 한다. 이때 오더 테이커는 객실 번호, 세탁품목 확인과 세탁 완료 후 세탁물의 반송 시간 등을 정확하게 기입해야 한다.
② 고객 세탁물을 픽업할 때, 세탁물과 리스트를 대조하여 정확하게 확인한 후, 론드리 백에 넣어서 픽업한다.

(4) 세탁물 리스트 대조 및 반송

① 세탁물의 수량을 셀 때는 작은 품목의 분실 및 누락을 막기 위해 큰 세탁물 위에 작은 세탁물을 올려 둔다.
② 세탁물이 리스트와 실제 세탁물의 종류 및 수량이 일치하는가를 확인하고, 일치하지 않을 경우에는 반드시 고객에게 확인하도록 해야 나중에 분쟁을 예방할 수 있다.
③ 특별 세탁 요청사항은 리스트 여백에 별도로 기록하여 구분한다.
④ 수거한 세탁물에 이상이 있을 경우에는 반드시 먼저 고객에게 직접 확인시켜 준 다음 세탁 처리한다.
⑤ 고객 세탁물을 수거할 때, 주머니 속에 귀중품이나 현금 등이 있는지 확인하고 발견되면 곧바로 고객에게 알리고 돌려준다.
⑥ 세탁물 리스트 작성 후, 취급자의 서명과 시간을 기입한다.
⑦ 깨지거나 흠이 날 수 있는 장식품 등이 부착된 세탁물은 Hanger에 걸어서 그대로 론드리 왜건(laundry wagon)으로 운반하고, 론드리 백(laundry bag)에 든 것은 론드리 카트에 싣고 운반한다.
⑧ 론드리에서는 세탁물이 도착하면 객실번호, 성명, 수량, 품목을 정확히 점검하고 접수한다.

(5) 세탁물 반송

① 시간이 급한(express service) 세탁물은 반드시 시간을 지켜 반송한다.
② 세탁이 완료되면 객실번호, 성명, 수량, 품목을 정확히 점검한 다음, 다시 한 번 세탁물의 품목, 수량, 세탁 상태, 건조 상태, 단추 상태, 오손 상태, 다림질 상태, 포장 상태 등을 꼼꼼히 점검하고 반송한다.
③ 세탁물 반송 시에는 시간, 객실번호, 배달자 성명을 정확히 세탁물 기입장

에 기록한다.

④ 호텔 측의 잘못으로 세탁물의 분실, 오염 등의 사고 발생시 하우스키핑 매니저에게 보고한 다음, 고객과 절충하여 적절한 조치를 취한다.

⑤ 세탁을 의뢰한 고객이 세탁 의뢰 사실을 깜박 잊고 갑자기 체크아웃을 하여 세탁물 전달을 못했을 경우, 고객에게 연락하여 방문하도록 조치하여 반송 또는 협의하여 보관하였다가 다시 재방문시 전달하거나 적절한 방법으로 처리하여 세탁비용을 청구한다.

객실의 쾌적한 리넨

호텔 식음료

1 호텔 식음료(F&B)의 이해

1. 식음료의 개요

고대의 도시 문명 형성과 함께 식음료 사업은 시작되었다고 할 수 있다. 고대 유목민들이 일정한 지역에 거주하면서부터 도시가 형성되어 점차 발전하면서 분업도 추진되었으며 일정한 대가를 받고 식품을 조리한 요리를 판매하는 업종이 생겨났다. 그 전형적인 예를 들면, 고대 로마의 상점 시설인 타베르나(taberna)를 들 수 있다.

당시의 음식점에서 제공되는 서비스는 식재료를 조리하여 제공하는 것뿐만 아니라, 요리와 술을 즐기고 분위기를 즐기는 등의 레저 기능을 겸비하여 현대적 의미의 식음료 판매 기능과 별반 다를 바가 없었다. 따라서 오늘날의 거대한 산업으로 성장한 식음료 사업도 고대의 원시적 음식점에서부터 오랜 역사를 거치면서 발전되어 온 것이라 할 수 있다.

호텔 식음료(food & beverage) 부문은 신선한 식재료를 사용한 식음료 상품과 함께 인적 서비스와 환경적인 분위기 제공 등으로 볼 수 있다. 음식을 만든다는 측면에서 보면 제조업으로 볼 수 있지만, 최종 소비자에게 직접 판매한다는 측면에서 보면 소매업으로도 볼 수 있다. 그러나 호텔의 식음료 판매는 인적 서비스에 의한 서비스를 중요시한다는 측면에서 서비스업에 속한다고도 볼 수 있다. 그러므로 식음료 부문은 복합적 의미의 사업이라 할 수 있다.

현대 호텔의 식음료 부문은 객실 부문과 함께 호텔의 주요 상품으로 탄력성이 강한 호텔의 상품으로 재정적으로 적정 이윤 확보에 큰 기여를 하고 있다.

뿐만 아니라 투숙객은 호텔에 대한 전반적인 평가를 대부분 식음료 서비스에 중점을 두고 있으며, 호텔 매력의 대부분이 음식의 맛과 실내장식 분위기 및 서비스에 집중되어 있다고 할 수 있다.

호텔의 레스토랑 식음료 부문은 중요한 영업부문이라 할 수 있는데, 이는 이미지에 미치는 영향이 전반적으로 매우 크다는 의미이며, 매출 측면에서도 식음료 부문은 상당한 비중을 차지하고 있다.

서구의 호텔들은 객실에 이어 식음료 부문의 매출이 두 번째로 큰 비중을 차지하고 있으며, 아시아 지역은 식음료 부문이 제일 큰 비중을 차지하고 있다. 또한, 호텔 상품 중에서 중요한 시장으로 부상한 컨벤션(convention)에 대한 경쟁력을 갖추기 위하여 식음료 서비스는 필수적이다. 컨벤션 서비스에 있어서도 충분한 객실 및 회의시설도 중요하지만, 다양한 연회행사를 할 수 있는 식음료 부문의 능력도 중요한 요소가 된다.

식음료의 특성에 대해 고승익은 생산 및 판매의 양면에서 살펴보았는데, 첫째, 주 상품인 요리는 완전한 기계화가 곤란하고, 접객부문 또한 합리화 및 생략화가 곤란하므로 노동집약적인 산업인 동시에 기술집약적이라고 한다. 둘째, 소비가 순간적이기에, 고객 주문시 그 장소에서 제때에 상품을 제공하지 못하면 결실을 얻기 힘들다. 셋째, 제조와 판매가 직결되지 않으면 안 되는 필연성이 있다. 넷째, 상품의 특성에서 볼 때 요리의 질은 조리사의 기술을 반영하기 때문에 공산품과 같이 연구개발에 대한 사전 투자가 요구되는 것에 비하면 훨씬 간단하고, 값싼 비용의 차별화가 가능하다고 한다. 다섯째, 음식은 식생활 관습이라는 문화적 기반에 뿌리를 내리고 있기에 바꾸기 어렵고, 폭발적인 붐이 일어나지 않는 반면, 안정된 시장이기도 하다. 식음료 부문의 역할을 보면 적극적 판매활동을 통해 호텔의 적정이익을 창조하고, 고객의 요구와 필요에 맞게 식음료를 제공하고, 장시간의 밀착 서비스로 고객의 재방문을 이끌어 냄으로써 호텔의 이미지 향상과 구전효과를 볼 수 있으며, 지역주민의 문화와 사교의 공간으로 발전시킬 수 있다고 했다. 또한, 김경환은 호텔의 식음료 부문은 호텔기업의 상품을 직접 생산하고 판매하는 핵심부서 중 하나로 주로 소비자에게 식사와 음료를 제공함으로써 이윤 창출을 도모하는 부서이기에 소비자가 호텔 내에서 식음료를 소비하는 과정에서 기대하는 다양한 서비스를 제공하는 하위의 부서들과 직원들로 구성되어 있다고 설명하였다.

호텔 식음료 부문의 특징

첫째, 객실 매출액보다 오히려 식음료 매출액이 더 높은 독특한 경영 패턴을 볼 수 있다. 이러한 결과는 과거 투숙객에게만 편의를 제공하려는 소극적인 경영에서 탈피하여 적극적으로 고객들의 잠재 욕구를 파악하여 고객만족을 위해 노력한 결과라고 할 수 있다. 즉, 호텔은 투숙객을 대상으로 편의를 제공하는 것 뿐 아니라 지역사회의 비즈니스 고객을 대상으로는 연회나 사교의 장소로, 미식가에게는 이국적인 음식에 대한 즐거움을 제공하는 먹거리 공간으로, 가족단위 고객에게는 고급스럽고 격조 높은 외식을 즐기는 장소로, 그리고 친구나 연인에게는 만남이나 대화의 장소로 호텔의 식음료 영업장이 이용되고 있다.

이러한 경제적, 사회·문화적 요인의 변화로 말미암아 호텔 식음료 부문의 역할이 증대되고 있다. 그러나 이러한 긍정적인 측면에도 불구하고 전통적인 매출액 중심적인 사고는 식음료 영업장의 대형화, 고급화, 높은 인건비, 낮은 이익으로 인해 경영의 능률을 저하시키는 결과를 초래할 수 있으므로, 식음료 부문은 더 이상 외형적인 하드웨어 중심의 경영에서 벗어나 내실을 기하기 위해 더욱더 소프트웨어 중심적인 경영을 해야 할 것이다.

둘째, 식음료 부문의 경영 다각화 현상이다. 영업활동 범위도 호텔 내부 뿐 아니라 외부에까지 그 영역을 확대하고 있다. 즉, 식음료 부문은 마케팅 차원에서 외식사업부를 두고 호텔 밖으로까지 영역을 확대하고 있다. 특히, 경쟁력 확보 차원에서 1990년대 중반부터 5성급 호텔을 중심으로 다각화 전략이 주요한 이슈로 떠오르게 되었다. 이러한 배경에는 메뉴가격의 인상으로 인한 매출액이 정점에 올랐고, 지속적인 비용의 증가와 식음료 원가상승, 인건비의 증가로 인한 순이익의 정체 현상으로 요약할 수 있다.

셋째, 식음료 부문은 많은 직원을 필요로 한다. 식음료를 생산하기 위해서는 주방이나 바의 인력이 확보되어야 하며, 판매를 위해서는 업장에서 고객에게 서비스하는 직원이 있어야 한다. 따라서 식음료 부문은 많은 인력이 팀으로 구성되어 고객만족을 위해 노력하는 부서라고 할 수 있다. 그렇기 때문에 앞으로 호텔의 전문 경영자가 되기 위해서는 식음료 부문에 관한 다양한 지식과 실무축적이 필요하다.

넷째, 새로운 콘셉트를 개발한 테마 레스토랑의 등장이다. 워커와 런드버그(Walker and Lundberg) 교수는 콘셉트 개발이라는 것은 레스토랑이 고객에게 강하게 어필할 수 있는 아이디어의 총체적인 개념이라고 하였다. 다시 말하면, 레스토랑이 가지는 고유의 철학 혹은 경영이념이라고 할 수 있다. 또한, 그들은 콘셉트를 구성하는 구체적인 내용으로 품질, 서비스, 메뉴, 가격, 분위기, 관리, 입지, 음식의 8가지를 제시하였다. 그러므로 레스토랑이 성공하기 위해서는 목표시장에 대한 정확한 콘셉트를 바탕으로 하드웨어와 소프트웨어를 운영해야 한다는 의미로 해석할 수 있다.

2. 호텔 식음료 부문의 운영

5성급 호텔은 대개 5개 이상의 레스토랑을 운영하면서 고객들의 취향에 맞는 레스토랑을 선택할 수 있도록 하고 있다. 3성급 이하의 호텔에서는 대부분 카페테리아 레스토랑을 갖추고 있다.

호텔의 식음료 부문은 객실 부문과 함께 대표적인 수익을 올리는 부문이므로 식음료 부문의 효율적인 운영은 객실 수입을 증가시킬 뿐 아니라 호텔 이미지를 향상시켜 줌과 동시에 호텔 수익에 많은 영향을 미친다. 호텔의 식음료(F&B)는 프랜치 레스토랑을 비롯하여 이태리식·한식·일식·중식의 레스토랑, 그리고 바(bar), 연회장 등에서 격조 높은 서비스를 통해 고객만족을 제공하고 호텔의 목표이익 달성을 위해 노력하고 있다.

1970년대 이전의 호텔에서는 대부분 식음료 부문이 차지하는 비중을 중요하게 여기지 않았지만, 1970년대 이후 호텔의 성장과 확대에 따라 객실 영업에 의존한 수익 창출에서 점차 식음료 부문에 의한 수익도 막대하게 되어 호텔경영에서 매우 중요한 역할을 하게 되었다.

호텔의 식음료 상품 판매활동은 첫째, 고객의 필요와 욕구에 적합한 식음료 서비스를 제공하고, 둘째, 식음료 생산과 판매활동을 통하여 적정 이윤을 창출하며, 셋째, 지역사회 생활의 질을 보다 높게 향상시키는 사회적 사명을 완수하는 역할을 하고 있다.

호텔의 식음료 부문은 적합하게 계획하여 운영하면 이익창출의 근원이 되고, 타 호텔과의 경쟁에서도 우위를 차지하게 된다. 따라서 호텔의 레스토랑은 일반 식당과는 달리 차원 높고 질 좋은 서비스를 제공해야만 한다. 그러므로 식음료 부문의 조직은 경영조직의 기본이념에 입각한 조직의 형태가 이루어져야 되고, 조직원 각각의 업무가 할당되어야 하며, 권한과 책임 한계를 명확히 해야 한다.

식음료 부문의 조직은 호텔에 따라 특성과 경영방식에 의하여 조금씩 다르게 형성되는데, 레스토랑의 위치나 영업시간, 레스토랑 종류와 규모, 호텔의 등급과 서비스 형태 등에 따라서 조직 편성이 달라질 수 있다.

호텔의 식음료 부문은 다이닝 룸(dining room)과 칵테일 라운지(cocktail lounge)로 구분될 수 있으며 다양하고 전문적인 행사를 하는 일이 많으므로 복합적으로 운영한다. 따라서 호텔의 식음료 부문은 음식과 음료로 나누어지고 있다.

호텔 식음료 부문의 조직은 생산기능을 담당하는 조리(kitchen)와 혼합주를 만드는 칵테일 바(bar), 판매기능을 담당하는 서비스(service)로 크게 분류할 수 있는데, 이들은 독립적 혹은 상호 밀접한 관계를 이루면서 조직의 목표 달성을 위해 노력해야 한다.

대부분의 호텔에서는 식음료 조직의 생산기능과 판매기능을 포괄적으로 관리하는 식음료 담당이사를 두어 운영하고 있다. 그리고 생산기능과 판매기능을 독립적으로 각기 운영하도록 하여 생산기능은 총주방장이 관리를 하고, 판매기능은 식음료부장이 관리하고 있다.

식음료 부문은 호텔 경영상 충분한 이윤을 창출해 주는 독립된 부서로의 조직을 구성하여 종전에는 1개의 식음료 부문 위주로 모든 식당과 주장, 연회부로 운영되었으나 이제는 레스토랑(restaurant), 음료(beverage), 연회(banquet)로 구분하여 더욱 전문성을 갖추어 운영되고 있다.

표 8-1 · 식음료 및 연회 부문의 관리

부 문	부문별 관리
식당 부문 Restaurant section	• 양식, 일식, 중식, 한식, 이태리식 등의 식당영업 및 고객관리 • 각 식당의 집기, 비품, 시설물의 유지, 보존 및 관리 • 각 식당의 판매 메뉴 가격결정 및 자료작성 • 각 식당 직원의 인사관리와 교육훈련 • 기타 각 식당의 영업에 필요한 제반 시설 관리
음료 부문 Beverage section	• 라운지, 나이트클럽, 메인바 등 각 주장의 영업 및 고객 관리 • 주장의 집기, 비품, 시설물의 유지, 보존 및 관리 • 음료 판매 메뉴 가격결정 • 주장 직원의 인사관리와 교육훈련 • 기타 주장 영업에 필요한 제반사항 관리
연회 부문 Banquet section	• 연회장 시설과 집기 관리 및 운용 • 연회 행사 예약 및 행사 준비 • 연회 유치 판촉활동과 판촉부와 정보 교환 • 연회 행사메뉴 가격결정을 위한 조정 업무 • 연회 서비스 개선 및 품질관리

자료 : 호텔경영론. 유정남

3. 호텔 식음료 부문의 조직

호텔 식음료 부문은 대개 식음료 지배인 휘하에 판매부, 생산부, 관리부를 두어 조직을 구성한다고 할 수 있다.

① 판매부는 레스토랑(매니저, 캡틴, 웨이터, 소믈리에, 캐셔), 주장(바 매니저, 헤드바텐더, 바텐더), 연회(연회 매니저, 헤드웨이터, 캡틴, 웨이터, 예약담당)로 구성된다.

② 생산부는 조리부 부서장을 중심(각 식당 주방장, 조리사, 조리 보조, 팬트리)으로 구성된다.

③ 관리부는 총부(총무, 인사, 교육), 구매(구매, 검수, 저장, 불출), 심사(심사, 계획, 원가관리), 재정(회계, 캐셔, 감사)으로 구성된다.

식음료 부문의 조직은 경제성에 목적을 두고 경영 목적을 달성하기 위하여 조직 구성원들이 각각의 임무를 수행하게 된다.

호텔 식음료 부문 조직(예)

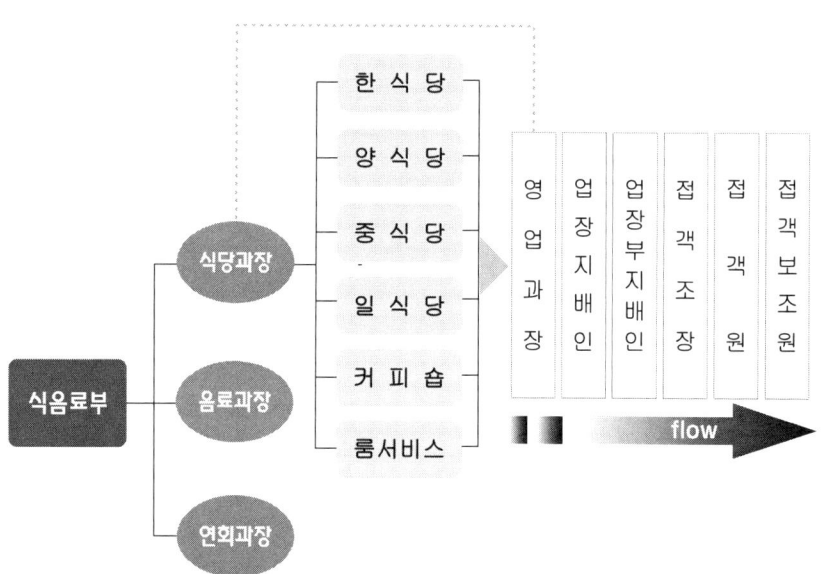

Hotel Management

호텔 레스토랑 조직(예)

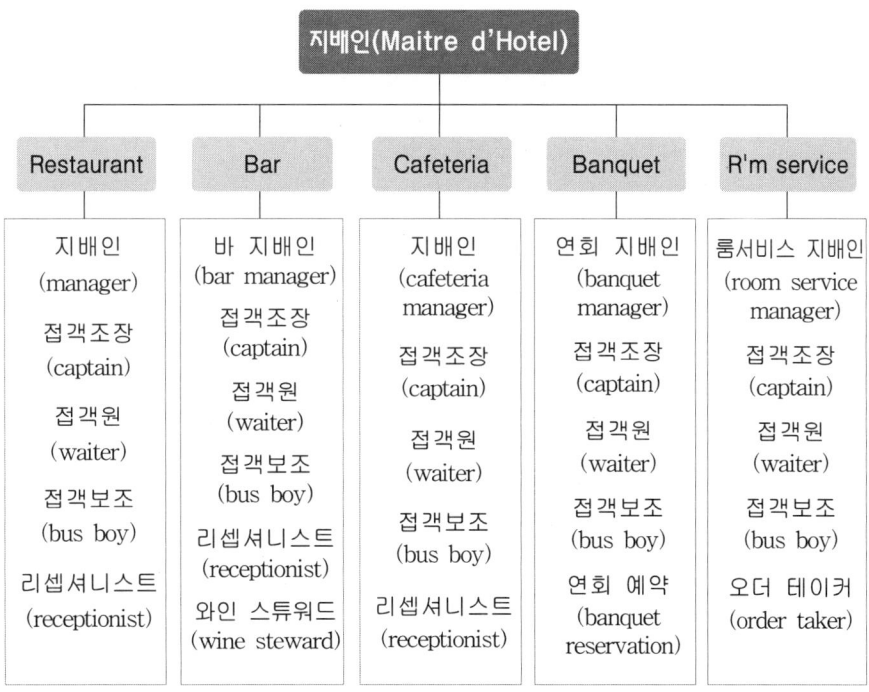

호텔 레스토랑 조직(H)

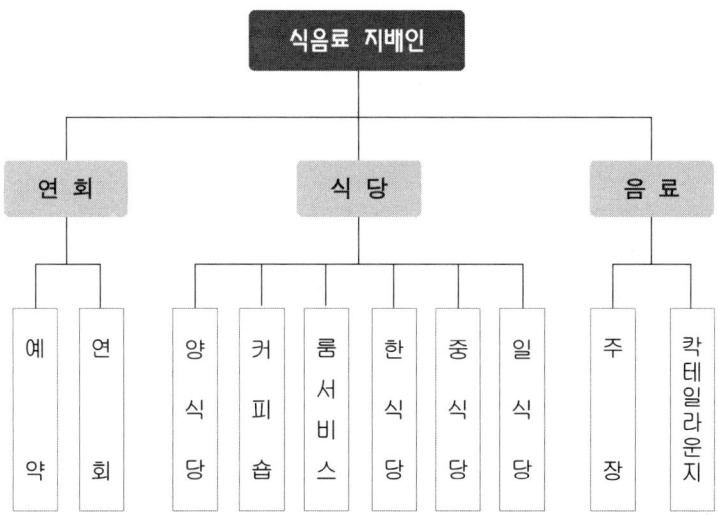

:: 외국 호텔 레스토랑 조직(예)

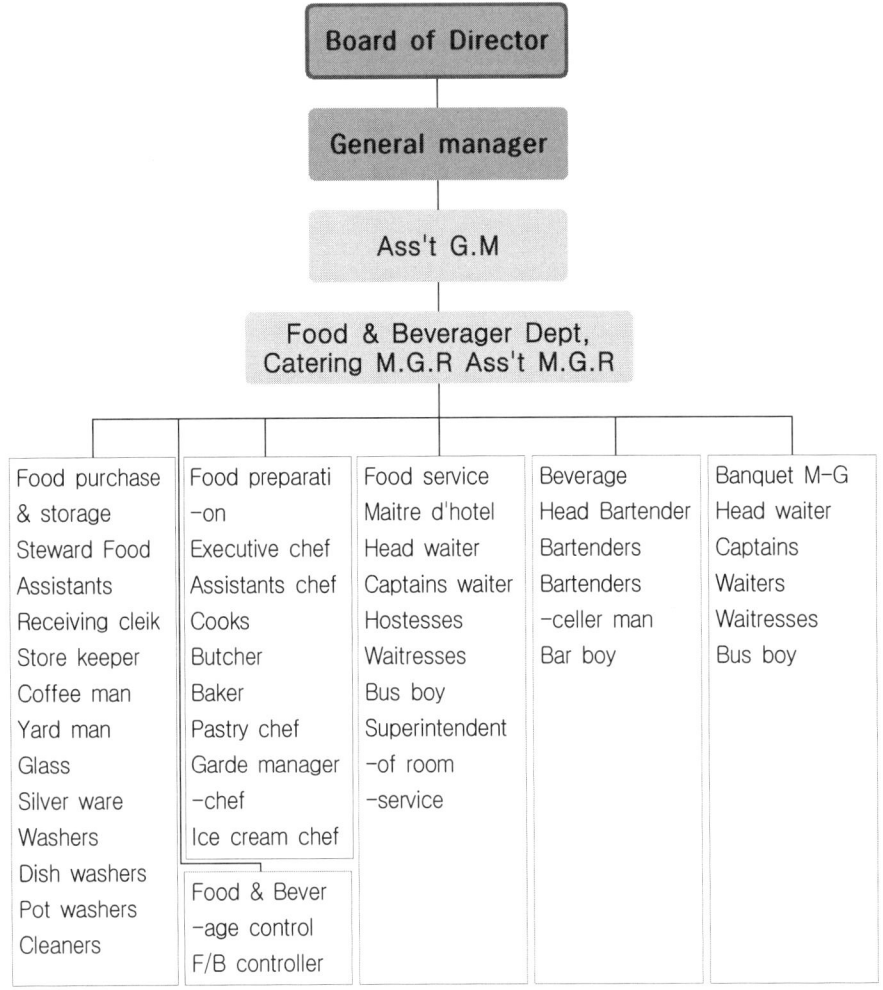

자료 : http://kyungnam.hananet.net/univ/sju/htl_mng/htl_adm/10jucha/10-html/10week1.htm

(1) 주방의 인적구성

① 총주방장(Executive Chef)

총주방장은 주방의 총괄 책임자로 경영 전반에도 참여하는 기회를 가지며, 조리사들을 지휘·감독하고, 주방의 운영계획과 시행 및 통제를 한다. 그리고 메뉴관리와 새로운 메뉴개발 및 식재료 절감방안을 연구하여 개발하고 원가관리와 주방시설을 관리하며, 식음료 생산에 관련된 전반적인 책임을 진다.

총주방장은 행정책임자(chief administrator)로서 주방직원 채용과 인사관리 및 교육훈련을 실시하며, 슈퍼바이저를 지휘·감독하고, 각 식당(dining room)과 칵테일 라운지의 효율적인 운영에 대한 책임을 진다. 또한, 총주방장은 식재료 구매에서부터 업장 운영에까지 식음료 부문의 모든 것을 평가하는 역할도 한다.

생산은 각 단위 업장의 주방장이 담당하며, 5성급 호텔의 경우, 총주방장을 돕는 부주방장(sous-chef)를 두어 역할을 분담하여 임무를 수행한다.

규모가 작은 호텔에서는 주방장이 주방직원 감독 및 주방운영과 생산 모두를 책임지고 관리하며, 총지배인에게 모든 업무현황을 보고한다.

② 주방장(Outlet Chef)

주방장은 총주방장을 보조하며 모든 서비스와 직원에 대한 근무 스케줄과 교육훈련 등을 책임과 권한을 가지고 관장한다. 또한, 각 단위 업장의 전반적인 음식 생산에 책임을 지며, 주방의 준비업무, 조리업무, 시설이나 행정업무 등을 책임진다. 즉, 조리계획, 식재료 구매 및 관리를 하고, 조리기술을 전수하며, 원가 정보를 바탕으로 적정 원가율 유지 및 주방의 기타 행정적인 업무를 수행하고 관리하는 등 단위 영업장의 목표를 달성하기 위해 노력한다.

③ 조리사(Cook)

조리사는 매뉴얼에 따라 음식을 준비하고 주방장을 보좌한다. 전문 요리사인 First Cook과 숙련 요리사인 Second Cook으로 구분되며, 주요 업무는 식재료 유지 관리와 조리 준비·조리, 냉장고 관리 등의 실제 조리과정을 책임진다.

④ 조리사 보조(Cook Helper)

음식을 조리를 위해 미리 조리 준비를 하며, 주방 청소와 청결을 유지한다. 조리에 필요한 육류·생선·야채 등을 식재료 창고에서 수령하여 준비해 두고, 준비 과정에서 필요한 간단한 사전 조리를 한다.

⑤ 기물관리원(Steward)

기물관리원은 주방집기 세척 및 위생을 담당하며 주방설비 관리를 책임진다. 즉, 식기·도자기·Glass bowl·Silver ware 등의 세척 및 보관, 기물의 적정 수량 확보 및 주방 전반의 위생관리를 하고, 음식물 쓰레기 처리와 주방 청소를 담당한다. 주방의 효율적 관리를 위해 기물관리원을 두는 대신 외부 용역에 의뢰하여 관리하기도 한다.

(2) 식음료부서의 인적구성

① 식음료부장(Food and Beverage Manager)

식음료부서의 최고 책임자로 식음료 서비스에 대한 계획, 실행·통제를 한다. 즉, 영업정책의 계획·수립, 업장관리, 적정인력관리, 교육훈련, 고객만족에 근거한 메뉴 관리와 새로운 메뉴 개발, 판매촉진과 이익관리, 기타 서비스 전반에 관한 식음료부서 운영에 대한 책임을 진다. 대형 호텔에서는 식음료부장을 보조하여 음료관리를 하는 음료지배인을 두기도 하며, 연회장의 식음료에 대한 책임은 별도의 담당 지배인을 두어 운영하기도 한다. 중급 호텔에서는 식음료부장이 모든 기능을 수행하며, 소규모 호텔의 경우는 주방운영까지 관리를 한다.

② 식음료차장(Food and Beverage assistant director)

식음료부장을 보조하여 고객만족과 관련된 운영 상태에 대해 문제점을 점검하고, 각 업장의 인력관리와 서비스에 대한 교육을 책임진다. 또한, 고객의 불평불만을 해결하고, 영업에 필요한 비품 및 소모품을 청구하는 등의 호텔 식음료부서의 서비스 책임자라고 할 수 있다.

③ 업장지배인(Outlet Manager)

레스토랑 부문의 업무지배인으로 캡틴, 웨이터, 웨이트리스를 감독하며, 영업준비와 지휘·통제를 하고 직원의 근무시간표 작성, 예약사항 및 준비사항 점검하고 각 담당자의 임무에 대한 세부사항을 지시한다. 또한, 고객의 불평불만을 처리와 식음료에 대한 권유도 한다. 그리고 레스토랑의 모든 서비스에 대한 총괄적인 책임을 지고 주방요원과의 협동하면서 조정하고, 영선부, 객실부 등, 타 부서와의 협조사항이 필요할 때 의뢰하여 조치를 취한다.

④ 업장부지배인(Assistant Manager)

지배인을 보좌하며 업장을 운영·관리를 한다. 특히, 대 고객서비스 관리를 주 업무로 하며 지배인 부재 시에는 그 업무를 대행한다.

⑤ 접객조장(Captain)

헤드웨이터(head waiter)라고도 하며, 규모가 작은 레스토랑에서는 접객조장이 부지배인과 같은 역할을 한다. 접객조장은 고객 접객에 대한 책임을 지고 영접을 한다. 그리고 웨이터나 수습직원을 관리·감독하며, 주문을 받기도 하며 서비스를 담당한다. 따라서 업장의 메뉴나 특별요리에 대해 완벽한 상품지식을 갖추어 고객에게 주 요리를 제공한 후, 음식을 맛있게 즐기는가를 주의 깊게 살피고, 고객을 환송한 다음에는 테이블을 재정비하도록 지시한다.

접객조장은 업장의 청결 유지와 기물관리를 철저히 하여 항상 최선의 서비스를 제공할 수 있도록 만전을 기하고, 피크타임에는 직원들과 함께 돕는다. 그리고 영업시작 전에 준비해야 할 사항들을 점검한다.

⑥ 소믈리에(Sommelier : Wine Steward)

와인을 전문적으로 다루는 사람을 말한다. 주로 양식 레스토랑이나 회원제 레스토랑에서 최상의 서비스를 하고 있다. 그리고 와인의 진열과 재고를 점검하고 필요시 음료 창고에서 와인을 수령하며, 고객이 원하는 와인을 격식에 맞게 정중하게 서비스한다. 또한, 고객에게 음식과 어울리는 와인을 추천도 한다.

⑦ 웨이터/웨이트리스(Waiter/Waitress)

접객조장(captain)을 보조하여 접객 업무를 담당한다. 웨이터는 서비스 담당 테이블 번호를 숙지하여 담당 구역에 대한 테이블의 정리정돈과 영업 준비사항을 버스 보이(bus boy)와 함께 점검한다.

고객이 도착하면, 주문을 받고 그 메뉴의 절차와 순서를 고려하여 적절하게 음식을 서빙하면서 고객이 편안하게 식사를 하도록 한다. 식사가 끝난 후에는 고객에게 계산서를 전달하고 영수증을 발급해 주는 등의 대 고객서비스를 주 업무로 한다. 하지만, 웨이터의 고유 업무인 고객서비스와 함께 식사 대금 수납(cashier)도 인건비 절감 차원에서 동시에 수행하는 곳도 있는데, 이러한 현상은 종종 고객들의 불평불만 원인이 되기도 한다.

⑧ 버스 보이(Bus Boy)

웨이터/웨이트리스를 보조하며, 업장 내 가구나 장식물을 청결하게 닦고 기타 기물의 정리·정돈과 청소를 하며, 서비스 보조 및 테이블 세팅 등의 업무를 수행한다. 또한, 캡틴이나 웨이터의 지시에 따라 식사 준비를 위한 테이블의 기물을 정돈하며, 식사 중에 고객이 사용한 빈 접시나 기물을 치우고, 요리를 제공하는 웨이터를 돕고, 커피 등의 후식을 제공한다. 버스 보이를 어시스턴트 웨이터(assistant waiter)라고도 한다.

⑨ 그리트리스 · 리셉셔니스트(Greetress & Receptionist)

그리트리스는 레스토랑 입구에서 지배인을 도와서 고객을 영접하여 테이블로 안내하는 업무를 수행하는 여직원을 말하며, 리셉션니스트는 접수 담당자로 캡틴이나 지배인을 도와 고객 영접하고 안내한다. 구체적인 이들의 업무는 각 스테이션(station)에 배치된 캡틴들과 테이블 번호를 숙지하고, 예약업무, 좌석안내를 하며, 절차 등에 대해 정확히 알고, 지배인의 지시를 따른다.

예약은 행사 전에 충분한 시간을 두고 접수하며, 예약 접수시에는 예약자의 성명, 인원수, 도착시간, 특별 요구사항, 전화번호, 회사명 등을 정확하게 기록을 해 두어야 한다. 서비스 인원이 부족할 시에는 웨이터나 웨이트리스의 도움을 받아 함께 서비스를 한다.

⑩ 룸서비스 캡틴(Room Service Captain)

객실 고객에게 음식을 배달하고 서빙하는 웨이터를 지휘·감독하며, 직접 서비스에 참여도 하고 지배인을 돕는다. 필요시에는 주문을 받아 주문서를 작성하고, 객실로 배달될 주문품을 확인하며, 조원들의 서비스 절차를 지휘한다.

또한, 고객의 불평불만 처리 업무를 도우며, 기타 모든 슈퍼바이저(supervisor)들이 수행하는 일반 업무와 수시로 부여되는 업무를 수행한다.

⑪ 오더 테이커(Order Taker)

객실의 룸서비스로 주문을 받는 사람을 말한다. 오더 테이커는 식음료 메뉴리스트, Door Knob Menu의 취급 절차와 귀빈의 예우절차, 그날의 특별 권유품목을 숙지하고 있어야 한다. 또한, 각 업장과 영업시간, 연예 프로그램에 대한 설명도 할 수 있어야 하며, 룸서비스 지역의 청결 유지와 웨이터들의 업무도 돕는다. 그리고 업장 서비스 규칙과 비상시 상황 대처 등에 대하여도 숙지하고 있어야 한다.

⑫ 연회 캡틴(Banquet Captain)

특정 행사를 함에 있어서 연회지배인을 돕고, 서비스 직원들을 지휘·독려하는 업무를 한다. 특정 행사가 있을 때 필요한 기물들을 준비하고, 행사장 또는 파티 룸의 정리 정돈과 테이블 세팅을 지휘하고 감독한다. 또한, 메뉴를 제공하고 필요시 주문을 받기도 하며, 주방, 바 등의 관련부서와의 긴밀한 협조를 통하여 필요한 준비와 서비스를 원활하게 수행할 수 있도록 한다.

⑬ 연회 웨이터(Banquet Waiter)

연회행사를 위하여 명세서에 의해 홀을 정리하고, 테이블 배열을 하고, 연회용 기물과 소모품을 청구·수령하며, 각종 시설과 가구류 등의 파손 또는 수리가 필요하거나 연회장의 온도, 습도 조절이 필요할 경우, 지배인에게 보고하여 행사의 완벽을 기한다.

연회행사는 순서에 의해 정확하게 정중하고 효율적으로 제 시간에 맞추어 음식을 제공하고, 각 코스가 끝나면 접시 및 집기류를 치운다. 웨이터는 필요에 따라서는 연회 캡틴의 임무도 수행할 수 있다.

⑭ 바 지배인(Bar Manager)

바 운영을 위한 근무자의 근무 편성과 영업에 대한 책임을 지며, 고객 접대와 안내를 하고, 직원의 교육훈련을 담당한다. 바 관리와 재고관리를 지휘·감독하며, 업장의 청결 유지에 책임을 지고 감독한다.

⑮ 바 캡틴(Bar Captain)

고객의 주문 접수 및 서비스를 담당한다. 필요시 바 지배인의 업무를 보좌하고, 담당구역 준비사항 등을 점검한다. 바텐더 교육을 담당하며 업장 내 행정관리 업무를 관장한다. 아울러 판매하는 품목의 상품 지식, 시간, 순서 등을 정확히 숙지해야 한다.

⑯ 바 웨이터(Bar Waiter)

담당 테이블 주위의 정리·정돈과 청결 유지를 하며, 서비스는 정확하게 항상 고객을 주시하고 있다가 고객의 주문이나 필요시 즉시 응대할 수 있도록 한다. 또한, 기물 취급방법과 상품 지식 등을 숙지하고 있어야 한다.

⑰ 바텐더(Bartender)

바텐더는 고객의 취향에 맞는 칵테일을 만들어 제공하며, 바 카운터 내부를 수시로 점검하여 정리·정돈하고, 청결 유지를 한다. 그리고 술과 음료 및 칵테일 부재료의 적정 재고 유지 관리와 각종 기기의 작동 상태를 점검한다. 또한, 칵테일은 정확하게 제공되어야 하므로 반드시 계량하여 적정량을 지정된 글라스에 사용한다. 영업 종료 후 재고 조사를 하여 재고표(Inventory Sheet)를 작성하여 보고한다. 그리고 술과 음료에 대한 지식을 숙지하고 있어야 한다.

2 호텔 식음료(F&B) 부문의 성공요소

1. 식음료 부문의 기능

호텔 식음료(food and beverage) 부문의 성공을 위해서는 호텔의 전반적 기능을 살펴보면 이해가 빠를 것이다. 호텔의 기본적 기능은 숙박 기능과 식음료 기능이다. 초기의 호텔 기능은 잠을 잘 수 있는 객실 기능에만 비중을 크게 두었고, 식음료 기능은 그다지 중요하게 생각하지 않았다. 그러나 호텔산업의 발전에 따라 그 기능이 다변화되어 수면과 휴식을 취하는 숙박 기능과 함께 맛과 영양을 섭취할 수 있는 식음료 기능이 부각되었다.

또한, 각종 모임의 집회 기능과 교육·문화 예술의 장소를 제공하는 문화 서비스 기능, 스포츠 기능, 쇼핑 기능, 헬스·미용 등의 건강관련 기능, 회의 전시의 컨벤션 기능, 비즈니스 기능 등, 다양하게 세분화된 서비스 기능이 있다.

또한, 식음료를 제공하는 레스토랑, 주장, 연회장, 컨벤션, 비즈니스센터 등의 시설 면에서도 더욱 세분화하여 식음료 기능이 활성화되어 일반대중이 좀 더 쉽게 접근할 수 있도록 하여 더 많은 영리를 추구하는 사업으로 변화되어 이제 객실 부문과 함께 식음료 부문의 기능은 매우 중요한 부문이 되었다.

2. 식음료 부문의 역할

호텔의 식음료 부문에서 고객이 부가적으로 또 다른 것을 원하고 있다는 것이다. 즉, 레스토랑은 일반 식당과는 달리 호텔이기 때문에 훌륭한 서비스와 쾌적한 분위기 속에서 편안하고 안락한 시간을 보내게 될 것이라는 생각으로 나름대로 기대치가 높으며, 음식의 맛도 좋고, 신선한 재료를 사용함으로써 좋은 영양을 섭취하고자 하는 마음을 갖게 된다. 따라서 호텔의 식음료 부문은 고객의 욕구를 만족시키고, 특별한 대가를 제공하는 역할도 하고 있다.

3. 식음료 부문 운영의 핵심요소

식음료 부문은 초기에 투숙객을 위한 부대 서비스로 간주되어 매출에 특별한 영향을 미치지 못했다. 따라서 식음료 부문은 손익분기점 유지 또는 손실의 최소화에 목표를 두었다. 당시에는 객실 판매에 비해 상대적으로 식음료 판매비율이 낮았기 때문에 경영 측면에서도 큰 관심을 받지 못했다. 하지만, 소비자들의 소득수준 향상과 더불어 라이프 스타일 변화와 외식문화의 발달로 일반 대중이 호텔 레스토랑이나 커피숍, 바 등의 이용이 빈번해지고, 웨딩홀과 컨벤션센터 이용이 활성화된 오늘날 호텔의 식음료 매출이 객실 매출과 큰 차이가 나지 않게 되었다. 이는 소비자의 문화적 욕구수준 향상과 외식문화의 보편화로 고급화된 호텔 식음료에 관심을 갖는 고객이 증가하고 있기 때문이다.

호텔 상품 중, 객실 상품은 정적이고 공간적으로 한정된 제약을 받는데 비해 식음료 부문은 영업상황에 따라 신축성이 있는 동적 상품으로 호텔 수입을 보다 증대시킬 수 있는 중요한 요인이 되고 있다. 따라서 식음료 부문의 상품은 회전율에 따라 재창조 가능성이 무한하고 매출에도 지대한 영향을 미치기 때문에 호텔 측에서 식음료 판매에 대한 의존도가 높아지고 있는 것이 현실이다.

실제 5성급 호텔의 수년 동안 식음료 판매 실적이 객실판매 총액에 육박하는 것으로 나타났다. 호텔 식음료 영업의 성공적인 운영을 위해서는 다음과 같은 5G's의 요소들이 서로 유기적으로 결합되어야 한다.

(1) 훌륭한 식음료(Good Food & Beverage)

호텔 식음료 부문을 성공으로 이끄는 가장 핵심적인 것은 훌륭한 식음료라 할 수 있다. 그러나 음식의 맛 하나만으로 성공하기에는 한계가 있다. 그러므로 좋은 음식이란 먼저 음식을 눈으로 보고 판단할 수 있는 시각적인 맛과 후각적인 맛, 미각적인 맛, 영양 등에 의해 판단하게 되므로 식음료 부문의 성공을 위해서는 좋은 식재료로 맛있게 요리한 음식과 레스토랑 나름대로 추구하는 이미지와 분위기, 그리고 주장에서 바텐더의 조주 기술에 의한 칵테일 등, 식음료와 함께 친절한 서비스가 수반될 때 고객들로부터 훌륭한 평가를 받게 될 것이다. 결국은 좋은 식음료 제공과 친절한 서비스만이 경쟁력이 있게 되는 것이다.

(2) 훌륭하고 친절한 서비스(Good Friendly Service)

친절한 서비스는 마음에서 우러나오는 헌신적인 서비스로 고객이 원하는 것을 신속하게 정성껏 제공함으로써 고객들로 하여금 최고의 서비스로 환영받는 다는 느낌이 들게 하는 것이다. 여러 요인 중 최상의 서비스가 성공요인의 한 축이라 할 수 있다. 서비스 요원의 외모가 아름답고 실내 인테리어가 훌륭하다고 좋은 서비스를 제공하였다고 할 수 없다. 특히, 매니저의 태도와 역량은 직원들에게

본보기가 되므로, 솔선수범하여 예의바르고 친절한 접객이 직원들로 하여금 훌륭한 서비스를 해야겠다는 마음이 들게 해야 한다. 마음에서 우러나는 헌신적인 서비스 정신이 결여되어 있으면 훌륭한 서비스가 나올 수 없다.

따라서 고객 서비스의 중요성을 알고, 훌륭한 서비스 제공을 위한 직원 교육이 요구되는데, 일반적 교육으로는 일정 수준의 스킬이 필요한 식음료 부문에 대한 교육에는 한계가 있으므로, 식음료 부문에 알맞은 서비스 매뉴얼을 통한 교육을 해야 할 것이다.

(3) 훌륭한 환경(Good Environment)

호텔 식음료 부문의 성공을 위해서는 외적 환경과 내적 환경의 조성을 통하여 좋은 이미지가 조성되어야 한다. 즉, 외적으로 업장 주위의 환경, 실외 조명시설, 충분한 주차공간과 친절한 주차관리는 좋은 영향을 미칠 수 있는 외적 환경 요소가 되며, 업장에서 보이는 곳의 정원 시설과 야경 등의 외부환경도 중요한 요소가 된다. 내적으로는 차별화된 특색 있는 메뉴, 실내 인테리어, 조명, 쾌적한 냉난방 설비와 공기청정기, 직원의 단정한 유니폼, 독특한 기명(器皿/tableware) 등과 함께 조화롭게 최상의 서비스를 제공하면 돋보일 것이다.

(4) 훌륭한 가치(Good Value)

훌륭한 가치는 고객이 레스토랑에서 식사 후까지 제공받은 서비스에 얼마나 만족하느냐에 따라 그 식음료를 소비할 만한 가치가 있는지 측정하는 것이다. 따라서 한 번 방문한 고객이 재방문하는지를 측정하는 것이 중요하다. 만약, 한 번 방문했던 고객이 재방문한다면 그 레스토랑은 고객의 마음속에 어느 정도 각인되었기 때문에 훌륭한 가치를 제공하고 있다는 것으로 볼 수 있다. 그러나 훌륭한 가치 제공은 지속적이어야 하며, 변함이 없도록 해야 한다.

식음료의 훌륭한 가치가 형성되는 요인으로는 식재료·음식의 질, 맛, 가격, 인적서비스, 실내 분위기, 청결, 경쟁업체와의 비교우위, 내·외부 환경, 주차시설, 접근성 등, 다양한 요인에 의해 영향을 받는다. 또한, 방문한 고객의 직함을 기억하였다가 '○○대표님', '○○사모님' 등으로 거명하며 알아주는 서비스만으로도 단골고객이 될 수 있다. 따라서 방문 고객에게 커다란 서비스를 제공해야 한다는 생각보다는 작은 미소라도 진심어린 마음으로 따뜻하게 전하는 인사 한마디에 고객은 감동받을 수 있기 때문에 서비스 마인드가 중요하다.

(5) 훌륭한 경영관리(Good Management Control)

식음료 부문은 시설적인 관리도 중요하지만, 서비스 인력관리도 중요하다. 고객에게 필요한 서비스를 위해 직원의 식음료에 대한 직무교육과 접객서비스에 필요한 외국어 교육도 경영관리에 필요한 요인이 된다.

식음료 부문의 경영관리가 미비하거나 등한시 하게 되면, 당장보다는 일정기간이 지난 후에 결국 서비스의 질이 떨어질 뿐만 아니라 매출 축소가 현실로 나타나게 된다. 즉, 고객의 재방문 빈도가 서서히 줄어들어 객석 회전률이 낮아지게 된다는 것이다. 따라서 관리자는 지속적으로 서비스 질이 저하되지 않도록 관리에 소홀함이 없어야 하며, 영업목표를 달성할 수 있도록 직원들을 독려하고 미비점이 없는지 항상 점검하고 미비점 발견 시 즉시 보완해야 한다.

또한, 식음료 부문의 핵심적 성공요소로 경영에 필요한 회계제도와 내부통제제도가 수립되어야 한다. 즉, 적절한 요금책정, 구입된 식재료의 검수, 보관, 출고, 조리된 음식의 판매관리 등에 대한 회계감사가 요구되며, 식음료 부문의 정확한 계수정립이 합리적인 경영관리를 실현할 수 있게 되는 것이다.

호텔 식음료 상품관리

1. 식음료 상품의 의의

호텔 상품 중에서 식음료 상품은 보편적인 요소를 지니고 있을 뿐만 아니라 호텔 고유의 특성도 있다.

일반적으로 상품이란 판매를 목적으로 생산된 재화(goods)라 할 수 있다. 보통 상품의 의미는 판매를 목적으로 원료를 사용하여 만든 물건을 말하지만, 호텔에서는 객실 상품 및 식음료 상품과 부대시설(연회장, 피트니스센터, 컨벤션센터 등)이라는 상품 판매를 통해 수입을 발생시키고 있는데, 여기에는 눈으로 보이지 않는 서비스 판매도 포함시키고 있다.

호텔 상품은 다른 제조업 상품과 달리 복합적인 요소를 지니고 있다. 즉, 고객의 욕구를 충족시키는 유·무형의 속성인 포장, 애프터서비스, 색채, 디자인, 가격, 엘리베이터/에스컬레이터 서비스, 주차시설 등 다양한 복합체로 구성된 다양한 형태의 서비스를 통합하여 새로운 상품으로 형성하게 된다.

호텔의 식음료 상품은 크게 레스토랑·주장·연회 상품으로 나누어 볼 수 있는데, 고객의 욕구를 충족시켜 주는 식음료 자체는 유형의 직접재이고, 상품과 함께 제공되는 인적서비스는 무형이다. 그리고 장소적 공간인 업장의 환경과 분위기 등은 고객에게 접근하는 무형의 간접재 역할을 한다.

호텔 식음료 상품의 구성요소는 조리사가 만든 요리와 음료라는 상품과 레스토랑이 지닌 분위기, 직원의 친절한 서비스, 업장의 훌륭한 인테리어와 설비형태가 어우러져 하나의 상품으로 제공된다. 이와 같이 호텔의 식음료 상품은 90년대 이후 소비자의 생활패턴이 바뀌면서 다양성을 띠게 되었다. 즉, 양적으로 충족하던 소비생활이 점차 개인의 특성과 기호 중심으로 되었다. 따라서 고객의 다양한 욕구를 파악하기란 쉽지 않은 실정이다.

특히, 호텔의 식음료 상품은 복합성을 띠고 있으므로 식음료와 인적서비스와 환경 및 분위기의 3요소가 유기적으로 잘 어우러질 때 훌륭한 식음료 상품이 될 수 있는 것이다. 이러한 요소가 잘 조화되어 고객의 욕구를 충족하게 제공했을 때 고객은 완전한 식음료 상품을 소비했다고 할 수 있다. 따라서 음식을 조리부에서 아무리 잘 만들었다고 해도 인적 서비스가 만족스럽지 못하거나 레스토랑에서 느끼는 분위기와 청결, 편안함을 주지 못했다면 고객은 식음료 상품 소비에 대해 전반적으로 만족했다고 할 수 없을 것이다.

표 8-2 · 식음료 부문의 3요소

3요소	개 념	상품 속성	서비스 속성
상품 (식음료)	고객의 식욕을 충족시켜주는 음식과 음료	유형의 직접재	물적 서비스
인적 서비스 (사람)	식음료 상품과 함께 직접적인 서비스 제공	무형의 직접재	인적 서비스
영업장 (레스토랑 & 바)	식음료 상품을 판매하는 장소로 고객에게 편안하고 안락한 가치 제공	무형의 간접재	환경적 서비스

자료 : 이정학, 호텔 식음료 실습, 인용

2. 식음료 상품의 특성

모든 상품은 일반적인 특성을 갖고 있지만, 호텔의 식음료 상품은 다양한 특성을 갖고 있는데, 이러한 특성을 이해할 필요가 있는 것은 호텔이라는 장소 내에서 생산과 소비가 동시에 일어나기 때문에 신속하게 호텔에 걸맞게 정확한 서비스가 이루어져야 한다는 것을 이해할 필요가 있다. 그리고 직원들 역시 고객의 주문에 대해 실수 없이 제공해야 한다는 것이다.

호텔 식음료 상품은 소비자인 고객으로부터 주문 받은 후에 주문 상품을 조리부서에서 음식을 만들어 내는 생산적인 측면과 주문한 음식을 즉시 소비자에게 직접 전달하여 소비되는 판매적인 측면의 양면성을 동시에 지닌 특성이 있으므로, 식음료 상품의 특성을 생산적인 측면과 판매적인 측면에서 고려해 볼 필요가 있다.

(1) 생산적 측면의 특성

① 주문 생산의 원칙

일반 제조업의 상품은 판매가능한 수요를 예측하여 생산 후 판매하지만, 호텔 식음료 상품은 고객 주문에 의해 그때그때 생산·판매가 원칙이다. 물론, 예약 주문도 있지만, 이 경우도 미리 음식을 만들어 놓지는 않는다. 고객이 도착해야만 예약된 상품을 생산하게 된다. 따라서 대량생산에는 한계가 있고, 수요 예측에 어려움이 있다.

② 생산과 판매의 동시발생

호텔 식음료 상품은 고객 주문에 의해 신선한 식재료를 사용하여 조리부에서 생산함과 동시에 같은 장소에서 고객에게 판매가 이루어지는 동시성이 있다.

③ 생산의 시간적 제약

호텔 음식 상품은 고객에게 제공되기까지 조리시간이 소요된다. 따라서 같은 시간에 다수의 고객으로부터 주문을 받게 되면, 일정 공간에서 같은 시간대에 모든 음식을 만들어 제공하기에는 시간적인 제약을 받게 된다.

④ 계획 생산의 한계

호텔의 음식은 고객의 주문을 받고 나서야 조리·생산단계에 들어가기 때문에, 미리 고객주문을 예측하여 음식을 만들어 놓을 수 없다.

일반 제조업은 원활한 유통을 위하여 수요예측을 고려하여 계획적 생산이 가능하지만, 신선도를 유지해야 하는 호텔 음식은 주문을 받으면서부터 단시간 내

에 생산해야 하기 때문에 계획적인 생산에는 한계가 있다.

⑤ 상품 표준화의 한계

호텔 식음료 상품은 조리에 표준이 되는 레시피(recipe)에 의해 만들어 진다고 하지만, 사람이 하는 일에는 그날의 감정이나 성향에 따라 약간의 차이가 날 수 있기 때문에 표준화를 하기에는 한계가 있다.

(2) 판매적 측면의 특성

① 장소적 제약

일반 상품은 장소에 구애 없이 어느 곳에서나 고객이 원하면 무제한 판매가 가능하다. 그러나 호텔 레스토랑의 식음료 상품은 고객의 직접적인 주문에 의해 동일 장소에서 구매와 판매 행위가 이루어지는 장소적 제약이 있다.

물론, 요즈음은 Take Out으로 일정 부분은 장소적 제안을 받지 않는 경우도 있지만, 보통 한정된 장소에서 테이블 수를 기준으로 판매가 이루어진다.

② 판매 시간적 제약

호텔 식사는 투숙객에게 1일 2식 또는 3식이라는 한정된 식사시간을 정해 놓고 판매한다. 물론, 카페테리아나 라운지의 경우는 정해진 시간 외도 영업을 하지만, 밤 12시 이후에는 영업을 하지 않기 때문에 시간적인 제약을 받는다고 할 수 있다.

③ 부패 위험

일반적으로 생산된 모든 음식은 단시간에 판매되지 않으면 안 된다. 특히, 호텔의 식재료는 고객의 안전을 위해 신선도를 유지해야 하며, 시간이 지나면 부패하거나 변질되기 때문에 오랜 시간 보관할 수도 없다.

따라서 식재료 구입은 수요를 예측하여 구매가 이루어져야 하며, 구입된 식재료는 가능한 빠른 시간 내에 생산·판매해야만 부패 위험으로부터 벗어난다.

④ 유통과정이 없다

호텔의 식음료 상품은 고객이 직접 호텔 레스토랑에서 주문하고, 소비하기 때문에 다른 곳에서는 판매가 이루어질 수 없다. 즉, 고객이 호텔의 레스토랑에 찾아와 주문을 함으로써 음식이 생산되고, 호텔 내에서만 판매하기 때문에 고객에게 전달을 위한 중간 단계의 유통과정이 없다.

일반 제조업은 생산자와 소비자가 떨어져 있어도 유통경로를 통해 소비자가 원하는 곳으로 가서 판매하거나 원하는 곳으로 배달되어 소비가 이루어진다.

⑤ 반품과 재고가 없다

호텔의 식음료 상품은 생산과 동시에 서비스와 함께 판매되어야만, 비로소 완전한 식음료 상품의 가치를 나타내게 되는 것이다. 따라서 생산과 소비가 동시에 이루어지는 특성상 호텔 식음료 상품은 주문·생산·판매가 동시에 이루어져 소비되며, 반품도 없고, 예상 고객을 대비하여 미리 만들어 놓지도 않기 때문에 재고도 없다.

⑥ 메뉴에 의한 판매

호텔 식음료 상품은 고객이 구매결정을 쉽게 할 수 있도록 도움을 주는 메뉴에 의해 판매를 한다. 메뉴는 식음료에 대한 정보를 제공할 뿐만 아니라 레스토랑과 고객을 연결시켜 주는 커뮤니케이션 도구라고 할 수 있으며, 홍보차원의 선전도구 기능도 한다. 또한, 식음료 상품은 계절이나 시장변동에 따라 메뉴가 바뀔 수도 있기 때문에 식음료 판매에서 메뉴는 중요한 기능을 한다.

⑦ 인적서비스를 수반

호텔의 식음료 상품은 신선하고 좋은 식재료만으로 생산하지만, 그것만으로는 호텔로서의 완전한 식음료 상품을 제공했다고 할 수 없다. 왜냐하면, 아무리 좋은 식음료 상품이라도 인적서비스가 함께 제공되었을 때 비로소 호텔에서는 완전한 식음료 상품을 판매하였다고 할 수 있다.

즉, 호텔 식음료 상품은 좋은 식재료로 만든 맛있고 영양이 풍부한 음식과 훌륭한 시설에 인적서비스가 수반되어야 완벽한 식음료 상품을 제공할 수 있게 된다는 것이다.

4 호텔 식음료 서비스의 이해

1. 식음료 서비스 개념

식음료 서비스란 마음에서 우러나는 서비스와 함께 식음료를 고객에게 전달하는 것이다. 식음료 서비스는 기능적 서비스와 정서적 서비스로 구분할 수 있으며, 기능적 서비스는 고객에게 담당직원이 직접 식음료 제공을 할 때, 인간미가 담긴 직원의 직접적인 서비스를 말하며, 정서적 서비스는 업장의 분위기와 인테리어 직원의 용모, 복장, 예절 등에 의한 환대정신을 말한다.

따라서 호텔의 식음료 서비스는 고객이 만족하도록 하는 기능적 서비스뿐만 아니라, 정서적 서비스까지 수반하여 제공하는 것이다.

2. 서비스 유형

(1) 무관심형

무관심형은 서비스를 하려는 의지가 없는 유형으로 이러한 사람은 서비스 요원으로서 자격이 미달되기 때문에 좀 더 적극적인 대 고객서비스를 수행할 수 있도록 서비스 스킬 교육과 정서적인 서비스의 질을 향상시킬 수 있도록 교육을 하여 적극적으로 서비스를 수행할 수 있게 해야 한다.

(2) 정서지향형

정서지향형은 고객의 분위기를 빨리 파악하여 고객에게 쉽게 접근할 수 있는 반면에, 정서적 서비스 스킬이 떨어질 수 있다. 이러한 유형은 정서적 서비스 스킬을 높일 수 있는 교육을 통하여 정서적 기량을 향상시킨다면 더 좋은 고객서비스를 제공하게 될 것이다.

(3) 기능지향형

기능지향형은 서비스 스킬은 우월할 수 있지만, 예절이나 용모, 친밀성은 떨어질 수 있다. 이러한 유형은 매너교육과 함께 단정한 용모를 습관화하고, 친밀성과 적극적인 서비스 정신을 향상시킨다면, 일반고객을 고정고객으로 유인할 수 있는 직원으로 발전하여 훌륭한 서비스를 할 수 있게 될 것이다.

(4) 고객만족 지향형

고객만족 지향형은 최고의 서비스 정신을 갖춘 사람이라 할 수 있다. 이러한 유형은 자기계발을 위해 항상 노력하는 유형으로, 더 질 높은 서비스를 할 수 있는 동기부여가 중요하다고 할 수 있다.

3. 식음료 서비스 특성

(1) 무형성

서비스는 만져 볼 수도 눈으로 볼 수도 없는 무형으로 오로지 고객에게 접근하여 인적서비스에 의해 구매를 결정할 수 있도록 도움을 주는 무형성이다.

호텔의 식음료 자체는 유형이지만, 서비스는 무형이기 때문에 구매하여 소비되기 이전에는 인지되거나 평가될 수 없다. 다만, 서비스를 제공받은 경험을 통한 감각적·심리적으로 느껴야 하는 특성을 갖고 있다.

예를 들면, 최고급 호텔의 레스토랑도 이용한 다음, 그 실체를 파악할 수 있다는 것이다. 따라서 식음료 서비스는 메뉴나 그 밖에 고객과의 약속을 통해서 유형화되어 판매하게 되는데, 이는 고객에게 신뢰를 주는 것이 매우 중요하다. 그러므로 서비스는 식음료 마케팅 전략은 필수적이라 할 수 있다.

(2) 비 유통성

호텔의 식음료 서비스는 고객이 직접 방문함으로써 서비스를 제공받을 수 있으며, 유통은 불가능하다. 하지만, 호텔 식음료 주문하여 Takeout 또는 Catering의 경우는 특정 시간과 장소에서 서비스가 이루어지므로 예외인 경우다.

(3) 다양성

호텔에서 건강식을 찾는 고객도 많다. 이러한 것을 레스토랑에서 느낄 수 있을 것이다. 고객의 기호나 욕구는 매우 다양하다. 즉, 채식주의자가 있는가 하면, 마늘을 싫어하는 고객도 있고, 향료를 첨가하지 말라는 고객도 있는 등으로 인하여 고객에 따라 다양한 식음료 서비스가 제공된다.

또한, 직원에 따라 서비스도 다르게 제공되기도 하는데, 일관성 있는 서비스 제공을 위해 서비스에 대한 교육이 요구된다.

(4) 매체성

식음료 접객시의 인적서비스 그 자체를 단독 상품으로만 판매할 수 없고, 고객을 객체로 식음료 제공을 할 때 매체 역할을 위해 서비스가 필요하다. 즉, 식음료 상품을 주문했을 때, 판매과정의 매체 수단으로 인적인 서비스 역할이 필요하기 때문에 인적서비스는 매체성의 특징이 있다는 것이다.

호텔 식음료 판매는 중간 전달과정의 매체인 직원의 인적인 서비스에 따라 다를 수도 있고, 고객의 느낌에 따라 다르게 느껴질 수도 있다. 이러한 매체성 또한, 서비스 전달과정에서 잘못 전달되는 경우도 있고, 고객의 지각에 커다란 부정적인 영향을 미칠 수도 있으므로 세심한 주의를 기울여야 한다.

(5) 생산과 판매의 동시성

호텔의 식음료 상품은 일반 상품처럼 생산과 판매가 분리된 것이 아니라 고객의 주문에 의해 생산·판매가 동시에 이루어져 소비로 이어진다. 따라서 식음료 서비스는 고객과 만나는 순간에 어떻게 서비스를 제공하느냐가 중요하다. 즉, 순간에 생산과 판매가 이루어지므로 이때 제공되는 서비스에 따라 지속적인 거래가 이루어질 것인가에 영향을 미칠 수 있기 때문에 인적서비스는 중요하다.

5 레스토랑(Restaurant)의 이해

1. 레스토랑(Restaurant)의 유래

레스토랑은 서양식 유형으로 객석을 마련하여 음식물을 제공하는 시설로 일반적으로 식당(食堂)을 말한다. 인간은 먹지 않으면 살 수 없기 때문에 식당(레스토랑)은 인간과 아주 밀접한 관계가 있다.

전해지는 기록에 의하면, B.C. 512년경 고대 이집트에서 식당의 기원이라 할 수 있는 음식점이 있었는데, 그곳에서 시리얼, 새고기, 양파요리 등, 아주 단순한 요리를 판매하였다. 그 음식점에는 어린이들은 부모를 동반해야 출입할 수 있었고, 숙녀들은 결혼할 때까지는 출입할 수 없었다고 한다. 이러한 제한은 아마도 이집트의 전통관습과 규율이 엄격했다는 사실과 관련지어 볼 수 있다.

➡또 다른 식당(레스토랑)의 기원은 로마시대부터라고 하는 사람도 있는데, 로마시대처럼 화려한 시대는 없었을 것이다. 따라서 당시 로마 황제는 많은 신하와 함께 호화스러웠을 장소에서 음식을 먹고 즐기며 향연을 벌였을 것으로 짐작이 되며, AD 79년경 나폴리(Napoli) 주변의 경관이 뛰어난 곳에 식당(레스토랑)이 많이 있었다고 한다. 206년에는 로마 황제가 국민을 위해 카라카라(kalakala)라는 1,600명이 동시에 목욕이 가능한 거대한 욕탕을 건설하였는데, 그 곳에 욕탕 외에도 휴게소와 사교장, 각종 오락시설과 음식을 제공하는 부대시설이 있었다고 한다. 그리고 그 시대에 수도원이나 사원에서도 여행자를 위해 식사와 숙소를 제공했다고 한다.

➡영국에서 12세기 식당(레스토랑)의 선구자인 선술집이 작은 요리점과 함께 런던에서 번성하였고, 1650년에 영국 최초의 커피하우스(coffee house)인 옥스퍼드(Oxford)가 개업되었으며, 그 후에도 커피를 즐겨 마시는 영국인들의 성향으로 인하여 영국 도처에 선술집과 커피하우스가 출현하게 되었다.

➡프랑스에서 1765년 몽 불랑거(Mon Boulanger)가 양의 다리를 끓여 만든 레스토레(restaurer)라는 수프를 판매하였는데, 미식가가 많은 프랑스에서 레스토레 수프는 대단히 유명했다. Restaurer는 프랑스어로 '원기를 회복하다'는 뜻으로 당시 신비적인 스태미나 음식으로 각광을 받으면서 많은 사람들이 이 수프의 이름으로 간판을 걸고 식당 영업을 하면서 오늘의 레스토랑(restaurant)으로 전래되었다고 한다. 프랑스의 레스토랑들은 각기 강한 특색이 있어 고객은 자신이 원하는 요리를 단순히 먹기 위해 레스토랑을 찾기보다 레스토랑의 특색과 취향에 따라 찾는 실정이다. 따라서 프랑스 레스토랑들의 요리사들은 개성, 혹은 지역 특색을 살린 요리를 제공하고 있다. 프랑스에서는 요리가 예술로 인식되므로 각 레스토랑에서는 자신들의 대표할 수 있는 요리개발에 몰두하고 새로운 아이디어를 창안한다는 것이다. 그래서 세계적인 예술의 도시인 파리에서는 미술, 음악 등의 예술 뿐 아니라 요리도 예술의 한 분야로 평가하고 있다.

➡중국의 식당에 관하여는 6세기경 수나라 때 마완(馬琬)이 저술한 전문서적 '식경'이 발간되어 식당(레스토랑)의 효시가 되었다고 하며, 청조시대에는 본격적인 요리가 개발되어 '식관'이라는 식당이 출현하였다.

➡한국은 '삼국사기'에 의하면 490년경에 신라의 수도 금성(경주)에서 처음으로 물물교환 시장이 형성되면서, 509년에 시장 안에 장꾼들을 위한 음식 판매장소가 생겨났다. 또한, 고려사에 의하면 983년 개성에 '성례', '약빈', '영액', '옥장', '연령', '희빈'이라는 이름의 식당이 개설되었고, 이곳은 시장경제가 이루어지던

18세기 후반부터는 왕성한 활동을 하는 보부상들의 증가로 숙식을 겸하는 장소로 활용이 되었으며, 19세기 말부터 20세기에 걸쳐서 자본주의 경제로 인하여 숙박제공 장소와 음식제공 장소가 구분되어 생기게 되었다. 1109년에는 지방의 각 고을에 술과 음식을 팔면서 숙박을 겸하는 상설식당이 개설되었는데, 이것은 후일 물상객주(物商客主), 보행객주(步行客主)의 시초가 되어 숙박에 식당을 겸한 형태가 된 것이다. 1397년에는 성균관에 유생들을 위한 기숙사가 생겨 식당도 자연스레 생겨났다. 이때 유생들에게 음식을 제공하는 식당지기도 출현하였다. 근대 식당은 1899년 인천의 대불호텔 자리에 중화루가 생겼고, 우리나라에서 레스토랑(restaurant)이라는 말은 1902년 프랑스인 손탁이 정동에 건립한 손탁호텔이 등장하면서 호텔 식당을 레스토랑이라 하였다.

2. 레스토랑의 정의

프랑스 대백과사전에 'Restaurant'의 어원은 'De Restaurer'에서 유래되었다고 한다. 'Restaurer'는 기력을 회복시킨다.'라는 뜻으로 사전에 의하면 Restaurant이란 사람들에게 음식물을 제공하는 공중의 시설이며 일품 요리점이라고 표현하는 것처럼 레스토랑은 음식과 휴식의 장소를 같이 제공하고 원기를 회복시키는 장소라는 의미이다.

미국의 웹스터 사전에는 "An Establishment Where Refreshments or Meals May Be Procured By The Public : A Public Eating House"라고 '다과나 식사가 대중에게 제공될 수 있는 시설 : 공공급식소'로 설명되어 있다.

영국의 고전 옥스퍼드 사전에는 "An Establishment Where Refreshments or Meals May Be Obtained"라고 '다과 또는 식사를 할 수 있는 시설',이라고 되어 있다.

우리나라 국어사전에는 레스토랑(restaurant)을 '서양식 요리를 하는 음식점'으로 표현되고 있다. 그리고 "식당(食堂)은 건물에 식사를 할 수 있게 시설을 갖춘 장소" 또는 "음식물을 만들어 파는 가게"라고 되어 있다.

Restaurant은 '영리 또는 비영리를 목적으로 일정한 장소에 시설을 갖추어 인적서비스를 동반하여 음식물을 제공하고 휴식을 취하게 하는 곳'을 말하며, 오늘날 호텔의 레스토랑이란 단순히 음식을 제공하는 물적 서비스뿐만 아니라 식음료 부문에서 숙련된 직원으로부터 인적서비스가 잘 조화되어 편안하게 음식을 즐길 수 있게 하는 곳이다.

선진국에서는 레스토랑을 EATS 상품을 판매하는 장소라고 하는데, EATS 상품이란 Entertainment(환대)'와 'Atmosphere(분위기)', 'Taste(맛)', 'Sanitation(위생)'이 하나로 합쳐 이루어진 상품을 의미한다.

이제 레스토랑은 더 이상 단순하게 먹는 장소로 그치는 것이 아니라 주요 상품인 유형적인 식음료와 무형적인 인적서비스 상품이 함께 하는 곳이다. 따라서 레스토랑은 고객 유치를 위해 인적서비스를 주요한 상품으로 내세우고 있는 실정이다.

현대 호텔의 레스토랑은 "투숙객이나 방문 고객에게 편의를 제공하기 위하여 일정한 시설의 업장을 갖추어 고객을 영접하며 숙련된 직원의 인적서비스로 잘 조화되게 식음료를 제공하는 장소이다"라고 정의할 수 있다.

3. 레스토랑의 분류

(1) 서비스 형식에 의한 분류

① 테이블 서비스 레스토랑(Table Service Restaurant)

가장 전형적이고 오래전부터 유래되어 온 서비스를 받는 레스토랑을 말하며, 웨이터나 웨이트리스로부터 정중한 서비스와 고급 식사가 제공되며, 양식당, 이태리식당, 한식당, 일식당, 중식당 등이 있다.

② 카운터 서비스 레스토랑(Counter Service Restaurant)

Open Kitchen으로 오픈 주방 앞의 카운터를 식탁으로 하여 요리를 제공한다. 즉, 고객이 카운터에 앉아서 직접 요리사에게 주문하고, 고객이 보는 앞에서 위생적으로 요리하여 식사를 제공하며, 고객은 지루하지 않아 좋다.

③ 셀프서비스 레스토랑(Self Service Restaurant)

고객이 메뉴를 선택한 다음, 직접 테이블로 가져가서 식사하는 방식을 말하며, 대체로 가격이 저렴하고 신속하고 간편하기 때문에 식사시간이 짧고, 테이크아웃, 카페테리아, 바이킹(뷔페) 픽업방식으로 나뉜다.

④ 급식 업소(Feeding Service Restaurant)

비영리적이며 주로 Self Service 방식으로 운영되고, 기업체, 학교, 회사, 병원 등에서 적용하는 급식 방법으로 공공기관이나 기업에서 많이 활용한다.

(2) 명칭에 의한 분류

① 레스토랑(Restaurant)

식탁과 의자를 갖추어 놓고 고객 주문에 의해 맞춘 음식을 제공하는 곳을 말하며, 레스토랑에서 제공하는 음식은 종류에 따라 한식(korean style), 양식(western style), 일식(japanese style), 중식(chinese style)으로 구분된다.

② 다이닝 룸(Dining Room)

주로 정식(table d'hote)을 제공하며 고객이 이용하는 시간을 정하여 점심과 저녁을 제공한다. 최근에는 고유 명칭이 붙은 전문요리 레스토랑 형태로 바뀌어 정식뿐만 아니라 일품요리(à la carte)를 제공하고 있다.

③ 커피숍(Coffee Shop)

고객이 출입하기 좋은 장소에 위치하여, 커피와 음료 등을 판매하면서 간단한 식사도 같이 판매하며, 카페테리아로 불리기도 한다.

④ 카페테리아(Cafeteria)

셀프서비스 형태로 진열된 음식 중에서 몇 가지를 선택하여 요금을 지불하고 이용하는 식당이다. 뷔페와 다른 점은 품목별로 가격이 정해져 있다는 것이다.

⑤ 룸서비스(Room Service)

호텔의 객실에서 고객이 식음료를 주문하면 객실까지 서비스를 해 주는 것으로, 요금은 보통 가격보다 10~15% 정도 높게 책정된다.

⑥ 델리카트슨(Delicatessen)

Deli라고도 불리며, 이미 익혔거나 조리된 육류 또는 치즈, 햄 같은 가공식품이나 아이스크림 등을 판매한다.(흔하지 않은 수입식품을 파는 곳)

⑦ 스낵 바(Snack Bar)

샌드위치나 간단한 식사와 음료를 판매하는 곳.

⑧ 바(Bar)

고객을 대상으로 주류를 판매하며, 가격을 리스트에 열거하여 판매한다.

⑨ 런치 카운터(Lunch Counter)

카운터 식탁에서 직접 주문하고, 조리과정을 볼 수 있는 즐거움과 기다림의 지루함이 없고, 청결한 위생처리를 느낄 수 있는 카운터 서비스 레스토랑.

⑩ 백화점 내 식당(Department Store Restaurant)

백화점 내에 있는 식당으로 빠른 식사 제공으로 회전율 높다는 장점이 있다.

⑪ 기업체 식당(Industrial Feeding)

회사나 산업체 또는 공공기관의 구내식당을 의미하며 비영리적인 식당이다.

⑫ 드라이브 인(Drive In)

자동차 이용가 특별이 이용하기 쉬운 식당으로, 넓은 주차장을 필요로 한다. 드라이브 스루(drive through)와 유사하다.

⑬ 다이닝 카(Dining Car)

식당차를 말하며, 여행자들을 위하여 마련된 열차 내의 식당 등을 의미한다.

⑭ 라운지(Lounge)

호텔의 1층 로비 라운지와 맨 위층의 스카이라운지로 구분되며, 음료와 주류를 주로 판매한다.

⑮ 뷔페 레스토랑(Buffet Restaurant)

일반적으로 불특정 다수를 위한 뷔페(open buffet)는 진열된 음식을 종류에 관계없이 여러 가지 음식을 균일한 요금을 지불하고 양껏 골라 가져다 먹는다.
※연회와 같은 특정 인원을 위한 Closed Buffet도 있다.

⑯ 리프레시먼트 스탠드(Refreshment Stand)

가벼운 경양식을 준비하여 진열해 놓고, 고객이 즉석에서 구매하여 먹을 수 있는 간이식당이다.(예 : 고속도로 휴게소 매점)

⑰ 드럭 스토아(Drug Store)

고속도로 주변에 위치하여 간단한 식사를 제공하는 곳. (미국의 드럭스토어는 의약품 외에 식품·음료를 판매하기 시작하여 오늘에 이르렀다.)

(3) 국적에 의한 분류

① 프랑스 레스토랑(French Restaurant)

프랑스 요리는 서양 요리로서는 세계적으로 유명하다.(이태리에서 유래되어 16세기 '앙리4세'부터 시작) 프랑스 식당은 가장 화려하고 품위 있는 요리 및 서비스를 제공하는 최고급 식당이다.

프랑스는 요리에 사용되는 소스(sauce)만 500여 가지가 넘으며, 요리관련 산업이 발달되어 요리의 천국이라 불릴 정도로 정통 프랑스 요리가 유명하다.

② 스페인 레스토랑(Spanish Restaurant)

스페인은 주위가 바다로 둘러싸여 해산물이 풍부하여 생선요리가 유명하다. 특히 새우, 가재, 새끼돼지 요리 등은 세계적으로 유명하다. 요리에 올리브유, 포도주, 마늘, 파프리카, 사프란 등의 향신료를 많이 사용하다는 특색이 있다.

③ 이탈리아 레스토랑(Italian Restaurant)

이탈리아 요리는 14세기 초, 마르코 폴로(Marco Polo)가 중국의 원나라에서 배워온 면류가 이탈리아의 고유한 스파게티(spaghetti)와 마카로니(macaroni)로 정착하여 이탈리아 요리의 원조가 되었다.

이탈리아 식당에서 제공되는 면류 요리를 '파스타'라 총칭하며, 식사 전에 수프대신 먹는다. 호텔에서 이태리 식당은 외식부문에서 인기가 있는 곳이다.

④ 미국 레스토랑(American Restaurant)

미국 요리는 대개 빵과 곡물, 고기와 계란, 낙농제품, 과일 및 야채 등을 식재료로 사용하는데, 격식을 그다지 따지지 않고 간소한 메뉴와 경제적인 식재료로 영양 위주의 실질적인 식생활이라는 것을 특징으로 들 수 있다. 미국인들이 즐겨 먹는 요리는 비프스테이크, 바비큐, 햄버거 등이다.

⑤ 한국 레스토랑(Korean Restaurant)

한식은 기본으로 밥, 국, 김치, 장류를 제공하는데, 이외에 반찬으로 숙채, 생채, 구이, 조림, 전유어, 마른반찬, 회 등이 제공된다. 많은 식재료와 양념으로 다양한 맛을 내며, 한식 중에서 불고기와 김치는 세계적으로 유명하다.

※반찬 수에 따라 3첩, 5첩, 7첩 반상이 있으며, 그 밖에 9첩과 12첩이 있는데, 9첩 반상은 옛날 왕가에서 차릴 수 있었고, 12첩 반상은 궁중에서만 차렸다.

⑥ 중국 레스토랑(Chinese Restaurant)

중국은 2천 년 전에 요리전문 서적이 출간되었는데, 6세기경 식경食經이 출간되어 전해 올 정도로 맛과 전통이 이어지고 있다. 넓은 국토와 광대한 바다가 접하여 다양한 음식의 맛과 질의 요리를 제공하며, 주식과 부식의 구별이 없는 요리를 제공하고 있다. 대표적 요리는 북경요리, 사천요리, 광동요리가 있다.

⑦ 일본 레스토랑(Japanese Restaurant)

일본은 계절의 변화가 뚜렷하고 사방이 바다로 둘러싸인 해양국가의 특성으로 음식에도 색과 향과 맛을 살려 조미하는 점이 특색이다. 일본요리는 후지산을 중심으로 한 오사카 지방의 관서풍 요리와 동경을 중심으로 하는 관동풍 요리로 크게 나눌 수 있다.

※우리나라에도 우동전문점, 철판구이, 로바타야끼 등, 수많은 일본계 음식점들이 들어와 우리의 외식문화에 영향을 미쳤다.

한식당

양식당

중식당

일식당

(4) 서비스 형태에 의한 분류

① 프렌치 서비스(French Service)

프렌치 서비스는 조리도구와 요리재료를 웨곤(wagon)에 싣고 가서 고객이 보는 앞에서 직접 조리하여 서비스를 하며, 주방에서 만들어진 요리도 은쟁반에 담아서 직접 보여 준 다음 서비스를 한다. 이는 게리동(guéridon)을 이용하여 르샤(réchaud/버너, 향로) 위에 올려놓고 식지 않도록 하여 1인분씩 담아서 고객들에게 서비스하는 형태로 숙련된 고급스러운 서비스를 한다.

> **French Service**는 Chef de Rang System에 의해 Commis de Dang(보조)의 도움을 받아 Chef de Rang(조장 셰프)가 고객 앞에서 요리하여 서비스하는 것을 말한다. 특히, French Style Service는 시설, 비품, 기물 등이 최상급이므로 다른 레스토랑에 비해서 크게 대접받는 것을 느낄 수 있다. 또한, 레스토랑에 Chef de Vin이라는 와인 스튜어드가 있어 고객의 모든 음료, 특히 와인 서비스에 전념함으로써 레스토랑의 품위와 고객만족, 매출 증대에 기여하고 있다.
>
> ※Chef de Vin(셰프 드 뱅) : 와인을 중심으로 음료를 주문 받고 서빙하는 웨이터

프렌치 서비스는 테이블 사이에 게리동(guéridon)이 움직일 수 있는 공간이 필요하며, 주문된 요리를 정확하게 조리할 수 있는 숙련된 조리사를 필요로 한다. 그리고 정확하게 요리 준비를 함과 아울러 음식이 식지 않도록 하는 것이 특징이다.

② 러시안 서비스(Russian Service)

러시안 서비스는 19세기에 유행했던 고급스럽고 우아한 서비스로 연회 행사에 많이 이용되며 일정시간에 많은 인원에게 서비스하기 위해 은쟁반을 이용하여 일일이 고객에게 서비스하는 형태이다. 프렌치 서비스와 비슷하여 혼돈할 수 있지만, 요리는 주방에서 준비되어 큰 접시에 담아 테이블로 가져가서 고객이 원하는 양만큼 제공하는 고급 레스토랑 서비스 형태로 요리는 비교적 빠른 시간 내에 준비하여 한 번에 많은 인원에게 제공하므로, 서비스 인원과 시간을 절약할 수 있다. 또한, 모든 요리가 주방에서 이루어지므로 우아하고 아름답게 장식할 수 있다. 그리고 기물은 필요치 않는 특징이 있다.

③ 아메리칸 서비스(American Service)

아메리칸 서비스는 프랑스식과 러시안식의 절충형으로 화려하지는 않지만 기능적이고 유용성이 있으며, 효율성과 서비스 속도가 빠르다는 특징이 있어 가장

실용적이어서 일반적으로 많이 이용하는 서비스 형식이다. 모든 조리된 음식을 주방에서 접시에 담아 제공하는 방법으로 일반 레스토랑이나 연회행사에서도 이용되는 서비스로 일명 플레이트 서비스(plate service)라고도 한다. 한 사람의 직원이 많은 고객에게 서비스할 수 있어 객석회전을 빨리 돌려야 하는 레스토랑에 적합하다.

④ 잉글리시 서비스(English Service)

일명 Host Service 또는 Holiday Service라고도 하며, 주로 주빈이 테이블을 돌며 손님 접시에 일일이 요리를 덜어 주거나 Platter에 담긴 요리를 손님이 돌려가며 덜어서 먹는 것으로 호텔에서는 거의 이용하지는 않는다.

가정에서 큰 쟁반에 담긴 식사 형태와 비슷하다. 특징은 모두가 한 번씩 음식을 덜어 먹고 난 후, 요리가 남을 경우에 추가로 덜어 먹을 수 있다.

⑤ 뷔페 서비스(Buffet Service)

여러 가지 음식을 진열해 두고 고객이 취향대로 원하는 음식을 원하는 양만큼 직접 가져다 먹는 셀프서비스 형태로 Viking Style Service라고도 한다. 이는 많은 고객을 유치할 수 있고, 소수의 서빙인원으로 다수의 고객에게 음식을 제공할 수 있다는 장점이 있다.

⑥ 트레이 서비스(Tray Service)

요리를 담은 접시를 모두 Tray에 담아서 서비스하는 것으로 호텔의 룸서비스나 비행기의 기내식사 제공 등에 많이 사용된다. 트레이 서비스는 플레이트 서비스보다 안전하며, 전체 코스 제공시간이 단축된다.

⑦ 패밀리 서비스(Family Service)

아메리칸 서비스를 변형한 스타일로 단조로운 서비스 방식이다. 음식을 주방에서 요리하여 Plate나 Bowl에 담아 테이블 위에 서비스를 하지 않은 상태에서 올려놓으면 고객이 스스로 요리를 분배하여 덜어 먹는 형식이다.

전통 중국식당에서 음식이 담긴 접시를 회전판 위에 차려놓고 돌려가며 식사하는 모습을 볼 수 있는데, 이러한 형식이라 생각하면 된다. 이는 서비스가 간단하여 비숙련자라도 서빙이 가능하며, 정식(table d'hote) 서비스보다 많은 고객에게 서비스할 수 있는 특징이 있다.

(5) 식사 구성에 의한 분류

① 정식(Table d'hote : Full Course)

정해진 메뉴에 의해 제공되는 것으로, 전채, 스프, 생선요리, 육류, 가금류, 샐러드를 제공하고, 디저트로 커피나 홍차 순으로 구성된다. 일반적으로 정해진 정식코스를 모두 갖추어 제공하는 경우는 많지 않으며, 몇 가지를 생략하여 코스를 구성한다.(대개 4~5코스, 5~6코스로 짜여 정식 ABC 등으로 구분한다.)

< 정식의 순서와 요리 종류 >

1	Appetizer(전채요리)	Smoked Salmon, Snail
2	Soup(스프)	Cream Soup, Consomme
3	Fish(생선요리)	Halibut, Trout, Salmon
4	Sherbet(샤벳)	Strawberry, Bean, Ginseng,
5	Main(육류요리)	Beef, Pork, Lamb, Veal
6	Salad(샐러드)	Green Salad, Tossed Salad
7	Cheese(치즈)	Roquefort(푸른곰팡이 냄새의 프랑스 치즈), Camembert(강한 향의 프랑스 치즈)
8	Dessert(디저트)	Ice Cream, Fruit, Cake
9	Coffee or Tea(커피/티)	Irish, Vienna, Lemon Tea, Milk Tea

일품요리보다 정식메뉴 주문시의 유리한 점은 다음과 같다.

❖ 정식메뉴의 장점 ❖

- 가격이 고정되어 비교적 저렴하다.
- 메뉴 선택이 용이하다.
- 조리과정이 일정하여 효율적이며 원가절감이 된다.
- 전체 매출에 기여한다.
- 신속하고 능률적인 서빙을 할 수 있다.
- 메뉴구성에서 식재료, 소스(sauce), 조리방법 등 중복되는 것이 없어 다양한 맛을 느낄 수 있다.

② 일품요리(a la carte)

일품요리는 요리사의 기술로 만들어진 것으로, 품목 별로 가격이 정해져 있다. 일품요리는 호텔의 그릴 또는 전문레스토랑에서 제공되었으나 지금은 일반 레스토랑에서도 제공하고 있으며, 고객이 자신의 기호에 맞는 품목을 자유로이 주문할 수 있는 장점이 있는 반면, 가격이 정식에 비해 비싸다.

③ 뷔페(Buffet)

일정금액을 지불하고, 진열해 놓은 각종 음식을 고객의 기호에 맞는 요리를 골라 먹는다. 따뜻한 요리나 찬요리를 골라 가져다 먹을 수 있다.

또한, 고객서비스 차원에서 한식, 일식, 중식, 양식, 멕시코음식, 동남아 국가음식 등과 베이커리, 바비큐 및 각종 음료를 나라별 세분화된 음식 중에서 한정적으로 특정 요리를 고객 앞에서 직접 조리를 하여 주기도 한다.

(6) 식사 시간에 의한 분류

① Breakfast

아침식사는 미국식(American Breakfast)과 유럽식(Continental Breakfast), 영국식(English Breakfast)으로 크게 구분해 볼 수 있다.

- **American Breakfast** : 계란요리를 곁들인 아침식사로, 계란요리(eggs), 계절과일(season fruits), 주스류(Juices), 시리얼(cereal), 음료(Beverage), 케이크류(cake), 빵종류(bread & rolls) 및 햄, 베이컨 혹은 소시지 등이 곁들인 Breakfast. 토스트(toast), 감자튀김(fried potato), 콘플레이크(cornflake)를 곁들여 제공하기도 한다.

- **Continental Breakfast** : 계란요리를 곁들이지 않은 아침식사로, 빵 종류와 주스·커피·홍차·우유 정도의 간단한 Breakfast. 요거트(yogurt)나 콘플레이크(cornflake)를 곁들이면 충분한 아침식사가 된다.

- **English Breakfast** : 미국식 조식과 같으나 생선요리와 포리지(porridge), 양고기가 추가되는 격식을 갖춘 Heavy Breakfast.

- **Vienna Breakfast** : 계란요리와 롤빵(roll of bread) 그리고 커피 정도로 먹는 식사. 이 때 커피 1/2에 밀크를 1/2정도 타서 먹는데 이것을 Melange 라 한다.

② Brunch

아침과 점심 중간에 먹는 식사로, 미국과 유럽의 레스토랑에서 많이 이용되고 있다. Breakfast의 Br과 lunch의 unch 합성어로 Brunch라 한다. 서양의 호텔에서는 브런치 시간을 일반 레스토랑의 늦은 아침식사 시간부터 점심시간까지 제공하는데, 일요일 늦잠을 자는 고객들을 위한 식사 서비스라 할 수 있다. 호텔에 따라 차이는 있지만, 대개 오전 10시부터 오후 3시까지 제공하므로 식사시간이 길고, 저렴하기 때문에 호텔 투숙객뿐만 아니라 일반 외부고객도 브런치를 많이 즐긴다. 따라서 레스토랑의 매출에도 영향 미친다고 할 수 있다.

③ Lunch/Luncheon

미국에서 점심시간에 먹는 식사를 lunch라고 하며, 영국에서는 아침과 저녁사이에 먹는 식사를 luncheon이라고 한다. Luncheon의 정식 코스는 3~4코스(스프, 앙트레, 디저트, 커피 등) 정도로 구성되며 호텔 레스토랑에서 고객 유치를 위해 Luncheon Special Menu를 개발하여 매출증대를 꾀하고 있다.

④ Afternoon Tea

Afternoon Tea는 나른해진 오후 시간에 간단히 즐기며 남은 오후의 일과를 효율적으로 처리할 수 있다는 의미로, 세계 각국에서 Tea time이라 하여 보편화되어 있다. 이는 Coffee Shop or Lobby Lounge, Cafe 등에서 제공하고 있다.

영국인들은 전통적인 식사 습관으로, 오후 3~5시경에 간식으로 Milk Tea와 Melba Toast 등의 다과를 즐겨 먹으며, 독일은 Tea time을 Jause라 하며, 오후에 커피와 과자를 즐기며 휴식을 취한다.

또한, 미국은 밀가루, 달걀, 우유를 섞어 부침개처럼 얇게 지진 팬케이크를 판매하는 Pancake House가 성업 중이다.

⑤ Dinner

동서양을 막론하고 저녁식사는 하루 중 가장 화려하고, 충분한 시간을 갖고 식사를 즐긴다. 그러므로 흡족한 식사시간이 되기 위한 저녁 메뉴는 질이 좋은 식재료를 사용하여 정성껏 만들어진 음식을 제공한다.

특히, Full Course로 구성된 메뉴는 음료나 주류도 함께 곁들이므로, 주류 판매에 적극적인 자세를 보일 필요가 있다. 일반적으로 정식코스는 4~5코스 또는 5~6코스가 제공되는데, 정식코스 메뉴를 선택할 때는 생선을 추가하기도 한다.

⑥ Supper

하루 끼니 중 마지막에 먹는 것으로 원래 격식 높은 정식 만찬(formal dinner)의 의미로 쓰였으나, Dinner 보다 덜 격식적이고 적은 규모로 늦은 저녁시간 가벼운 저녁식사를 의미한다. 늦게 끝나는 음악회 등 기타 행사 후에 가볍게 식사하는 것으로 스프나 샌드위치, 소시지, 음료와 같은 음식 2~3 가지로 구성된다.

〈Table Manners〉

Soup/Bread	수프는 그릇 안쪽에서 바깥쪽으로 떠서 먹고 소리 내지 않는다. 뜨거운 수프는 입으로 불지 말고, 스푼으로 저어서 식혀서 먹는다. 빵은 덩어리 째 입으로 베어 먹는 건 큰 실례다. 손으로 적당히 뜯어 버터를 발라 먹는다.
Baked Fish	생선구이 뼈는 발라내며 먹고 뒤집지 않는다. 생선가시가 들어갔을 때는 손을 사용하지 말고 입을 가리고 포크를 대고 밀어내어 종이냅킨에 받아 보이지 않게 한다.
Steak	스테이크는 입에 들어갈 만큼만 썰어서 먹고, 나이프나 포크 날이 옆 사람을 향하지 않도록 주의한다.
Buffet	먹을 만큼 가져와 남기지 않는다. 남의 접시에서 요리를 가져오는 건 결례다. 생선과 육류는 같은 접시에 담지 않는다.
Napkin	냅킨은 자리에 앉자마자 펴지 말고 모두가 자리에 앉은 다음, 주빈이 냅킨을 펼칠 때까지 기다렸다가 주빈이 펼친 다음, 무릎 위에 얌전히 펼친다. 입을 닦는 것은 결례다. 식사 후 일어설 때는 테이블 위에 냅킨을 놓는다.

6 레스토랑 접객서비스 실제

1. Mise-en Place(영업장 준비)

Mise-en Place는 프랑스어로 식사를 위한 사전 준비로, 미리 테이블 배치 등을 마무리하여 놓는 것을 말한다.

즉, 영업을 시작하기 위한 사전준비가 된 상태를 말하며, 각 업장에서 고객에게 음료를 제공할 수 있는 준비를 갖춘 상태(mise-en-place)를 말한다.

　Mise-en Place는 레스토랑의 청소상태에서부터 집기의 청결, 테이블 배치상태 정리 정돈, 테이블에 각종 리넨류 비치, 그리고 사이드 테이블 등, 모든 기물류가 잘 준비되어 최상의 환경으로 고객이 들어오면 즉시 서비스할 수 있는 상태를 말한다. 고급 레스토랑이나 전문 레스토랑에서 아무리 훌륭한 식사가 제공된다 하더라도 기물이나 양념통(sugar bowl, salt cellar, pepper shaker)이 불결하거나 설탕이 굳어 있을 경우, 식사의 가치는 떨어지게 된다. 따라서 영업 시작 전에 완벽하게 점검하여 고객에게 질 높은 서비스를 할 수 있도록 해야 한다.

　또한, 품격 높은 서비스도 중요하지만, 가장 주의와 관심을 기울여야 할 부분은 청결 상태와 음식에 넣는 양념통이 위생적으로 청결해야 한다.

2. 예약 업무

　현대사회는 복잡하고 바쁜 시간 속에 사업상 또는 인간관계 도모를 위해 식사를 대접을 할 때, 원하는 음식이나 원하는 레스토랑을 예약하는 경우가 많다. 예약하지 않은 상태에서 레스토랑에 갔을 때, 준비과정은 물론, 자리가 없어 기다려야 하는 불편함이 있기 때문에 예약을 하는 것이 보편화되어 있다.

　레스토랑에 사전 예약을 함으로써 고객은 계획된 시간에 차질 없이 여유를 가지고 식사를 할 수 있다. 그리고 업장에서는 예약고객에 대한 사전준비를 해 두기 때문에 양질의 서비스를 제공할 수 있게 되는 것이다.

　또한, 예약은 계획하고 있는 업무를 차질 없이 진행하기 위하여, 레스토랑과의 약속을 하는 것이다. 따라서 예약 담당자는 고객의 모든 요구사항을 정확히 접수하여 사전 준비를 하고, 고객에게 효율적인 서비스를 제공하여 즐거움과 만족을 줄 수 있도록 최선을 다 해야 한다. 예약 방법은 전화 또는 직접 방문하거나 기타 방법(FAX, E-Mail 등)으로 할 수 있다.

3. 고객 영접

　고객 영접은 레스토랑의 규모와 종류와 따라 차이는 있지만, 대개 한두 명의 전문성을 띤 직원이 영접과 안내를 하게 된다. 경우에 따라서는 지배인이나 캡틴(captain), 그리트리스(greetress)가 영접하기도 하는데, 고객이 입장하면 접객 담당자는 신속하게 정중한 자세로 테이블로 안내한다.

　※고객은 레스토랑에 들어오면서 종사원의 표정, 영접상태 등을 이미 파악한다는 사실을 알아두자.

5초의 순간 : 5초면 고객이 5m 안으로 들어와 모든 것을 살피고 있다.

① 안내할 때는 고객보다 2~3보 비켜 앞서 테이블로 안내한다. 이때 안내자가 너무 많이 앞서 간다든지 하는 일은 없어야 한다.
② 테이블의 선택은 여유가 있으면, 고객이 선호하는 곳으로 안내하고, 가급적 전망이 좋은 곳으로 안내한다. 그리고 남녀 동행인 경우는 여성 고객이 편하게 앉을 수 있도록 의자를 당겨 도와준다.

4. 주문 방법

식음료 업장 직원은 기본적 예절을 갖추고 주문을 받는 자세가 요구된다. 특히, 정중한 예의와 인사는 고객에 대한 감사의 표시라고 할 수 있다.

주문을 받을 때는 고객이 자유롭고, 편안한가를 염두에 두고 주문에 임해야 하는데, 이때, 직원끼리의 은어를 사용하거나 외래어는 삼가고 쉬운 언어를 사용하는 것이 좋다. 다음의 사항을 살펴보자.

① 레스토랑에 따라 약간 다를 수도 있지만, 메뉴판은 고객의 우측에서 펼쳐 보이고, 메뉴판을 응시하며 주문을 받는다.
② 주문 내용 기록을 위해 주문서와 필기도구를 준비하고 있어야 한다.
③ 주문 접수순서는 여자, 남자, 또는 호스티스(hostess), 호스트(host) 순으로 주문을 받는다.
④ 비싼 메뉴를 강매한다는 인상을 주어서는 안 되며, 항상 고객입장과 매출을 유념하여, 가장 합리적인 주문이 이루어지도록 한다.
⑤ 주문기록은 통일된 약어(abbreviation)로 정확히 기록하고, 반드시 주문내용을 되풀이 하여 주문 내용을 재확인한다.
⑥ 주문받을 때는 두 발을 모은 자세로, 두 팔은 겨드랑이에 붙인다. 15° 정도 허리를 숙여서 친절하게 주문을 받으며, 특별 주문은 주방에 신속히 연락하여 가능여부를 확인한 후 주문 여부를 결정한다.
⑦ 시간이 오래 걸리는 요리를 주문을 받을 때는 반드시 소요시간을 알려 주어 고객의 불평불만이 없도록 해야 한다.
⑧ 요리 주문이 끝나면 Wine List를 고객의 우측에 올려놓는다.
⑨ Wine은 주문한 요리에 잘 어울리는 품목을 권유하기도 한다.
⑩ 주 요리(main dish) 식사가 끝나면 후식과 음료 주문을 받는다.

5. 전화 응대

전화응대에 따라 고객은 레스토랑의 이미지를 연상할 수 있다. 특히, 레스토랑은 호텔을 대표하는 창구가 될 수 있기 때문에 전화로 응대하는 것은 상대방과의 의사소통에 있어 중요한 매개체라 할 수 있다. 전화통화는 고객이 보이지 않는 상태에서 커뮤니케이션을 하지만, 고객이 눈앞에 있다는 생각으로 무엇이든지 도움을 줄 수 있다는 마음이 상대방에게 전달되도록 해야 한다. 따라서 보이지는 않지만, 미소를 지으며 밝은 톤으로 말을 하면 그 어감이 상대방 고객은 미소 짓는다는 느낌을 받을 수 있을 것이다.

따라서 직접 대화할 때보다 더욱 신중하고 공손하게 친절한 말씨로 응대해야 하며, 정확한 표현력과 적극적인 태도로 고객 문의에 친절하게 응대해야 한다.

직접 대화는 의사전달의 부족한 점을 표정으로 보충해 주지만, 전화통화는 목소리의 표현이 유일한 전달 수단이므로 고객은 전화 받는 사람의 말씨와 음성만으로 호텔의 이미지를 상상하게 되는 것이다. 그러므로 정중하게 상세하고 적극적인 말씨로 통화하는 태도에 정성을 기울여야 한다.

6. 테이블 매너

현대사회는 외국인들과 접촉하는 기회가 많아지고, 문화가 다른 그들과 비즈니스 관계로 식사하는 경우도 많다. 처음 접하거나 낯선 문화를 가진 사람들의 생활습관을 이해하지 못하면 결례를 범할 수 있다.

글로벌 시대에 일반 회사에서는 자사 직원들을 글로벌 시대에 걸맞은 인재로 육성하기 위해 호텔 이용에 대한 테이블 매너와 식사예절에 관한 프로그램에도 참여시키고 있는 실정이다.

따라서 5성급 호텔에서는 모든 고객의 욕구를 충족시키고, 올바른 식사문화 창출을 위해 테이블 매너 프로그램 교육을 상품화하여 판매하기 시작하여 호텔에 숙박하면서 레스토랑을 이용하는 프로그램도 있을 뿐만 아니라, 레스토랑에서 식사를 하며 강의를 듣는 형태의 교육 프로그램도 있을 만큼 다양한 프로그램으로 구성되어 있다.

이러한 교육은 호텔 입장에서 보면 매출 증대에 기여하기도 하지만, 일반 대중에게는 올바른 외국문화와 식사예절에 대하여 세계인으로서의 자질 함양을 위한 교육의 선두에 있으니 매우 바람직한 일이라 할 수 있다.

(1) 레스토랑의 일반적 식사 예절

① 요리를 맛있게 먹고, 분위기를 즐기기 위한 것이다

레스토랑에서는 요리를 맛있게 먹고, 분위기를 즐기는 것인데, 식사 모임에 동석하여 자신의 음식이 왼쪽과 오른쪽 어느 것인지 몰라 옆 사람의 음식을 먹을 수도 있고, 불필요한 동작을 크게 하여 서빙하는 직원이 음식을 엎지르게 되어 옆 사람이나 자신의 옷에 쏟게 되면 식사 모임은 모두에게 불쾌감을 주게 되므로 정숙하게 필요 이상의 행동은 삼가야 한다.

② 매너는 자기 보호 및 안전이다

식사를 하다 보면 자신이나 직원 등 타인에 의해 예상치 못한 실수가 발생할 수 있다. 즉, 옷에 음식이 튀어 묻거나 뜨거운 음식에 화상을 입을 수도 있다. 또한, 물이나 와인이 쏟아지게 할 수도 있으므로 주의해야 한다.

직원의 서빙은 각 코스마다 좌측 또는 우측에서 서빙을 하는 등, 서빙 형태가 달라질 수 있다. 따라서 테이블에서 지나친 손짓이나 몸짓을 하여 서빙하려는 직원이나 음식과 부딪혀 뜨거운 커피나 스프를 뒤집어 쓸 수도 있으므로 매너를 지켜 안전에 유의해야 할 것이다.

③ 예약된 시간을 지킨다

개인사정으로 시간을 지키지 못하여 상대편을 기다리게 하는 것은 큰 실례를 범하는 것이다. 약속한 사람에게도 실례이지만, 레스토랑 측에도 최소한의 예의를 벗어난 것이다. 따라서 예약시간을 지키는 것은 테이블 매너에 있어서 가장 기본이다.

④ 고급 레스토랑에서는 반드시 정장을 한다

고급 레스토랑에서의 모임은 정장을 하는 것이 상대편에 불쾌감을 주지 않는 최소한의 복장 예절이다. 특별한 목적을 가진 모임에는 정장이 아니라도 나름대로 걸맞은 복장으로 참석할 수 있다.(예 : 스포츠 복장 등)

⑤ 레스토랑에서는 지배인이나 직원의 안내에 따라야 한다

고급 레스토랑일수록 입구에서 직원이 영접을 한다. 영접 직원이 잠시 자리를 비웠을 경우에도 마음대로 들어가 앉고 싶은 테이블에 앉는 것은 실례가 된다.

그러므로 잠시 기다렸다가 직원의 안내에 따라 행동해야 한다. 일반 Coffee Shop이라 할지라도 입구에서 기다리는 매너를 습관화해야 한다.

⑥ 좌석을 정할 때는 중요한 사람이 누구인지 고려해야 한다

보통 주빈은 나이가 가장 많은 여성이다. 그러나 상황에 따라서는 사회적으로 지위가 높은 사람이나 인지도가 높은 사람이 주빈이 될 수 있다. 주빈이 먼저 자리를 앉은 다음, 여성을 우선하여 순서대로 앉는다. 주빈의 가족, 친지 등은 말석에 앉는다. 가급적 남성과 여성이 섞여가며 앉는다.

⑦ 직원은 주빈을 상석으로 먼저 안내한다

직원이 없을 때는 남성이 주빈 또는 여성, 고령자를 상석으로 도와준다. 상석으로 안내 받았을 때 지나친 사양은 결례이므로 유의해야 한다. 사람들의 왕래가 많은 쪽이나 출입문에서 가까운 쪽은 말석임을 인지하고 있어야 한다.

⑧ 식사 중에는 의자를 고쳐 앉지 않는다

식사 중에 의자를 고쳐 앉는 행동을 삼가야 한다. 꼭 고쳐 앉아야 한다면 주의를 잘 살펴서 조심스럽게 행동한다. 만약, 직원이 음식을 제공하는 중에 부딪혀 실수를 하게 되면 옆 사람에게도 피해를 줄 수 있다.

⑨ 입장시에 클럭 룸(cloak room)을 이용한다

레스토랑에 들어갈 때는 가방, 외투, 모자, 우산 등은 갖고 들어가지 말고, 클럭룸(cloak room or check room)에 맡긴다. 여성의 핸드백은 예외로 갖고 들어간 핸드백은 허리와 의자 사이에 놓는 것이 바람직하다. 하지만, 의자 뒤가 뚫려 있을 때는 의자다리 옆에 붙여 놓는다. 휴대폰 등의 개인 소지품을 테이블 위에 올려놓지 말아야 한다.

⑩ 냅킨(napkin)은 모두가 자리에 앉은 다음, 무릎 위에 편다

테이블에 앉자마자 냅킨을 펴는 경우는 좋지 않다. 모든 사람들이 의자에 앉은 다음, 주빈이 냅킨을 펼 때까지 기다렸다가 조용히 무릎 위로 가져와 반으로 접어서 펴거나 전체를 살짝 편다. 냅킨을 양복 단추 구멍에 끼우거나 목 부분에 걸치는 것은 매너 있는 행동이 아니다. 이러한 행동은 흔들리는 기차 안이나 비행기 안에서는 이해를 할 수 있지만, 레스토랑에서는 곤란하다.

⑪ **메뉴를 천천히 보는 것도 매너이다**

잘 알고 있는 메뉴라 할지라도 의자에 앉자마자 주문하는 것보다는 천천히 메뉴를 살펴보는 것도 매너이다. 메뉴를 천천히 보다보면 그 레스토랑에서 제공하는 다양한 메뉴를 이해할 수 있고, 식욕도 돋울 수 있다.

⑫ **직원은 고객을 위해 존재한다**

직원은 고객을 위하여 존재하며, 고객의 식사를 즐겁게 도와드리기 위해 있다고 보면 된다. 그러므로 고객은 직원이 옆에 있는 것을 거북하게 생각할 필요가 없다. 식사 중 필요한 것이 있으면 손을 들거나 부르는 몸짓만으로도 멀리 있던 직원도 눈치를 채고 와서 도움을 줄 것이다.

⑬ **초대 받았을 때의 요리 메뉴 선택은 중간 가격으로 주문한다**

요리 메뉴를 선택할 때, 초대한 사람이 특별히 메뉴 선택을 권할 때는 예외이지만, 초대한 사람의 입장도 고려하여 중간 가격의 메뉴를 선택하는 것이 바람직하다. 특별히 대접하고 싶은 마음으로 높은 가격의 메뉴를 권할 때는 자연스럽게 응하여도 좋다. 여성이 동반하였을 때는 여성이 먼저 메뉴를 선택할 수 있도록 도와주어 선택하게 한 다음 자신의 요리를 선택하는 것은 무방하다.

특히, 요리를 선택할 때 옆 테이블을 가리키며 저것과 같은 것을 달라고 한다거나 저것은 어떤 음식인가를 물어보는 행위는 삼가 하는 것이 좋다.

(2) 테이블에서의 예절

① **식사 중에 얼굴이나 머리를 만지는 행동을 삼가한다**

빵을 손으로 먹는 서양인들은 머리를 만지면 머릿기름 또는 머리때가 손에 묻기 때문에 매우 비위생적으로 생각한다. 또한, 손으로 얼굴이나 입술, 귀, 코를 만지거나 긁는 것도 좋지 않으므로 삼가야 한다.

② **식사 중에 테이블 위에 팔꿈치를 얹거나 다리를 꼬지 않는다**

레스토랑에서 Fork 또는 Knife를 든 채로 테이블 위에 팔을 얹어 놓아서는 안 되며, 식사 중에 다리를 꼬는 행위를 삼가야 한다. 다리를 꼬게 되면 실수로 옆 사람 또는 테이블을 발로 차서 Napkin이 흘러 떨어지기도 하고 Soup을 엎지를 수 있는 등의 실수를 할 수 있기 때문이다.

③ Fork는 좌측 손에서 우측 손으로 옮겨 잡아도 무방하다

서양인들은 오른손으로 Knife를, 왼손으로 Fork를 잡는 습관이 있다. 따라서 예절에 맞게 오른손에 Knife, 왼손에 Fork를 잡는 것이 좋다. 하지만, 가늘게 썬 야채나 콩 등은 Fork를 오른손으로 옮겨 잡고 먹어도 무방하다.

④ 바닥에 떨어뜨린 Knife와 Fork는 줍지 않는다

테이블에서 Napkin, Knife, Fork가 바닥에 떨어져도 줍지 않는다. 즐겁게 식사를 할 수 있도록 도와주는 직원이 지켜보고 있다가 다른 것으로 바꿔 주고 떨어진 것을 치우게 되므로 신경 쓰지 않아도 된다. 그러나 여성이 떨어뜨려 주우려고 하면 남성이 빨리 주워 직원에게 전해 주어 교체한다.

테이블 위에 빵 부스러기가 떨어지거나 음식으로 더럽혀지는 것은 전혀 수치가 아니다. 그리고 간혹 음식에 이물질이 들어있는 경우가 있을 때는 조용히 직원을 불러 얘기하여 다른 것으로 바꾸도록 한다. 이럴 때 큰소리로 이야기하여 분위기를 흐리지 않도록 한다.

⑤ 손에 쥔 Knife와 Fork를 세워서는 안 된다

식사를 하면서 담소하는 것은 즐거운 일이다. 그러나 담소에 열중하다 보면 무의식중에 테이블에 팔꿈치를 걸치고 손에 쥔 Knife와 Fork를 세우거나 흔들면서 얘기를 하는 경우가 있는데 이는 옆 사람에게 불안감을 줄 뿐만 아니라, 교양 없는 행동이므로 삼가야 한다.

⑥ 식사를 마치면 Knife와 Fork는 나란히 오른쪽에 놓는다

Knife와 Fork를 놓는 형태에 따라 직원에게 하나의 신호를 주게 된다. 식사 중일 때믐 Knife와 Fork를 접시 안쪽에 /\형태로 놓는다.

식사가 끝났으면, 접시 위에 나란히 \\형태로 놓는다. 식사가 끝나지 않아도 Knife와 Fork를 \\형태로 놓아두면 직원은 식사가 다 끝난 것으로 간주하여 접시를 치우게 된다.

식사 중   식사 끝

⑦ Napkin을 수건으로 사용해서는 안된다

Napkin은 옷에 음식물이 떨어져 더럽혀지는 것을 막는 것이다. 입 주위에 음식이 묻거나 소스, 버터, 잼 등이 묻었을 때 닦는데 사용할 수는 있다. 그러나 얼굴이나 목의 땀을 Napkin으로 닦는 것은 절대 안 된다. 이럴 때는 자신의 손수건을 이용해야 한다. 식사 끝난 후, Napkin 대신 자신의 손수건으로 입을 닦는 것은 레스토랑의 Napkin이 불결하다는 뜻이므로, 초대한 사람에게 미안한 느낌을 주게 되므로 삼가는 것이 좋다.

⑧ 접시를 돌리거나 움직여서는 안된다

일반적으로 양식 접시는 크고 무게도 있다. 움직여서는 안 된다는 것을 의미한다. 그러므로 Steak에 붙어 있는 지방질을 제거하기 위하여 접시를 돌리며 잘라내는 행위는 삼가야 한다. 그리고 수프 접시를 직원이 가져간 다음, 모두가 먹는 빵 접시를 자기 앞으로 옮겨 놓고 먹는 것은 예의가 아니다.

요리의 순서나 식기의 자리는 먹기 쉽고, 편리하도록 합리적으로 고안된 것이므로, 접시의 위치를 옮겨 놓는 것은 옳지 못하다. 식사 후 직원의 수고를 덜어준다는 의미에서 접시를 포개는 것 역시 실례이므로 삼가야 한다.

⑨ 부득이한 경우를 제외하고는 입에 넣은 음식은 삼키는 것이 매너다

만약, 이물질이나 생선뼈가 들어간 경우에는 손으로 빼거나 Fork로 받아서 접시 귀퉁이에 두면 된다. 입에서 뺄 때는 가볍게 입을 가리고 Napkin으로 처리하여 가장자리에 놓고 감자껍질 등으로 덮어 불쾌감을 주지 않도록 한다.

⑩ 무작정 조미료나 소금을 넣어 가미하는 것은 예의가 아니다

테이블 위에 Salt, Pepper, Mustard, Tabasco hot sauce 등이 있는데 처음부터 가미하는 것은 좋지 않다. 대개 요리는 조미를 해서 제공되므로, 일단 맛을 본 후에 입맛에 맞도록 하는 것이 좋다.

메뉴(Menu) 관리

1. 메뉴(Manu)의 이해

메뉴(menu)의 어원은 라틴어의 'Minutus'에서 유래되었다. 영어의 'Minute'에 해당하는 단어로 '상세히 기록한다.', '조각을 내서'라는 의미를 가지고 있다.

Manu 단어의 사용은 서기 154년 프랑스의 헨리 8세 당시 '부랑위그' 공작의

집에서의 향연 때 생겨난 것이라고 한다. 그 연회석상에서 공작은 요리의 내용과 순서를 메모하여 식탁 위에 놓고 "이것은 이 정찬의 요리표입니다"라고 한 것이 Menu의 유래가 되었다고 한다.

그 후부터 편리함을 알고 그때부터 연회행사의 요리순서를 적은 메모(menu)가 유행하게 되었고, 유럽 각국에 전파되면서 19세기에 이르러서는 프랑스 파리의 대부분 식당에서 Menu라는 단어가 통용되면서 레스토랑과 패스트푸드점에서 일반대중에게 각종 요리와 식음료의 종류를 표시하는 Menu가 되었다.

Menu를 정의해 보면, 식음료 판매관리를 위해 품목과 가격 정보를 제공하여 고객을 대상으로 판매촉진을 위한 도구라 할 수 있다.

MENU란 웹스터 사전(webster's dictionary)에서는 "식사에 제공되는 음식의 세부 목록(A detailed list of the foods served at a meal)"이라 하며, 옥스퍼드 사전(The oxford dictionary)에서는 "연회 식사에 제공되는 음식의 상세한 목록(A detailed list of the dishes to be served at a banquet or meal)"이다. 라고 설명하고 있다.

<각국의 Manu 표기>

프랑스	까르트 드 주르(carte de jour)
영 국	빌 오브 페어(bill of fare)
독 일	슈파이제 캬르테(supeise karte)
스페인	미뉴타(minuta) or 까르테(carte)
일 본	곤다데
중 국	차이딴
한 국	차림표 또는 식단(메뉴로 통용됨.)

<한식 차림>

우리나라는 시대 변천에 따라 1960년대부터 '식단개념의 차림표'로 정의하였다가 1970년대부터는 '마케팅 관리개념을 포함한 차림표'로 정의되었다.

그 후 1980년부터 Menu 개념이 '마케팅의 내부통제 도구'로 정의되고 있다. 메뉴관련 사항에 대해서는 1960년대에서 1970년까지는 주로 주방에서 일하는 조리사와 식품영양을 전공한 사람들에 의해 생산지향적인 면이 강조되었으나, 1980년대 이후부터는 실무와 이론을 겸비한 사람들에 의해 레시피(recipe) 중심에서 관리 중심으로 메뉴를 보는 시각이 달라졌으며, 메뉴에 대한 정의도 마케팅과 관리적인 측면이 강조되었다. 따라서 메뉴는 판매와 직결되는 중요한 부분이 되어 과거의 단순한 식음료 종류를 나열하는 기능보다 식음료 사업의 성과를 위한 관리 수단으로서의 역할이 커졌다. 이제 Menu는 식음료 사업의 성공을 위한 적정한 가격과 매력적인 데커레이션(decoration) 기술, 계절상품의 공급능력 등의 여러 요소들을 고객의 욕구 충족과 수익성 추구를 고려하여 개발되었을 때, 비로소 훌륭한 메뉴가 탄생될 수 있다는 것이다.

Menu는 호텔 식음료 부문에 지대한 영향을 미치며, 호텔 레스토랑은 메뉴에 의하여 평가된다고 해도 과언이 아니다. 또한, 메뉴는 마케팅 관점으로 볼 때, 메뉴 관리자는 고객의 입장에서 통제하고 관리하는 역할을 한다고 볼 수 있다. 그러므로 식음료 부문에 대해 직·간접적으로 관련이 있는 모든 영역에 대해 종합적인 관리 시스템을 만들어야만 성공이 가능하게 될 것이다.

표 8-3 · 학자에 따른 메뉴의 정의

학 자	정 의
• Robert A. Brumer(1987) • Anthony M. Rey & Ferdinand Wieland(1985)	메뉴는 가장 중요한 마케팅 도구이다.
• Haryr Berberoglu(1987)	메뉴는 정보 제공자이다.
• Lothar A. Kreck(1984) • Leonard F. Fellman(1981)	메뉴는 레스토랑과 고객을 연결하는 대화의 고리이다. 메뉴는 커뮤니케이션 도구이다.
• Albin G. Seaberg(1991) • David V. Pavesic(1989) • Nancy Loman Scanlon(1990)	메뉴는 레스토랑과의 대화, 판매, 그리고 PR 도구이며 가장 중요한 내부마케팅 도구이다.

김기용 외, 연회기획 관리 실무론, 현학사

2. 메뉴의 분류

(1) 차림표에 의한 분류

① 정찬正餐(Table d'hote)

정찬正餐은 정식定食이라고도 하며 레스토랑에서 값을 정해 놓고 파는 식사이다. 서양식 타블 도트(프랑스어 : table d'hôtes/주인의 식탁) 메뉴에서 유래했다.

요리의 종류와 순서가 정해져 있는 차림표로서 주 요리의 선택에 따라 전체 코스 요리의 가격이 미리 정해져 있는 타블 도트(table d'hôtes)는 프랑스식 정

식 코스 요리의 종류와 순서가 미리 결정되어 있는 차림표를 말한다. 이는 중세시대의 식습관에서 유래되었으며, 중세시대의 식당에서 "Table Master"라는 대형식탁이 있어 주인이 고객과 함께 같은 식탁에서 식사하는 것을 말한다.

정찬은 풀코스 메뉴로 정해진 순서에 따라 제공되며 매일 변화를 주어 제공되기도 하고, 코스별로 구분하기도 한다. 정해진 가격과 순서에 의한 서비스 순서는 찬 전채, 수프, 더운 전채, 생선, 주요리, 더운 주요리, 찬 주요리, 가금류 요리, 더운 야채요리, 찬 야채요리, 더운 후식, 찬 후식, 생과일 또는 조림과일, 치즈, 식후 음료, 식후 생과자 순으로 이루어진다. 현대에 와서는 비슷한 요리를 통합하여 5코스, 7코스, 9코스로 이루어지고 있으나, 대개 7코스가 가장 보편적인 메뉴 구성이다.

또한, Table d'hote에 비례하여 비슷한 품목 코스로 서비스하며, 고객의 기호에 맞지 않는 것은 제외하여 구성하는 것으로 4~5코스 또는 5~6코스로 정식 A, B, C로 구분하여 고객의 편의를 도모하는 방향으로 제공되기도 한다.

표 8-4 · Course 별 정찬 메뉴

종류	제공 단계
5 Course	① 전채 ⇒ ② 수프 ⇒ ③ 주요리 ⇒ ④ 후식 ⇒ ⑤ 음료
7 Course	① 전채 ⇒ ② 수프 ⇒ ③ 생선 ⇒ ④ 주요리 ⇒ ⑤ 샐러드 ⇒ ⑥ 후식 ⇒ ⑦ 음료
9 Course	① 전채 ⇒ ② 수프 ⇒ ③ 생선 ⇒ ④ 샤벳 ⇒ ⑤ 주요리 ⇒ ⑥ 샐러드 ⇒ ⑦ 후식 ⇒ ⑧ 음료 ⇒ ⑨ 식후 생과자

일반적으로 정찬 메뉴로 주문할 경우에는 '알라카트(à la carte)'로서 자신이 좋아하는 품목의 요리만을 주문하는 일품요리를 말하며, 품목별로 따로 선택할 수 있어 고객의 입장에서는 저렴하게 식사할 수 있는 것이 특징이라 할 수 있으며, 레스토랑에서는 제공되는 요리의 단위 단가가 높아 매출 상승효과가 있고, 제공되는 품목 구성이 정해져 있어 조리과정이 번거롭지 않고 일정하여 신경이 덜 쓰이는 이점이 있다.

정찬 메뉴로는 모든 고객을 충족시킬 수가 없기 때문에 지금은 정찬 메뉴만 제공하는 레스토랑은 거의 없는 실정이다. 대신 정찬 메뉴와 비슷한 오늘의 특선 요리 또는 특별 메뉴라는 것으로 제공하고 있는데, 이는 주방장 추천 요리로 매일 변화를 주어 새롭게 구성한 요리를 제공하는 것으로, 계절 특산물이나 출하시기에 따른 식재료를 사용하여 그때마다 변화를 주기도 하며, 명절 등의 특별한 날을 위해 양질의 요리재료로 구성하여 저렴한 가격으로 특정한 날에 고객의 기호에 맞도록 메뉴를 제공하기도 한다.

정찬(예)

➡ 정찬 메뉴(플코스 1 예)

정찬 메뉴(Full Course)

① 찬 전채(Cold appetizer-Hors d'oeuvre froid)
② 수프(Soup-Potage)
③ 더운 전채(Warm Appetizer-Hors d'oeuvre chaud)
④ 생선(Fish-Poisson)
⑤ 주요리(Main Dish-Releve)
⑥ 더운 주요리(Warm Main Dish-Entree chaud)
⑦ 찬 주요리(Cold Main Dish-Eentrée froid)
⑧ 가금류 요리(Roast-Rotis)
⑨ 더운 야채요리(Warm Vegetable-Legume chaud)
⑩ 찬 야채(Salad-Salade froid)
⑪ 더운 후식(Warm Dessert-Entrements de Douceur chaud)
⑫ 찬 후식(Cold Dessert-Entrements de Douceur froid)
⑬ 생 또는 조림 과일(Fresh or Stewed Fruit-Fruit ou compote)
⑭ 치즈(Cheese-Fromage)
⑮ 식후 음료(Beverage-Boisson)
⑯ 식후 생과자(Praline-Friandises)

➥ 풀코스 요리(예)

풀코스 요리 메뉴

① 브랜디 젤리의 바다가재와 철갑상어 알 드레싱
   Lobster Tail in Armagnac Aspic with Celery and Malossol Cavier Dressing

② 호박 크림스프 또는 상어 지느러미 게살 수프
   Pumpkin Cream Soup or Shark's Fin Crab Meat Soup

③ 중국식 자연송이 야채볶음
   Chinese Style Pine Mushroom Cassoulet with Vegetable

④ 오렌지 셔벳
   Orange Sherbet

⑤ 왕새우 구이와 최상의 쇠고기 안심에 마늘 레몬 소스
   Beef Medallion with Grilled King Prawn and Garlic Lemon Sauce

⑥ 치즈케익(티라미슈)
   Home Made Tiramisu with Vanilla Sauce

₩ _____

    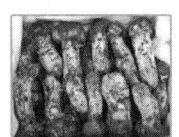
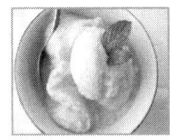  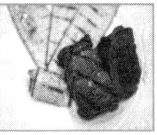 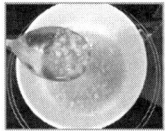 

② 일품요리(A La Carte)

알라카트는 각 요리마다 값을 매겨놓고 고객이 취향대로 한 가지씩 주문할 수 있으며, 이를 일명 일품요리(à la carte)라 한다. 이는 정찬과는 상반되는 요리로서 계절과 조리기술에 따른 변수가 있어 메뉴의 변화가 많은 요리이다.

따라서 매일 다르게 제공되는 일일 특별 메뉴도 알라카트(à la carte)이며, 고객의 요구에 따라 조리할 경우에는 특별 식사(extra meal)라고 한다.

알라카트(à la carte)는 1972년 프랑스에 많은 외국정부의 고위관리자가 오랜 기간 모여서 회담하는 가운데 매일 같은 메뉴에 싫증을 느껴 생긴 요리로 특징은 가격이 비교적 비싼 편이지만, 제공되는 요리의 품목이 다양하여 기호에 맞는 품목으로 고를 수 있다는 것이다.

➡ 일품요리(예)

일품요리(一品料理) 메뉴

❋ **스파게티 & 파스타**(마늘빵, 샐러드, 커피, 음료 제공)

- 카보나라(carbonara) ······························· ₩○○○
  (베이컨, 양송이, 크림소스)

- 스파게티(spaghetti) 올드패션 ··············· ₩○○○
  (쇠고기, 새우, 야채, 토마토 소스)

- 링귀니(linguine) 우보 ····························· ₩○○○
  (린퀴니 파스타에 마늘, 조갯살, 화이트 와인소스)

- 까넬로니(cannelloni) ······························· ₩○○○
  (참치와 토마토, 크림소스로 맛을 낸 까넬로니)

- 라비올리(ravioli) ····································· ₩○○○
  (새우크림 소스의 라비올리 만두)

❋ **런치 스페셜**(마늘 빵, 스프, 샐러드, 후식) ············ ₩○○○
  A - 햄버거 / 새우 / 해물그라탕
  B - 햄버거 / 골든블루 / 생선

③ 연회(Banquet) 메뉴

연회 요리는 축제의 일환으로 행하여지며, 연회 메뉴는 정찬과 일품요리의 성격을 겸한 메뉴로서 가격과 질에 따라 고객들이 원하는 요리를 다양하게 선택할 수 있도록 정찬과 뷔페로 구성한 메뉴이다.

➡ 연회 메뉴(코스요리 예)

<COURSE 1>　(₩○○○)
① 갈비탕
② 공기밥
③ 잡채
④ 삼색전
⑤ 야채샐러드
⑥ 홍어회
⑦ 김치
⑧ 깍두기
⑨ 계절 과일
⑩ 전통차(수정과)

<COURSE 2>　(₩○○○)
① 생불고기
② 청포묵 + 나물
③ 물김치 + 김치
④ 공기밥
⑤ 잡채
⑥ 삼색전
⑦ 야채샐러드
⑧ 홍어회
⑨ 불사리
⑩ 계절 과일
⑪ 전통차(수정과)

<COURSE 3>　(₩○○○)
① 양념 갈비
② 물김치 + 단호박
③ 청포묵 + 나물
④ 냉면 또는 된장찌개
⑤ 잡채
⑥ 삼색전
⑦ 야채샐러드
⑧ 홍어회
⑨ 계절 과일
⑩ 전통차(수정과)

<COURSE 4>　(₩○○○)
① 생등심 + 안창(180g)
② 물김치 + 단호박
③ 청포묵 + 나물
④ 냉면 또는 된장찌개
⑤ 잡채
⑥ 삼색전
⑦ 야채샐러드
⑧ 홍어회
⑨ 계절 과일
⑩ 전통차(수정과)

④ 뷔페(Buffet) 메뉴

뷔페는 여러 가지 음식을 일정 장소에 구비하여 진열해 놓고, 불특정 다수 고객이 정해진 균등한 요금을 지불하고 원하는 음식을 셀프서비스로 마음껏 가져다가 먹을 수 있다. 뷔페의 형태는 샌드위치류나 샐러드류만을 제공하는 곳도 있고, 뷔페에는 한식, 양식, 중식, 일식 등이 있으며, 이들을 조합하여 제공하는 뷔페도 있다.

뷔페에는 Open Buffet와 Close Buffet로 구분되는데, 'Open Buffet'는 불특정 다수에게 정해진 요금만 지불하면 무한정 음식을 제공하고, 'Close Buffet'는 연회행사에서 정해진 금액과 인원수에 맞게 음식을 제공하는 것이다.

뷔페 레스토랑

(2) 특정일/시즌별 메뉴

① 축제 메뉴

축제일 또는 어느 지방 또는 어느 나라의 특별한 날을 기념하기 위해 구성된 메뉴로서 축제일에 맞게 또는 그 날에 맞는 의미 있는 식재료를 이용하여 메뉴를 구성한다. 예를 들면, 미국의 경우 추수감사절이나 크리스마스 때 칠면조 요리와 호박파이를 메뉴에 포함시키기는 것을 말한다.

② 오늘의 특별 메뉴

특정한 날 또는 기념일에 오늘의 특별 메뉴(today's special menu)라고 하여 그 계절에 나오는 신선한 식재료나 특정 지역에서 나오는 식재료를 사용하여 주방장이 최고의 요리기술로 그날의 요리를 제공하는 것이다. 이는 변화 있는 메뉴 구성으로 고객들이 선호할 수 있는 요리를 만들어 제공하며, 고객 유치를 위한 홍보도 함께 하는 것이다.

③ 계절 메뉴

성수기와 비수기 때 나름대로 해당 계절의 좋은 식재료를 선정하여 짧게는 1주일에서 길게는 1달 이상 제공하는 메뉴로 일반적으로 딸기, 버섯, 사과, 아이스크림, 연어 샐러드 등을 주재료로 하여 계절에 맞는 특별행사를 위해 만드는 메뉴를 의미한다.

3. 메뉴 기획

메뉴는 호텔 레스토랑이나 전문 레스토랑, 일반 레스토랑의 모든 식음료 업장에서 영업 전반에 큰 영향을 주게 되므로 관리적 관점과 고객 관점을 고려하여 메뉴를 기획하게 된다.

고객은 지불한 가치에 대해 실속 있는 식사를 원하고 있다. 이에 부응하기 위해서는 식재료비용이 더 높이 요구되는 등의 비용 증대 여건 하에서 이상적인 경영을 한다는 것이 점점 어렵게 되고 있다. 그러므로 메뉴를 기획할 때는 각 업장의 입지여건과 표적시장 그리고, 고객의 동향을 철저히 분석한 후 고객의 요구와 경영전략 차원에서 알맞게 기획되어야 한다.

그리고 고객에게 제공할 여러 가지 식음료 선택 및 서비스 방법과 판매가격을 결정해야 하는 과정에서 어렵더라도 과감하게 시도해야 한다. 메뉴기획 사항을 종합해 보면, 메뉴를 기획하기 전과 기획 과정에서의 고려사항은 주로 영양적인 요구사항과 습관 기호 등이다.

관점은 목적, 예산, 식재료 공급시장 조건, 조리기구와 조리방법, 조리인원, 서비스 형태 등이며, 관리 측면에서는 메뉴 구성에서 고객에게 첫인상을 줄 수 있는 상품구성과 레스토랑의 시설 및 분위기의 조화성, 그리고 고객에게 제시하는 메뉴판의 재질, 활자체, 색채 및 여백의 디자인 등으로 크게 구분해 볼 수 있다.

메뉴 기획은 고객에게 제공될 여러 가지 식재료 선택과 서비스 방법 및 가격을 결정해야 하는 과정이기에 매우 어려우면서도 경우에 따라서는 조정해야 하는 일이다. 다음의 메뉴 기획시 유의사항을 살펴보자.

❖ 메뉴 기획시 유의사항 ❖

① 메뉴 기획시 조정을 위한 가장 중요한 준비사항은 항상 고객과 연결해 주는 메뉴의 중요성을 인식하는 것이다.
② 음식이 서비스되는 모든 과정의 양상에 대하여 메뉴가 어떠한 효과를 주는지 이해해야 한다.
③ 메뉴의 각 유형별 차이점을 알고, 각각의 유형에 적용할 수 있는 사항들을 찾아낸다.
④ 메뉴기획자와 고객과의 관심사에 대한 융합이 이루어질 수 있는 메뉴를 기획한다.
⑤ 뷔페 및 연회 메뉴를 개발할 때는 기본 메뉴 구성의 중요성을 인식한다.
⑥ 메뉴 기획시 고려해야 할 사항들을 습득한다.
⑦ 메뉴 기획의 중요한 기본원리를 파악하고, 고객들이 요구하는 메뉴가 어떤 것인지와 효과적 판매가 될 수 있도록 한다.
⑧ 메뉴의 판매가격 책정방식을 알아야 한다.

메뉴 기획에서 요구되는 모든 품목을 생산하기 위해서는 시설과 장비를 갖추고, 숙련도에 따라 메뉴를 보는 안목과 품목 조리기술을 겸비한 적정 인원으로 제한하여 활용하고, 식음료 서비스의 상대인 고객의 요구와 필요로 하는 것을 메뉴 기획에 반영시켜야 한다. 또한, 메뉴 기획자의 실제적인 기술과 능력, 지식과 준비사항 등이 식음료 품질의 수준에 영향을 미친다는 사실을 직시하고, 예상했던 품질의 수준과 고객의 반응도를 점검하여 제시한 메뉴의 장단점을 파악하여 효과적으로 운영할 수 있는 기획을 해야 한다.

메뉴기획시 고려사항에 대한 학자들의 정의

① John. W. Stokes은 미국의 식음료 관리전문 교수로 메뉴를 기획하기 위해서는 첫째, 고객의 필요와 욕구, 둘째, 원가와 수익성, 셋째, 이용 가능한 식재료, 넷째, 조리 설비의 한계성, 다섯째, 메뉴의 다양성과 매력성, 여섯째, 영양적 요소 등이 사전에 고려되어야 한다고 했다.

② Jack D. Ninemeier는 1984년 메뉴기획 고려사항을 고객측면과 음식의 질, 그리고 생산측면으로 구분하였다. 고객측면에는 고객의 욕구와 필요, 가치관, 인구통계적 요인, 사회경제적 요인, 인종적·종교적 요인, 레스토랑 방문목적, 절대 가치가 포함되고, 음식의 질에는 시각적 매력, 후각적 매력, 영양가, 위생문제, 맛, 온도, 농도, 구성형태, 종류를, 생산측면에는 원가, 유효성, 최대생산과 운영문제, 배치기기 문제를 포함시켰다. 1987년에는 생산과정의 통제, 설비, 시설 배치와 공간 계획, 조직원, 상품, 서비스, 영양적 요소, 위생관리, 예산, 수입과 원가관리를 고려사항이라 분리했다.

③ William Doerfler(1978)는 잠재적인 고객의 욕구파악을 위한 마케팅적 측면의 설비와 조리사에 대한 철저한 조사를 통하여 메뉴 품목 결정시 메뉴가 어떻게 사용되어야 하는가를 고려해야 한다고 하였다.

④ Eugen Paul(1979)은 영업장의 형태, 영양학적 요소, 물리적 설비, 인적요소, 음식의 다양성, 풍미의 조화, 연중 계절관계, 예산, 메뉴 용어, 장기계획을 고려사항으로 보았다.

⑤ Michael Small(1980)은 미시적인 측면과 경제적인 측면, 그리고 실무적인 측면으로 나누어진다고 했다. 미시적 측면(gastronomic aspects)은 전체적인 조화와 색상, 질감, 식재료 등을 다양하게 배합하는 것이고, 경제적 측면(economic aspects)은 레스토랑과 고객의 수준에 맞게 기획되어야 하며, 실무적 측면(practical aspects)은 식당, 주방 설비, 인원, 조리시간, 서비스 형태에 맞는 메뉴를 고려해야 한다고 했다.

⑥ 土井利雄(도이토시오)(1981)는 판매가격, 판매방법, 판매기준, 제품결정, 제품명, 판매량 예측, 판매 테스트, 판매일 제조 기획을 고려사항으로 제시하였다.

⑦ Lother A. Kreck(1984)은 가격 수준, 장식과 디자인, 조리사의 기술, 배치와 설비, 장비, 적시성, 식재료 공급 가능성을 명시하였다.

⑧ Mahamood A. Khan(1991)은 고객(마케팅) 측면과 관리(레스토랑 운영) 측면으로 구분하였으며, 고객 측면에는 영양가적인 욕구, 음식에 대한 습관과 기호, 음식의 특성(색깔, 질감, 농도, 맛, 조리방법, 온도, 서빙방식)을, 관리(레스토랑 운영) 측면에서는 조직의 목표와 목적, 예산, 식재료 공급여건, 설비와 기물, 조리사의 기술, 생산과 서비스의 유형이 중요한 고려사항이라고 정리했다.

🔵 알고 갑시다

◆ **French Service란 어떠한 서비스인가?**

"제공되는 요리를 고객 자신이 선택하여 먹을 수 있는 기회를 준다."라는 취지의 개념으로 Chef De Rang이 Gueridon 또는 Wagon에 간단한 조리기구와 요리할 식재료를 싣고 가서 고객 앞에서 직접 조리하여 음식을 따뜻하게 서비스하는 가장 정중하고, 고급스런 정통 프랑스식 서비스이다. 20세기 초, 호화 호텔인 Ritz Hotel에서 고안되어 "Service a la Ritz"라고도 한다.

◆ **American Breakfast에는 무엇이 제공되는가?**

- Seasonal Fruit : Orange, Apple, Peach, Grape, Grapefruit, Apricot
- Juice : Orange, Apple, Pineapple, Grapefruit, Tomato
- Cereal : Hot(Oatmeal and corn meal, Wheat cereal, Dry-Cornflake, Puffed Rice
- Eggs : Fried, Boiled, Poached, Scrambled, Omelette eggs 등과 Ham, Bacon, Sausage
- Cake : Pan, Waffle, French Toast, Hot cake with syrup
- Bread and rolls : White or Whole Wheat, Toast, Croissant, Sweet roll, Danish Pastry, Muffin 등과 Butter, Jam, Marmalade을 함께 서빙
- Beverage : Coffee, Tea, Cocoa or Chocolate, Milk

◆ **계란 요리에서 Sunny Side Up은 어떻게 조리된 것이며 그러한 이름을 붙이게 된 까닭은?**

프라이팬에 계란을 한쪽 면만 Frying하는 것을 말하며, 태양이 뜨는 것과 같다고 하여 붙인 이름이다.

◆ **Appetizer가 되기 위한 조건은?**

- Appetizer는 식전에 제공되는 식욕촉진의 역할을 하는 모든 요리의 총칭을 말한다.
  - 분량이 적어 한 입에 먹을 수 있도록 할 것.
  - 맛이 좋고, 주 요리와 균형을 이루도록 할 것.
  - 침의 분비를 촉진시켜 소화와 식욕을 돋우도록 짠맛과 신맛을 곁들이도록 할 것.
  - 계절감이 있고, 지방색이 있도록 할 것.

◆ **Stock이란 무엇이며 그 종류는 어떠한 것들이 있는가?**

- 스톡에는 White Stock, Brown Stock, Fish Stock, Poultry Stock로 구분하며, 고기 뼈나 고기 조각에 야채와 향료를 섞어 끓여 낸 국물의 한 종류를 말한다.
  - White Stock(Fond Blanc) : 소 뼈(무릎 뼈)나 송아지 뼈(무릎 뼈, 정강이 뼈)에 양파 · 당근 따위의 야채(mirepoix) 파슬리(parsley) 줄기, 셀러리(celery), 부추 등에 월계수 잎, 약미초 다발, 향초 등을 넣고 소금과 후추를 가미하여 3~4시간 정도 끓여 위로 뜬 찌꺼기 걷어 걸러낸다.

- Brown Stock(Fond Brun) : 소 뼈나 송아지 뼈를 잘게 썰든가 깨뜨려서 야채, 당근, 양파, 셀러리(celery), 토마토, 부추를 썰어 기름과 함께 넣어 볶는다. 진한 갈색이 될 때, 물을 넣고 3~4시간 끓여 통후추와 소금을 가미한 후, 찌꺼기를 걷어낸다.

- Fish Stock(Fond de Poisson) : 생선 뼈, 머리, 꼬리 지느러미를 야채(당근 제외), 양파, 파슬리(parsley), 셀러리(celery)와 약미초 다발, 향초, 월계수 잎을 다갈색이 되도록 볶아, 물을 붓고 1~2시간 끓여, 후추와 레몬껍질을 넣고 서서히 끓여 약 30분 후에 찌꺼기를 걷어내고 천에 거른다.

- Poultry Stock(Fond de Volaille) : 각종 가금류나 엽조류의 뼈나 날개, 목, 다리를 약미초 다발, 향초, 노가지나무 열매, 월계수 잎과 각종 야채를 물에 넣고 2~3시간을 끓인 다음 White Wine, 후추, 소금으로 양념하여 받쳐낸다.

호텔 주장관리

1 음료(Beverage) 관리

1. 음료의 이해

생명체의 근원은 물이다. 인간은 섭취한 음식의 영양분을 물을 통해 혈액과 체액으로 몸 곳곳에 공급한다. 인체는 70%가 물로 구성되어 있으며, 다소 차이는 있지만, 성인은 하루에 2ℓ 정도의 수분을 섭취해야 한다. 이중 47%는 음료(beverage)로 충당된다고 한다. 따라서 생명의 수단인 기본은 물이다.

물이 생명력이라는 관점으로 볼 때, 음료수는 에너지 전달 매체이다. 다양한 음료(beverage)는 수분 공급과 피로회복에 도움을 주며, 분위기를 부드럽게 하는 등의 여러 기능으로 작용한다. 따라서 인간이 생활하는데 필요한 생명의 수단으로서 마시고 있는 음료(beverage)는 매우 중요하다. 이와 같이 인간은 생명을 유지하고 생활하는데 있어서 음식(food)과 더불어 음료(beverage)가 일상생활에 얼마나 중요한가를 알 수 있다.

옛날 사람들은 순수한 물만을 마시며 갈증을 해소하고 만족했을 것이다. 하지만, 오늘날 문명의 발전과 함께 현대인들은 순수한 물의 수분 섭취를 넘어서 음료(beverage)가 기호품 개념으로 이용률이 높아짐에 따라 사람들의 기호에 부응하여 각종 음료를 개발하여 제공하기에 이르렀다.

재미있는 현상으로 호텔에서 음식은 일정량을 판매하면 더 이상 판매하기가 어렵지만, 음료(beverage)는 무한정 판매할 수도 있다. 또한, 음식(food)에 비하여 단가가 낮기 때문에 식음료 부문에서 음료(beverage)가 차지하는 수익성은

음식(food)보다 더 크다고 할 수 있다. 따라서 레스토랑의 성패는 음료판매 여부에 달려 있다 해도 과언이 아니다. 음료는 인간이 기호 충족을 위해 마시는 모든 것을 말한다. 우리는 음료를 비 알코올성 음료(non-alcoholic beverage) 모두를 의미하고 있으며, 알코올성 음료(alcoholic beverage)는 '술'이라고 구분해서 생각하는 것이 보편적이다.

그러나 서양인들의 음료란 우리와 달리 음료라는 범주에서 비 알코올성 음료와 알코올성 음료를 구분은 하지만, 마시는 것을 모두 음료라 하고 있다. 어떤 의미에서는 알코올성을 더 강하게 음료로 표현하기도 한다.

서양 음식을 기본으로 하는 호텔 레스토랑에서의 식사과정을 보면 식사 전에 식전 음료를 마시고, 식사 중에도 Wine이나 Cocktail을 곁들이는 등, 우리의 식습관과는 다르게 수시로 음료(beverage)를 섭취하는 경향을 보이고 있다. 또한, 서양에서는 식전에 손님에게 먼저 술 한 잔을 권하는 것이 예의이다.

이제 우리나라의 식생활도 점차 서구화되면서 식습관도 변모하였기 때문에 레스토랑에서 음료(beverage)는 식사와 함께 매출의 한 축으로 자리 잡은 만큼 음료(beverage)의 중요성을 간과하여서는 안 된다.

따라서 호텔 식음료부서에서는 음료를 즐기는 고객의 욕구를 충족시켜 주기 위하여 편안하게 즐길 수 있는 분위기 제공과 다양한 주류를 제공하는 전문적인 바를 운영하고 있다. 그러므로 주류에 대한 전문지식과 서비스 방법을 습득하여 고객에게 제공해야 할 것이다.

2. 음료의 분류

음료는 일반적으로 '알코올성 음료(alcoholic beverage)'와 '비 알코올성 음료(non-alcoholic beverage)'로 분류된다. 인간의 가치관 변화와 문화수준의 향상에 따라 수요계층의 욕구 또한 다양해져 그 욕구 충족을 위하여 음료를 섭취하는 것이 일반화되었다.

알코올성 음료는 1% 이상의 알코올 성분을 함유하고 있는 것으로 효모를 발효시켜 만든 술이라고 호칭하는 양조주(fermented)와 양조주를 증류시켜 만든 증류주(distilled spirits), 그리고 증류주에 설탕, 시럽, 과실류, 약초류를 혼합하여 만든 혼성주(compounded liquor)로 분류된다.

비 알코올성 음료는 알코올 성분이 없는 것으로 청량음료(soft drink), 영양음료(nutritious), 기호음료(favorite drink)로 분류된다.

> **〈알코올성 음료와 비 알코올성 음료〉**
>
> ■ 알코올성 음료(Alcoholic Beverage)
> ▶ 양조주(fermented liquor) : 포도주(wine), 과실주, 곡류(grain)주 등
> ▶ 증류주(distilled liquor) : 곡류, 사탕수수, 당밀, 용설란, 과실, 브랜디, 소주, 중국술 등
> ▶ 혼성주(compounded liquor) : liqueur, absinthe, bitters
>
> ■ 비 알코올성 음료(Non-Alcoholic Beverage)
> ▶ 청량음료(soft drink) : 탄산음료, 비 탄산음료
> ▶ 영양음료(nutritious drink) : 주스류, 우유류
> ▶ 기호음료(favorite drink) : 커피류, 차류

(1) 알코올성 음료

① 양조주(Fermented Liquor)

주원료의 곡류에 함유되어 있는 전분(starch)이나 과실류에 함유되어 있는 과당을 발효시켜 만든 알코올이 함유된 음료를 말한다. 이를 발효주라고도 한다.

양조주는 술의 역사로 보면 인간이 태고로부터 마셔온 가장 오랜 전통을 가진 술이라고 할 수 있다. 양조주는 두 가지로 분류해 볼 수 있는데, 하나는 곡류와 과당이 함유된 원료를 효모균에 의해 발효시켜 얻어지는 와인(wine)과 사과주가 있고, 다른 하나는 전분을 원료로 하여 그 전분을 당화시켜 다시 발효공정을 거쳐 얻어지는 맥주와 청주가 있다.

> **양조주에 포함되는 주류**
>
> ① **포도주** : Natural Sparking, Fortified Aromatized
> ② **과실주** : Cider(Apple), Perry(Pear)
> ③ **곡류주** : Beer, Ale, Staut, Sake(일본청주), 막걸리, 문배주, 중국술 등.
> ④ **기 타** : 식물의 수액·줄기 등을 원료로 하는 술(예 용설란주(Pulque) 등)

② 증류주(Distilled Liquor)

양조주보다 짙은 알코올음료나 순도 높은 주정을 얻기 위해서 양조주에 포함되어 있는 알코올을 분리하여 추출하는 방법을 사용하기 때문에 양조주보다 알코올 함유량이 높은 술이다.

증류방식은 곡물이나 과실을 원료로 단식증류식인 포트 스틸(pot-still) 방식과 몇 개의 방을 탑 모양으로 만들어 증기의 비중을 이용한 연결증류식인 패턴트 스틸(patent-still) 방식으로 발효시킨 다음, 먼저 도수가 약한 양조주를 만들고 다시 증류하여 도수가 높은 증류주를 만들어 낸다.

대표적인 증류주는 당질을 원료로 한, 브랜디(brandy), 럼(rum)이 있으며, 전분질을 원료로 한 위스키(whisky), 보드카(vodka), 진(gin) 등이 있다.

증류주에 포함되는 주류

- **진(Gin)** : 보리, 옥수수, 호밀 등을 주원료로 하며, 이것을 발효, 증류시킨 후, 노간주 나무 열매를 넣고 다시 증류하여 향을 첨가한 술로 대부분의 진은 무색 투명하고 향이 상쾌한 드라이 진(dry gin)을 의미한다. 진의 종류로는 영국 진(english gin), 네덜란드 진(holland gin), 아메리카 진(american gin), 드라이 진(dry gin), 슬로 진(sloe gin)이 있으며, 이 외에도 플레이버 진(flavored gin), 골든 진(golden gin)이 있다.

- **브랜디(Brandy)** : 광의로는 다양한 과실을 발효시켜 증류한 술을 의미하지만 협의로는 와인을 다시 증류하여 만든 술로, 독특한 방향과 감미가 있는 45%~50%의 강한 알코올성의 증류주로 의미한다. 프랑스의 Cognac 지역에서만 생산되는 코냑(cognac)은 브랜디 중 대표 주류이다. 코냑은 여러 곳의 포도를 혼합하여서 만들므로 출고하는 회사의 이름이 중요하다. 브랜디의 종류로는 코냑(cognac), 알마냑(armagnac)이 있다.

- **위스키(Whisky)** : 신선한 물을 사용하며 다양한 미네랄이 첨가되는 위스키는 종류가 가장 많으며 애주가들로부터 인기 있는 술이다. 위스키의 발효 과정은 맥주를 발효시키는 과정과 거의 비슷하지만 효모를 첨가하지 않고, 보리, 밀, 호밀, 옥수수 등을 원료로 하여 발효된 것을 증류하여 만든 것이다. 세계적으로 수많은 종류의 위스키가 생산되고 있으며 각 나라의 제조법에 따라 정의가 다르며, 스코틀랜드산의 스카치위스키(scotch whisky)가 세계적인 명주로 알려져 있다. whisky는 생산지에 따라 스카치위스키(scotch whisky), 아이리시 위스키(irish whisky), 아메리칸 위스키(american whisky), 캐나디안 위스키(canadian whisky) 등 4개의 위스키로 분류되며 제조 원료에 따라 구분할 수 있다.

- **보드카(Vodka)** : 보드카는 오래 전부터 러시아의 국민주로 애음되다가 칵테일 보급과 함께 세계적으로 널리 알려진 술이다. 보드카는 보리, 밀, 호밀, 옥수수의 곡물과 감자, 고구마를 원료로 하고 있으며, 당화 발효시킨 후, 연속 증류기로 증류해 주정도수를 95°로 맞춘 다음, 자작나무 숯 등의 탄소 층으로 여과하여 병에 담을 때는 도수를 40°~55°로 낮추어서 출고한다. 보드카는 연속증류로 대량생산이 가능하여 가격이 저렴하며, 무색, 무미, 무취의 특성으로 칵테일의 기초로 널리 이용된다. 대표적인 보드카 종류는 Bols bodka, Mampe, Relska, Morkov 등이 있다.

- **럼(Rum)** : 럼의 주원료는 사탕수수이며, 롤러로 사탕수수를 부순 뒤 여과한 당액을 그대로 사용하거나 제당 공정의 부산물인 당밀(molasses)을 사용하는 두 가지 방법을 이용한다. 주정 도수는 70°~80° 정도이나 다시 증류하여 40°로 고착시킨다. 럼의 대표적인 산지는 자메이카, 쿠바, 미얀마이며, 럼을 맛으로 분류하면 라이트 럼(light rum), 미디어 럼(medium rum), 헤비 럼(heavy rum), 플레버드 럼(flavored rum)과 색깔에 의하여 분류하면 화이트 럼(white rum), 골드 럼(gold rum), 다크 럼(dark rum)으로 볼 수 있다.

③ 혼성주(Compounded Liquor)

양조주와 증류주를 혼합하거나 과실류나 각종 약초와 향료를 혼합하여 적정량 감미(甘味)와 착색(着色)하여 만든다. 혼성주는 다른 술과 달라서 비교적 강하다.

❖ **혼성주의 특징** ❖

- 비교적 강한 알코올 성분을 가지고 있으나 순수하다.
- 설탕이나 시럽(syrup) 등의 당분이 함유되어 있고 향기가 있다.

혼성주에 포함되는 주류

- **비터(Bitter)** : 베르무트(vermouth)와 마찬가지로 식전주로 이용되는 비터류와 앙고스트라(angostura) 비터처럼 칵테일 등의 부재료로 사용되는 비터류로 나눌 수 있다.

- **리큐어(liqueur)** : 아름다운 색채가 있으며, 주정에 향을 우려낸 오드비(Eau de Vie)를 혼합해 만든 술로 일반적으로 식후주로 사용된다. 대표적 리큐어는 샤르트뢰즈(chartreuse), 큐라소(curacao), 베네딕틴(benedictine), 페퍼민트(peppermint), 크림 드 카카오(cream de cacao), 크림 드 만트(cream de menthe), 마라스키노(maraschino), 체리 브랜디(cherry brandy), 드램부이(drambuie), 슬로우진(sloe gin)이 있다.

(2) 비 알코올성 음료

① 청량음료(Soft Drink)

청량음료는 탄산음료와 비 탄산음료 및 과실음료로 분류할 수 있다.

[탄산음료]

탄산음료는 이산화탄소를 물에 녹여 만든, 맛이 산뜻하고 시원한 음료를 말하며, 그 종류는 다음과 같다.

- **콜라(cola)** : 미국의 대표적인 음료로 콜라 열매(nuts of kola)를 사용하여 만든 음료로, 콜라 열매을 가공 처리하여 콜라 엑기스를 만들어 물을 타서 각종 향료를 넣고 탄산을 함유시킨 음료.
- **소다수(soda water)** : 살균·정제한 물에 이산화탄소를 혼합 충전하여 천연광천의 인공 탄산을 주입시켜 만든 음료.(주로 칵테일 제조에 사용)
- **토닉수(tonic water)** : 소다에 오렌지, 키니네 껍질 엑기스, 레몬, 라임 등의 당분을 배합한 음료.(진과 같이 혼합하여 음료로 즐겨 마신다)
- **사이다(cider)** : 사과를 발효시킨 일종의 과실주로 탄산 성분이 함유되어 있는 음료.
- **진저에일(ginger ale)** : 진저(ginger)를 주로하고 레몬, 계피, 정향(clove) 등의 향료를 섞어 캐러멜(caramel)로 착색시켜 만든 음료.(칵테일을 만들 때, 위스키나 브랜디와 섞어 제조)

[비 탄산음료]

비 탄산음료는 탄산성분이 전혀 없는 음료로 그 종류는 다음과 같다.

- **광천(mineral)수** : 칼슘, 마그네슘, 칼륨 등과 미네랄로 알려진 광물질이 미량 함유되어 있는 광천의 특성을 가진 물.(미네랄 워터)
- **비키(vicky)수** : 프랑스 중부의 Alier 지방의 Vicky 시에서 나오는 광천수로 중탄산수.
- **에비앙(evian)수** : 제네바 호수의 남쪽 해안에 Évian 근처에서 나오는 광천수.(프랑스 브랜드)
- **셀쳐(seltzer)수** : 독일의 위스바데 지방 Nieder Selters 마을에서 나는 천연 탄산수.

[과실음료]
과실즙으로 만든 음료로 알코올을 함유하고 있지 않으며, 과즙의 함유량에 따라 다양하게 생산되고 있다.

② 기호음료(Favorite Drink)
일반 대중이 일상생활을 하면서 즐길 수 있는 음료로 커피, 녹차, 홍차, 코코아 등이 여기에 속한다. 기호음료 중에서 커피는 일반적으로 가장 많이 즐겨 마시는 기호음료이다.

알고 갑시다

◆ Sommelier란 무엇인가?
- Wine Steward 또는 Wine Waiter라고도 하며, Wine 담당 웨이터를 말한다.
  - 와인에 대한 전문 지식을 갖추고, 와인을 쇼윙(showing)하는 매너뿐만 아니라 와인의 산지, 등급, 빈티지, Grape의 종류, 특성, 저장법을 잘 알고 서비스하며, 온도 등을 잘 알아 능숙하게 와인 소개를 하며 판매를 수행한다. 레스토랑의 분위기나 수준을 높이는 와인 전문가이다.

◆ 맥주의 어원과 기원은?
- Beer(맥주)의 어원은 "마시다"라는 뜻의 라틴어 비베레(Bibere)이다. 맥주는 기원 전 4천년 경 중동의 티그리스, 유프라테스 강 유역의 수메르 인들이 처음 만들었으며, 발효 빵을 만든 후 그 빵을 당화시킨 뒤 물과 섞어서 맥주를 제조하였다.

◆ Scotch Whisky는 무엇인가?
- 정의 : 스코틀랜드에서 생산되는 위스키의 총칭이다.
- 법적 근거 : 1952년 영국에서 발표된 관세와 면허세법에 의하면 보리싹(맥아)을 Diastase에 당화된 곡류의 거르지 않은 술로써 스코틀랜드에서 증류하여 최소한 3년간 통에 저장, 숙성시킨 위스키에 한하여 스카치위스키라고 출고 허가증과 매도증명서에 기입하도록 되어 있다.
- 스카치위스키의 특징
  - 3,000 종을 훨씬 넘는 상표가 있다.
  - 스코틀랜드에서 전 세계 위스키의 60%를 생산한다.
  - 맥아 건조 시 토탄(Peat) 불을 사용하며, 증류 시 Pot Still로 2~3회 실시
  - 맥아(malt)를 토탄으로 말릴 때 토탄이 맥아에 스며들어 진흙 냄새 같은 향취가 나는데 이것이 스카치위스키의 유명세이다.
  - 스카치위스키는 혼합(blending)한 것과 스트레이트(straight) 위스키가 있으며 출고 시에는 80°~86° 프루프(proof) 병에 담아 출고한다.

- 스카치위스키의 제조법상 분류 : Malt Whisky, Pure Malt Whisky, Straight Whisky, Grain Whisky, Blended Whisky가 있다.
- 스카치위스키의 상표 : Chivas Regal, Johnnie Walker, John Haig, White Horse, Old Parr, Black & White, White Label, Vat69, Long John, Bell's, Curty, Stark, King George IV, Concorde, J&B가 있다.

◆ Corkage Charge란?
- 연회행사 때 주최 측에서 주류를 제공하게 되면 호텔 측에서 칵테일이나 음료 및 주류 서비스를 위해 인건비가 투입되므로 이때 징수하는 서비스 요금을 말하며 Banquet의 기타 수입으로 호텔에 입금된다.

◆ Cocktail의 도수 계산법은?
- 서로 다른 재료를 섞어 만들게 되므로 도수가 달라짐.
- 칵테일의 목적은 도수를 낮추고 고객의 기호나 목적에 맞는 용도로 변화시킴.

<계산법>

$$\frac{(A \times a) + (B \times b) + (C \times c) + \cdots}{V} =$$

V : 칵테일 재료의 총량
A, B, C : 각 재료의 알코올 도수(%)
a, b, c : 각 재료의 용량(㎖)

- Build-up은 이 방법이 가능하나 Stirring, Shake 법은 얼음 용량 10㎖ 감안

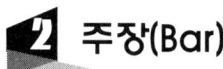 주장(Bar)

1. 주장의 개요

주장은 레스토랑 달리 조명의 밝기가 낮고 아늑한 분위기로 조성되어 있으며, 바텐더(bartender)에 의해 주류 서비스를 제공하는 장소이다. 이곳은 주장이라 불리기보다 일반적으로 바(bar)라고 많이 불리고 있다.

바(bar)의 어원은 불어의 바리에르(Barrière/울타리, 장벽)에서 유래된 것으로, 고객과 바텐더 사이가 가로막혀 있다는 의미로 Bar라고 불리었던 것이 오늘날 술을 파는 장소의 총칭으로 사용되고 있다. 따라서 술을 파는 곳이라는 주장(酒場)과 바(bar)는 같은 의미이다.

바(bar)는 각종 음료와 주류를 바텐더로부터 제공되는 곳으로 훌륭한 인테리어 장식으로 아늑한 분위기를 조성하고, 환대(entertainment) 요소를 더하여 즐거움을 제공하기 위한 환경적 서비스를 통하여 고객의 심신을 회복시켜 주는 정신적 공간이라 할 수 있다.

2. 주장의 조직

주장의 조직은 지휘 계통과 책임의 한계를 두고 맡은 바 임무를 수행하도록 하고 있다. 조직체계는 홀의 넓이와 테이블 수, 영업시간, 서비스 형태, 경영방침 등에 따라 다르며, 주장 조직이 계획 하에 조직되었다 하더라도 호텔의 환경과 업장의 변화가 있을 때는 그 특수성에 적합하게 현실적인 조직으로 수정되어야 한다. 일반적인 조직은 다음과 같다.

∷ 주장 조직

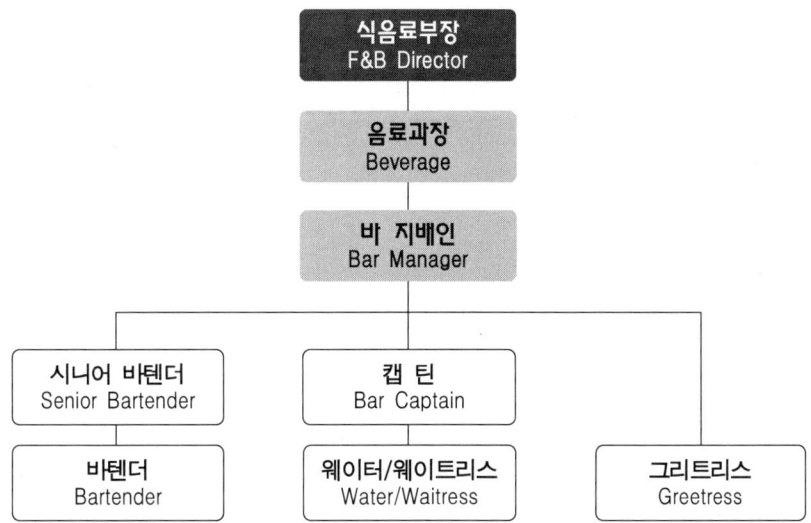

3. 주장의 구성원과 임무

호텔의 주장은 식음료부서(F&B department)의 하위 부서로 음료만 담당하는 업장이 따로 있다. 주장(bar)에는 주장의 매니저와 팀원들로 구성되어 있으며 임무는 다음과 같다.

(1) 매니저(Manager)

업장 내의 모든 직원의 지휘 감독에 대한 책임과 권한을 갖고 고객서비스와 주장(bar)을 관리한다.

Bar 영업에 대한 제반사항을 통제하며 직원들을 교육한다. 그리고 시설부, 객실부, 판촉부 등, 타 부서의 협조가 필요할 때는 협조를 요청하여 업장 운영이 원활할 수 있도록 조치를 취한다.

(2) 부 매니저(Assistant Manager)

매니저 부재시 직무를 대행하며, 대 고객서비스 관리를 주 업무로 하며, 업장 운영관리에 만전을 기한다.

(3) 캡틴(Captain)

수장(head) 또는 헤드 웨이터(head waiter)라고도 하는데, 부 매니저 부재시 그 역할을 대행한다. 캡틴은 접객을 주 업무로 하며, 웨이터나 실습생을 관리 감독한다. 특히, 영업을 함에 있어 문제가 없는지와 준비사항과 팀원에 대한 점검을 하고, 업장에서 사용하는 기물과 리넨류를 관리한다.

(4) 바텐더(Bartender)

소믈리에(sommelier)라고도 하는데, 양식당에서 Wine을 담당하고 감별하는 사람을 지칭하기도 한다. 바텐더는 음료 및 부재료에 대한 적정 재고를 파악하고 공급 및 관리업무를 한다.

Bar(주장) 내부와 진열대 및 작업장 내부의 청결과 정리정돈 등을 수시로 점검하며, 칵테일을 제조할 때는 제조법(recipe)에 의해서 만들어야 하며 계량기와 글라스를 이용하고, 영업 종료 후에는 판매량과 재고조사(inventory)를 하여 차질이 없도록 한다.

(5) 웨이터(Waiter)

고객이 주문한 음료를 직접 취급하여 제공하며, 업장 정리정돈 및 영업 준비를 하고, 대 고객서비스 제공을 위한 이상 유무를 확인한다. 와인뿐만 아니라 주류에 대한 지식과 칵테일 제조법을 알고 고객 질문에 응대할 수 있어야 한다.

칵테일(Cocktail) 서비스

1. 칵테일의 유래

칵테일의 유래에 대한 명확한 정설은 없다. 다만, 여러 가지 설이 있을 뿐이다. 그 중, 몇 가지 설을 소개하자면, 미국의 유명한 술의 고장 켄터키에서 투계가 유행하였는데, 투계에서 돈을 건 한 사람이 돈을 잃게 되자, 화가 나서 마시던 여러 종류의 술을 섞어서 싸움에서 패한 수탉(cock)의 꼬리(tail) 깃털을 뽑아 술잔에 넣고 마셨는데, 그때 옆에 있던 사람들이 "Cock's tail!" 하고 크게 웃자 그것을 본 사람들이 모든 술을 섞어 마시고는 닭의 꼬리를 술잔에 꽂아 장식하여 승부의 희비를 나누었다고 한다. 그때부터 혼합한 술을 'Cocktail'이라 부르게 되었다는 설이 있다.

또한, 멕시코의 유카탄 반도 캄페체(Campeche)라는 항구도시에서 영국 배에서 내린 선원들이 어떤 바에 들어가니 한 소년이 카운터에서 껍질을 벗긴 나뭇가지로 혼합주를 만들고 있었다. 당시 술을 스트레이트로만 마시던 영국 선원이 그 소년에게 그 술에 대해 물었으나 소년은 "Cora De Gallo(스페인어로 수탉의 꼬리)"라고 대답했다. 그 소년은 자기가 들고 있는 나뭇가지의 모양이 수탉 꼬리처럼 생겼다고 생각되어 그렇게 말한 것이었다. 그러나 영국 선원들은 소년이 만들고 있는 것이 혼합주를 일컫는 말로 착각한 것이다. 그 후 혼합주를 'Tail of Cock'라 부르게 되었고, 이 말이 'Cocktail'로 줄여서 불리게 되었다는 설도 있다.

2. 칵테일의 개요

Cocktail은 두 가지 이상의 알코올성 음료를 혼합 또는 알코올성 음료에 비알코올성 음료를 혼합한 음료의 총칭인 혼합주(mixed drink)를 말한다.

즉, 여러 종류의 양주를 기주로 하여 고미제·설탕·향료를 혼합하여 만든 혼합주를 말하며, 세계 공통적으로 사용하는 6대 기주로 알려진 기본 주는 위스키, 브랜디, 진, 보드카, 럼, 데킬라가 있으며, 이 외에 포도주나 맥주를 기주로 사용하기도 한다.

칵테일의 부재료에는 탄산음료, 주스, 향신료, 시럽이 주로 쓰이는데, 여러 종류의 기본 술과 부재료를 어떻게 혼합하여 조화를 이루게 하느냐에 따라서 칵테일의 맛은 수백, 수천 가지로 달라질 수 있다.

3. 칵테일의 기본기법

(1) 셰이킹(Shaking)

셰이킹 기법은 잘 섞이지 않는 재료나 아주 차게 하고자 할 때 Shaker에 얼음과 재료를 넣고 혼합하여 흔드는 방법이다. 주로 리큐어에 계란, 크림 등의 비교적 비중이 무거운 재료를 사용할 때, 맨 처음 얼음을 6부 정도 넣고, 다음은 기본 베이스와 계란, 크림 등의 부재료를 넣고 흔든다. 셰이킹의 숙련도에 따라 칵테일의 맛이 결정된다고도 할 수 있다.

(2) 블렌딩(Blending)

여러 가지 재료와 얼음을 넣고 믹서기를 이용하여 가는 방법이다. 얼음의 양 조절을 잘하는 것이 중요하다. 프로즌(frozen) 스타일의 칵테일이나 과일을 사용하는 트로피칼(tropical) 칵테일을 만들 때 사용한다.

(3) 스터링(Stirring)

믹싱 글라스에 얼음 6부 정도를 넣고 기본 베이스와 부재료를 넣고, 바 스푼으로 저어서 만드는 간단한 방법이다. 대부분 재료의 비중이 가벼운 칵테일로 마티니(martini), 맨해튼(manhattan) 등을 만들 때 이 방법을 사용한다.

(4) 플로팅(Floating)

술이나 재료의 비중을 이용하여 서로 섞이지 않도록 층을 쌓아 띄우는 방법으로, 무지개(rainbow) 무늬 등을 만들 때 사용하며, 바 스푼을 뒤집어 글라스 안쪽에 대고 조심스럽게 따르는 방법이다. Layering이라고도 한다.

(5) 빌딩(Building)

셰이킹이나 스터링 방법을 사용하지 않고, 글라스에 한 가지 재료와 얼음을 넣어 직접 바 스푼으로 저어서 조주하는 방법이다.

칵테일의 일종으로 기주에 각종 부재료를 섞어서 High Ball Glass로 제공하는 모든 음료로, 대부분 하이볼(highball)류를 이용한 칵테일이 이 방법에 의해 조주된다. 버번 콕(bourbon coke) 등을 만들 때 사용한다.

(6) 머들링(Muddling)

허브나 생과일의 맛과 향이 강해지도록 으깨는 방법으로 모히토(mojito), 카이피리냐(caipirinha) 등을 만들 때 사용한다.

(7) 리밍(Rimming)

글라스의 가장자리에 Lemon 또는 Lime즙을 적신 다음 백설탕 가루를 묻히는 방법으로 키스 오브 파이어(kiss of fire), 마가리타(margarita) 등을 만들 때 사용한다. 스노 스타일(snow style)이라고도 한다.

※ Kiss of Fire : 칵테일의 맛과 느낌은 이름처럼 '불타는 키스'. 첫 느낌의 달콤함과 붉은색에 감춰져 있는 쓴맛, 그리고 새콤달콤한 슬로 진(sloe gin)과 베르무트(vermouth)의 조화로 개성이 돋보이는 칵테일이다.

호텔 연회장

연회장(Banquet Hall)

1. 연회(Banquet)의 개요

연회(banquet)란 사전적 의미로는 축하, 위로, 환영, 석별 등으로 여러 사람이 모여 베푸는 잔치를 뜻한다. 호텔에서는 각종 회의, 전시회, 세미나, 교육, 패션쇼 등의 다목적 의미가 있다.

연회장(banquet hall)은 식음료 판매를 할 수 있는 제반 시설이 완비된 별도의 장소에서 단체고객을 대상으로 식음료와 기타 부수적인 사항의 목적을 달성하도록 도와주고, 그에 따른 응분의 대가를 수수하는 곳이라 할 수 있다.

연회장(banquet hall)을 Function Room이라고도 하는데, 이는 다목적 기능을 가진 룸으로서의 의미가 강하기 때문이다.

호텔의 연회장은 일반 레스토랑처럼 식탁과 의자가 준비되어 있는 것이 아니라, 호텔의 일정한 장소에 병설되어 많은 사람이 음식을 곁들여 행사를 할 수 있는 넓은 홀에 주최 측의 요구에 따라 행사의 성격, 인원, 방법 등을 다양하게 하여 행사를 수행하는 식음료 영업장 중 하나이다.

현대사회는 복잡해지고 경제가 발전함에 따라 연회행사도 대형화되고 다양하게 다발적으로 이루어지기 때문에 호텔 연회장도 방대하고 그에 따른 연회행사를 전문으로 담당하는 부서가 조직화되어 있고, 호텔의 경영 차원에서도 연회행사 유치에 많은 관심을 갖고 있다.

2. 연회의 종류

연회는 참석자 전원이 식탁에 앉아서 순서대로 요리를 제공받는 착석식과 입석식의 두 가지가 있다. 착석식은 테이블파티 또는 디너파티로 좌석에 앉아 제공되는 음식을 먹는 형식이고, 입석식은 칵테일파티, 리셉션, 다과연 등으로 연회장을 돌아다니면서 지인들과 환담하면서 음식을 먹는 형식이다.

연회는 일반적인 파티형식을 띠고 있는 것이 대부분이지만, 국가적 행사나 국제 규모의 성격을 띠고 있는 경우도 있으므로, 연회 담당자는 사전에 연회내용과 목적을 확인하여 연회행사에 차질이 없도록 해야 하며, 고객서비스와 안전에 만전을 기하고, 최선을 다해 연회행사를 수행할 수 있도록 해야 한다.

호텔에서는 연회장소와 식음료를 함께 제공하여 매출을 올리는 경우와 연회장소만 대여해 주고 장소에 대한 대여료를 받는 경우가 있다. 장소 대여의 경우는 컨벤션, 전시회, 콘서트 등이 있다. 식음료 매출이 함께 발생되는 연회의 종류는 다음과 같다.

(1) 정찬 파티(Table Service Party)

정찬 파티는 정식 파티(formal party)로 격식을 차린 파티로 사교적인 중요한 목적을 띠고 있다. 그러므로 초대장을 보낼 때 연회의 취지, 주빈 성명, 복장 등을 명시할 수 있기 때문에 정장으로 예의를 갖춰 참석해야 한다.

참석자는 좌석배치(seating arrangement)가 결정되어 테이블에 비치된 Place Card(좌석표)에 따라 지정좌석에 앉도록 한다. 초대한 주최 측에서는 연회장소 입구에 배치도를 마련하여 초대 받은 고객이 좌석을 찾아가기 쉽도록 한다.

행사 중 후식을 제공하게 되는데, 후식 제공 전에 주최자는 일어서서 인사말(speech)을 하게 된다. 인사말이 끝나면 커피나 홍차 류 등을 제공한다.

(2) 리셉션 파티(Reception Party)

리셉션 파티는 격식이 높고 공식적인 행사로 공식만찬(formal dinner)으로 행하여진다. 공식만찬에 들어가기 전에 별실에서 주빈과 초청인사들 간의 인사를 겸하는 간단한 파티를 영접 칵테일 파티(reception cocktail party)라고 하는데, 이 영접 칵테일 파티는 리셉션 파티와 큰 차이는 없으며, 참석자들은 복장, 시간, 예의에 유념해야 한다. 참석한 손님들 중, 공식만찬에 초대된 인사들 외에는 영접 칵테일 파티가 끝나면 돌아가게 된다.

(3) 칵테일 파티(Cocktail Party)

칵테일 파티(cocktail party)는 각종 주류와 음료를 주제로 하고 오르되브르(hors d'oeuvre/전채) 또는 핑거 샌드위치(finger sandwich)를 곁들인 입식의 연회이다. 칵테일 파티는 격식이 없고, 자연스러운 분위기로 진행되기 때문에 자유롭게 이동하면서 담소를 나누기도 하고, 복장도 제한을 받지 않기 때문에 사교 모임에 적당한 파티이다. 초대된 손님들은 파티장 입구에서 주최자와 인사를 나눈 뒤 입장하여 입구에 마련된 바(bar)에서 음료를 주문하여 받은 다음 참석자들과 어울리게 된다.

(4) 뷔페 파티(Buffet Party)

뷔페 파티(buffet party)는 Standing Buffet와 Sit-down Buffet가 있으며, Standing Buffet는 칵테일 리셉션 음식보다 많이 있기 때문에 충분하게 한 끼의 식사가 될 수 있다. 참석자 중에 여성이나 노약자가 있을 경우를 대비하여 가장자리에 약간의 의자를 준비해 놓아야 한다. 최근에는 여러 가지 음식이 제공되는 퓨전 스타일(fusion style)로 식사가 제공되기도 한다.

Sit-down Buffet는 대개 Open Buffet와 같이 충분하게 음식이 제공되기 때문에 문제가 되지 않지만, Closed Buffet(연회 뷔페)는 간혹 음식이 충분하지 못하는 문제가 있을 수 있기 때문에 이러한 사정을 고객들에게 미리 알려줄 필요가 있다.

(5) 가족 파티(Family Party)

호텔에서 가족모임 행사의 빈도수가 점점 증가하는 오늘날 호텔의 마케팅 담당자들은 가족모임 행사에 많은 관심을 가지고 있다. 그 만큼 시장성도 좋고, 충분한 잠재력이 있기 때문이라 할 수 있다. 특히, 도심에 위치한 호텔들은 교통이 편리하여 접근성이 뛰어나고, 주차장 시설이 잘되어 있는 장점을 살려 가족모임 유치에 적극 나서고 있다.

가족모임의 종류에는 회갑, 칠순, 약혼식, 결혼식, 생일잔치, 돌잔치 등이 있으며, 가족모임 행사 시 준비해야 할 사항으로는 고객이 예약한 식사는 물론이고, 케이크(cake), 꽃(flower), 얼음조각(ice carving), 방명록, 현수막 등이 있다. 때로는 밴드(band)를 요청하기도 하므로 이러한 부분도 유념해야 한다.

(6) 출장연회 파티(Outside Catering Party)

출장연회 파티는 호텔에서 측에서 고객이 원하는 장소, 시간, 인원수 등에 맞춰 장소만 호텔이 아니라는 것 외에는 호텔과 같은 서비스를 외부의 지정 장소에서 제공하는 파티 행사이다. 출장연회 파티 시행은 호텔 외부에서 행하여지는 것이므로 완벽한 준비가 이루어져야 한다. 따라서 음식, 음료, 테이블, 글라스, 리넨, 비품, 집기류 등과 차량, 서비스 인원, 그리고 고객이 특별 주문한 것 등 어느 하나라도 차질이 생기면 파티를 그르치게 될 수 있기 때문에 행사 책임자는 반드시 현장을 사전답사를 하여 위치, 파티 장소, 엘리베이터 이용 가능 여부, 주방설비, 전기전원, 주차장 등을 확인해 놓아야 한다. 만약, 야외에서 행사를 할 경우에는 우천 시에 대한 대비책도 강구해 놓아야 한다.

출장연회 파티의 종류에는 가족모임, 결혼 피로연, 사옥준공 또는 이전 개관식 등이 있다.

(7) 가든 파티(Garden Party)

정원(garden)이나 경치 좋은 야외에서 칵테일 리셉션, 뷔페 등의 연회 파티를 개최하는 것을 말한다. 자연경관을 만끽하면서 행하여지는 파티라 색다른 분위기를 느낄 수 있으면서, 진행은 실내에서 하는 파티와 동일하다.

야외에서 파티를 하기 때문에 바이킹갈비, 바비큐 등을 직접 구워도 문제가 될 것이 없다. 그리고 자연경관을 함께하는 새로운 분위기의 신선한 파티를 느낄 수 있다. 주의해야 할 점은 역시 우천 시의 대비책도 세워야 한다.

(8) 티 파티(Tea Party)

티 파티는 일반적으로 오후 시간에 간단하게 이루어지는 행사이다. 칵테일 파티와 같이 입식으로 진행되지만, 일부 코너에 좌석을 준비하여 두고 앉아서도 커피나 홍차, 인삼차, 주스, 콜라, 사이다 등을 즐겨 마실 수 있게 한다. 이때 디저트 종류나 샌드위치, 소시지, 과일이나 아이스크림 등을 곁들여 제공한다.

3. 연회장의 특성

호텔에서 중추적으로 수익성을 창출하는 영업장이 연회장이다. 과거에는 호텔 수입의 대부분이 객실과 식음료 업장 몇 군데에서 매출이 발생되었지만, 이제는 호텔경영에서 연회장은 광범위한 부문들로 인하여 높은 매출 수익을 창출하고 있는 하나의 부서로 자리를 잡고 있다. 따라서 다음과 같은 특성을 생각해 볼 수 있다.

(1) 호텔의 홍보 효과

호텔의 연회장은 호텔의 이미지와 호텔 브랜드를 부각시킬 수 있는 가장 큰 몫을 한다. 바로 연회장에서 이루어지는 행사 때문이다. 예를 들어, 세계적인 국제회의를 유치하여 그에 따른 VIP들을 모시게 되었을 때, 또는 유명 연예인들이 행사에 참여하였을 때, 방송통신 매체에 의한 큰 파장이 호텔의 홍보 효과를 크게 얻어낼 수 있는 곳이 바로 연회장의 특성이다.

(2) 불규칙한 매출

연회장은 매출 측면으로 볼 때, 그 폭의 변화가 심하다. 연회장은 계절과 사회 환경 및 정세 변화에 따라 수입이 일정하지 않으며, 굴곡이 심한 특성이 있다.

연회행사는 계절적으로 예식행사는 봄·가을에 많이 이루어지고, 각종 학술대회 역시 봄·가을에 춘계 및 추계 학술대회 행사를 개최하고 있다. 겨울철에는 연말에 기업 송년회 및 각종 모임행사, 그리고 디너쇼, 콘서트, 송년특집 등의 행사로 연말 성수기를 맞이하게 되지만, 여름철에 접어들면서는 비수기를 맞아 큰 폭으로 연회행사가 줄어드는 특성이 있다.

따라서 성수기에는 출장연회까지 겹쳐 많은 인력을 동원해야 할 정도로 즐거운 비명을 울리기도 하지만, 비수기에는 온갖 연회기획에 대한 고심을 해야 하는 등, 연회행사에 대한 매출 폭은 큰 폭으로 올랐다가 급격히 하락하는 등의 변동이 강한 특성이 있다.

(3) 식재료 원가절감 효과

연회행사는 사전 예약에 의해 이루어지며, 한꺼번에 많은 인원이 참석하기 때문에 참석 인원 예측이 가능하여 식재료를 대량 구매를 할 수 있게 된다. 따라서 식재료 원가를 절감할 수 있을 뿐만 아니라 조리 과정도 똑 같은 메뉴를 대량으로 조리하기 때문에 가공원가가 낮아지는 등의 효과가 있으며, 관리 면에서도 재정적인 효과가 있는 특징이 있다.

(4) 연회의 다변화

연회행사는 호텔 내에서 이루어지는 연회뿐만 아니라, 출장연회가 많이 이루어지고 있다. 따라서 외부 판매활동이 가능한 것이 큰 매력이다. 가장 중요한 것은 장소가 없어도 매출을 높일 수 있는 출장 연회행사가 계속적으로 늘어나고 있기 때문에 시간적으로나 공간적으로 제약이 없는 특성으로 가족모임 행사 등의 외부 연회행사가 많아지고 것이 현실이다.

(5) 비수기 극복

매출에 탄력성이 강한 연회장은 재미있는 아이디어를 기획하게 되면, 큰 연회장을 보유한 호텔에서도 비수기 부진을 극복할 수 있게 되고 높은 매출 달성에 기여할 수 있게 될 것이다. 즉, 계절적으로 판매가 어려울 때는 각종 전시, 축제 등으로 연회장 판매가 가능하도록 유인하면 비수기를 극복한다는 것이다.

예를 들면, 독일의 대표적인 축제 옥토버페스트(octoberfest)는 매년 9월 하순경부터 10월 초순까지 2주간 열리는 민속축제이자 맥주축제이다. 이처럼 유사행사를 연회장으로 유인함으로써 비수기를 극복할 수 있다는 것이다.

(6) 호텔 매출에 기여

호텔 연회장에서 대형행사가 이루어지면 그에 대한 파급효과는 무궁무진하게 작용된다. 수백 명에서 수천 명의 고객이 참여할 때면 어느 호텔이나 할 것 없이 주변 도로는 정체 현상이 발생된다. 또한, 동시에 수많은 고객이 붐비게 되고 커피숍과 로비라운지, 서브웨이(subway) 등에 영향을 받지 않는 곳이 없을 정도로 대성황을 이루게 된다. 따라서 주말 결혼식과 연회행사는 레스토랑, 뷔페식당 등에 큰 파급효과를 주어 매출에 기여를 하게 되는 것이다.

(7) 예약에 의한 진행

연회행사는 사전에 예약을 통하여 진행되는 특성이 있다. 따라서 예약은 정확하게 예약대장에 기록하고 연회계약서(event order)를 발행하여 관련부서에 알리고, 행사 주최자(organizer)가 요구하는 데커레이션과 테이블 배치를 반드시 표기해야 하며, 연회장은 행사의 분위기를 연출할 수 있는 특별한 공간이므로, 예약에 따른 행사장 준비를 사전에 철저히 하여 진행이 원활하도록 해야 성공적인 행사를 할 수 있게 되는 것이다.

(8) 용도의 다양성

연회장은 행사가 있을 때는 연회장으로 운영되지만, 연회행사가 없을 경우에는 레스토랑에서도 활용할 수가 있다. 예를 들면, 레스토랑에 인접한 연회장을 레스토랑으로 활용하여 단체고객들에게 좋은 반응을 얻고 있다는 것이다.

(9) 전 부서의 협조

연회행사를 성공적으로 수행하기 위해서는 호텔의 모든 부서가 관련되기 때문에 구성원 모두가 협조를 해야만 원만하게 치를 수 있다. 즉, 도어 데스크 컨시어지(concierge), 하우스키핑, 교환, 주차서비스, 건축, 기계, 방재, 전기, 음향 부문과 조명, 꽃과 얼음조각(ice caving), 조리주방, 바, 캐셔까지 정확하고 책임감 있는 업무 수행으로 모두가 협조해야만 성공적인 연회행사가 이루어진다.

(10) 가격의 다양성

연회상품은 가격이 가변적(being variable)인 것도 특징이다. 예를 들면, 어떤 행사를 주최할 때 호텔 영업과 광고에 지대한 영향을 미치는 행사라면 가격은 특별요금이 될 수도 있다는 것이 연회상품의 매력이다.

만약, 유명 연예인이 어떤 특정 호텔에서 결혼식을 하게 되면 TV, 신문, 잡지 등의 매스컴을 통해 호텔에 대한 홍보가 자연적으로 이루어지게 될 것이다. 그로 인하여 호텔의 홍보효과는 엄청난 파장을 일으킬 수 있으므로 연회장 이용가격은 다양하게 탄력적으로 적용할 수 있다는 것이다.

2 호텔의 연회 서비스

1. 연회 서비스의 중요성

호텔의 식음료 매출액 비율이 총수입에서 비교적 높은 것으로 나타나고 있다. 식음료 부문 중에서도 연회행사 수입은 매우 크기 때문에 어느 호텔이나 연회행사 유치를 위한 치열한 판촉활동을 전개하고 있다. 따라서 호텔 식음료와 관계된 세일즈는 대부분이 연회, 회의, 결혼식 등이라 해도 과언이 아니다.

호텔 영업은 '객실', '식음료', '부대시설'의 3요소가 주종을 이루고 있지만, 객

실의 경우 공간(객실 수)이 한정되어 있고, 고정자산 투자비율이 식음료 부문보다 높다. 반면에 식음료 부문 중에서 연회 부문은 시장성이 매우 높으며, 서비스를 철저히 한다면 행사 빈도수를 더욱 증대할 수 있다. 따라서 연회장 서비스는 매우 중요하다. 특히, 연회장의 적극적인 서비스는 홍보효과와 더불어 호텔이 추구하고자 하는 매출 증대효과를 가져 올 수 있을 것이다.

2. 연회 서비스의 분류

연회행사 요구서(banquet event control)가 도착하면 연회담당 지배인은 연회 진행 계획을 수립하여 행사가 성공적으로 이루어질 수 있도록 해야 한다.

연회행사 서비스는 일반 레스토랑과 달리 정해진 시간에 많은 고객에 대한 서비스를 감당해야 한다는 점과 연회의 성격에 따라 새롭게 많은 준비를 해야 한다. 따라서 담당 지배인은 행사에 필요한 지시내용과 서비스 방법을 결정하여 연회 서비스에 투입될 직원들에게 충분히 숙지시켜 만전을 기해야 한다.

연회행사에 참석하는 고객은 대개 30분 전부터 행사장에 도착하기 때문에 행사 직원들은 고객이 도착하기 20분 전부터 각자 맡은 임무수행 자세로 대기하고 있어야 하며, 부지배인이나 캡틴은 행사장 입구에서 고객을 영접한다.

연회행사 서비스는 테이블 서비스(table service)와 스탠딩 서비스(standing service)로 나눌 수 있는데, 리셉션(reception) 또는 티파티(tea party)의 경우는 스탠딩 서비스를 하지만, 그 외에는 대부분 테이블 서비스를 한다.

(1) 테이블 서비스(Table Service)

테이블 서비스는 전형적인 서비스 형태로 정찬이나 파티처럼 식사를 하는 경우와 식사를 하지 않는 회의와 같은 경우로 나눌 수 있다.

식사를 하는 경우에는 고객이 모두 입장하고 나면 웨이터는 정해진 메뉴 순서에 따라 고객에게 음식 서비스를 시작한다. 연회행사를 1부 회의, 2부 식사로 나누어 진행하는 경우는 행사 진행상황에 따라 약간의 차이가 있을 수 있는데, 일반적으로 테이블 서비스는 고객의 오른쪽에서부터 서브(serve)하고, 또 오른쪽부터 빈 그릇을 수거하며, 음식은 주방에서 접시에 담겨져 나오거나 쟁반(tray) 또는 왜건(wagon)으로 운반하여 서브된다.

연회행사 메뉴는 정해진 동일한 메뉴(set menu)를 모두에게 제공하기 때문에 지배인이나 캡틴이 주빈(host)에게 음식을 서브하기 시작하면, 그를 신호로 웨이터들은 질서정연하게 움직여 다른 고객들에게도 서브를 하며 직원 간의 부딪힘이 없도록 주의하면서 원만하게 테이블 서비스를 한다.

식사를 하지 않는 회의인 경우는 사전에 완벽한 준비가 되어 있을 때는 크게 문제될 것은 없다. 즉, 회의시작 전에는 회의장 입구나 특정 공간에서 여러 가지 차를 마실 수 있도록 준비를 해놓고, 담당자를 배치하여 주최 측의 요구가 있을 시에 그에 응할 수 있도록 대비하면 된다. 또, 프로그램 상 휴식(break time)이 있으면 담당자는 회의장 주변 정리와 별도의 고객 요구에 도움을 주면 된다.

(2) 스탠딩 서비스(Standing Service)

스탠딩 서비스는 칵테일파티 또는 뷔페식의 행사를 서서하는 경우에 서비스를 하는 것이다. 기본 테이블에 음식을 차려놓고 고객들이 자유롭게 이동하면서 음식을 즐기기 때문에 사용한 접시 또는 글라스를 치워주고, 부족한 음식은 보충하는 서비스로 호텔 측은 적은 인원으로 행사를 수행할 수 있다.

호텔 연회 예약

1. 연회 예약의 개념과 중요성

연회 예약은 연회행사 개최 준비를 하고자 미리 약정하는 것으로, 호텔에서는 각종 국제회의 및 학술대회 등을 유치하여 호텔의 홍보효과와 더불어 객실, 레스토랑 및 기타 부대시설에 의해 매출에 기여한다. 특히, 국제회의 등의 세계적인 행사를 개최할 경우, 관련 직원들의 국제적 감각 향상은 물론, 일반 국민의 자부심과 의식수준을 향상시키고 관광 진흥과 더불어 국위선양에 대한 환경개선을 꾀할 수 있게 되는 등, 연회행사는 매우 중요하므로 예약은 철저해야 한다.

연회 예약은 방문예약을 받거나 판촉직원이 각종 단체나 기관을 방문·판촉으로 예약을 받거나 전화, e-mail, 팩스 등으로 이루어지기도 한다. 연회행사 유치는 호텔의 매출증대에 큰 영향이 있으므로 이제 예약을 기다리는 시대는 지났다. 따라서 적극적인 판촉활동과 친절한 서비스를 바탕으로 최고의 시설, 선택 가능한 다양한 요리, 편리한 주차시설 같은 부가 서비스가 충분히 제공되도록 최선을 다해야 할 것이다. 또한, 직원들의 예절과 외국어 언어구사, 상품지식 등

을 습득하여 고객에게 좋은 이미지를 심어주는 것도 연회상품 판매와 예약 유치에 중요한 요인이 될 수 있다.

연회 예약이 성립되기 위해서는 예약 담당자와 판촉직원 간의 긴밀한 협력 체계를 갖추고 능률과 기능을 최대한 발휘하여 효율적이고 적극적인 판촉활동을 전개하여 예약 유치에 최선의 노력을 기울여 타 호텔보다 경쟁우위를 유지해야 할 것이다. 따라서 최고의 시설, 특징 있는 요리, 품위 있는 실내장식 및 최고의 서비스를 지속적으로 개발하여 예약 시에 호텔의 시설과 특징이 또 하나의 상품으로 판매될 수 있도록 유도해야 한다.

오늘날 호텔의 연회 예약부서는 워킹고객이나 전화 문의에 의한 예약 응대로 그 결과를 분석하여, 고객창출과 고객관리를 위해 새로운 판촉물까지 기획하는 등, 그 호텔만의 노하우를 개발할 정도로 연회행사에 관심을 모으고 있다.

2. 연회 예약 경로

연회 예약을 접수받기 위해서 예약 담당자는 연회를 구성하고 있는 요소 즉, 연회장의 규모, 시설, 좌석배열, 무대, 조명, 설비기기, 식음료 메뉴와 가격 등을 사전에 충분히 숙지하고 있어야 한다.

연회장에서의 식음료 상품은 레스토랑에서 정해진 요금의 상품만 판매하는 것이 아니고, 행사에 맞게 고객이 요구하는 상품을 만들고 가격을 책정하여 판매해야 하므로 예약 담당자의 역할은 매우 중요하다.

또한, 연회행사는 연회부서 단독으로 치룰 수 없기 때문에 모든 관련부서와의 긴밀한 협조가 있어야 고객이 요구하는 만족스러운 행사를 수행할 수 있다. 만약, 관련부서와의 불충분한 협의로 완벽한 연회상품을 만들어 제공하지 못했을 경우, 행사 주최 측으로부터 불평불만이 발생하게 되고, 재방문은 기대하기 어려울 것이다. 따라서 연회 예약 담당자는 예약에 의한 연회계약서(event order)를 바탕으로 관련부서와의 충분한 협의로 완벽한 행사가 되도록 해야 한다.

(1) 전화 예약

예약 방법 중 가장 신중을 기해야 하는 것이 전화예약이다. 전화예약은 고객과 직접 대면하지 않으므로 오해가 있을 수 있고, 소홀히 할 우려가 있다. 특히, 고객은 예약 담당자의 말만으로 식음료와 장소 등에 대한 전반적인 안내를 받기 때문에 예약 담당자는 상품지식을 숙지하고 있어야 하며, 예의바르고 정중한 전화 응대로 고객이 충분히 이해할 수 있도록 설명하고 예약을 받아야 한다.

(2) e-Mail, FAX 예약

e-Mail 또는 FAX에 의한 예약 접수는 예약 가부를 정확하게 고객에 통보해 주어야 한다. 그리고 Menu, 연회행사장 도면, 견적서 등을 첨부하여 서류만으로도 행사를 결정할 수 있도록 자세한 자료를 보내 주어야 하며, 접수과정에서 차후 행사시에 문제가 발생하지 않도록 정확하게 예약을 접수하도록 한다.

(3) 방문 예약

호텔에 찾아와서 예약하는 고객은 그 호텔에 대해 잘 알고 있다고 보면 된다. 즉, 예약을 위해 내방한 고객은 99% 마음의 결정을 하고 방문했다고 할 수 있다. 따라서 예약 담당자는 신뢰가 가는 풍부한 상품지식으로 설명을 하고, 예약 날짜와 시간, 인원 등을 확인하고, 연회장을 소개한 후에 예약을 진행한다. 예약 상담이 끝나면 예약자를 연회장으로 안내하여 현장을 확인할 수 있도록 하고 예약 절차가 끝나면, 예약자 연락처를 확인 기록하고, 예약전표(예약접수) 기록을 하고, 예약금을 받고, 접수증 교부를 하고 행사에 차질이 없도록 기록한다.

(4) 판촉직원에 의한 예약

판촉직원이 관계기관이나 단체에 방문하여 예약 접수를 한다. 판촉직원이 외근 중에 예약 전화가 걸려오거나 긴급을 요하는 경우에는 같은 업무를 담당하는 다른 직원이 전화 응대 또는 찾아가서 예약 접수 또는 요하는 문제를 해결한다.

연회장 테이블 및 좌석 배열

1. 테이블과 좌석 배열의 중요성

연회장에는 어떤 테이블과 의자를 사용하느냐에 따라 분위기와 기능 면에서 많은 차이가 난다. 그러므로 연회 성격에 따라 어떤 테이블과 어떤 의자를 어떻게 배열하는 것이 가장 적합하고 효율적인가를 창의적으로 생각하여 다양한 연출로 좋은 이미지를 심어 주도록 해야 한다.

2. 테이블 및 좌석 배열 형태

(1) 극장식 배열(Theater Style)

좌석을 극장식으로 배열할 경우, 의자의 앞·뒤 줄 사이의 간격과 의자와 의자 사이의 통로 공간 간격을 어떻게 할 것인가를 정한다.

무대 테이블 위치가 정해지면 의자의 첫 번째 줄은 앞에서 2m 정도의 간격을 유지하고, 두 번째 줄부터는 불편함이 없도록 배열한다. 의자 사이의 통로 공간은 1.5m 간격이 유지되도록 한다.

의자 배열의 정렬 선을 맞추기 위해서는 긴 줄(long string)을 이용하거나 카펫의 줄무늬를 보고 가로와 세로를 맞추면 된다.

극장식 배열

(2) 강당식 반원형 배열(Auditorium, Semicircular, Center Aisle)

무대 테이블은 일반 배열과 동일하나 의자를 배열하는데 있어서는 무대에서 최소 3.5m 간격을 두고 배열한다.

중앙 통로 공간은 1.9m 간격을 유지하도록 양쪽에 의자를 한 개씩 놓아서 간격을 조절한다.

이러한 의자 배열은 큰 공간을 차지하기 때문에 많은 인원을 수용하기에는 어려움이 있다.

⁝ 강당식 반원형 배열

(3) 원형 테이블 배열(Round Table Shape)

많은 인원을 수용하는 디너쇼 등에서의 테이블 배열로 테이블과 테이블의 간격은 3.3m 정도, 의자와 의자 사이의 간격은 90cm 정도로 띄우고, 양쪽 통로는 60cm 정도의 간격을 유지하도록 한다.

테이블은 무대를 중심으로 중앙 부분을 고정한 뒤 앞줄부터 맞추고, 뒷줄은 앞줄의 중앙 부분이 보이도록 맞춘다. 원형 테이블은 2~14인용까지 있다.

⁝ 원형 테이블 배열

(4) U자형으로 테이블 배열(U-Shape)

U자형 테이블은 보통 150×75cm의 직사각형 테이블을 사용하여 배열한다.

테이블 배열 전체 길이는 인원수에 따라 증감할 수 있으며, 의자와 의자 사이는 50~60cm 간격을 유지하고, 식사의 성격에 따라 공간을 더 넓게 필요로 할 경우도 있다.

테이블클로스(tablecloth)는 양쪽으로 드레이프(drape)하여 앞에 있는 사람의 다리가 보이지 않게 한다.

테이블 배열 모양은 U, V 등으로 만들 수 있으며 크기는 다양하게 배열할 수 있다.

∷ U자형 배열

(5) T자형 테이블 배열(T-Shape)

T자형 배열은 많은 인원이 Head Table에 앉을 때 유용하다. Head Table을 중심으로 T자형으로 길게 배열할 수 있으며, 상황에 따라서 Head Table을 더 늘일 수 있다.

T자형 블록형태로 준비하며, 모든 테이블에 의자를 준비한다.

⁝ T자형 배열

(6) 타원형 테이블 배열(Oval Shape)

타원형 테이블 배열은 1자형 테이블 모형과 비슷하게 배열하나, 타원형 테이블을 이용하여 1자형 또는 사선형으로 배열한다.

타원형 테이블이 없을 경우는 정사각(square)형 테이블 양쪽에 반원형(half round) 테이블을 붙여서 드레잎(drape)을 쳐주어 사용 한다.

⁝ 타원형 배열

(7) 공백 사각형 배열(Hollow Square Shape)

Hollow Square Shape 배열은 U자형 배열 형태에서 틔어 있는 한쪽도 모두 막아 사방에 둘러앉도록 테이블을 배열한다.

사방이 모두 막혀 안쪽 출입은 할 수 없고, 의자는 바깥쪽에만 배열하여 서로 마주 볼 수 있도록 하는 테이블 배열이다.

※ 공백 사각형 배열

인적자원관리와 교육훈련

1 인적자원관리의 이해

인적자원관리(human resource management)는 기업의 각 부문 조직 구성원들의 능력을 효율적으로 관리하여 기업 경영을 원활히 수행하기 위함이다.

특히, 호텔은 대인관계가 많은 인력 의존도가 높은 사업이므로 인력을 체계적으로 잘 관리해야만 성공할 수 있다. 따라서 각 부문의 부서장은 호텔에 대한 전반적인 지식은 물론, 부문별로 전문지식과 능력을 갖추고, 솔선수범하면서 부서에 대한 책임을 지고 리더십을 발휘하여 직원들의 사기앙양을 북돋아 주어 호텔기업의 목표 달성을 위해 노력해야 할 것이다.

인적자원관리를 인사관리에서부터 노동력 관리로 보고, 이것과 병립하는 좁은 뜻의 노무관리는 인적자원 이외의 인간적인 여러 가지 측면(생활인으로서의 존재, 사회적 존재, 주체적 존재로서의 인간)에 대한 시책(복지후생·인간관계 및 각종 행사의 참여 등)을 다룬다.

인적자원관리는 채용부터 시작하여 적재적소 배치·임금·승진·교육훈련·근무환경과 안전·위생·근로시간·퇴직 등 여러 분야 관리에 영향을 미친다.

채용은 어떤 업무를 진행시키기 위하여 어떤 사람이 필요한가를 분명히 하여 필요로 하는 인력계획을 기초로 해야 하며, 채용방법·대상·시험방법(전공·면접·적성검사·집단토의 등)을 채용목적에 맞게 채용을 하여 각 부서에 배치할 때, 필요한 배치 인원수와 자격요건에 의한 질적 배치를 할 수 있는 사항을 모

두가 갖추어지도록 해야 한다. 그러나 채용된 사람이 필요로 하는 모든 자질을 구비하고 있다고 할 수는 없기 때문에 환경변화에 따른 끊임없는 혁신으로 기존 자질의 진부를 가릴 수 있게 되는 것이다.

그리고 체계적인 교육훈련이 필요하며, 각 구성원은 공정하고 객관성 있는 평가에 의해 능력과 실적에 따라 인사고과에 의한 승진·승급·상여가 이루어지게 된다. 그리고 합리적인 승진·승급제도나 자격제도의 적정한 운영은 구성원들에게 장래 희망을 준다는 점에서 매우 중요하다.

승진은 주로 비물질적 기회로 사회적 욕구를 충족시키는 요인이 되고, 임금과 상여는 실적에 대한 보상이 될 수 있다. 지금은 연공서열에 의한 승진과 임금제도의 시대가 아니다. 업무처리 능력과 리더십·직무실적에 따라 승진·보상을 하는 것이다.

그러므로 기초적으로 기업 구성원들의 직무분석과 직무평가를 철저히 하여, 직무를 중심으로 능력개발, 배치, 실적평가, 임금책정을 결정할 필요가 있다.

✣ 인적자원관리의 목적 ✣

- 기업의 경영 목적을 효율적으로 달성하기 위함이다.
  (결과는 이익, 업적, 생산성, 비용, 품질, 결근율, 이직률 등에 나타난다.)
- 직원들의 욕구 충족과 기업에 협동적 의욕을 높이는데 있다.
  (결과는 설문조사 등을 통해 측정할 수 있다.)
- 신체장애자의 고용, 정실주의 배제, 성별·학력 차별 폐지와 지역사회 공헌 등, 사회적 책임완수에도 목적이 있다.

1. 인적자원관리의 의의

기업은 경영목표를 달성하기 위해 가장 필요한 요소는 인적자원이다. 즉, 자금, 물자, 정보 등 모든 자원을 운용하는 것은 사람으로서 인적자원이 기업 조직에서 가장 중요한 핵심요소이며 경영활동의 기반이 되는 것이다.

인적자원관리에 대한 정의는 학자들에 따라 다양하지만 일반적으로 "조직의 목적을 달성하기 위해 조직에 필요한 인재를 획득, 육성, 유지에 관한 계획적이고 조직적인 관리활동의 체계인 동시에 자율적인 협동체계를 확립하면서 각자의 능력을 최대한 발휘시키는 일련의 과정"으로 볼 수 있다. 다음 정의를 살펴보자.

- "플리포(E. B. Flippo)는 조직의 목표가 달성되도록 하기 위해 인적자원의 확보·개발·보상·통합·유지·이직 등의 업무적 기능을 계획하고, 조직하고, 지휘하고, 통제하는 것"이라고 했다.
- "프랜치(W. French)는 인적자원의 계획과 확보, 활용과 보존, 보상과 개발을 포함한 경영과정으로 인적자원관리에 연관된 모든 기능과 활동이다."라고 했다.
- "요더(D. Yoder)는 남녀 구성원들로 하여금 직장에 최대한 공헌할 수 있게 하고 동시에 최대의 만족을 느낄 수 있게 도와주고 지도하는 기능 또는 활동이다."라고 했다.

경영자는 인적자원을 통해 다양한 경영활동을 전개하여 기업의 목적을 달성하고자 하므로 효율적인 인적자원관리는 다른 경영 요소인 물자와 자본의 관리에도 효율성을 증가시키는 요인이 된다. 미국의 경영학자 로렌스 애플리(Lawrence A Appley)는 경영이란 "사람을 육성하는 것이지, 물자를 관리하는 것이 아니다. 경영이란 바로 인적자원관리이다."라고 하며, 경영에서 인적자원관리가 차지하는 비중을 강조하였다. 이러한 정의를 바탕으로 호텔의 인적자원관리를 정의해 본다면 "특정한 호텔 조직과 직무에 필요한 인적자원(human resource)을 그 호텔에서의 최적기에 확보하여 효율적으로 유지·개발 및 활용하기 위한 계획·집행·확인하는 총체적 관리과정"이라고 정의할 수 있다.

즉, 호텔을 경영하기 위해 필요로 하는 숙련된 노동력을 획득·조달하여 이를 적극적으로 활용하기 위한 계획, 조직, 지휘, 통제하는 일련의 모든 과정을 의미한다. 호텔 업무의 대부분은 사람 대 사람으로 직접적인 서비스가 이루어지므로 많은 인력을 필요로 한다. 인적서비스는 기계화화 자동화로는 한계가 있기 때문에 인력의 필요성은 중요한 문제이다.

호워스 앤 호워스(Horwath and Horwath)의 1988년 국제호텔협회에 제출한 '미래의 호텔업계' 보고서에서 향후 호텔의 인력문제가 가장 중요한 현안 문제로 등장할 것이라며, 호텔경영 상 인적자원관리가 가장 큰 문제가 될 것이라고 지적했다. 따라서 호텔의 경영 목적을 달성하기 위한 원동력이 되는 인력을 장기적 전망에 따라 확보하여 인격을 존중하며 각자의 능력을 육성·발전시켜 조직 구성원으로서의 상호 양호한 인간관계를 유지하도록 환경을 조성하여 구성원들이 최대의 만족을 얻게 하여 결과적으로 호텔에 최대의 공헌을 할 수 있도록 하는 시스템이라고 정의할 수 있다.

2. 인적자원관리의 중요성

　기업들은 경영혁신에 대해 대부분 인적자원관리 부문의 혁신을 말할 정도로 인적자원관리는 매우 중요하다. 잘 숙련된 적은 인력이 최대의 효과를 거둘 수 있도록 하기 위해서 경영자는 물론, 직원들에까지 인적자원에 대한 이해와 지식, 인적자원관리에 대한 관리기술이 더 많이 요구되고 있다. 하지만, 피고용인들의 삶의 질에 대한 문제도 같은 비중으로 다루어야 할 난제가 있다.

　성공적인 호텔경영을 위해서 직원들의 삶의 질에 대한 문제를 포함한 인적자원을 중점적으로 개선·발전시켜야 고객들에게 제공되는 호텔상품의 질 향상은 물론이고, 전체 사회의 복지를 높이는 결과를 가져 오게 되는 것이다. 따라서 인적자원을 어떻게 관리하는가는 조직의 목표 달성만을 위해서가 아니라 조직 구성원과 사회 전체에도 큰 영향을 미친다는 것을 염두에 두어야 할 것이다.

　호텔 조직의 인적자원관리는 조직 활동의 성과를 좌우하는 활동이다. 따라서 훌륭한 인적자원관리는 고객에게 보다 좋은 상품/서비스를 보다 좋은 조건으로 제공할 수 있게 된다.

　인적자원관리는 조직 구성원들이 일하는 보람을 가지고 자신의 능력을 키우며, 직무수행을 통해 능력 발휘하고 협동함으로써 조직도 발전하고, 개인의 생활 향상은 물론, 원만한 인간관계를 형성하여 보다 성숙된 인간으로 성장할 수 있도록 관리하는 것이라 할 수 있다.

　호텔의 인적자원은 물적인 요소를 결합하여 가치를 창조하게 되는데, 이는 인간의 정신적, 육체적 능력에 의한 것이다. 하지만, 성과는 특정인만의 능력이나 노력에 의한 것이 아니라 조직 내 모든 부문의 구성원들이 협동하여 가치를 창조하게 되는 것이다. 따라서 호텔의 조직 구성원들의 각자 능력을 조직 전체의 역할로 통합하여 효율적으로 능력을 발휘하도록 하여 경영성과를 높이도록 해야 한다. 인적자원관리는 호텔기업의 성과와 밀접한 관계가 있다. 이는 우리나라뿐만 아니라 아시아 및 서구의 유수 호텔기업에 대한 연구결과를 통하여 실증적으로 뒷받침되고 있다.

　호텔기업은 고임금 시대에 접어들었고, 또한 호텔 구성원들의 근로조건과 복지후생도 대폭적으로 향상되어 더 많은 비용을 지출하게 된 오늘의 호텔기업은 경제적인 부담도 커지고 있지만, 그에 걸맞게 인적자원을 더욱 질적으로 수준 높게 계발하여 세계인을 상대로 최고의 훌륭한 상품/서비스를 제공하도록 하여 더 국가의 위상을 빛낼 수 있도록 노력해야 할 것이다.

표 11-1 · 인적자원관리의 본질적 내용

구 분	관계 측면	임무·성격	목적	원리	관리 내용
직원관계	노동력	직장 직능상의 협동 관계	노동력의 효율적 이용	능률화의 원리	· 인사 노무 · 조직 · 고용 배치 · 교육 훈련 · 작업 조건 · 임금, 급여 · 노무 계획
인간관계	조직 및 사회 속의 인간	사회적 감정·의욕을 가진 인간 상호관계	노동 의욕의 만족·향상	인간화의 원리	· 복리 후생 · 의사소통 · leadership · 노무 감사
노사관계	임금, 급여, 노동자	노동 조건의 결정을 둘러싼 경쟁적 대립 관계	노사 이해의 조정	민주화의 원리	· 단체 교섭 · 경영 참가

자료 : 21C호텔관광연구회, "호텔경영학", 현학사

직무관리

1. 직무분석

직무분석(job analysis)은 조직 구성원이 맡은 바 임무를 수행하기 위한 지식과 기술, 능력, 경험, 책임 등이 무엇인지에 대해 과학적이고 합리적으로 분석하는 것을 말한다. 조직의 규모가 일정한 수준 이상으로 커지게 되면 조직 내에서 이루어지는 각 구성원의 활동과 수행과정 파악이 어려워진다. 따라서 좀 더 체계적이고 과학적인 방법으로 직무분석을 통해 직무의 성격을 결정하고, 직무평가를 위한 자료를 얻기 위하여 실시하는 것이다. 또한, 채용과정에서부터 합리적인 기준을 마련하여 원활한 업무 수행을 진행시키기 위함이다.

직무분석은 인적자원관리에서 직무내용과 직무성격 등 관련된 정보를 수집, 분석, 종합하는 일련의 과정이라 할 수 있다. 직무분석은 경영관리 연구의 선구자 테일러(Taylor)에 의해 합리적 방법이 적용되었다.

직무분석의 목적은 직무에 관련된 정보를 수집, 분석, 정리하여 체계적이고 합리적인 인적자원관리의 기반을 마련하기 위한 것이므로, 직무분석을 실시하기 위해서는 직무분석 방법과 직무분석 담당자, 직무에 관한 사실, 그리고 자료정리 등에 관한 충분한 사전 조사와 연구가 선행되어야 한다.

직무분석 내용은 설문조사, 면접조사, 문헌조사 등을 통하여 직무 구조와 과업에 대한 책임을 분석하고 직무별 역량을 분석하여 직무 분류체계를 설정 또는 재정립한다. 또한, 직무수행 요건을 도출하여 직무기술서와 직무명세서를 표준화한다. 직무분석 결과에 따라 정원 산정과 채용, 평가, 교육, 경력개발 등의 인력자원관리 전 영역에 활용되는데, 그 활용 목적에 따라 과업 내용이 달라질 수 있다. 주요 산출물로는 직무기술서, 직무명세서가 있다.

직무분석 방법에는 모든 직무를 개별로 분석하는 개별 조사법과 모든 직무 중, 기준적 직무만을 상세히 분석하고 그것을 기준으로 유사한 직무의 차이 부분만을 분석하는 직무분석 비교법이 있다. 분석에 필요한 자료수집 방법은 다음과 같다.

첫째, 직무의 모든 수행과정에 대한 질문표를 작성하는 질문표 방법.
둘째, 감독자가 개개인을 직접 접촉하여 관찰을 통해 자료를 얻는 면접 방법. 이 방식은 가장 널리 보급된 방법이다.
셋째, 질문표 방식 및 면접방식의 보조적 방법으로 사용되는 관찰 방법.
넷째, 이러한 방식들의 장점을 살린 종합적 방법.

❖ **직무분석 기재사항** ❖

- 직무 확인 : 소속명, 직무명 등
- 직무 개요 : 업무 범위, 목적, 내용 등
- 수행 업무 : 구체적 업무 내용
- 작업자의 원천 : 직무 수행에 필요한 경험, 훈련자료, 양성제도 등
- 직무수행 요건 : 책임, 지식, 정신적 노동, 솜씨와 정확성, 신체적 요건 등

※직무분석 결과는 직무평가를 위한 자료가 될 뿐만 아니라 책임 및 권한 확정, 승진, 교육훈련, 업무개선, 부서편성 등 조직 관리의 자료로 이용된다.

위와 같은 방법의 과정을 통해 얻어진 분석결과에 대한 사항을 기재하여 직무기술서/직무명세서에 정리한다.

직무분석은 '문제 및 목적 설정', '직무분석 설계', '직무분석 실시', '정보 활용'의 과정을 거쳐서 이루어진다.

조직관리를 위하여 다음과 같은 직무분석, 직무평가의 흐름을 살펴보자.

직무분석/직무평가 활용

표 11-2 · 수직적 직무분석과 수평적 직무분석

구 분	수직적 분석	수평적 분석
분석 대상	• 수직적 직무의 계층 구조	• 업무 프로세스
분석의 초점	• 단위업무 사이의 계층적 체계에 관한 수직적 연결 고리	• 단위업무 프로세스 사이의 업무 흐름에 관한 수평적 연결 고리
분석의 시점	• 정태적	• 동태적
대상 직무의 특성	• 현재 수행하고 있는 직무	• 현재 수행하고 있는 직무 및 앞으로 수행하여야 할 직무
용 도	현 직무의 업무량 파악을 통한 • 단위 조직별 정원 산정 • 각종 인사 제도의 활용	• 업무 프로세스 개선 • 자동화 및 전산화 개선
장 점	기존 조직 계층에 따른 • 정원 산정 • 인사제도에 효과적인 설계	• Dynamic한 관점에서 시간의 흐름에 따라 중요한 업무 프로세스가 어떻게 진행되는지를 파악할 수 있음.

2. 직무기술서와 직무명세서

직무분석을 통하여 얻어진 정보는 직무기술서와 직무명세서에 나타난다. 직무기술서는 과업 중심적 직무분석에 의하여 얻어지며, 직무명세서는 사람 중심적 직무분석에 의하여 얻어 진다.

(1) 직무기술서(Job Description)

직무분석의 결과, 직무의 능률적인 수행을 위항 직무의 성격과 요구되는 개인의 자질 등 중요한 사항을 기록한 인적자원관리의 기초자료가 되는 문서이다.

일반적으로 직무명칭, 소속 직군 및 직종, 직무의 내용, 직무수행에 필요한 원재료, 설비, 작업도구와 직무수행 방법 및 절차, 작업조건(작업 집단의 인원수, 상호작용의 정도 등) 등이 기록되며, 직무의 목적과 표준성과를 나타내 줌으로써 직무에서 기대되는 결과와 직무수행 방법을 간단하게 설명해 준다.

직무기술서는 사무직, 기술직, 관리직 모두에 적용되어 직무평가와 승진 인사의 결정적인 기준이 되고 있으며, 관리자(manager) 육성의 기준이 되는 기능도 가지고 있으므로, 이를 특히 직위기술서(position description)라고도 한다.

직무기술서(job description)는 개별 직무기술서와 연합 직무기술서로 나눌 수 있으며, 직무의 특성이 강조된다는 점에서 인적요건을 중점적으로 다루는 직무명세서(job specification)와는 차이가 있다.

❖ 직무기술서 기재사항 ❖

- 직무명
- 직무 분류번호
- 해당 직무의 개괄적인 기술
- 해당 직무를 수행하는데 소요되는 도구 및 기계 등에 대한 개요
- 직무 담당자의 자세
- 해당 직무에 사용되는 원재료
- 가장 밀접하게 연계되어 있는 다른 직무와의 상호관계
- 해당 직무에서 요구되는 직무경험과 승진과의 연계성
- 해당 직무 수행상 요구되는 교육·훈련 분야
- 임금/급여 및 종류
- 통상적인 근무시간
- 온도, 습도, 조도, 환기 등의 작업환경 및 조건 등

:: 직무기술 구성

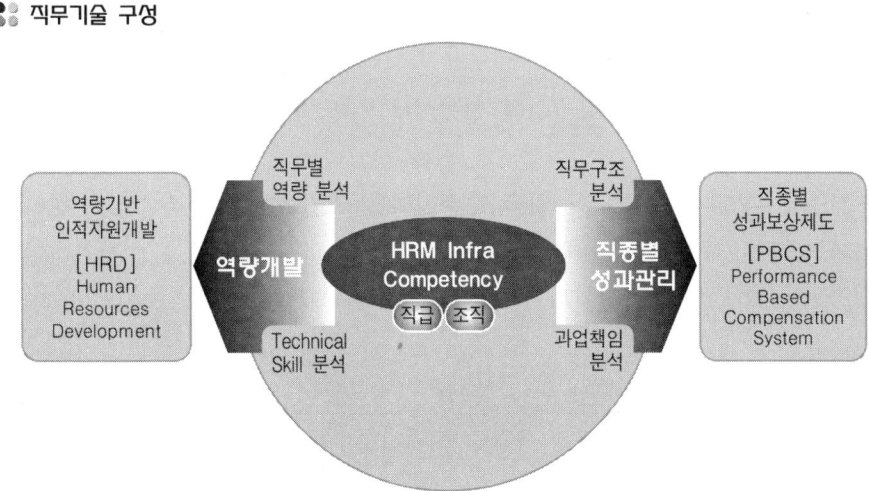

(2) 직무명세서(Job Specification)

직무명세서는 직무의 특성에 중점을 두어 간략하게 기술한 것을 말한다. 이를 기초로 직무내용과 직무에 요구되는 자격요건 즉, 인적 특징에 중점을 두어 일정한 형식으로 정리한 문서이다.

주로 모집과 선발에 사용되며 직무의 명칭, 소속 및 직종, 교육수준, 기능·기술수준, 지식, 정신적 특성(창의력, 판단력 등), 육체적 능력, 작업경험, 책임 정도 등에 관한 사항이 포함된다.

직무분석의 목적에 따라 고용명세서와 교육훈련용·조직확립용·임금관리용 직무명세서, 작업방법 및 공정개선명세서 등이 있는데, 직무기술서와 더불어 직무 개선과 경력 계획, 경력 상담에 사용된다.

분석결과를 문서로 정리하였다는 점에서 직무기술서와 같이 직무내용과 직무요건을 동일한 비중으로 다루고 있는데 비하여 직무명세서는 직무 내용보다는 직무 요건에 비중을 두고, 그 중에서도 인적 요건에 큰 비중을 두고 있다는 점에 그 특징이 있다.

3. 직무평가

직무평가(job evaluation)는 일반적으로 회사 내에 존재하는 직무들의 상대적 가치를 평가하고 직무급을 도입하기 위하여 실시된다.

즉, 조직 내에서 수행되고 있는 직무의 내용과 가치를 측정하여 그 결과를 직무별 보상 체계에 반영하거나 현재 또는 미래의 직무 가치와 중요도에 따라 체

계적으로 인력을 확보하고 활용할 수 있도록 한다는 것이다.

- 프렌치(W. French)는 직무평가를 기업이나 일반 조직에서 각 직무가 가진 상대적 가치를 결정하는 과정이라고 정의하고 있다.
- 요더(Dale Yoder)는 직무와 임금 수준이라는 관점을 중시하여 "조직 내의 직무에 상대적 가치를 부여하여 직무 간의 임금격차를 조정하는 인사관리의 한 기점"이라고 정의하고 있다.

직무평가는 모든 직무의 상대적 가치를 결정하고 그 가치에 따라 여러 직무를 하나로 모은 다음, 각각에 대한 서열을 부여하는 과정이라 볼 수 있다.

❖ 직무평가 실시 목적 ❖

- 직무급 체계의 확립
- 임금관리에 활용
- 협조적인 노사관계의 설정
- 적절한 인적자원관리

직무평가 내용은 해당 직무의 책임, 숙련도 등 직무의 내용을 평가하는 것과 조직 목표에 대한 공헌도, 외부 노동시장 내의 수준 등, 직무의 가치를 측정하는 데 있다. 직무평가 방법에는 평가결과를 계량화 여부에 따라 두 가지로 분류할 수 있다.

첫째, 직무수행의 난이도와 기여도 등을 기준으로 종합적이고 포괄적인 판단에 의해서 직무의 상대적 가치를 평가하는 비계량적인 방법이다.
둘째, 개별 요소에 기초를 두고 이를 분석적으로 평가하려는 방법으로서 점수법과 요소 비교법을 사용하는 계량적인 방법이다.

직무평가 과정은 직무분석 결과 도출된 직무 분류체계를 기준으로 직무평가 대상을 선정하고, 서열법, 분류법, 요소 비교법, 점수법 방법을 활용한 평가 도구를 개발한 다음, 직무별 평가점수, 직무별 평가등급, 보상 체계에 활용 방안 및 인력 운용계획 활용방안 등을 산출하게 된다.

직무평가 과정

표 11-3 · 직무평가 요소

학 자	평 가 요 소
C.W.Lytle	① 숙련 : 지능적 숙련, 육체적 숙련 ② 노력 : 정신적 노력, 육체적 노력 ③ 책임 : 대인적 책임, 대물적 책임 ④ 작업 조건 : 위험도, 불결도
R.C.Smith	① 정신적 요건 : 선천적인 지성, 기억력, 표현력, 판단력, 후천적인 일반적 교양과 지식 ② 숙련된 요건 : 후천적인 것으로 기계 조작 시 근육 운동 종합화의 능력, 신체적 상태 즉 연령, 체중, 성별, 힘, 시력 등 ③ 책임 : 원재료, 제품, 도구, 설비, 회사 재산, 현금·증권, 이윤, 손실, 저축, 방법 개량, 기록, 감독 책임 등 ④ 작업 조건 : 작업시간, 조명, 기압, 환기, 소음, 밀집, 위험도 등

자료 : 안영면 외2, "인적자원관리", 대명

3 호텔의 고용관리

호텔기업에서 필요로 하는 우수한 인재를 고용하여 적재적소에 배치하여 운용하기란 그리 쉬운 일이 아니다. 호텔기업 경영자는 적격자를 채용하여 그들의 우수한 능력을 발굴·육성하여 호텔 발전에 기여할 수 있는 인재를 개발하기 위한 창의적인 방법에 대해 많은 관심을 갖고 노력하고 있다.

1. 채 용

채용(recruitment)은 기업에서 조직 구성원의 공석 혹은 향후 발생할 공석을 채우기 위해 기업 내외에 있는 인적자원의 원천에서 모집을 하여 지원한 희망자 중에서 필요로 하는 능력, 기술, 자질을 갖춘 인적자원을 찾아내어 특정 직무에 투입하여 조직 구성원으로서의 양성하여 자격을 부여하는 것이라 할 수 있다.

모집은 사내모집과 사외모집으로 나누어지는데, 사내모집은 주로 현재 직원 중에서 승진 또는 전환배치도 하며, 직무교대, 재고용 등을 통하여 적임자를 충원하는 것을 말한다. 사외모집은 사내모집으로 필요 인력을 충원하지 못했을 경우나 사세 확장 등으로 새로운 인재가 필요할 때 공고하여 외부로부터 필요한 적격자를 모집하는 것이다.

사내모집은 직원을 통하거나 사내 게시판을 통하여 채용할 수 있지만, 사외모집은 사내모집에 비하여 많은 비용이 소요되는 단점은 있지만, 균등한 고용 기회의 부여라는 면과 우수한 인력을 고용할 수 있다는 장점이 있다.

2. 선 발

선발(selection)은 기업에 필요한 적격자를 채용하여 업무효율을 높이기 위함이므로 호텔기업에서 원하는 직무능력 소유자로 신뢰할 수 있고, 장기적으로 헌신할 수 있는 환대업무(hospitality work)적 체질을 가진 직원을 선발해야 한다.

만약, 부적격자를 채용하게 되면 업무의 비능률은 물론, 이직률을 높이는 결과를 초래하게 되고, 경영상 경제적인 측면에서도 손실이 발생하게 된다.

최상의 직원을 선발하기 위해서는 입사원서 접수 및 시험과 면접 등은 물론, 다양한 프로그램을 통해 선발기준에 합당한 근로 효율성이 높을 것으로 예측되는 적임자를 선발할 수 있는 도구가 필요한데, 여기에서 직무기술서와 직무명세서라는 선발도구를 이용하여 적임자를 선발할 수 있다.

선발도구에 의한 측정결과 일관성을 뜻하는 신뢰성(reliability)과 채점 결과에 오차가 없어야 하는 객관성 있는 평가 요인 중 가장 중요한 타당성(validity)과 총 지원자 수에 대한 채용예정 인원수의 비율인 선발 비율(selection ratio)이 고려되어야 매우 효율적이고 합리적인 선발을 할 수 있다.

채용 선발시 우선적인 고려사항은 첫째, 체계화된 직무기술서와 직무명세서에 의한 선발이 필요하며, 둘째, 선발과정의 핵심이라 할 수 있는 면접을 통한 선발이 필요하다.

표 11-4 · 선발 방법

정원산정	
거시적 방법	미시적 방법
기업의 지불 능력, 매출 등 정원에 대한 영향력이 클 것으로 판단되는 자료를 활용하여 기업의 총 소요 인원수 결정	직무분석, 표준 작업량 설정 등의 기법을 사용하여 직무단위 수준에서 적정인원 수를 결정
장점: 목표매출, 목표인건비 등 사업목표와 전략 반영이 가능하다.	장점: 현 업무량 반영이 가능하다.
단점: 회기모형 개발 시 과거자료를 사용함으로써 과거 자료의 영향을 받는다.	단점: 소요시간과 비용이 크며, 사무직 작업량 측정에 어려움이 있다.

3. 시험 및 면접

시험은 직원 채용시 응시자의 정보를 얻는 수단으로서 채용에 대한 표본을 측정하는 객관적이고 표준화된 절차로 가장 널리 사용하는 방법이다.

크루든&셔먼(H. J. Chruden & A. W. Sherman)은 시험의 종류를 시험 대상자와 해답 방식에 따라 크게 두 가지로 나누었다.

첫째, 시험 대상자에 따라 집단시험과 개별시험으로 구분하였다.

둘째, 해답 방식에 따라 필기시험, 실기시험, 구술시험 세 가지로 구분하였다.

면접은 선발과정에서 필기시험으로는 알 수 없는 응시자의 용모, 성장환경, 경력, 성격, 판단력 등을 보충적으로 알아보기 위한 것이다.

따라서 주관적인 판단이 개입될 수 있음에도 불구하고 경영자나 인사 담당자에게 다른 선발 도구보다 좋은 결과를 얻을 수 있다는 인식의 확산으로 그 유용성이 잘 알려져 있다.

면접으로 직원을 선발할 시에는 응시자의 직무능력 및 이력에 초점을 두어야 한다. 뿐만 아니라 사람들과의 친화력, 그 업체에 대한 관심, 배우려는 의지 등을 면밀히 살피고, 개개인의 자질과 외모, 몸치장 등도 환대산업 종사자에게는 매우 중요한 요소이므로 잘 고려해서 선발해야 한다.

❖ 면접 형식 ❖

① **정형적 면접** : 사전에 세부적으로 상세히 표준화시켜 놓은 면접 내용을 질문하여 피면접자의 정보를 파악하는 형식.
② **비정형적 면접** : 면접자가 공식화된 질문형태가 아닌 일반적이고 광범위한 질문을 하여 피면접자의 정보를 파악하는 형식.
  ※ 이 방법에서는 면접자의 편견이 개입되지 않도록 해야 한다.
③ **스트레스 면접** : 긴급한 상황이나 긴장된 상황에서 피면접자가 어떠한 판단과 행동을 하는가를 조사하기 위한 형식.
④ **패널 면접** : 다수의 면접자가 한 명의 피면접자를 대상으로 하여 정보를 파악하는 형식.
⑤ **개인 면접** : 1명의 지원자에게 2명 이상이 질문하여 평가하는 형식.
⑥ **토론 면접** : 피면접자를 집단으로 구성하여 특정 주제를 중심으로 자유로이 토론하도록 하여 그 과정에서 각각 개별적인 평가를 하는 형식.

4. 배 치

선발된 인력을 적재적소에 배치시키는 것은 크게 두 가지로 분류될 수 있다. 첫째는 신규 직원의 배치이고, 둘째는 기존에 배치된 구성원을 다른 직무로 바꾸어 이동하는 재배치로 분류할 수 있다.

만약, 배치가 잘못되었을 경우, 시간과 비용을 들여 채용한 인력의 낭비와 직무 수행 차질은 물론, 높은 이직률이 나타나기 때문에 배치는 인적자원관리 측면에서 중요한 사항이다. 따라서 배치는 적재적소의 실현, 능력주의의 원칙, 인재육성주의의 원칙에 입각하여 실행해야 한다.

5. 인사고과

인사고과란 인원 배치, 임금 책정, 교육 훈련 등을 위해 직원들의 능력·성적·태도를 종합적으로 평가하는 제도를 말한다. 일명 근무평정·직원평정·능률평정이라고도 한다. 즉, 인사고과는 조직의 관리자가 인사행정의 합리화·능률화·공정화를 기하여 직원들에 대해 인사이동·임금책정·능력개발 등을 행하기 위해 직원 개개인의 업무실적·수행능력·근무태도 등을 평가하는 것을 말한다.

미국에서는 과학적 인적자원관리로, 중요한 기능의 하나로서 효과적인 능률 촉진을 목적으로 채용되어 왔다. 이 같은 인적자원관리는 여러 기능에 적용함으로써 상벌이나 대우의 불공정 제거와 동시에 우수한 인재를 발탁해서 적재적소에 배치함으로써 직원의 사기를 높인다는 점에서도 중요한 의의가 있다.

또한, 직원의 특성 및 결함을 파악하여 이에 대한 적절한 지도·교육 등을 통하여 인사의 합리화·능률화를 기하는데 있으며, 또 정기승급, 베이스업의 개인별 배분, 상여금 등 액수의 결정에 있어서도 중요한 역할을 한다.

법률적으로 균등처우, 남녀동일임금, 승진에 관한 남녀차별금지, 부당노동행위 등의 제 규정이 사정행위를 규제하고 있으나 이에 반하지 않는 한 사정은 인사고과제도의 틀 안에서의 사정권자의 재량적 판단에 일임된다. 따라서 인사고과제도의 취지에 반하여 재량권을 남용하는 경우에는 불법행위 등으로 다툼의 소지가 있을 수 있다.

그러나 근무평정을 실제로 행하는 경우, 객관적인 평가에 의한 실행 여부의 어려운 점과 평정해야 할 평가자의 사적인 평가가 되지 않도록 해야 하는 점 등이 있으므로 그 목적 달성을 위해서는 평정방법의 객관성은 물론, 평정자의 신뢰성과 평정과정의 합리화 및 민주화를 기할 필요성이 있다. 평정 방법은 여러 가지가 있을 수 있지만, 보통 성적순위법, 대인비교법, 표준기록법, 인물명세표법, 강제배분법 등이 있다.

표 11-5 · 인사고과의 목적

목 적	내 용
성과측정 및 공정한 처우	성과를 주기적으로 측정하여 연봉(임금, 상여금) 결정에 활용하기 위함이다.
적재적소 배치	직무에 적합하도록 하는데 유용한 자료로 활용하기 위함이다.
능력개발	능력을 정확히 파악하여 경력개발 및 교육훈련에 필수적인 자료로 활용하기 위함이다.
인사이동 정보 제공	승진, 배치, 이동, 강등 등을 합리적으로 실시할 목적으로 활용하기 위함이다.
성과 피드백	얼마나 성과를 거두었고, 조직의 기대 수준에 얼마나 접근하고 있는가를 알려고 할 때 활용하기 위함이다.

표 11-6 · 인사고과 기법

구분	종류	내용
전통적 고과기법	서열법 (ranking method)	업적이나 능력에 대한 근무성적을 서로 비교해서 서열을 정하는 방법이다.
	쌍대비교법 (paired comparison)	분석적 요소마다 비교하는 분석적 쌍대비교법과 능력 및 업적을 전반적으로 보고 비교하는 종합적 쌍대 비교법이 있다.
	평정척도법 (rating scale method)	부문별로 바람직한 행태의 유형 및 등급을 구분하여 제시한 뒤, 해당 사항에 표시하여 평정하는 방법으로 주관적 판단 배제를 위해 직무분석에 기초하여 직무와 관련된 중요한 임무 분야를 선정하고, 중요 행태를 명확하게 기술한 뒤 점수를 할당하는 방법이다.
	대조리스트법 (check list method)	평정에 적당한 표준행동 몇 가지를 구체화시킨 문장을 리스트에 기재해 놓고 능력과 근무상태 등을 리스트와 대조하여 채점한 후, 일정한 채점기준표로 평가하는 방법이다.
	면접법 (interview method)	면접자와 피면접자가 1대1로 면접자가 질문을 하고, 피면접자의 반응을 분석하는 방법을 말하며, 목적에 따라 자료수집 조사면접과 업무개선을 위한 상담면접이 있다.
현대적 고과기법	자기신고 제도 (self-return system)	피고과자 스스로 채점하는 방식으로 업무의욕을 파악해 현재 업무의 적합성 여부나 배치·전환 희망 등을 신고하게 하는 제도이다.
	중요 사건 서술법 (critical incident appraisal)	업무수행 과정에서 피평가자의 주목할 만한 행동들을 기록하여 평가하는 방법이다.
	행위 기준 고과법 (behaviorally anchored rating scales)	특정 직무의 수행능력에 대한 평가를 기준으로 하는 고과법으로 중요사건 기술법과 평정척도법이 결합된 기법이다.
	목표관리법 (management by objectives)	스스로 성과에 대한 목표를 결정하고, 그 목표를 달성하도록 하여, 그 정도를 평가하는 결과지향적인 관리체계 방법이다.
	평가센터법 (assessment center)	특정 장소에서 1~2일 또는 3~4일에 걸쳐 합숙시키면서 평가도구를 적용하여 평가하는 방법이다.(프레젠테이션, 상황 면접, 역할 연기, 비즈니스 게임) 등이 있다.

4 임금관리

1. 임금관리의 이해

　임금은 사용자가 정신노동 또는 육체노동을 하는 근로자에게 '근로'의 대가로 지급하는 화폐를 말한다. 우리나라 근로기준법에 의하면, '임금'이란 사용자가 근로자에게 근로의 대가로 임금, 봉급, 그 밖에 어떠한 명칭으로든지 지급하는 모든 금품을 말하며, 사용자는 근로자에게 그 전액을 매월 일정한 날짜를 정하여 지급한다. 다만, 법령 또는 단체협약에 특별한 규정이 있는 경우에는 임금의 일부를 공제하거나 화폐 이외의 것으로 지급할 수 있다고 되어 있다.

　임금은 크게 두 가지로 구분할 수 있는데, 하나는 정기적으로 지불되는 통상의 임금 외에 수당 및 상여금 등의 각종 지급금을 의미하고, 다른 하나는 각종 임시적 지급을 제외한 경상적 지급을 의미한다.

　임금은 근로에 대한 보수의 크기를 의미하며, 임금 수준은 근로자와 사용자의 입장에 따라 그 의미가 달라진다. 즉, 근로자 입장에서는 임금 소득이 생활비의 유일한 원천이기 때문에 보다 많이 받기를 원하며, 최소 생활을 보장할 수 있는 임금을 요구한다. 반면, 사용자 입장에서는 임금은 생산에 필요한 지급 항목인 노무비에 해당하는 비용이기 때문에 생산성이나 능률에 견주어 결정해야 하는 능률급 임금이나 생산성 임금을 주장하고 있다. 임금은 국민경제의 입장에서 보면 경제순환에 있어서 구매력이나 가격으로서의 중요성을 지니고 있을 뿐 아니라 기업의 생산성에 있어서도 중요하기 때문에 임금 수준이 너무 높거나 너무 낮을 경우, 또 다른 문제를 야기하게 되므로 적정선을 꾀하게 된다.

　지나친 고임금은 근로자의 생활수준은 향상되지만, 기업은 임금지출 증가로 이윤폭이 감소되어 경영 압박으로 투자의 감소를 초래하게 되며, 임금 지급능력 부족이 발생하면, 생산 축소가 일어나고 생산비가 높아져 대외 경쟁력을 약화시키게 될 수 있다. 뿐만 아니라 인력 감축 또는 기업이 도산할 경우에는 실업자 증가를 초래할 위험도 있다. 반면, 지나친 저임금은 기업에는 유리할지 모르나 근로자의 근무의욕 상실과 노동력 재생산이 어렵게 되어 인적자원의 유지와 개발에 차질을 가져오게 되고, 구매력의 하락으로 국민경제를 불황으로 몰아넣을 수도 있게 된다. 그러나 저임금으로 지출이 덜 된 자금을 생산에 유입하여 과잉 생산을 하게 되면, 공급은 많은데 저임금으로 인한 경제적 여유가 없어 구매 수

요가 줄어들어 공급과 수요의 불균형으로 불황을 야기할 수도 있다. 하지만, 기업의 잉여 이윤 증대로 국민경제의 확대를 유도할 가능성도 있으며, 소비의 확대로 이어져 경기를 회복하는 구실을 할 수도 있다.

이와 같이 기업의 임금 지급능력이나 노동생산성을 장기에 걸쳐 상회하거나 하락해도 문제가 있으므로 소득으로서의 임금, 비용으로서의 임금, 구매력이나 가격으로서의 임금에 대해 국민 경제적 차원에서 균형관계를 유지하도록 기업에서 임금관리를 신중하게 다루어야 한다는 것이다.

2. 임금의 형태

임금의 형태는 매우 복잡·다양하지만 두 가지의 지배적인 기본 형태인 시간임금과 성과임금이 있다. 다른 여러 가지의 임금형태도 대부분은 이 두 가지 기본 형태의 복잡한 변형조합에 불과하다.

(1) 시간임금제

시간임금제는 작업 시간과 기능에 따라 일정한 금액을 근로의 대가로 주는 임금 제도이다. 시간임금은 근로자의 능력과 자질, 작업의 양과 질에 관계없이 근로 시간을 기준으로 계산하여 임금을 지급한다. 이는 일정 기간에 걸쳐 지급하는 일임금, 주임금 등의 총액을 말하며, 시간당 근로 분량에 대한 시간임금과는 임금액이 구별된다.

시간임금은 임금계산 업무가 간편하고, 생산 활동에 시간적 제약을 받지 않으며, 품질의 불량률을 방지할 수 있는 장점이 있지만, 일률적인 임금 지급으로 동기부여나 사기진작의 촉매제로는 자극성이 약하다는 단점이 있다. 다음의 시간임금제 종류를 살펴보자.

① **단순시간급제** : 근로자가 수행한 작업의 분량과는 관계없이 근무 시간에 대한 급료로 일급, 주급, 월급이 있다.
② **복률시간급제** : 작업 시간을 표준화하여 작업성과의 능률에 따라 임금을 계산하는 시간급제이다.
③ **계측일급제** : 임금률의 설정 및 그 변경 방법에 있어서 자극급(刺戟給)의 새로운 형식을 갖춘 일급제도를 말한다. 이는 기본임률에 대한 부가수입은 생산성, 일의 질, 근무태도 등의 평가에 기초를 두고 결정하게 된다.

(2) 성과임금제

근무성적이나 실적에 따라 임금을 결정하는 제도로 주로 영업직 또는 판매직에 많이 사용된다. 생산직에서 작업 시간에 관계없이 성과나 능률 정도를 고려하여 많은 노력으로 성과를 올린 근로자에게 높은 임금을 지불함으로써 노동생산성을 제고하는 임금제도이다. 이는 성과에 따라 많은 임금을 지불하며 개인적 차이가 있지만, 전체 작업장에서는 상쇄되어 기업에서 지불되는 총임금은 그 사업부문의 평균 임금 이상으로 생산할 수 있으므로 임금과 잉여가치의 비율은 변하지 않는다. 다음의 성과임금제를 살펴보자.

① **단순성과급제** : 상품의 단위당 임금률을 정하고 그 작업량을 환산하여 임금을 산출하는 방법으로 노동시간이나 생산품의 질을 고려하지 아니하고 단순히 작업량에 비례하여 지급하는 방법이다.

② **차별성과급제** : 하루 표준 작업량을 정하여, 표준 작업량의 성과를 올린 근로자에게는 높은 임금률을 적용하고, 미달된 근로자에게는 낮은 임금률을 적용하는 방법이다. 이는 단순성과급의 기능을 보안하기 위해 테일러가 고안한 것이다.

③ **일급보장성과급제** : 일정한 한도까지는 최저 일급을 보장하고, 그 이상의 작업량에 대해서는 성과급으로 지급하는 시간급과 성과급의 절충 방법이다.

(3) 추가급제

추가급제는 시간급제와 성과급제의 절충 형태로 근로자의 생계비를 보장하면서 생산성과가 표준 이상인 경우, 초과금과 상여금 형태로 일정률의 추가금액을 지급하는 제도이다. 이러한 추가급제에는 '할증급제'와 '상여급제'가 있다.

① **할증급제** : 시간을 기준으로 한 개인성과급제도의 한 형태로서, 작업한 시간에 대한 성과가 낮더라도 일정한 임금을 보장해 주는 한편, 표준을 초과하는 성과에 대하여 일정 비율의 할증임금을 지급하는 제도이다.

② **상여급제** : 표준 이상의 과업을 달성했을 때, 특별히 추가로 지급되는 급여를 말한다. 여기에는 초과달성에 대한 보상을 지불하는 제도로 '간트(Gantt)식 과업상여급제'와 '에머슨(Emerson)식 능률상여급제'가 있다.

- 간트(Gantt)식 과업상여급제 : 표준시간 내 과업을 달성한 경우에는 시간급의 20%를 추가하여 지급하고 과업을 달성하지 못한 경우에는 시간급에 해당하는 임금을 지급하는 방법이다.
- 에머슨(Emerson)식 능률상여급제 : 작업량을 과학적으로 설정해 놓고, 초과 달성 시에는 성과급과 동시에 상여금을 지급하고, 능률 이하일 경우에도 어느 단계까지는 일정률의 상여금을 지급하는 방법이다.

(4) 특수임금제

① **집단 임금제** : 근로자 개개인 중심의 임금산정과 대립되는 제도로서 일정 근로자의 집단별로 임금을 산정하여 지급하는 제도이다.
② **순응 임금제** : 일정한 임금률을 변동하는 제 조건에 순응하여 자동적으로 임금률을 조정하는 제도로서 물가 연동제라고도 한다.
③ **이윤 분배제** : 기업이 근로자들에게 지불하는 통상임금 이외에 기업의 이윤 발생시 노사의 협약에 의해 정해진 방법으로 근로자에게 이윤을 분배하는 제도이다.

(5) 연봉제

연봉제는 근로자의 능력 및 실적을 평가하여 1년 단위로 임금을 계약에 의하여 연간임금을 매월 분할하여 지급하는 능력 중심형 임금제도이다. 연봉제 필요성을 다음과 같이 설명할 수 있다.

① 능력주의 임금 체계로의 이행 ② 개인적 동기의 충족
③ 노동시장 유연화   ④ 고임금, 저성장 체제로의 전환

표 11-7 · 전통적 보상 시스템과 전략적 보상 시스템의 비교

구 분	전통적 보상 시스템	전략적 보상 시스템
중심 가치	공정성, 체계성, 합리성	전략 실행의 핵심역량 개발
보상수준 결정요인	내부 노동시장 기준	외부 노동시장 기준
보상 형태	고정급 성격	연동급 성격
보상금액 결정기준	과거의 실적 중심	보유 역량의 잠재적 가치
보상 시스템 특징	단기적 금전적 보상 중심	단기적 금전적 보상+장기적 금전적 보상+비금전적 보상

표 11-8 · 연공급/직무급/직능급 비교

종류	연공급	직무급	직능급
개요	근속연수에 따라 임금수준을 결정하는 임금형태. 근속연수가 증가할수록 숙련도 상승으로 직무수행능력, 업적, 직무가치 등의 요소를 부가하여 평가기준으로 삼고 있다.	담당 직무의 상대적 가치에 따라 일정 급여액을 정하고 동일한 직무를 수행하는 경우 동일한 임금을 지급하는 제도.	직무수행능력(현재능력+잠재능력)을 고려하여 동일한 직무를 수행하더라도 개인의 직무수행능력을 판단하여 임금을 관리하는 제도.

유형	• 연령급 : 인플레이션 등 경제적 여건이 불량한 경우, 근로자의 최저생활을 유지하도록 하기 위하여, 연령에 따라 높낮은 최저생활비를 임금지불의 기준으로 삼을 때 적용되는 특수한 형태
	• 근속급 : 개인 생활을 유지·보전하고 노동시장에서 일정한 노동력을 확보하려는 차원에서 유용한 제도이며 동양적인 가치관과도 부합된다.
		• 평점별 단순직무급 : 직무 평가 결과 평점마다 그 직무의 급여액을 결정하는 형식으로 한 직무에 한 급여액을 적용.
		• 직급별 직무급 : 직무평가에 따라 직무 등급화
		  - 직급별 단일직무 : 직무평가의 평점이 비슷한 몇 개의 직무를 일괄해서 직급을 만들고 각 직급마다 한 급여액을 결정.
		  - 직급별 범위 직무급 : 한 직급에 대한 급여액에 폭을 갖게 하고, 그 폭 중에서 승급을 인정하는 형태.
			• 임금 항목의 구성 형태에 따른 구분.
			  - 순수형 직능급
			  - 병존형 직능급
			• 직능급 결정 방법에 따른 구분.
			  - 직능등급별 직능급
			  - 능력평점별 직능급
			• 실시 절차
			  - 직능분류
			  - 직능등급 구분 설정
			  - 개인등급 부여
			  - 직능체계에 따른 급여체계 설정
			  - 인사고과, 업적평가 연계.

특징 및 장·단점	• 조직의 안정화와 생활안정, 위계 질서의 확립 실시가 용이하다는 장점이 있으나, 전문 인력의 확보 곤란, 인건비 부담의 가중, 소극적이고 종속적인 근무태도의 야기, 능력 있는 젊은 층의 사기 저하라는 부정적 측면이 있음.	• 직무에 상응하는 급여지급, 개인별 임금차 불만의 해소, 동일노동 동일임금에 충실하다는 장점이 있음. • 직무내용의 명확, 직무의 안정, 고임금 수준, 적정한 직무평가 방법 등이 직무급 실시의 전제 조건이나 대부분 이러한 조건을 충족시키기 어렵고, 직무와 능력의 결합이 잘 되지 않는다는 점이 단점. • 장기 근속자에게 불리함. • 이동(순환배치)과 다능화 요구를 충족시킬 수 없다.	• 직능구분의 명확화, 능력개발, 능력평가를 어떻게 할 것인가 하는 점이 선결 요건이고, 계적인 교육훈련, 적정 배치가 뒤따라야 함. • 직위승진을 보상받는 계층과 직능급상의 성격(급여보상) 보상을 받는 계층으로 구분되어 보상의 기회가 확대되는 효과가 있다. • 학력이나 화이트 컬러, 블루 컬러 구분 없이 근속에 따라 동일한 직능자격등급을 부여받을 수 있는 기회가 확대됨으로써 노사 공동체 형성에 기여할 수 있다.

5 교육·훈련

1. 교육·훈련의 이해

교육·훈련은 교육과 훈련으로 구분되는데, 교육이란 주체적이고 자기 계발적인 인간형성을 내적으로 촉진시키는 것으로 잠재적인 정신적 의미가 강하다.

반면에 훈련은 육체적, 기술적인 것을 연습에 의하여 몸으로 익히거나 지식을 습득하여 특정 직무를 수행할 수 있는 기능을 발달시키는 것이다.

둘리(C. R. Dooley)는 교육·훈련이란 신입사원에 대해서 한 번만 행하는 것이 아니고, 성공을 거두고 있는 기업에서는 지속적이어야 한다고 하였다. 즉, 성공을 거두고 있는 기업의 상사가 자신이 원하는 방식대로 부하에게 일을 시킨다면, 그것이 바로 교육인 것이다. 또한, 부하에게 지시를 하고, 업무절차를 토의한다면 이것 또한 교육인 것이다. 라고 하였다.

교육·훈련은 기업의 목적을 달성하기 위하여 고용한 직원의 업무 수행능력을 향상시켜 나가는 과정이라고 할 수 있다. 즉, 직원의 사고(思考)나 습관, 태도를 변화시키고 새로운 기능의 습득과 향상을 통하여 각자의 직무를 효과적으로 수행할 수 있도록 지원하기 위한 계획적 행위이다.

교육·훈련은 지식, 기술, 능력, 태도 등을, 교육을 통해 습득하여 전문적인 능력을 향상시킬 뿐 아니라 태도의 변화를 일으켜 성취동기를 유발시키고 근로 의욕을 증진시키며 조직의 활성화를 촉진함으로써 조직의 목표 달성과 개인의 목표 달성에 기여하도록 하는 것이기 때문에 지식·기술축적, 조직협력, 동기부여, 사기앙양, 태도변화, 문제해결능력 배양, 대인관계능력 향상 등의 여러 가지 효과를 동반하여 조직의 효과성 증대에 기여하게 된다.

과거의 교육·훈련은 새로운 형태의 과학기술에 부응하기 위한 전문기술을 습득시키는데 중점을 두었는데, 이는 기능적인 교육·훈련으로 단순히 새로 도입한 기계설비의 사용법을 가르치기 위한 것이었으며, 각 개인의 계발 교육에는 관심을 별로 기울이지 않았다. 그 후, 노동시장 조건이 변하기 시작함에 따라 경영주들은 점차 교육·훈련의 문제를 한층 더 중요한 것으로 보기 시작하였다. 1970년대 초까지 많은 기업들은 직원에 대한 교육·훈련 기회를 제공함으로써 보다 높은 수준으로 끌어올렸고, 유지시키며 더욱 많은 인재를 확보할 수 있다는 사실을 깨닫게 되었다. 또한, 필요한 직원 교체는 비용이 많이 든다는 사실을 인정하게 되었다.

　1980년대에는 많은 성공적인 기업들이 이론상으로 본 경영방침과 그 시행절차, 그리고 실제에 있어서의 교육·훈련 상의 갭(gap)을 줄이기 위하여 노력을 하였다. 직원들도 교육·훈련에 관련된 사항이 자신의 이력에 중요하다는 점을 인식하게 되어 많은 직원들은 회사에서 당연히 그들에게 유용한 교육·훈련을 시켜줄 것을 기대하였다.

(1) 전 직원의 지식, 기술 및 행동 양식의 계발

　직원들은 주로 본인이 제공하는 서비스에 대한 대가로 급여를 받게 되는데, 신입사원의 경우 이들 기술의 대부분은 주로 기능적인 것이며, 사실상 단순히 손으로 하는 기술에 관한 것이었다. 예를 들면, 객실예약 방법, 스테이크를 굽는 방법, 생선요리 방법 등이었다는 것이다.

　대부분의 중간관리자들은 현장 관리·감독과 직능기술 및 수작업 등의 기술과 상호 균형을 유지하면서 관리자들은 각기 습득한 바 있으므로 일반적으로 볼 때 직원에 대한 관리적 이론이 축적되어 감에 따라 개념적 기술에 대한 중요성을 인지하게 되어 점차 증대되었다. 그렇다고 수작업 기술이 갑자기 중요시되지 않음을 의미하는 것은 아니다. 도리어 경영관리 책임자로부터 보다 폭 넓은 기술을 요하게 된다는 것이다. 따라서 관리자는 전문지식 이외에도 균형 예산의 도모, 손익계산서의 분석, 하위자에게 적절한 책임 위임, 직원에 대한 감독 및 문제·분석에 있어서도 다각적인 접근 방법을 취할 수 있어야 한다.

① 직원에게 정보 제공

　새로운 정보를 지속적으로 얻고자 바라는 것이 인간의 본성이다. 따라서 각 부서장이 제공하는 일련의 교류 교육을 통하여 타 부서에서 일하고 있는 동료 직원들이 어떤 책임을 맡고 있으며, 어떠한 활동을 하고 있는가의 정보를 서로 제공함으로써 서로에게 도움을 주고, 기업을 이해시키는 방향으로 이끌어 갈 수 있게 되는 것이다.

　더욱이 프런트오피스 근무자들은 식음료, 객실관리·판매와 마케팅, 기계, 전기 부문 등, 자기부서 업무와 다른 기타 부문에 이르기까지 배움의 기회를 제공하면, 직원들은 자신의 업무가 호텔 전체에 어떤 영향을 미치는가를 알게 되므로 호텔기업의 성장과 성공을 위해 매우 중요하다는 사실을 한층 더 절실히 인식하게 될 것이다.

　예를 들면, 호텔의 새로운 혁신 프로젝트나 다음 주에 호텔에 방문 예정인 명사나, 객실 서비스 칭찬 내용의 서한과 같은 여러 가지 사항의 정보를 알려줌으로써 직원들은 자신의 업무가 매우 중요하다는 것을 느끼도록 하는 것이다.

　따라서 중간 관리자나 상위 관리자들도 자신의 발전을 추구하며 서비스업계에서 요청되는 필요한 여러 분야의 업무 능력과 기술을 함양시켜 나감으로써 뒤지지 않으려고 많은 노력을 기울여야 할 것이다.

② 경영관리 기법 교육·훈련

　경영관리 기법에는 인간관계, 리더십, 동기부여, 의사결정, 시간관리 및 스트레스 관리 등과 같은 사항은 연수교육을 하거나 사내에서 진행 중인 교육·훈련 프로그램을 통해서 개발될 수 있다. 교육·훈련 자체만으로 직원들이 곧바로 관리기술에 대한 개발을 하지 못하더라도 워크숍이나 집단토론, 역할연기연습, 사례연구와 상호 의사전달을 통하여 강사와 피교육자 간에 소통이 이루어짐으로써 중간 관리자와 상위 관리자 계층에서 요구하는 문제해결 능력을 개발시키는데 실질적인 도움을 줄 수 있도록 해야 한다.

③ 직원의 접객태도 개선

　접객태도는 직무수행에 있어 다른 기술과 마찬가지로 호텔기업의 성패에 중요한 요인이 된다. 때문에 적절한 교육·훈련으로 비교적 단시일 내에 기능적인 기술을 가르칠 수는 있지만, 직원 스스로 자기 동기부여를 유도하기 위한 교육은 참으로 어려운 일이다.

　그러나 교육·훈련 프로그램으로 직원들에게 흥미와 의욕을 불러일으켜 줄 수 있으므로, 그 결과 직원들은 자신의 직무가 회사 발전에 직결되어 있음을 인식하게 되고 회사에서 자신들을 고용하여 관심과 보호를 하고 있다는데 감사하는 마음을 느끼게 되어 업무의 성과증진과 더불어 회사에 대한 소속감이 증대되고 자긍심을 느끼게 될 것이다.

(2) 조직풍토, 작업환경, 대 고객서비스 및 생산성 제고

　직원들이 즐겁게 생산적으로 일할 수 있는 요소가 회사 전체 분위기를 좌우하는데, 일할 수 있는 10대 요소가 '회사 및 개인적 자긍심', '부서 내 및 부서 간 인간관계', '회사의 안전', '의사결정', '리더십', '대 고객관계', '업무실적', '의사전달', '시간관리', '교육훈련과 인적자원 개발'이다.

어떤 조직의 풍토가 긍정적인가의 여부를 알기 위해서는 관리자들은 위와 같은 요소들을 개별적·집합적으로 이들 변수들을 분석해야 한다.

일단 긍정적인 풍토가 이루어지면 그 효과가 나타나게 되어 직원들로 하여금 성공적인 계획을 세울 수 있지만, 그 풍토가 부정적일 때에는 자유롭지 못한 강제성의 결과로 직원과 기업은 괴리에 의해 실패를 가져오게 된다.

부정적인 풍토를 가진 조직을 변화시키는 일은 상당히 어렵다. 왜냐하면, 변화를 위해 기업은 상호 관련된 많은 요인들을 변경시켜야 하기 때문이다. 이는 관습을 바꾸어야 하는 것으로 이전에 배웠던 기술을 모두 버리고 다시 새로운 기술을 배워 시작하는 것이나 다름없기 때문이다.

(3) 근무환경

회사 조직의 근무환경이 양호할 것 같으면, 직원들 자신이 바라는 개인적인 욕구는 물론, 전 조직을 통하여 직원의 직업교육훈련 욕구도 다 같이 적합한 것이어야 한다. 근무환경 개선이 갖는 이점으로는 결근자가 줄고, 이직 현상이 감소된다는 점을 들 수 있다.

근래 도입된 행동과학 개념인 "Quality of Work Life(직장생활의 질)"는 일본 학계의 개념인 "Quality Circles"과 비슷한 것으로, 같은 개념은 인포메이션이 경영층 상부에서 하향식으로 유입 이동되기 보다는 아래에서 경영층의 상부로 상향식 흐름으로 파악되는 개념이다. 사실, "We Take Care of Our People and They Take Care of Our Profits"(우리는 사람들을 돌보고 그들은 우리의 이익을 돌본다.)라는 말이 있는데, 이는 회사에서 먼저 직원을 보살펴 주면, 직원들은 회사에 이익을 안겨 준다.라고 표현할 수 있으며, 이 의미의 말은 일본의 배경을 나타내는 한 철학적 설명의 의의를 지니고 있다.

따라서 회사에서의 다른 활동과 더불어 교육·훈련 활동은 일반 직원의 직업적인 필요 및 개인적 욕구로부터 시작되는데, 미국의 경우는 이와 반대로 대다수의 훈련이 최고 경영층의 의사를 따라가는 경향이 있다.

① 대 고객서비스

직원들의 업무처리는 고객들이 서비스에 만족하느냐에 영향을 미치게 되는데, 만족을 느낀 고객은 다시 찾아올 뿐만 아니라 호텔이나 레스토랑을 친구나 동료에게 소개시켜 주게 될 것이다. 따라서 적절하게 잘 짜여진 교육·훈련 프로그램은 서비스의 기본적 표준목표 달성 및 유지시켜 주는 매개물과 같은 역할을

하는데, 여기에서 직원들이 각 부서가 설정한 목표를 달성하거나 초과한 경우는 당연히 고객에게는 만족이 따르게 되었기 때문이다.

② 생산성

생산성의 문제는 대체로 Team Work의 기능이다. 직원들이 목표를 달성하고자 협동정신으로 함께 일할 때, 자신의 직무에 대한 자부심은 물론, 전체적인 공동 노력에 자신도 한 몫 공헌했다는 바람직스런 결과를 낳는다.

예를 들면, 조리에 대한 교육은 교육 전과 후를 통하여 시간당 조리한 숫자를 가지고 어떤 요리의 생산성을 측정할 수는 있겠지만, 경영관리 면에서 생산성을 측정하기란 애매모호할 것이다. 업무실적을 통하여 목표달성의 책임을 지고 있는 관리자들은 생산성의 관점에서 볼 때 능률적이었다거나 비능률적이었다고 평가할 수도 있을 것이다.

그러나 경영진(관리자)은 과연 생산적이었을까? 반문을 해보면, 어떤 것과 관련해서 말인가요?, 전체 매상고?, 판매에 대한 하부 직원의 기여도?, 고객 유치 또는 직원을 확보할 수 있는 능력? 등의 다양한 반문이 뒤따를 수 있다. 하여튼 직원들의 교육·훈련에 열성을 기울여야 할 대상이 경영관리 계층에 있음도 분명하다. 따라서 관리자를 포함한 모든 직원들은 자신들의 업무가 재미있고 값지며 생산적이라는 사실을 알 수 있도록 계속 도전할 필요가 있다.

③ 직무의도 제시

직무분석에서 그 원인분석이 빈번하게 제외되고 있는데, 프로그램에 의한 업무 내용을 일정한 절차에 따른 방법으로 수행되어야만 하는 이유를 설정하고, 직원에게 직무에 대한 절차가 의도하는 이유를 가르쳐 줌으로써, 단순히 되풀이되는 유기적 업무수행 방법을 지양하고 뚜렷한 목표의식을 가지고 임할 수 있도록 용기를 북돋아 주어야 한다.

(4) 현대 경영관리의 기법 적용

오늘날의 경영관리 기법은 급변하는 사회적, 문화적, 경제적, 기술적, 그리고 산업의 발전단계와 그 맥락을 같이 하여 왔다. 또한, 경영 관리층의 욕구가 변화됨에 따라 생산성을 달성하기 위한 방법이 이용되고 있다.

전통적 관리방법은 Taylor의 과학적 관리로서 수행되어야 할 과업을 여러 그룹으로 나눔으로써 능률의 효과를 가져왔던 방법으로 이와 같은 제도에서 관리자들은 업무 계획을 책임지고 직원은 이를 수행하는 책임을 졌다. 그리고 기업이 성장하고 더욱 복잡해지자 기획, 통제, 지휘 등의 경영목표는 부문화·분산화를 통하여 경영관리의 목표를 달성하였는데, 오늘에 와서는 이와 같은 부문화 접근 방법과는 다른 새로운 방법으로 변화가 되어 왔다. 즉, 목표관리, 환경관리, 가치관리, 전략적 기획관리, 작업환경 개선, 및 Quality Circles이다. 이러한 접근 방법은 그 모두가 목표달성에 대한 책임의 일부를 조직 내의 각급 부서에 위임하는 것을 그 본질로 하고 있다.

2. 교육·훈련의 분류

호텔기업의 규모와 교육·훈련의 대상과 인원 및 수준, 직원의 경력 그리고 교육·훈련의 내용과 방법에 의하여 달라진다.

(1) 대상에 의한 교육·훈련

교육·훈련 대상은 신분과 계층에 따라 크게 신입자 및 현직자로 분류하여 교육·훈련을 실시하는데, 신입자 교육·훈련은 채용 직후나 수습기간 중에 회사의 전반적인 사항과 기본 정책, 직무와 관련된 지식 및 기능, 근무태도 등과 관련된 사항을 습득시키기 위한 목적으로 실시되며, 현직자 교육·훈련은 조직 구성원의 기능향상, 잠재능력 개발, 관리 및 경영능력 향상을 목적으로 실시한다.

(2) 장소에 의한 교육·훈련

교육·훈련 장소는 사내에서 실시하는 경우와 사외에서 실시하는 경우로 분류하며, 사내 교육·훈련(on the job training)은 가장 일반적으로 실시하는 것으로, 사내 공간의 장소와 시기, 대상자를 한정하여 상사나 숙련공이 직무수행 과정에 대한 내용을 직접 부하를 개별적으로 교육·훈련을 시키는 방법이다.

사외 교육·훈련(off the job training)은 피교육자를 일정기간 사외에 있는 외부기관 연수원 등에서 전문적으로 교육·훈련을 받게 하는 방법이다.

(3) 시기에 의한 교육·훈련

교육·훈련을 시기에 따라 실시하는 것으로 신규 채용자 교육·훈련, 근무 중인 직원들의 재교육, 승진 및 전직 교육, 교환 교육으로 분류된다.

(4) 내용에 의한 교육·훈련

내용에 의한 분류는 기능교육, 교양교육, 사무관계 교육, 전문스텝 교육, 영업교육, 감독자·관리자·경영자 교육, 신입사원 교육을 들 수 있으며, 전문성 강화를 위하여 지금은 교육내용이 보다 세분화되고 있다.

3. 교육·훈련 방법

(1) 강의법

가장 오래된 교육방법의 하나로 교육자는 스태프(staff) 부문의 전문가 라인 관리자나 또는 특정 부문의 고도 숙련자가 피교육자들을 한 곳에 모아 놓고 일방적으로 강의하는 방법이다. 이 방법은 단시간에 많은 인원을 교육할 수 있고, 교육자의 표현력 및 설득력이 강하면 피교육자를 강하게 자극하여 학습효과를 올릴 수 있다.

또한, 어떤 사실이나 사건을 생생하게 표현할 수 있으므로 피교육자가 쉽게 이해할 수 있는 교육 방법이다. 또한, 탄력적으로 교육시간을 운영할 수 있으며 교육내용을 재조정하여 보충하기 용이하다는 장점이 있다.

(2) 토의법

교육 내용이나 주제에 대한 토의를 전개하여 문제를 해결하는 방법으로, 피교육생이 집단으로 서로 자신의 의견을 발표함으로써 개인이 해결할 수 없는 문제를 공동의 집단 사고로 해결할 수 있다. 또한, 피교육자 스스로가 자신의 의견을 자유로이 발표하고 타인의 의사를 경청하는 건설적이고 협동적인 과정을 이루므로 협동정신을 고양시킬 수 있다.

(3) 분단 교육법

피교육자를 고려하여 교육 내용이나 교육 목적에 따라 몇 개의 소그룹으로 나누어 분단별로 교육하는 방법으로 획일화된 일방적인 교육을 탈피할 수 있고, 분단 구성은 능력적인 의미와 사회적 의미를 가지고 임하므로 공동학습의 효과도 나타날 수 있다.

(4) 시청각 교육법

시청각 교육 매체를 교육과정에 접목하여 적절하게 활용함으로써 최대의 교육효과를 얻고자 하는 방법이다. 과거의 추상적인 문자나 말, 지식과 이론에 편중된 것과 달리 각종 시청각 자료를 사용하여 교육하므로 흥미를 유발하고 활동적인 학습활동으로 학습 능률을 올릴 수 있다.

시청각적 교육 매체는 파워포인트·실물·표본·모형·영화·빔 프로젝터 등과 전시회·연극·견학 등과 Roll Playing(RP)·Benchmarking 등에 의한 교육도 포함된다. 이 외에 다양한 형태의 시청각 교구가 있으며, 특히 시뮬레이터(simulator) 언어 실습실, 티칭머신 등이 개발되고 있다.

(5) 프로그램 교육법

특별한 형태로 구성된 프로그램에 의한 학습 자료를 제시하고, 피교육자에게 개별 학습을 시키는 방법으로, 이는 특정한 교육목표까지 무리 없이 확실하게 도달시키기 위한 것으로 피교육자가 가지고 있는 개인적 차이나 능력 차이에 대응하여 교육 목표에 이르는 과정을 구성하고 피교육자가 자기의 페이스에 맞게 스스로 진행하고 스스로 판정하는 방법이다.

(6) 브레인스토밍(Brainstorming) 교육법

브레인스토밍(brainstorming) 교육법은 각자의 생각이나 의견을 말하는 난상토론으로, 잠재되어 있는 아이디어를 개발하여 문제를 해결하는데 사용되는 방법이다. 이는 피교육자의 창조력을 촉진시키고 참여도를 높이는 효과가 있다.

이 방법은 어떠한 내용의 발언이라도 그에 대한 비판을 해서는 안 되며, 오히려 자유분방한 의견을 출발점으로 해서 아이디어를 전개시켜 나가도록 하고 있으므로 자유 연상법이라고도 한다. 즉, 브레인스토밍 방법은 일정한 테마에 대한 회의 형식으로 피교육자들의 자유 발언을 통하여 아이디어 제시를 요구하여 창의적인 새로운 발상을 찾아내는 것으로 그 방법은 다음과 같다.

① 한 사람보다 다수인 쪽이 제기되는 아이디어가 많다.
② 아이디어 제시가 많을수록 질적으로 우수한 아이디어가 나올 가능성이 많다.
③ 일반적으로 아이디어는 비판이 가해지지 않으면 많아진다.

(7) 버즈(Buzz) 교육법

교육생 모두가 토의에 참여하여 발언할 수 있도록 하는 소집단 학습방법으로, 55명에서 8명이 하나의 집단이 되어 주어진 주제에 대해 짧은 시간 안에 자유롭게 토의하고 발표하게 하여 많은 사람들의 다양한 발언을 들을 수 있고, 참석자 모두가 문제를 이해할 수 있다는 장점이 있다.

(8) 사례연구 방법

피교육자에게 특정한 사례를 제시해 주고, 그 문제와 직접 관련된 입장에서 해결하도록 함으로써 능력을 향상시키는 학습방법이다.

사례연구 방법은 많은 표본을 수집하여 제한된 변인을 통계적으로 분석하면서 일반적 경향을 밝히려는 표본 연구나 통계적 연구와는 달리 한 대상의 여러 변인을 동시에 심층적으로 연구한다는 특징을 가지며, 다수가 참여하므로 흥미와 깊이를 더할 수 있다. 이는 변인들이 어떻게 작용하는지 그 과정을 생생하게 그려낼 수 있는 장점이 있으나 사례가 제한되어 있기 때문에 결론을 일반화하는데 한계가 있다는 단점이 있다.

(9) 현장 실무(On-the-Job Training : OJT) 교육법

현장 실무교육은 직장 내에서의 사내 교육·훈련을 하는 방법으로, 피교육자는 직무에 임하면서 교육을 받을 수 있다. 따라서 업무수행이 중단되는 일이 없는 것이 그 특징이다.

OJT(on-the-job training)는 모든 관리자·감독자는 업무 수행상의 지휘 감독자이자 업무수행 과정에서 부하 직원의 능력 향상을 책임지는 교육자이어야 한다는 생각을 기반으로 하여 추진되고 있기에 교육자와 피교육자 사이에 친밀감을 조성하며 시간 낭비가 적고 기업의 필요에 합치되는 교육·훈련을 실시할 수 있다는 장점이 있다.

그러나 교육자의 높은 자질이 요구되며 교육·훈련 내용의 체계화가 어렵다는 단점이 있다. 그러므로 OJT의 대상은 비교적 하부 조직의 직종이 된다.

1 호텔의 안전관리

1. 안전관리의 목적

 안전관리의 목적은 여러 가지가 있지만, 가장 중요한 것은 고객의 안전과 자산보호 및 호텔 자산의 보호라고 할 수 있다. 즉, 1차적으로 고객과 호텔 직원은 물론, 호텔 건물, 시설물에 대한 안전을 관리하는 것이 목적이다. 호텔은 안전에 문제가 발생하지 않도록 연중무휴 하루 24시간 운영으로 안전에 최선을 다해야 한다.

 호텔은 고객에게 환대정신에 입각한 서비스를 제공하기 위하여, 편안하면서 안락하고, 안전한 분위기를 제공해야 하기 때문에 각 부서 구성원들은 조직적인 근무자세로 무엇보다도 안전에 대한 프로정신이 있어야 한다. 프로정신은 경영방침에 대한 교육의 빈도수를 높이고 정신력을 강화시키면서 이루어진다.

 결국, 호텔 안전에 관한 교육 강화의 목적은 호텔의 건물과 시설, 재산 등의 보호와 고객의 신변보호 및 소지품의 도난 분실을 방지하기 위함이며, 호텔 직원의 근무 분위기에 대한 보호를 위한 목적이다.

 따라서 안전관리부서는 고객의 소지품 분실과 화재, 그 밖의 비상사태 등에 대비해 항상 준비태세를 갖추고 있어야 한다. 특히, 화재시를 대비하여 소화 장비의 준비와 비치 등에 관한 제반사항을 숙지하고 있어야 한다. 즉, 안전에 대한 계획과 대비를 철저히 하여 위급한 상황을 미리 예방해야 하며, 불가피하게 상

황이 발생할 때는 신속히 대처하여 해결을 꾀하는 것이다.

종종 사건·사고 발생으로 법률적인 소송이 벌어지기도 하는 오늘의 사회에서 사고 방지를 위해 잘 조직된 안전관리부서를 운영하는 것이 매우 중요하다.

2. 안전관리부서의 역할

안전관리부서(security department)는 고객에게 안락하고, 편안한 분위기를 제공하는데 있어서 중요한 역할을 수행하는 부서이다. 따라서 호텔 건물 전체 순찰과 안전시설 점검 및 소방 대피시설 점검, 직원 안전관리 교육으로 고객의 재산 보호와 호텔 재산 보호 등의 역할을 수행한다. 이러한 업무는 겉으로 드러나지 않게 내부적으로 조용히 수행하여 호텔의 분위기를 편안하게 해야 한다. 혹, 호텔에서 범죄가 발생한다든지, 화재, 사망사고 등 그 밖의 예기치 않은 상황이 발생하거나 특히, 화재로 인하여 소방차 출동 또는 구급차가 현관 앞에 주차되어 있다면 고객들이 당황하여 혼란이 예상되므로, 소방차 또는 구급차를 옆으로 이동시켜 보이지 않게 하고 조용히 처리하는 것이 일반적이다. 따라서 안전관리부서에서는 명백한 위급상황이 발생되거나 호텔 외부로 나타나는 관련 사건이 아니면 근무 중 일어나는 일반적인 사건을 고객의 불편이 없도록 업무에 임한다. 또한, 고객의 소지품 분실과 도난, 화재 등의 비상사태에 대비해 항상 이를 조용히 처리하기 위한 준비태세를 갖추고 있어야 하며, 처리절차는 호텔 안전관리 매뉴얼에 따라 진행되어야 한다.

안전관리부서에서는 항상 발생될 수 있는 상황에 대해 신속하게 대비할 수 있어야 한다는 것을 다시 한 번 강조한다. 특이한 상황이 아니면 담당해야 할 업무가 없는 것같이 보여서, 안전관리부서를 어떤 일이 발생되어야만 활동하는 부서라는 의미로, 피동적인 부서라고 평가하기도 한다. 그러나 실제로는 안전관리부서에서 능동적으로 많은 중요한 일을 담당하고 있다. 따라서 안전관리부서의 책임자는 경험 많은 사람을 채용하여야 한다. 왜냐하면, 담당업무와 역할이 고객뿐만 아니라 호텔 재산과 직원의 안전 등 모든 부문과 연결되어 있기 때문이다.

3. 안전관리 조직과 임무

호텔의 안전관리부서는 타부서 조직과 비슷하며, 안전관리 부서장(the director of security)을 중심으로 부서장은 고객과 직원의 안전한 분위기 조성에 대한 책임을 지며, 그에 관련하는 모든 직무를 총괄 담당한다. 그러므로 필요한 인력과 기술로 24시간 원활하게 호텔기업을 관리해야 한다.

규모가 큰 호텔에서는 부서장 밑에 부서차장(assistant director of security)을 두어 부서장 부재시를 대비하고, 역할을 분담하기도 하며, 안전관리 부서장은 업무활동 상황을 총지배인에게 보고한다. 또한, 다른 부서장들과도 항상 상호협조 체제를 구축하고 있어야 한다.

안전관리부서의 직원들은 1일 3교대로 근무하며, 근무 중에는 호텔의 시설과 고객안전, 직원안전 등을 위해 정해진 시간에 각 구역을 순찰한다. 이 경우의 순찰업무는 안전관리인(security guard)이 담당한다.

안전관리부서의 직원 수는 호텔 규모에 따라 다소 차이가 있나 부서 직원들의 업무 내용은 타부서와 상호 연결되어 있고, 객실과도 연결이 되어 있으므로 어떤 상황이 발생했을 때는 이를 해결하기 위하여 신속하게 대응조치를 계획하고 실천하는 것이 성공적인 안전관리 업무를 하게 되는 것이다.

호텔의 방화관리

1. 화재 예방관리

화재는 한 번에 모든 것을 삼켜버릴 수 있는 화마(火魔)이다. 화재예방은 아무리 강조를 해도 지나치지 않는다. 그리고 호텔의 어느 위치든 어느 지역이든 화재 안전규칙을 지켜야 한다. 안전규칙들은 호텔의 구성 물질, 인테리어에 사용된 직물 등에 대한 화재예방 관리, 입구와 비상구의 구조물 관리, 피난시설·방화구획·방화시설(방화벽, 내부 마감재료 등) 및 임시 소방시설 설치·유지 및 관리, 발연경보기 및 스프링클러 관리와 화재경보기 작동 여부확인 및 화재 대피훈련 등으로 규정할 수 있다. 이러한 규칙들은 고객안전과 호텔의 재산을 보호하기 위함이며, 이를 시행하기 위해서는 재정적 투자가 요구되며, 부담이 되더라도 반드시 필요한 투자를 해야 한다.

방화통제 관리실장은 매일 방화관리대장에 방화점검 기록을 하고, 화재예방에 책임을 진다. 만일의 사태에 대비하여 직원들에게 화재예방 교육과 고객 대피안내교육을 철저히 하고, 호텔 인근의 소방당국과의 소방안전규칙을 제정하고,

그에 따른 장비와 소방시설의 비치 등, 제반사항을 완비해야 한다.

  호텔 건축 시의 건축자재, 호텔 내부 및 객실 구성자재, 호텔 출입구의 위치 및 비상구 표시와 형태, 비상시에 대피할 수 있는 대피통로의 유무, 화재경보기의 설치, 스프링클러 설치, 소방훈련 실시 등의 규칙을 준수해야 한다.

  고객은 호텔 이용시 안전한 환경 속에서 지내기를 원하므로 호텔의 안전관리 부서 책임자는 안전계획 프로그램에 따라 정기적으로 직원들에게 화재예방 교육과 훈련을 실시하여 비상사태에 대비하여야 한다.

2. 화재 예방교육

  화재예방을 위해서 소화전 및 소화기 사용법을 알아두고, 소화기의 위치, 화재시 비상구 위치, 화재경보기 작동시 행동에 대해 실시하는 화재예방 교육 프로그램은 철저히 정기적으로 실시해야 한다. 즉, 호텔직원들은 호텔 전 지역의 비상구, 소화기, 화재 경보음이 울릴 때의 행동요령 등에 대한 지속적인 교육과 비상대비 훈련을 실시하여 안전 대책에 대한 효과를 점검하여야 한다. 또한, 화재예방에 대한 이론과 소화기 취급방법의 실무교육은 모든 직원들에게 지속적으로 이루어져야 한다. 실제 발생할 수 있는 예상 훈련은 화재 안전의 중요성을 일깨워 줄 수 있다. 화재예방 교육은 조직적인 훈련 과정을 거치면서 즉각 대처 행동을 하게 되는 것이다. 화재시 이용하는 도구 이용 정보 등을 포함한다.

3. 방화통제 모니터링 및 사고대처

  호텔은 많은 사람이 일정 공간을 이용하기 때문에 항상 사고의 위험이 따를 수 있다. 따라서 화재가 발생하게 된다면 매우 신속하게 대응해야 하기 때문에 이에 대한 대책으로 방화통제실은 24시간 근무자가 모니터링하면서 감시를 하고 있다.

  호텔에는 인명구조를 대비하여 의사와 간호사가 상주하기도 하며, 응급사항에 대한 대처능력이 부실할 경우, 고객의 생명까지도 잃을 수 있으므로 그 대처방안을 시스템화해야 한다. 따라서 화재 경보음이 울리면 즉시 고객들이 신속하고 질서 있게 대피하도록 하여 모두가 무사하도록 유도해야 하며, 직원 간 신속한 연락을 취하여 화재 발견 장소에 소화기 또는 소화전으로 우선 초기 화재진압을 시도해야 한다.

Chap. 13 호텔 마케팅

1 마케팅의 이해

마케팅(marketing)은 교환의 의미에서 출발된다. 마케팅은 생산자인 기업과 소비자 간의 교환과정이라 할 수 있으며, 상품/서비스를 소비자에게 유통시키기 위한 모든 체계적 경영활동으로 상품 매매 자체만을 가리키는 판매보다 훨씬 넓은 의미가 있다. 즉, 개인 및 조직의 목표를 만족시키는 교환 창출을 위해 아이디어나 상품 및 용역의 개념을 정립하고, 가격을 결정하며, 유통 및 프로모션을 계획하고 실행하는 과정을 말한다.

일반적으로 마케팅은 '거시마케팅'과 '미시마케팅'의 두 가지 관점이 있는데, '거시마케팅'은 생산자의 상품을 소비자에게 전달시키는 사회적인 유통현상으로 보고 유통기구와 그 기능을 분석·검토하고 이를 개선하고자 하는 관점으로 보고 있으며, '미시마케팅'은 유통기능에서 상품을 생산하는 기업 활동을 마케팅으로 파악하고 이의 활동을 연구·분석하여 개선하고자 하는 관점으로 보고 있다.

마케팅 개념은 1900년대 초 미국에서 처음으로 등장하였는데, 이전에는 수요가 공급보다 많았기 때문에 생산자 위주의 시장 구조가 형성되었으나 1910년경부터는 공급이 수요를 초과하면서 소비자 주도의 시장 구조로 변하게 되었다.

따라서 생산자 중심의 경영방식이 소비자 중심의 경영방식으로 바뀌게 되면서 마케팅 개념이 확립된 것이다. 마케팅의 경영학적인 개념은 학자들마다 다르며 여러 가지 특성을 가지고 있는데, 다음과 같은 학자들의 정의를 알아보자.

코틀러(P. Kotler)는 미국의 경영학자로 "마케팅이란 교환과정을 통하여 소비자의 필요·욕구를 충족시키는 인간의 활동이다."라 했다. 미국의 마케팅협회(AMA : American Marketing Association)는 이를 근간으로 1960년대에 "마케팅이란 생산자로부터 소비자 또는 사용자에게 재화 및 서비스의 흐름을 관리하는 기업 활동의 수행이다."라고 정의하였고, 1985년에 이 정의를 개정하여 마케팅이란 개인적이거나 조직적인 목표를 충족시키기 위한 교환을 창출하기 위해 아이디어, 상품 그리고 서비스의 개념정립, 가격결정, 촉진, 유통을 계획하고 집행하는 과정이다.라고 하였다.

매카시(McCarthy)는 미국 마케팅협회 정의에 고객 지향적인 개념을 추가하여 "마케팅이란 생산자로부터 소비자 또는 사용자에게 재화 및 서비스의 흐름을 관리하여 고객을 만족시키기 위한 기업 활동의 수행"이라고 정의하였다.

스탠턴(Stanton)은 "욕구 충족의 대상이 되는 상품/서비스를 현재 및 잠재적 소비자에게 제공하기 위해 계획하고, 가격을 결정하며, 촉진 및 분배되도록 하는 계획된 기업 활동의 시스템"이라고 하였다.

박호표(1999)는 마케팅은 상품뿐만 아니라 서비스, 아이디어 등의 교환 가치가 있는 것은 대부분 마케팅 대상이 될 수 있으며, 기업뿐만 아니라 대부분의 비영리 기관도 마케팅을 할 수 있고 또 해야 하므로, "상품/서비스, 아이디어를 창출하거나 시장에서의 교환을 통하여 개인과 집단의 욕구 및 필요로 하는 것을 획득하는 과정이다"라고 정의를 정리하였다.

시장 지향적 경영 사고에 의한 마케팅 정의는 기업이 최종 고객들과의 교환과정을 통하여 그들에게 가능한 한 최대한의 경쟁적 비교 우위를 갖는 가치를 제공해 주기 위해 아이디어, 상품, 서비스의 개념 정립과 촉진, 유통, 가격결정을 계획하고 집행하는 과정으로 기업 내부의 가치 생산 고객들과 기업 외부의 가치 생산 촉진 고객들의 상호작용을 지속적으로 관리하는 것을 의미한다.

마케팅은 해당 기업이 추구하는 목적 달성에 최대한 이바지하는데 그 목적을 두고, 고객과 기업의 목적을 만족시키고자 표적 소비자 집단들과 교환을 창출하려고 상품/서비스, 아이디어의 창안과 개발, 가격 책정, 촉진, 유통을 계획하고 실행하는 일종의 과정이라 할 수 있다.

따라서 소비자의 필요와 욕구를 충족시키기 위해 시장에서 교환이 일어나도록 하는 일련의 활동을 마케팅이라 일컫는다. 그러므로 마케팅이란 수익성이 수반된 기업의 통합적 노력으로서 고객 창조 활동이라 할 수 있으며, 다음과 같은 세 가지의 마케팅 방식이 있다.

> ① **고객 지향** : 고객이 원하는 상품만을 생산·판매하고 고객이 그 상품을 사용할 때까지 책임을 져야 한다는 것을 의미한다. 고도 산업화시대인 오늘날에는 컨슈머리즘(consumerism)으로 소비자 주권이 부각됨으로써 항상 고객 지향적 사고방식을 가져야 한다.
>
> ② **통합적 노력** : 기업 내 모든 기능영역에 있어서의 활동을 무엇보다도 소비자 문제에 집중시켜 하나의 Total Operation System 체계를 확립한 가운데 통합적 노력으로 경영을 해 나가야 한다.
>
> ③ **수익 지향** : 고객의 기대를 파악한 다음, 그를 반영하여 고객의 기대치를 충족시켜 줌으로써 기업에서 추구하는 수익 극대화보다는 적정하게 수익을 지향하도록 해야 한다는 것을 말한다.

1. 마케팅의 발전 개념

(1) 생산 개념(Production Concept)

생산 개념은 판매자의 지침이 되는 오래된 개념 가운데 하나이며, 이 개념은 기업 활동의 초점을 생산 활동에 두었던 시기인 1900년대부터 1930년대 초반에 사용되었던 개념으로 20C 미국에서 나타난 가장 초기의 마케팅 철학으로 경영자는 상품/서비스의 생산과 유통을 강조하여 그 효율성을 개선시키는데 중점을 둔 것으로 시설확충, 작업방법 및 대량생산 문제에 관심을 쏟아 소비자들이 주어진 상품들 가운데서 폭넓게 이용할 수 있게 하고, 주어진 상품 중에서 가격이 싼 상품을 선호한다고 보는 개념이다. 이는 상품/서비스의 효율성을 높이고 상품/서비스에 대한 유통망을 확장시키는데 노력을 집중시킨다는 개념으로 수요는 많은데, 공급이 부족한 상황에서 많이 시행되었다.

따라서 소비자들이 상품의 장점이 무엇인가 보다는 그 상품을 우선 획득하는데 더 큰 관심을 가진다는 것이었다. 그러므로 기업은 생산 증가에 주력하게 되고 또한, 상품의 생산비용이 너무 높아서 능률적인 생산방식을 통한 원가인하 경영이 필요할 때, 이 개념을 적용시켰다.

이러한 개념은 특정 고객을 제외한 일반 고객의 이익은 무시되었던 인(inn) 시대와 그랜드 호텔(grand hotel) 시대에서나 생각할 수 있었던 개념이라 볼 수 있다.

(2) 제품 개념(Product Concept)

제품 개념은 생산 개념과 마찬가지로 내부 지향적이며, 소비자들이 가장 우수한 품질과 효용을 제공하는 제품을 선호한다는 개념으로 기업은 보다 나은 양질의 제품을 생산·개선하는데 노력을 기울이는 것이다.

따라서 마케팅 활동은 기업의 연구개발부서에서 제품을 개발하고 생산부서에서 생산하면, 제품을 시장에 판매한다는 개념이다. 이는 소비자의 근본적인 욕구가 무엇인가 보다는 구체화된 욕구와 관련된 제품 그 자체에 집착하여 근시안적인 마케팅 활동을 초래하기 쉽다.

(3) 판매 개념(Selling Concept)

판매 개념은 기업이 충실한 판매를 위해 판매촉진 노력을 기울이지 않으면 소비자는 상품의 존재를 알지 못할 뿐더러 알더라도 대량 구입을 하지 않는다는 것이라는데 가정을 두고 있다. 기업은 소비자들로 하여금 경쟁 회사의 상품보다 자사 상품을, 그리고 더 많은 양의 상품을 구매하도록 설득해야 하며, 이를 위해 이용 가능한 모든 효과적인 판매활동과 촉진도구를 활용해야 한다고 보는 개념이다. 따라서 판매 개념은 흔히 소비자가 보통 일상적으로 구매하지 않은 경우에 적용되고 있다. 문제점은 기업에서 고객이 일상적으로 필요로 하는 상품을 만드는 것이 아니라 만든 상품을 집중적으로 판매한다는데 있다. 즉, 구매자 중심이 아닌 판매자 중심의 시장 개념으로 기업은 판매 자체가 목적일 뿐, 소비자가 구매를 한 다음 만족 여부에 대해서는 관심이 소홀할 수 있다.

(4) 마케팅 개념(Marketing Concept)

마케팅 개념은 1950년대부터 나타난 개념인데, 관광업계에 급속히 적용되었다. 이 개념은 기업의 목표달성 여부는 표적시장에 있는 소비자의 욕구와 잠재 욕구를 파악하고 이들에게 만족을 전달해 주는 활동을 얼마나 경쟁사보다도 효과적이고 효율적으로 제공할 수 있느냐에 달렸다는 가정 하에 형성되었다.

마케팅 개념은 소비자 주권(consumer sovereignty)의 개념에 기초하고 있으며, 마케팅 개념과 판매 개념의 차이점을 보면, 판매 개념은 상품을 현금으로 바꾸려는 판매자의 욕구에 초점을 둔 반면, 마케팅 개념은 상품/서비스의 생산, 전달 및 최종적인 소비와 관련된 전반적 활동을 통해서 소비자의 필요와 욕구를 만족시키는데 초점을 둔다는 것이다.

마케팅 개념을 구성하는 네 가지 중요한 요소는 고객지향성, 경쟁의 고려, 통합적 마케팅, 수익성이다.

표 13-1 · 판매 지향과 마케팅 지향 비교

구 분	출발점	초 점	방 법	목 적
판매 지향	공장	기존 상품	판매/프로모션	매출량에 기초한 이익
마케팅 지향	시장	고객 니즈	통합 마케팅	고객만족에 기초한 이익

표 13-2 · 마케팅 개념과 판매 개념의 차이점

마케팅 개념	판매 개념
• 소비자 욕구를 강조 • 고객의 욕구와 필요를 파악한 후 이를 충족시킬 상품 생산 방법을 모색 • 대외적, 시장 지향 • 시장 욕구의 강조 • 저압적 판매 • 순환적 판매 • Market-in • 장기계획 지향	• 상품을 강조 • 상품을 먼저 만든 다음에 판매기법을 모색 • 대내적, 기업 지향 • 기업 욕구의 강조 • 고압적 판매 • 직선적 판매 • Product-out • 단기계획 지향

자료 : 서성한 외 2, '관광마케팅론", 법경사

(5) 사회적 마케팅 개념(Societal Marketing Concept)

사회적 마케팅 개념은 기업을 둘러싸고 있는 산업·경제·정치·문화·사회적 환경이 급변하는 오늘날 특히, 자원부족, 인구문제, 교통문제, 환경오염, 소비자 피해 등의 경제적, 사회적 전반에 걸친 주요 관심사로 부각되고 있다. 따라서 표적시장의 현재 욕구와 잠재 욕구 및 이익을 명확하게 하여 소비자 및 사회복지를 유지하고 높여갈 수 있게 경쟁사보다 효과적이며 효율적으로 고객이 원하는 만족을 제공하는 것이라 할 수 있다.

이는 환경문제, 자원부족, 인플레이션과 사회적으로 서비스를 경시하던 시대의 마케팅 지향 개념이 적절한가를 의문시하는 데서 생겨났다. 즉, 순수한 마케팅 개념은 단기적인 소비자 욕구와 장기적인 사회 욕구와의 사이에서의 분규를 무시하고 있었다는 것이다. 그러나 사회적 마케팅 개념을 주장하는 사람들은 장기

간에 걸쳐서 사회에 이익을 가져다주는 의사결정을 기업이 실행하도록 관련 이해 집단에 요구해 왔다.

예를 들면, 담배와 주류 마케팅의 경우, 사회적 압력이 가해지고 있는 실정에서도 알 수 있다. 또한, 공공건물과 대로에서의 금연하는 것과 외식업체들이 플라스틱 포장 용기에서 종이 포장 용기로 바꾼 것이나 커피숍의 1회용 컵 사용 제한 등이 좋은 예이다.

표 13-3 · 마케팅 개념의 발전과정

마케팅 개념	배 경	초 점	수 단	목 표
생산 지향	수요 > 공급	상품	대량생산	판매량 증대에 의한 이윤 추구
상품 지향	수요 = 공급	상품	상품의 질 향상	
판매 지향	수요 < 공급	상품	판매 증진	
마케팅 지향	소비자 욕구 다양화	소비자 욕구	마케팅 믹스	소비자 욕구 충족 제공에 의한 이윤추구
사회 지향	지나친 상업주의	소비자와 공공복지	마케팅 믹스	소비자 욕구 충족에 의한 이윤 추구와 공공의 복리 증진 추구

자료: 엄서호, "레저산업론", 학현사

2. 마케팅 형성의 핵심 개념

(1) 소비자의 필요 욕구

소비자의 필요 욕구는 마케팅을 형성하는 핵심 요소의 하나이며, 상품/서비스에 대한 인간의 필요(human needs)가 그 시발점이다.

① 필 요(needs)

인간은 생존에 필요한 기본적 만족인 의·식·주 외에 안전, 소속감, 존경 등의 결핍을 느끼고 이에 대한 강력한 니즈(needs)를 가지고 있으므로, 니즈를 만족시키기 위하여 교환과정(exchange process)을 통한 인간의 활동인 마케팅의 존재가 필요하다.

② 욕 구(wants)

욕구는 마케팅에 내재된 가장 기본적인 개념으로, 소비자가 가지고 있는 욕구를 만족시킬 수 있는 상품/서비스에 대해 구체적으로 원하는 바를 의미하며 문화와 사회에 따라 그 욕구가 다르다.

③ 수 요(demand)

인간이 갖고 싶은 욕망을 충족시키기 위해 그들이 제한된 소득의 일부를 지출할 때 수요가 발생한다. 즉, 인간은 무한정으로 원하는 것을 모두 가질 수 없다. 그들이 지불할 수 있는 금액에 대한 가장 가치 있는 만족을 얻을 수 있는 특정 상품/서비스를 구매할 의사와 능력에 의해 수요가 나타난다.

(2) 소비자 만족과 가치

① 만 족

만족은 필요 욕구의 충족 상태를 의미하며, 인간은 필요 욕구가 있기에 그것을 만족시켜 줄 능력이 있는 상품/서비스가 존재해야만 교환과정을 통하여 필요 욕구를 충족시키기 위한 활동인 마케팅이 존재할 수 있다.

② 가 치

가치는 고객이 상품/서비스를 선택하는데 지침이 되는 개념으로, 인간 행동에 영향을 주는 어떠한 바람직한 것, 또는 인간의 지적·감정적·의지적인 욕구를 만족시킬 수 있는 대상이나 그 대상의 성질을 의미한다.

③ 교 환

기업은 가치 있는 상품/서비스를 제공하고, 그 대가를 획득하는 행위를 하여 기업의 생존·이익·성장을 위한 가치 있는 상품/서비스를 생산·판매하려는 노력을 해야만 교환(exchange)과 거래(transaction)가 이루어져 마케팅이 형성될 수 있다.

④ 시 장

시장은 특정 상품/서비스에 대한 실제적·잠재적 구매자인 소비자들로 구성된 시장이 존재해야만 형성될 수 있다. 어떤 상품/서비스의 실제 또는 잠재적 구매

자들의 집합인 시장을 상대로 판매활동을 지속적으로 전개하는 마케팅이 필요하다. 따라서 마켓(market)을 관장하는 마케터(marketer)들이 존재한다.

⑤ 마케터

마케터(marketer)는 돈이나 기타 재화의 특정한 자원을 추구하면서 상품/서비스의 가치 있는 것을 교환하려는 의사가 있는 사람들을 의미한다. 마케터는 일차적으로 판매자이며, 이차적으로 구매자이다. 마케터들의 주요한 기능과 역할로 인하여 마케터는 마켓 형성의 또 하나의 중요한 핵심요소라 할 수 있다.

호텔 마케팅의 이해

1. 호텔 마케팅의 정의

호텔은 일반적으로 지불능력이 있는 사람에게 환대적인 서비스를 바탕으로 하여 객실, 식음료, 부대시설 등의 상품/서비스를 판매하는 기업이라 할 수 있다. 우리나라 관광진흥법 상에는 "호텔업이란 관광객의 숙박에 적합한 시설을 갖추어 이를 관광객에게 제공하거나 숙박에 부수되는 음식, 운동, 오락, 휴양, 공연 또는 연수에 적합한 시설 등을 함께 갖추어 이용하게 하는 업"이라고 정의하고 있다. 거시적으로 보면 호텔도 고객의 필요와 욕구를 충족시켜 준다는 점에서 일반 기업과 비슷한 마케팅 활동을 하고 있지만, 호텔 상품은 무형성, 소비성, 이중성 및 생산과 소비의 동시성이라는 특성 때문에 일반 기업과 동일한 마케팅 활동을 하면 비효율적일 수 있다. 그러므로 호텔 마케팅은 무형 상품의 유형화, 경로 활동, 촉진 활동 등에 있어 특수성이 더 요구된다.

박중환은 "호텔 마케팅이란 마케팅 수단의 계획 및 실행을 통해 교환 및 거래의 과정을 거쳐 호텔의 목적을 달성하는 과정이라고 할 수 있다"라고 정의하고 있다. 결국, 호텔 마케팅이란 마케팅 용어 자체가 가지고 있는 사전적인 의미, 즉 시장(market)에 활동과정(ing)을 더하여 시장의 욕구를 잘 파악하여 그 욕구에 맞는 상품/서비스를 제공함과 동시에 호텔기업의 목적을 달성하는 과정이다.

모리슨(Alastair M. Morrison)은 "호텔 마케팅이란 기업의 목표와 고객의 필요 욕구를 만족시키기 위하여 계획하고 조사, 실행, 통제 및 평가하는 끊임없는 과정이다"라고 정의하였다.

파워(Tom F. Power)는 호텔 마케팅을 "고객의 필요(needs)와 욕구(wants)에 맞는 상품/서비스를 생산·제공하고, 비용과 목표 수익을 고려하여 적절한 가격을 결정하며 잠재고객에게 구매 동기를 유발할 수 있도록 전달하는 것"이라고 정의하였다.

2. 호텔 마케팅의 역할과 활동

호텔 사업은 초기에 많은 자본을 필요로 함과 동시에 철저한 수익성을 보장하는 사업 중의 하나이다. 호텔은 건물의 형태나 규모, 입지의 다양성, 업무의 복잡성 등에서 모든 배경과 더불어 끊임없는 인간적 접촉을 요구하고 있으며, 호텔은 그 시설을 이용하는 서로 다른 유형의 고객들이 존재한다는 사실 때문에 예전의 여관 개념 시대와는 매우 다르게 역할을 하고 있다.

현대의 호텔 전문경영자는 세련되고 능률적으로 많은 양의 활동적 임무를 수행할 수 있어야 하며, 시스템화와 더불어 여러 가지 다른 기술적인 경영이 도입되었지만, 호텔 사업은 서비스산업으로서 인간의 직접적인 접근을 필요로 하는 인적서비스를 해야 하기 때문에 전문경영자는 개인적인 접촉을 혼합할 수 있어야 한다.

숙박시설이 부족했던 과거의 호텔은 판매자들이 시장(seller's market)을 점유해 오면서 수요가 공급보다 많았기 때문에 호텔 경영자는 마케팅 활동을 전개하지 않았다. 오히려 그런 활동이 자신의 품위를 손상시킨다고 생각하기도 했었다. 때문에 판촉 활동이나 마케팅, 머천다이징(merchandising) 등은 다른 제조업에서나 적용되는 것처럼 여겨 왔다. 1950년대 초부터는 대중교통의 발달과 소득의 증가 및 여가시간의 증대로 인하여 호텔 수요가 늘어났고, 중산층의 욕구는 구매력에 대한 엄청난 경쟁이라도 하듯이 급격한 변화를 가져왔다.

이러한 요인들은 거래에 영향을 주었고, 그 변화는 호텔산업의 구조를 체인, 프랜차이즈, 리퍼럴 시스템 등으로 전개시켰다. 다시 말해, 대규모 광고와 판매촉진 활동이 새로운 시스템으로 개발되어 그 결과 고객의 다량 유치·확보와 호텔 사업을 운영하는 경영자가 중요시되는 경우가 되었으며, 고객의 휴식을 위한 접객 환대산업으로의 역할을 하게 된 것이다.

(1) 마케팅(Marketing) 활동

호텔 마케팅은 광고, 판매촉진, PR, 홍보와 같은 업무의 모든 면을 포함한다. 호텔 사업은 객실 및 식음료와 같은 유형상품 뿐만 아니라 서비스, 안락함, 편리함, 분위기, 매력 등의 무형상품이 결합되기에 호텔 마케팅 활동은 상품/서비스 수요에 기여하는 모든 요인이 제조업과는 다른 활동을 한다.

(2) 상품/서비스 판매(Products/Services Selling) 활동

호텔 상품/서비스 판매 활동은 객실, 레스토랑 등의 특정 상품/서비스를 판매하는 활동을 하는 것이다. 즉, 호텔 외부에 있는 예상 고객을 유치할 수 있도록 인적인 접촉과 매체 광고를 통한 외적인 활동 및 고객이 호텔 내에서 부가적인 상품/서비스를 구입하도록 하기 위한 판매 활동을 의미한다.

(3) 머천다이징(Merchandising) 활동

머천다이징은 고객을 유치할 수 있도록 다양한 방식으로 호텔의 객실과 레스토랑 식음료 상품/서비스 패키지(package) 및 연회장과 식음료 등을 묶어서 판매할 수 있도록 상품화 창출 계획을 하는 기술 개발 활동을 한다.

(4) 판매 촉진(Sales Promotion) 활동

판매 촉진 활동은 개별적 또는 집단적인 업무를 바탕으로 특별한 상품/서비스와 시설을 사용하여 고객의 주의를 환기시키고 판매가 되도록 고안된 하나의 특정 조직화로 이루어진 이벤트(event)나 프로그램을 활동을 의미한다.

(5) 광고(Advertising) 활동

판매 메시지(sales message)를 전달할 목적으로 시간과 공간을 이용하는 것으로, 호텔에서 고객으로부터 구매할 수 있도록 태도나 행동에 영향을 줄 목적으로 신문·방송 등의 매체를 통해 시행하는 정보제공 활동을 말한다.

광고는 정보제공을 접한 소비자에게 상품정보와 생활정보 등을 선택하여 받아들이게 하는 사회 정보원이라고도 할 수 있다.

(6) 홍보(Publicity) 활동

기업·단체·관공서 등의 조직체가 자신들의 생각·계획·실체 등의 활동을 인터넷, 이메일, 간행물, 매스컴, TV 등과 PPL(Product PLacement) 기법 등을 활용하여 고객들에게 널리 알림으로써 일반 대중이 인식하게 하고, 신뢰감을 높여 호텔과 고객의 양자 관계를 원활히 하려는 의도에서 활동하는 것을 말한다.

(7) 대중 관계(Public Relation) 활동

호텔기업에서 대고객, 지역사회, 협력업체, 경쟁사, 언론 및 일반 대중과의 관련성을 계속적으로 투영하고자 하는 전체적인 이미지 활동을 의미한다.

조선호텔, 환경경영 실천 약속

조선호텔이 호텔업계 최초로 환경재단 만분클럽에 가입하는 등, 환경경영에 적극 동참하였다. 조선호텔은 환경경영 선포식을 갖고 환경재단의 '만분클럽'에 가입했다고 밝혔다. 이와 함께 일회용 물품의 사용을 자제하고 이를 통해 얻는 비용절감 분으로 환경기금을 조성하는 그린코인 사업에 동참하는 약정식도 가졌다.

'만분클럽'이란 기업이 매출의 10,000분의 1을 환경기금으로 환경재단에 기부하면 환경재단은 해당 기업에 맞는 목적사업을 기획해 소비자와 함께 환경가치를 추구하는 활동이다.

현재 국내 기업회원으로는 유한킴벌리, 삼성전자, 도요타자동차 등 40여 개 사가 있으며, 기관회원으로는 녹색병원, 서울대 등 15개 회원사가 가입돼 있다.

'그린코인'은 고객들의 일회용품 및 기타 자원에 대한 절약을 유도해 환경 의식을 높이고, 고객의 참여로 절감된 비용으로 환경기금을 조성, 사회에 환원함으로써 환경경영과 사회공헌 활동을 실천하는 환경재단에 호텔 참여 사업이다.

조선호텔은 앞으로 침대시트, 욕실타월, 가운 등을 무조건 1일 교체하는 것을 사용이 안 된 깨끗한 리넨류를 재사용하도록 하여 세탁비용을 절감해 환경기금을 조성할 계획이다.

이 외에도 귀빈층 객실 260개에 들어가는 목욕용 화장품을 친환경 화장품인 '아베다(AVEDA)'로 교체하고, 레스토랑에서는 자연주의(친환경) 메뉴를 개발하는 등 환경경영을 전사적 차원에서 실행하기로 방침을 정했다.

이 같은 활동을 통해 적립될 환경기금은 황사방지를 위해 중국 지린성(吉林省) 지역의 나무심기 사업에 쓰일 예정이라고 호텔 측은 전했다.

-출처 : 머니투데이-

3 마케팅 전략

기업 내부와 외부의 환경분석이 끝나면 시장세분화(market segmentation)로 표적시장(targeting)을 설정하여 포지셔닝(positioning)하고, 마케팅 믹스를 결정하는 마케팅 프로세스(STP 분석)를 거쳐야 한다.

마케팅 프로세스(marketing process)는 크게 시장세분화, 표적시장 설정, 포지셔닝, 마케팅믹스의 단계로 전개되는데, 마케팅 프로세스는 다양하게 세분화된 소비자의 욕구를 충족시키기 위해 도입된 마케팅 전략 개념으로, 전략적 마케팅 활동에서 필수적으로 거쳐야 하는 과정이다. 먼저 시장을 몇 개의 기준요소를 이용해서 가치 있는 다수의 시장으로 세분화하고, 세분화된 시장을 평가·분석하여 표적시장을 선정한 다음 포지셔닝을 한다.

1. 시장세분화(Market Segmentation)

시장세분화(market segmentation)란 전체 시장을 구성하는 잠재고객을 동질적인 하위 시장들로 나누어 분리하는 과정을 말하는데, 그 그룹을 세분시장 또는 부분시장이라 하며, 세분화는 시장수요에 따라 이뤄지는 것으로 기업의 상품과 마케팅 노력을 소비자 또는 사용자의 요구에 적용시키는 것이다.

따라서 마케팅 관리자는 시장과 소비자들이 원하는 바에 따라 적합한 마케팅 믹스(marketing mix)를 구사하지 않으면 안 된다. 이때 마케팅 관리자가 한 가지의 마케팅 믹스만으로 전체 시장을 구성하는 모든 잠재 고객들에게 호소하는 것은 현실적으로 불가능하므로, 마케팅 전략의 과정에서 표적시장의 선정 및 포지셔닝(positioning) 전략 수립과 이에 따른 마케팅 믹스 구사를 위한 기초단계로서 시장세분화는 효율적인 마케팅 활동에 매우 중요한 역할을 한다.

(1) 시장세분화 과정 및 이점

① 시장세분화 과정
- 소비자들은 나이, 소득, 개성, 취미, 욕구 및 구매동기 등이 서로 다른데, 이를 인구통계학적 특성에 따라 측정한다.
- 소비자들이 선호하는 방향이 서로 다르면, 그들의 수요 상태도 서로 다르게 측정한다.

- 소비자들을 유사한 집단으로 구분한다.

② 시장세분화의 이점
- 소비자의 욕구나 구매동기를 정확히 파악할 수 있고, 시장수요에 창조적으로 대응할 수 있으며, 시장 기회의 탐색이 가능하다.
- 마케터는 세분화된 동질적인 소비자 욕구를 위해 끊임없는 상품을 개발할 수 있어 소비자의 욕구충족이 가능하다.
- 급변하는 시장수요에 즉각적이고, 능동적인 대처가 가능하다.
- 경쟁사에 대한 자사의 강점과 약점을 평가해서 유리한 시장 선택이 가능하다.

> [사례] Budget Hostel은 그 개념이 시장세분화의 이점을 보여 주는 가장 좋은 예이다. 버짓 호스텔 개발자들은 도로변에 위치한 인(inn)이 제공하는 서비스 외에 다른 서비스를 원하는 여행객 그룹이 있는데, 그들은 보다 접근성이 양호하고, 저렴하고 편안한 숙박을 원한다는 사실을 발견하여 그들의 욕구를 충족시킬 수 있도록 개발한 것이다.

(2) 시장세분화 요건

시장을 세분화하기 위해서는 다음과 같은 조건이 충족되어야 한다.

① 측정 가능성
마케팅 관리자는 각 세분시장의 규모와 구매력 측정이 가능해야 한다. 왜냐하면, 세분시장을 비교한 후, 측정결과에 따라 표적시장의 접근계획을 세워야 하기 때문이다.

② 접근 가능성
접근 가능성은 마케팅 노력으로 세분시장에 효과적이며 경제적으로 접근할 수 있는 적절한 수단이 존재하는가를 의미한다. 즉, 세분시장의 소비자에게 기업이 그들에게 유용한 매체를 이용하여 상품에 대한 메시지를 전달할 수 있을 정도로 접근성이 가능해야 한다.

③ 일정규모 이상의 규모(수익성)

세분시장에서 기업이 개별적으로 마케팅 프로그램을 실행할 수 있을 정도의 충분한 규모를 지니고 있어야 한다. 즉, 기업에 충분한 이익을 보장해 줄 수 있을 정도의 규모의 경제가 있어야 한다는 것을 의미한다.

④ 차별적 반응

각 세분시장에 대한 마케팅 전략 수립 후, 구성된 마케팅 믹스에 대하여 다르게 반응하는 것을 의미한다.

(3) 시장세분화 기준

시장세분화 기준은 '인구통계학적 변수', 지리적 변수, 심리분석적 변수, 행동적 변수를 기준으로 시장세분화를 하게 된다.

인구통계학적 변수 Demographic variables	성별, 직업, 연령, 소득, 가족구성형태, 교육수준, 종교 등
지리적 변수 Geographic variables	국적, 지역, 도시의 크기, 인구밀도, 기후 등
심리분석적 변수 Psychoanalytic variables	동기, 취미, 개성, 가치, 라이프스타일, 사회계층 등
행동적 변수 Behavioral variables	구매동기, 구매상황, 구매빈도, 구매량, 충성도 등

① 인구통계학적 변수

인구통계적 변수는 고객의 집단을 구별하기 위한 일반적인 기준으로 가장 흔히 사용되는데, 이는 소비자의 욕구나 구매행동에 밀접한 관련이 있기 때문이다. 인구통계적 변수에는 소비자들의 성별, 연령, 소득, 직업, 교육수준, 종교 등으로 구분한다.

② 지리적 변수

소비자들이 거주하는 지역의 특성이 각각 다르기 때문에 서울특별시, 부산광역시, 광주광역시 등에 따라 구분하기도 하고, 서울특별시의 경우에는 강북과 강남으로 구분하기도 한다. 이러한 지리적 변수는 특정 지역의 마케팅 전략을 세우는데 많이 쓰인다. 지리적 변수에는 소비자들의 거주 지역, 도시의 규모, 기후 등으로 시장을 구분한다.

③ 심리분석적 변수

심리분석적 변수들은 소비자들의 사고와 생활방식이 다양해지면서 특히 강조된다. 주로 소비자들의 행동, 관심, 의견 등에 따라 구분된다. 심리분석적 변수에는 소비자들의 개성, 취미, 라이프 스타일, 사이코 그래픽(psycho graphic) 유형에 따라 시장을 구분한다.

④ 행동적 변수

대개의 마케팅 담당자는 행동분석적 변수가 세분시장을 구축하는데 있어서 최선의 출발점이라 믿고 있다. 행동분석적 변수는 상품/서비스의 편익, 사용경험, 사용량, 상표, 충성도 등에 대한 소비자의 태도나 반응에 따라 시장을 구분한다.

2. 표적시장(Target Market)

시장세분화를 마치고 나면 세분시장의 규모, 경쟁사, 자사의 목표나 자원과의 적합성 등을 고려하여 세분시장을 분석한다. 그리고 각 세분시장에 대한 기업의 내부 및 외부 환경요소를 분석하여 가장 큰 마케팅 효과를 거둘 수 있는 표적시장을 설정한다. 즉, 세분화된 시장을 평가하여 세분시장 중 기업이 집중적으로 공략하는 시장이 바로 표적시장이다. 이는 시장전체의 수요에 대응하는 것은 곤란하고 효율도 저하되기 때문이다.

(1) 차별적 마케팅 전략

차별적 마케팅 전략은 세분화된 여러 시장의 특성에 맞도록 하는 각각 다른 마케팅 믹스 전략을 말한다.

장점은 몇 개의 표적시장을 정하고 각각의 표적시장에 차별화된 마케팅 믹스를 적용하게 되므로 다양한 고객을 만족시킬 수 있다.

단점은 차별화된 시장의 경우, 세분시장의 수가 많아지기 때문에 이에 따른 마케팅 믹스 전략를 수행하기 위해 생산원가, 일반 관리비, 판촉비, 재고관리비 등의 제반 비용이 증가하므로 자금력이 없이는 이 전략을 수행하기 어렵다.

(2) 비 차별적 마케팅 전략

비 차별적 마케팅 전략은 세분시장의 차이를 무시하고 전체 시장을 대상으로 하나의 마케팅 믹스를 적용하는 전략이다. 이는 소비자행동, 구매동기 등이 비슷하다는 가정 하에 채택하는 전략으로 시장의 가장 평균적인 부분이나 크기가 큰 공통점을 표적으로 삼는다. 주로 표준 상품을 생산하는 전략을 취하고, 상표 이미지를 강하게 부각시킬 수 있는 촉진전략을 취한다.

장점은 차별적 마케팅 전략보다 적은 마케팅 믹스 비용이 소요된다. 즉, 표준 상품의 대량생산에 의한 규모의 경제 효과를 얻을 수 있다. 이는 비용우위를 가지게 되어 경쟁우위를 점할 수 있으므로 상품의 표준화, 대량생산을 통한 규모의 경제 등으로 마케팅 비용이 절감되는 장점이 있다.

단점은 표적시장 내의 목표고객 모두를 만족시키기는 힘들기 때문에 이 시장이 또 다시 세분되어 다른 경쟁상품이 나타날 수가 있고, 이로 인해 시장 점유율이 낮아질 수도 있다는 것이다. 이때는 새로운 세분시장에 적용할 수 있는 마케팅 믹스를 개발해서 차별적 마케팅 전략으로 바꿔가는 것도 고려해야 한다.

(3) 집중적 마케팅 전략

집중적 마케팅 전략은 소수의 세분시장에서 전문화된 마케팅 믹스를 수행하는 전략이다. 차별적 마케팅 전략이나 비 차별적 마케팅 전략은 전체 시장이 대상이지만 이 전략은 특화된 시장에 자원을 집중하는 것으로 기업의 자원이 부족하여 전체 시장을 지배하기 힘들 때 선택하는 것이다.

장점은 설정된 시장에 맞는 전문적인 마케팅 믹스로 고객의 욕구를 만족시켜 특정 시장에서 시장 점유율을 높일 수 있다.

단점은 기업의 성장을 특정 세분시장에만 전적으로 의존하는 전략이므로 정상적인 경우보다 높은 위험성을 감수해야 한다.

3. 포지셔닝(Positioning)

포지셔닝(positioning)은 자사의 상품/서비스를 소비자들의 마음속에 자리 잡도록 하는 커뮤니케이션 활동을 말한다. 포지셔닝 단계에서는 자사나 경쟁사의 상품, 브랜드의 장단점, 소비자의 욕구 등을 고려하여 상품을 표적 세분시장에 자리 잡아야 한다. 즉, 다른 회사의 상품에는 없는 독특한 기능과 편익을 잠재고객 및 소비자의 머릿속에 인식시키는 것이 상품에 대한 포지셔닝이다. 그런데 이러한 포지셔닝은 상품 시장은 물론, 무형적 서비스 시장에서도 매우 중요한 의미를 가진다. 따라서 독특한 콘셉트(concept)로 포지셔닝된 상품의 경우에는 특별한 마케팅 믹스 없이도 선택 가능하게 된다.

(1) 포지셔닝 전략

기업이 마케팅 전략을 수립하려면 시장세분화를 통해 선정한 표적시장(target market)에 대하여 포지셔닝 전략을 수립해야 한다. 포지셔닝 전략은 기업이 자사의 상품/서비스를 세분시장에 맞도록 세분시장 소비자의 마음속에 자리매김하는 것이라고 할 수 있다. 따라서 세분시장의 욕구분석으로 차이가 명확하게 확인되어야 한다.

포지셔닝 전략은 상품이나 경쟁을 초점으로 이뤄지는 것이 일반적이다. 소비자 포지셔닝은 상품을 욕구와 연관시키며, 경쟁적 포지셔닝은 상품 혜택의 경쟁에 비교함으로써 소비자들에게 자사의 상품을 구매하도록 커뮤니케이션한다.

① 소비자 포지셔닝 전략(Consumer Positioning Strategy)

소비자 포지셔닝 전략은 자사제품 효익을 결정하고 커뮤니케이션하는 활동 방법에 따라 구체적인 상품 효익을 근거로 제시하는 구체적 포지셔닝과 애매모호한 상품 효익을 근거로 제시하는 일반적 포지셔닝, 그리고 정보제공을 통해 직접적으로 접근하는 정보 포지셔닝과 심상(imagery)이나 상징성(symbolism)을 통해 간접적으로 접근하는 심상 포지셔닝으로 구분한다.

즉, 구체적 포지셔닝 : 일반적 포지셔닝과 정보 포지셔닝 : 심상 포지셔닝 두 가지로 구분한다는 것이다.

소비자들이 일반적으로 가장 중요하게 여기는 속성이 서비스 선택 시에 중요한 요소로서 기능을 수행하지 않는 경우도 있다. 그러므로 상품/서비스 선택 시 실제적으로 가장 결정적인 요소로 작용하는 속성을 규명해 내어야 할 것이다.

② 경쟁적 포지셔닝 전략(Competitive Positioning Strategy)

경쟁적 포지셔닝 전략은 경쟁사를 준거점으로 소비자 마음속에 경쟁 상품과 다른 혜택을 연관시키는 전략이다. 이 방법은 흔히 비교 광고에서 경쟁사를 지명함으로써 소비자가 자사 상품과 경쟁사 상품을 비교하도록 하여 자사의 상품이 경쟁사 상품의 대안 상품이 될 수 있다는 것을 암시하는 광고로 소비자들의

마음속에 자사의 상품을 자리매김하는 것이다. 즉, 경쟁적 포지셔닝 전략은 소비자가 자사의 상품을 경쟁사의 상품과 유사하게 지각하게 하는 것으로 자사의 광고 상표를 경쟁사보다 강하게 하여 상표 간의 차이를 못 느껴 혼동할 수 있게 한다는 것이다. 이 경우 비교 광고는 시장 선도자 또는 경쟁자로부터 소송과 같은 보복을 당할 수도 있다는 점을 유의해야 한다.

③ 리포지셔닝 전략(Repositioning Strategy)

리포지셔닝 전략은 기존 상품의 판매 침체로 매출액이 감소했을 때, 이를 분석하여 소비자들 마음속에 다시 포지셔닝시키는 전략을 말한다.

리포지셔닝은 기업의 상표 이미지를 변화시키기 위한 시도로 결과를 추적함으로써 달성할 수 있다. 그러나 리포지셔닝을 통하여 시장 선도자와 경쟁하는 것은 마케팅 비용을 상당히 증가시킬 수 있다는 점도 간과해서는 안 된다.

(2) 포지셔닝 방법

① **기능적 포지셔닝** : 상품의 기능이나 편익을 차별적으로 고객에게 알리는데 초점을 둔다.
② **상징적 포지셔닝** : 상징적 포지셔닝은 상품의 상징적인 편익을 차별적으로 강조하며, 감각적 포지셔닝은 상품의 감각적 만족이나 자극에서 차별성을 강조하는데 초점을 둔다.
③ **감각적 포지셔닝** : 상품이 사용될 수 있는 상황을 묘사하는데 초점을 두고 있다.
④ **사용자 포지셔닝** : 상품 사용자 집단이나 계층에 의하여 포지셔닝을 하는데 초점을 둔다.
⑤ **경쟁 상품 포지셔닝** : 이미 소비자의 지각 속에 자리 잡고 있는 경쟁 상품과 명시적 혹은 묵시적으로 비교함으로써 자사 상품의 편익을 부각시키는데 초점을 둔다.(이 방법은 비교 광고가 허용되고 있는 미국의 경우 많이 쓰이는 방법이다.)
⑥ **틈새시장(niche market) 포지셔닝** : 경쟁적 포지셔닝의 한 방법으로 기존의 상품이 충족시키지 못하는 부분을 강조하여 공략하는데 초점을 둔다. 이는 시장기회를 이용하는 것으로 일반적으로 니치시장(틈새시장)은 규모가 작기 때문에 비교적 소규모 업체에서 이용하는 방법이다.

4 마케팅 믹스(Marketing Mix) 전략

1. 마케팅 믹스 개념

마케팅 믹스는 기업의 마케팅 목표 달성을 위해 필요한 요소를 최적으로 조합하여 믹스를 하는 것을 말하다. 마케팅 믹스의 핵심 요소는 상품(product), 유통(price), 가격(place), 촉진(promotion)으로 4Ps라 하며, 이 요소를 균형 잡히도록 조합하여 마케팅 효과를 극대화하는 것이라 할 수 있다.

핵심 요소(4Ps)는 기업 내부에서 통제가 가능하지만, 통제가 불가능한 외부 요인도 있으며, 이 외부 요인의 변수에 의해 기업은 제약을 받기도 한다.

∷ 기업에서 통제 가능한 기본요소와 통제 불가능한 외부 변수들

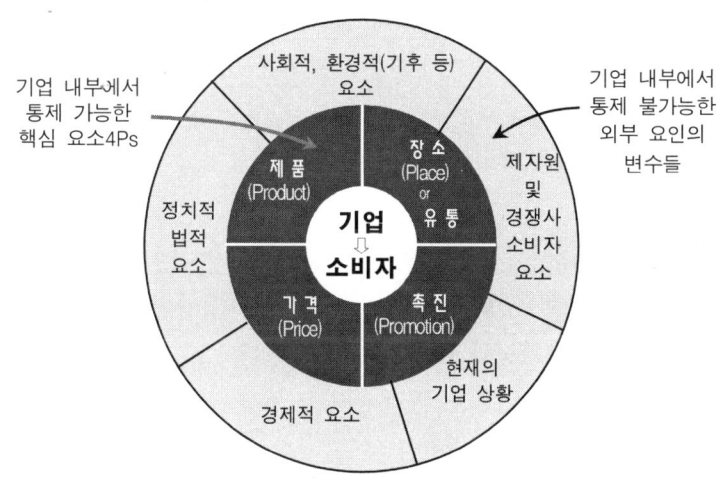

(1) 개념 전달(의사소통) 활동

고객의 욕구 및 선호에 부응하는 상품 개념을 전달하는 제반 활동을 한다.

(2) 운영(거래장애 제거) 활동

고객의 욕구 및 선호를 충족시킬 수 있다고 지각한 고객에게 거래나 의사소통 상에 나타나는 장애를 제거해 줌으로써 최소의 노력으로 거래를 할 수 있도록 하는 활동이다. 여기에는 다음과 같은 요소들이 있다.

① 장소(상품 근접성)

고객에게 적절한 장소에서 편리하게 상품/서비스를 제공할 수 있게 하는 것

② 시간(상품 제공 가능성)

고객이 필요할 때 적시에 상품/서비스를 제공하는 것

③ 소유(상품 이용 가능성)

고객이 갖고자 하는 상품 배치의 어려움과 제공 기간, 상품의 무보증 등에 대한 장애를 제거하는 것

④ 지각(확인성)

고객이 관련 상품을 필요로 하나 그 이름을 기억하기 어렵거나 많은 상품 사이에 해당 상품을 인지·확인하기 어려울 때 발생하는 장애를 제거하는 것

⑤ 가치(차별적 예택)

고객이 소비하려는 상품의 혜택(편익, 효용)과 그 상품에 대해 지불해야 하는 가격 간의 차이에 근거해서 좋고 나쁨을 판단하게 하는 것

2. 마케팅 믹스 수단

(1) 상품(Product)

상품은 인간의 물질적 욕망을 만족시킬 수 있는 실질적 가치를 지니고 있으며, 매매를 위해 이동이 가능한 유체 재산을 말한다.

상품(product)이 없으면 가격도 없고, 유통도 없고, 촉진도 존재할 수 없다. 때문에 기업의 이윤을 창출하는 근원이 되는 가장 중요한 역할을 하는 요소가 상품이다. 그리고 마케팅 전략을 모색하기 위해서는 상품을 분류해야 하는데, 상품의 용도와 소비자의 구매 습관에 따라 다음과 같이 분류할 수 있다.

- 소비재 : 편의품, 선매품, 전문품, 비 탐색품
- 산업재 : 원자재, 가공자재와 부품, 설비품, 보조장비, 소모품
- 내구재와 비 내구재 및 서비스 : 내구재, 비 내구재, 서비스

① **호텔 상품 개념**

호텔 상품은 유무형의 상품으로 크게 물적, 인적 및 시스템적 서비스 활동의 총체로 상품/서비스를 제공하는 것이다. 즉, 객실, 식음료 및 레스토랑, 헬스장, 연회장 등의 부대시설 물적 상품과 인적서비스의 결합으로 고객에게 훌륭한 상품/서비스를 제공하는 것이다. 따라서 호텔 상품은 어느 한 부문의 독립체적 개념보다는 통합적, 복합적 개념의 특성을 가지고 있다.

대규모 호텔에서는 원 스톱 쇼핑(one stop shopping)이 가능하도록 상품의 다양화를 추구하고 있으며, 중·소규모 호텔은 지역 밀착이나 차별화를 위해 소수의 상품/서비스를 제공한다. 따라서 호텔의 종류에 따라 상품은 다양하다.

표 13-4 · 호텔 상품의 유형

객실 상품	식음료 상품	부대시설 상품
• 싱글룸 • 트윈룸 • 더블룸 • 스위트룸 • 트리플룸 • 스위트룸 • 온돌룸 등	• 연회장 • 레스토랑 • 커피숍(라운지) • 바 • 베이커리 숍 • 나이트클럽 • 컨벤션센터 등	• 카지노 • 피트니스센터 • 비즈니스센터 • 영화관 • 수영장 • 헬스클럽 • 컨벤션셀터 등

(2) 유통(Place)

호텔 상품은 일반 상품의 유통처럼 물적 유통 시스템이 거의 존재하지 않으며, 그 범위는 광대하다. 일반 상품은 중개인을 거쳐 최종 소비자가 있는 장소로 유통되지만, 호텔 상품은 고객이 호텔에 내방하거나 여행사 등의 유통경로를 통하여 이용한다는 점이 일반 상품의 유통과는 다르다.

제조업의 경우, 공장 위치는 소비자에게 큰 의미가 없지만, 호텔은 입지선정에서부터 그 장소에 대한 타당성 조사 실시 단계부터 고객이 쉽게 이용할 수 있는가에 대한 표적시장의 접근성과 유연성이 충분히 고려되어야 한다.

호텔 상품의 판매경로는 프랜차이징(franchising) 또는 위탁경영 등에 의해 체인화되어 다수 체제로 시장접근 및 확장을 이루는 직접경로와 여행사, 예약전문

회사, 국제호텔 소개 시스템, 여행 중개인 등의 다양한 중개인 경로를 거치는 간접경로로 나눌 수 있는데, 유통경로 선택에 따라 호텔 상품 판매에 미치는 영향과 크기 때문에 호텔업도 유통경로의 성격과 장단점에 대한 이해가 필요하며, 각 호텔의 적절한 경로 선택에 대한 관리가 이루어져야 한다.

① 직접유통

호텔 상품은 주로 고객과 직접적인 유통으로 거래가 이루어진다. 즉, 고객이 직접 객실, 레스토랑, 연회장 및 부대시설을 예약하는 것을 말한다.

② 간접유통

중개인(여행사) 등에 의한 유통 시스템을 말하며, 간접유통에서 가장 일반적이다. 즉, 고객이 여행사를 통해 호텔의 상품/서비스를 구입하거나 항공사에서 호텔의 상품/서비스를 구입하는 것을 말한다.

〈 호텔 상품의 유통 경로 〉
- 고객이 예약 없이 직접 찾아와 투숙 또는 레스토랑 등을 이용하는 경로 (호텔 직원이 고객을 직접 찾아가는 경우도 포함된다.)
- 체인호텔의 체인본부의 예약 시스템을 통해 고객에게 유통되는 경로
- 자동 예약 시스템을 통해 고객이 구입하는 유통 경로
- 호텔 예약 사무소 등을 통해 고객이 구입하는 유통 경로
- 항공사를 통해 고객이 예약하여 구입하는 유통 경로
- 인터넷을 통해 고객이 예약하여 구입하는 유통 경로
- 여행사 등이 호텔을 대신하여 고객을 연결시키는 유통 경로 (여행사는 호텔과 고객의 중개상의 역할을 하게 된다.)

(3) 가격(Price)

가격은 상품이 가진 효용에 대해 소비자가 지불할 가치(value)로서 마케팅 믹스 중, 가장 경쟁에 민감한 요소이다.

가격은 경쟁사에 대응할 수 있는 중요한 경쟁우위 원천 중의 하나로 판매량 증대에 영향을 미칠 뿐만 아니라, 총수입과 총이익에도 영향을 준다. 따라서 가격은 기업의 이익과 소비자의 구매행동을 결정짓는데 매우 중요한 요소이다.

$$(가격 \times 판매량) - 총비용 = 총이익$$

 상품이나 유통에 대한 마케팅 믹스는 경쟁사에서 전략을 변경하거나 시장의 상황 변화에 대해 단기간에 대응하기 어렵지만, 가격은 경쟁사에서 즉각적으로 대응이 가능하므로, 경쟁사에서 가장 민감하게 반응하는 특징이 있다.
 즉, 새로운 상품/서비스의 개발로 인한 마케팅 전략은 경쟁사에서 모방하기에는 상당한 기간이 필요하지만, 가격은 언제든지 즉각적인 모방이 가능하다는 단점이 있다.

❖ **가격에 영향을 미치는 요인** ❖

- 기업의 가격 목표
- 상품에 대한 수요
- 원가 구조
- 경쟁 상품의 가격과 품질
- 법적 요인

[호텔 상품 가격의 유형]

 호텔기업들은 표적시장에서 경쟁우위를 확보하기 위하여 윈윈(win-win) 전략과 상호제휴 전략을 통하여 호텔 상품에 다양한 가격정책을 적용하고 있기 때문에 한 마디로 말하기가 어렵다. 하지만, 일반적인 호텔의 요금체계는 다음과 같다.

호텔의 객실요금 체계

공표 요금	**[특별 요금의 종류]** • 무료 요금 • Hold Room Charge • Midnight Charge
할인 요금	
추가 요금	**[할인 요금의 종류]** • Off-season Rate • Commercial Rate • Group Rate
봉사료 및 세금	
취소 요금	

(4) 촉진(Promotion)

촉진(promotion)은 상품/서비스를 소비자들이 구매하도록 유도할 목적으로 해당 상품/서비스의 기능이나 성능에 대해 실제 또는 잠재 고객을 대상으로 정보 제공 또는 설득하는 마케팅 노력의 전체를 의미한다.

정보 제공이나 설득 노력을 위한 표적시장과의 커뮤니케이션을 위해서는 광고, 판촉, 인적판매, PR, 인적판매 등을 이용하기 위해 각 요소를 조합하여 촉진 믹스(promotion mix)를 하는 것이다.

① 촉진 믹스 구성요소

- **광고** : 상품이나 서비스에 대한 정보를 여러 가지 매체를 통하여 소비자에게 널리 알리는 의도적인 활동을 말한다.

  미국의 마케팅협회에서는 "광고란 확인된 광고주가 표적 집단에게 상품 정보 제공 또는 설득을 위해 대중 매체를 이용하는 과정"이라 정의함.

  > **광고의 특징** : 첫째, 대가를 지불하는 의사소통 방법이다. 둘째, 광고는 표적 집단을 대상으로 한다. 셋째, 광고는 대중매체를 이용하는 비 인적 의사소통 방법이다.

❖ **Marketing Mix와 광고의 관계** ❖

> **상 품** : 상품의 다양성과 새로운 기능·용도 개발을 목적으로 기술 혁신과 변화를 추구하여 자사 상품의 우수성과 용도를 소비자에게 알려 경쟁우위를 점할 수 있도록 하는 광고 전략에 중요한 역할을 한다.
>
> **가 격** : 목표 매출 달성을 위해 결정해야 할 가장 중요한 변수 중의 하나이다. 가격 결정은 광고와 밀접한 관련이 있는데, 고가의 사치성 상품을 개발할 때 광고는 고품질과 권위의 이미지를 강조해야 한다.
>
> **유 통** : 잠재적 소비자들에게 광고를 통해 중개상을 찾도록 할 수 있으며, 중개상들로 하여금 확신을 갖고 상품의 재고를 확보할 수 있도록 해 준다.
>
> **촉 진** : 인적판매와 광고는 상호 보완적으로 수행되어야 효과를 극대화할 수 있다. Journal 또는 전파매체를 통한 광고는 메시지 전달을 설득력 있게 하고, 중개상이나 소비자에게 그들의 상품에 대한 광고에 관심을 집중시킨다.

▶ **판매촉진** : 특정 상품에 대해 소비자나 중개상에게 단기적으로 구매를 유도하기 위한 활동을 말한다. 일반적으로 광고는 소비자가 상품을 구매해야 하는 이유를 제시하는 반면, 촉진은 소비자에게 실제 구매를 자극시키는 역할을 수행한다.

촉진에서 가장 중요한 유형은 소비자 촉진, 중개상 촉진과 최종 소비자를 대상으로 촉진 활동을 하는 소매업자 촉진의 세 가지 유형으로 분류될 수 있다.

❖ 촉진 증가의 요인 ❖

내적 요인 : 일반적으로 경영자들은 촉진을 표면적인 판매수단으로 인식하고 있다. 대다수 상품 관리자들에게 촉진의 활용 권한을 위임하고, 상품 관리자들이 매출증대의 압박을 단기간에 해소하는 방법으로 촉진을 선호하기 때문에 촉진이 증가하는 것이다.

외적 요인 : 경쟁업체의 상품들이 증대하고 있으며 상품들 간의 차이가 크지 않을 때, 경쟁사들이 매출증대의 수단으로 촉진행위를 자주 시행하고 있다. 따라서 소비자들이 가격할인에 민감해짐에 따라 중개상들도 생산자에게 더 많은 중개 할인을 요구하고 있다.

또한, 원가상승, 과대광고, 법적제약 등으로 인하여 광고의 효율성이 감소하고 있는 것도 촉진 증가 요인의 하나이다.

▶ **인적판매** : 호텔 상품/서비스는 무형성과 저장 불가능성의 특성 때문에 고객들은 구매할 때, 직원의 전문지식에 의한 보조 수단에 의존해야만 한다. 예를 들어, 호텔 객실과 같은 상품은 직접 눈으로 보고 고를 수 있는 것들이 아니므로, 잠재 고객은 직원의 전문지식에 의존해야만 한다는 것이다. 따라서 호텔의 상품/서비스는 거의 인적판매 과정을 거친다고 할 수 있다.

인적판매는 목표 고객과 직접 대면 또는 전화로 설득하여 구매하도록 하는 모든 커뮤니케이션 활동을 의미한다.

인적판매는 촉진 속도가 느리고, 고객을 일일이 접촉해야 하므로 1인당 촉진 비용이 높다고 할 수 있다. 따라서 일반 대중을 대상으로 하는 상품에는 적합하지 않다. 하지만, 고객에게 필요한 정보를 정확하게 제공

할 수 있고, 융통성 있는 대응이 가능하여 구매 과정상 일정 단계 이후, 구매자에게 선호와 확신을 주어 구매를 유도하는데 가장 효과적인 수단이 될 수 있다. 이러한 인적판매의 효과는 비용이 비싼데서 오는 결과이다. 즉, 고객과 지속적인 관계가 이루어진 효과라 할 수 있다.

광고는 계속하거나 중단할 수 있는데 비해 인적판매는 판매원을 줄이는 등의 쉽게 변화시킬 수 없으므로 많은 비용이 소요된다.

특히, 인적판매는 고객과의 즉각적인 상호 작용적 관계가 있기 때문에 구매자의 욕구와 특성을 세밀히 관찰하여 즉각 조치를 취할 수 있기 때문에 매우 효과적이다.

▸ **PR** : 넓은 의미에서는 PR은 기업이나 상품에 대해 고객의 호의를 이끌어 내는 과정이며, 기업이 여러 대중과의 건전한 관계를 형성하기 위하여 대중으로부터 호의적인 반응을 획득하거나 우호적인 기업 이미지 구축을 위하고, 비우호적인 소문이나 입에 오르내리는 사건, 구설수 등을 방지하기 위한 활동을 의미한다.

PR은 광고의 이상적인 동반자로서 기업이나 상품에 대해 상세한 정보를 제공할 수 있다. PR 캠페인 목적의 하나는 잠재 고객의 마음속에 기업과 상품에 대한 긍정적인 이미지를 창출하고, 자사 광고를 고객이 수용할 수 있도록 하는 것이다. PR은 몇 가지 독특한 가치를 지니고 있는데, 그것은 매우 신뢰적이며, 새로운 이야기 거리, 특성, 그리고 이벤트 등으로 광고보다도 소비자들에게 보다 진실하고 신뢰할 수 있는 메시지를 줄 수 있다. 그리고 공공관계는 판매원과 광고물을 회피하는 많은 고객에게 접근이 가능하다. 이 경우, 메시지가 판매지향적인 것으로서가 아니라 소비자에게 마치 뉴스처럼 전달되기 때문에 광고와 마찬가지로 기업이나 상품을 극적으로 제시할 수 있다.

또한, PR은 다른 수단의 지원용으로 사용되는 경우가 많지만 다른 촉진 수단들과 잘 조화를 이룬 공공관계는 매우 효과가 높다. 즉, 공공관계에 의한 기업의 독특하게 특화된 특징 있는 상품은 기업이 큰 비용을 들이지 않고 판매촉진을 실현하는데 도움이 되는 메시지를 뉴스나 논설 형태로 다루게 할 수 있다면, 수요를 자극하는데 많은 도움이 되기도 한다는 것이다. 공공관계의 목적을 달성하기 위한 수단으로는 기자회견, 상품홍보, 기업홍보, 로비활동, 카운슬링 등의 방법을 사용한다.

② 촉진 수단

호텔 상품/서비스는 무형의 특성으로 인하여 품질과 가치를 고객에게 선명히 부각시키고 구매 욕구를 자극시키는 데는 어려움이 있다.

호텔의 촉진 수단이 소비자에게 설득력을 보이기 위해서는 호텔에서 제공하는 상품/서비스가 얼마만큼의 이익과 가치를 고객에게 줄 수 있는가를 이해하고, 이를 구체화하고 상품/서비스의 좋은 현상을 실제 느낄 수 있도록 하여 고객에게 호소할 수 있는 유형의 이미지로 전환하여 시장에 내 놓아야 한다. 그러므로 촉진은 무형의 상품을 유형화하는 중요한 마케팅 수단이 된다.

표 13-5 · 촉진 수단

수 단	개 념
광 고	특정 광고주가 자신의 아이디어·재화·서비스에 대한 대가를 지불하면서 비 인적 매체를 통해 전달하고 촉진시키는 수단이다.
판매촉진	상품/서비스의 사용이나 구매를 촉진시키기 위한 단기적인 자극책으로서의 수단이다.
공공관계 및 홍보	기업 이미지나 개별 상품을 촉진 또는 보호하기 위해 설계된 다양한 프로그램을 말한다.
인적판매	잠재 고객 또는 소비자와 직접 대면하면서 대화를 통해 판매를 실현시키는 방법이다.

표 13-6 · 촉진 믹스의 특징

구 분	범 위	비 용	장 점	단 점
광 고	일반대중	보통	신속, 메시지 통제 가능	효과 측정의 어려움, 정보량의 제한
인적판매	개별고객	높다	정보의 양과 질에 대한 즉각적인 피드백	높은 비용, 느린 촉진 속도
판 촉	일반대중	높다	주의 집중, 즉시적 효과	모방이 쉽다
P R	일반대중	무료	신뢰도가 높음	통제가 곤란, 간접적 효과

자료 : 21세기 호텔관광연구회, "호텔경영학"

5 내부마케팅과 관계마케팅

1. 내부마케팅

(1) 내부마케팅의 개념과 중요성

기업에서 마케팅의 기능은 모든 현장 직원에 의해서 실시된다. 왜냐하면, 호텔의 상품/서비스는 접객 서비스 직원을 비롯하여 전 직원이 마케팅 기능의 전부를 수행하고 있기 때문이다. 호텔은 두 종류의 고객으로 나누어지는데, 하나는 일반적 고객인 외부고객이며, 다른 하나는 호텔 내의 직원인 내부고객이다. 마케팅에서 일반적으로 고객은 외부고객에 대한 활동만을 의미하는 것으로 이해되었지만, Varey와 Lewis(1999)는 기업의 내부고객인 서비스 현장의 직원 및 조직 내 구성원을 대상으로 하는 내부 지향적 마케팅 활동도 중요하다고 하였다.

호텔에서 직원과 고객과의 관계는 상호작용적 마케팅으로 고객과의 관계는 외부마케팅이며, 호텔과 호텔 직원과의 관계는 내부마케팅으로 지칭할 수 있다.

따라서 내부마케팅은 내부고객인 현장 직원에게 동기를 부여하는데 그 초점을 두고 있다. 이는 호텔에서 직원의 욕구를 충족시키는 경영환경에 따라서 최종 내부고객의 욕구를 만족시킬 수 있다는 가정 하에 기초한다.

정기한과 김대업은 고용된 직원의 태도나 행위를 변화시키는 것은 어렵고 비용 또한 많이 들기 때문에 직원 채용시 고객 지향적인 직원을 채용해야 하며, 교육훈련 시 직무수행에 대한 정확한 유형과 수준을 강조하여 확보·유지된 직원이 고객 욕구에 대해 보다 효과적으로 대처할 수 있다고 하였다. 그리고 관리자들은 적절한 통제 및 유연성을 통해 현장 직원들에게 계획된 방향 또는 지침 등을 제공함으로써 고객 기대에 부응하고 상호 마케팅 기회의 이점을 최대로 살릴 수 있는 고객 지향적 사고를 조직 전체에 확산시켜야 한다고 하였다.

Harrell과 Fors(1995)는 내부고객 만족을 위한 마케팅 서비스 사례연구를 통하여 서비스 투자결정에 영향을 주는 주요 요인을 확인하였다. 내부마케팅을 위한 경영층의 기대 내용은 '유형성의 활용', '조직 몰입', '전문지식의 활용', '의사결정 리더십과 팀 구축', '관리 활동과 성과와의 연계'라는 다섯 가지로 제시하고 있으며, 내부마케팅 요인인 직원의 안전, 교육·훈련, 평가, 건강에 대한 요인들이 기업의 비용 통제, 상품 품질, 계획 요인 등에 비해 내부고객의 중요성이 상대적으로 낮다는 것을 지적하고 내부마케팅의 중요성을 강조했다.

Greene(1994)은 기업전략 계획의 중요한 요소는 기업의 핵심역량이며, 핵심역량을 통해 기업의 경쟁우위가 창출되고 이익이 증대된다고 하였다. 그러므로 경쟁우위의 한 형태인 고객서비스를 고객충성도로 전환함에 있어서 이를 어떻게 성취할 것인가가 관건이므로 내부마케팅이 최상의 서비스와 마케팅 성공의 기본이 된다고 지적하였다.

Pitt(1999)는 내부마케팅에서의 연구 체계를 제시하면서 Berry(1981)의 서비스 기업에서의 내부마케팅 중요성에 대한 연구 이후 직원을 내부고객으로 보고 이들이 외부고객에게 만족을 전달하고 기업의 성공에 기여하기 위해서는 직원들에 대한 마케팅 전략의 지원이 필수적이라고 하였다.

George(1990)와 Kotler(1997)는 "내부마케팅이란 직원을 최초의 고객으로 보고 그들에게 서비스 마인드나 고객 지향적 사고를 심어 주며, 더 좋은 성과를 낼 수 있도록 동기를 부여하는 활동이다"라고 정의하였다.

Rafiq와 Ahmed의 서비스 내부마케팅 모델

자료 : Mohammed Rafiq and P. K. Ahmed(2000), "Advances in the Internal Marketing Concept : Definition, Synthesis and Extension," Journal of Services Marketing, Vol. 14 No. 6, p. 455.

Rafiq & Ahmed(2000)는 "고객만족에 목표를 두고 마케팅과 유사한 접근방법을 활용하는 계획된 노력으로서 고객 지향적인 직원의 선발, 교육·훈련을 통하여 기업과 부서 전략을 효과적으로 수행할 수 있도록 직원을 배치하고 동기를 부여하며 기능적으로 상호 협조하는 접근 방식"이라고 정의하였다. 그러므로 내

부마케팅은 내부고객인 현장 직원에게 내부 상품으로서의 직무를 제공하고 그 내부 상품을 내부고객 욕구에 적절하게 합쳐질 수 있도록 계획하는 것이라고 정의할 수 있겠다고 했다.

성공적인 내부마케팅을 위해서는 최고경영층으로부터 마케팅이 시작되어야 하며, 조직 내의 모든 구성원들에게 내부마케팅 실행에 대한 의욕을 심어줌으로써 진정한 리더십이 발휘될 수 있는 기반이 마련되어야 한다.

또한, 내부마케팅은 전략적인 경영의 주요한 부분으로 인식되어야 하며 내부마케팅 과정이 조직 구조나 경영층 지원의 부족으로 제약을 받지 않도록 해야 하고, 최고경영층이 지속적으로 내부마케팅에 대해 적극적인 지원을 해야 한다.

(2) 내부마케팅의 구성 요소

① 권한 위임

권한 위임은 직접적으로 서비스를 제공하는 현장 직원들에게 가능한 최대의 의사결정권에 대한 권한을 부여함으로써 특별한 문제에 직면했을 때 자신감을 가지고 도전하여 해결할 수 있도록 하는 것이다.

권한 위임의 주요 목적은 현장 직원에게 동기를 부여하여 효과적으로 생산성을 향상시키고, 대 고객서비스를 개선시키며, 시장 지향적인 활동을 효율적으로 수행할 수 있도록 하는 것으로 볼 수 있다. 또한, 권한을 위임함으로써 직원의 태도와 행위의 변화를 유도하여 직무 만족을 증대시키고 역할 분담과 역할의 모호성도 감소되도록 유도하게 된다. 권한 위임의 장점은 문제 발생시 직원이 고객의 요구와 불편에 신속하게 대응하게 되며, 열정적이고 우호적인 분위기로 고객에게 접근함으로써 혁신적인 아이디어를 개발할 수 있게 되며, 또 충성고객을 창출함으로써 고객 지향적 행위를 유지할 수 있기 때문에 변화하는 고객 요구에 보다 유연하게 대응할 수 있다. 따라서 권한 위임 활용은 내부고객 지향성에 있어서 필수적이며, 내부고객 지향성이 시장 지향성에 영향을 줄 수 있다는 점에서 중요한 요인으로 고려할 수 있다.

② 내부 커뮤니케이션

내부고객 지향성과 시장 지향성의 발전을 위해서는 조직 내의 효과적인 커뮤니케이션이 필수적이다. 직원들은 내·외부 고객에게 서비스 공급자로서의 업무를 수행하려면 다양한 정보가 필요한데, 이러한 정보에는 외부고객의 요구에 관한 조사 결과뿐만 아니라(시장 지향성), 자신들의 요구(내부고객 지향성)에 대한 상호교환도 포함된다.

그리고 고객 요구에 관한 정보, 경쟁업자 정보, 시장 환경에 관한 정보, 기업 조직에 관한 정보가 직원들에게도 필요하다. 이는 직원 개개인의 기여가 조직과 고객들에게 얼마나 중요한지도 알아야 할 필요가 있기 때문에 경영자와 직원 간의 상호 커뮤니케이션은 경영지원을 증진시킬 뿐만 아니라, 정보들을 직원들에게 피드백하여 직무 성과를 증진시킬 수 있다.

내부 커뮤니케이션의 효과적인 운영은 불확실성 감소와 조직 분위기 개선, 조직 몰입, 기능 간 협조에 큰 영향을 줄 수 있다. 다시 말해, 효과적인 내부 커뮤니케이션은 조직을 자기관리, 자기통제 방향으로 유도할 수 있으므로 성공적인 서비스 품질 향상에 매우 중요한 요소라 할 수 있다.

③ 보상 시스템

보상 시스템은 직원들의 행동을 형성하는데 좋은 수단이 된다. 즉, 내부고객에 대한 시장 지향적 가치를 제고해야 하는 상황이라면, 조직 내에서 최상의 품질을 제공하려는 다양한 노력을 하도록 유인책을 강구하여 직원인 내부고객에게 포상하여 효과적으로 매출증대에 기여할 수 있도록 하는 시스템을 말한다. 따라서 보상 시스템을 통하여 직원들에게 시장 지향성과 일치하는 새로운 행동과 태도를 수용하고자 하는 동기유발을 시키게 되는 것이다.

호텔기업의 인적자원은 기업의 자산이기에 효과적인 인적자원관리 수행을 위하여 숙련된 인적자원을 지속적으로 보유하는 것이 중요하다. 그러므로 직원들의 적절한 행동을 유인하고 유지시켜 가장 적절한 시기에 적절한 수준으로 보상해 주도록 고안된 보상 시스템은 시장 지향성과 내부고객 지향성에 직접적이고 지대한 영향을 미치게 된다.

④ 경영층의 지원

조직의 내부고객 지향성과 시장 지향성을 고양하기 위해서는 직원에 대한 최고경영층의 전폭적인 지원이 필요하다. 최고경영층은 일상의 조직 활동에서 직원을 계획에 참여시키고, 직원의 제안에 적극적인 대응을 해주며, 시장 지향성을 유도하는 조직 분위기를 조성하고, 직원의 시장 지향성 행동을 격려하며 고무시키는 등의 노력을 지속적으로 해야 할 것이다.

조직의 리더는 조직원들에게는 리더의 역할이 모델이 되므로 그들의 위치에서

나름대로 내부고객과 외부고객에 대한 헌신을 보여 주어야 한다. 또한, 경영자들의 조직에 대한 기본방향 설정과 직원에 대한 적극적인 지원 강화는 조직 전체의 목표 달성에 큰 영향을 줄 수 있을 것이다.

⑤ 교육훈련

교육훈련 시스템은 경영자의 전폭적인 지원 하에 이루어져야 하며, 시장 지향성을 조직 전체로 발전시키기 위해서는 직원들이 그 개념을 파악하고 시장 지향적 조직 내에서 자신들이 추구해야 할 역할을 이해하는 것이 매우 중요하다.

우선적으로 조직 내 구성원들의 시장 지향성에 대한 이해와 태도가 개선되어야 하며, 그러한 자신들의 개선으로 인해 시장 지향성 조직문화에 실질적인 동참이 가능할 것이다. 그러므로 어떤 조직에서 내부고객 지향성과 시장 지향성을 함께 발전시키려면 직원에 대한 교육훈련이 먼저 이행되어야 할 것이다.

❖ 교육훈련 목표 ❖

- 조직의 사명과 전략을 이해하도록 한다.
- 마케팅에 대한 태도를 호의적으로 갖도록 한다.
- 고객과의 관계수립과 고객만족에 대해 각자의 책임을 이해시킨다.
- 기능적 품질, 관계적 품질, 교환적 품질과 내부 커뮤니케이션 및 고객서비스 숙련도 등을 증진시킨다.

2. 관계마케팅

(1) 관계마케팅의 개념 및 특징

생산자 또는 소비자 중심의 한쪽 편중에서 벗어나 생산자와 소비자의 지속적 관계를 통해 서로 이익이 될 수 있게 하는 관점의 마케팅 전략으로 호텔기업과 고객 간 인간적인 관계에 중점을 두고 있다는 것이다.

마케팅 이론가들 사이에서 새로운 마케팅의 특성을 내포하는 대안적 정의를 개발하려는 노력들이 다각도로 이루어지고 있는데, 그 한 예로 Gronroos(1990, 1991, 1994)는 "마케팅은 관련 당사자들의 목적을 충족시키기 위해서 상호 간에 이익이 되는 방향에서 고객과 여타 파트너와의 관계를 구축, 유지 및 향상시키는 것"이라고 정의하였다.

이러한 마케팅의 정의는 마케팅의 거래적 특성과 관계적 특성을 모두 포함시키려는 시도로 해석해 볼 수 있다. 반면, 마케팅 자체를 재 정의하기 보다는 관계마케팅을 다음과 같이 더 정확하게 정의한 이론들도 있다.

> - Berry(1983)는 서비스 분야의 관점에서 관계마케팅을 정의하고 있는데, 다자간 서비스 조직(multi-services organization)에서 관계마케팅은 고객관계를 유인, 유지, 향상시키는 것"으로 보고 있다.
> - Dwyer(1987)는 관계마케팅은 거래 지향적 마케팅에 비해 기간이 더 오래 지속되고, 지속적인 관계 과정이 일어나는 것으로 설명하고 있다.
> - Christopher(1991)는 관계마케팅은 마케팅, 고객서비스, 품질관리의 결합체(synthesis)라 하였다.
> - Sheth(1994)는 관계마케팅을 공급자와 고객 간의 지속적인 상호협력 관계의 이해(understanding), 설명(explanation), 관리(management)하는 것이라 정의하였다.
> - Morgan과 Hunt(1994)는 관계마케팅을 성공적인 관계적 교환을 구축, 개발, 유지하는 것에 관련된 모든 마케팅 활동으로 간주하여 분야별 관점이나 개별 고객의 필요를 구체적으로 정의하지 않고, 가장 광범위하게 관계마케팅을 정의하였다.
> - 정규엽은 고객을 자산(asset)으로 생각하고 고객을 보호하는 마케팅으로서 고객을 창출하고 장기적 가치를 제공해 가며, 그 관계를 지속적으로 유지·제고시켜 나가는 것으로 정의하였다.

이와 같은 내용들을 종합하여 관계마케팅의 정의를 내려 보면, 관계마케팅이란 고객 등, 이해관계자와의 강한 유대관계를 형성하고, 유지하며 발전시키는 마케팅 활동으로서 장기간에 걸친 이익을 확보하기 위해 고객과의 대화를 창조하여 더욱 좋은 서비스를 제공하려는 장치라고 할 수 있다.

❖ **관계마케팅의 개념** ❖

- 기존의 판매 위주 개념(transaction)에서 고객과의 장기적 유대 강화, 고객과의 장기적 "Win-Win" 관계 구축
- 장기적으로 High Quality, Good Service, Fair Price 제공과 정기적 반복적 거래 관계(거래 비용 감소)
- 고객과의 상호 호혜적 관계 극대화(재고관리/주문 프로그램 개발)
- 고객과의 양호한 관계 구축(이익은 저절로 수반된다.)

(2) 관계마케팅의 중요성 및 특성

① 반복구매 유도로 기존 고객을 확대하여 고객의 충성도를 제고한다.
② 판매는 고객 관계의 첫 번째 단계이다.
③ 단순한 상품 구매에서 상품/시스템의 구매이다. 즉, 상품관리에서 고객관계 관리로 전환하는 마케팅이다.

표 13-7 · 관계마케팅의 특징

구 분	기존 마케팅	관계마케팅
고객을 보는 시각	판매의 대상	동반자
고객과 의사소통	일방적	양방향 소통
경제 패러다임	규모의 경제	범위의 경제
마케팅 성과의 지표	시장 점유율	고객 점유율
차별화 및 관리의 초점	상품	고객

(3) 관계마케팅을 위한 행동 계획

① 긍정적 행동
- 먼저 고객에 적극적으로 접촉을 시도한다.
- 여러 가지 대안을 제시한다.
- 정직하고 솔직하게 쉬운 용어를 사용한다.
- 고객의 이해도를 평가한다.
- A/S에 대해 먼저 제의를 한다.
- 공동으로 문제를 해결한다는 점을 강조한다.
- 문제점을 먼저 확인하게 한다.
- 개인적인 문제점도 상담한다.
- 공동의 미래에 대해서 상담한다.
- 고객서비스를 정기화한다.
- 책임을 수용한다.
- 미래에 대한 계획을 조언한다.

② **부정적 행동**
- 고객의 요구에 대한 응답만 한다.
- 지적하는 문제점에 대해서만 반응한다.
- 직원이 자기 합리화만 시도한다.
- 의례적인 용어만 사용한다.
- 오해가 생길 때까지 기다린다.
- A/S 요청이 올 때까지 기다린다.
- 우리에게 신세진다는 식으로 말한다.
- 개인적인 문제는 회피한다.
- 업체에서 과거에 잘했던 점만 강조한다.
- 긴급한 경우에만 서비스한다.
- 책임을 회피한다.
- 과거를 되풀이한다.

(4) 성공적인 관계마케팅 수행을 위한 조건

기업이 성공적인 관계마케팅 수행을 위해서는 해결해야 할 많은 조건들이 있다. 다음을 살펴보자.

첫째, 관계마케팅을 성공적으로 수행하기 위해서는 기업 내의 적극적인 지원 문화(supportive culture)를 정착시키려는 노력을 해야 한다.
　　　Levitt(1983), Webster(1992), Shapiro(1991) 등의 몇몇 학자들은 관계마케팅을 패러다임의 전환(shift)이라 하는데, 패러다임의 전환은 필연적으로 기존의 기업문화에 대하여 위협적인 요소로 작용하여 기업문화의 변화를 요구하게 된다고 한다.
　　　또한, 관계마케팅에서 판매직원은 관계 관리자로 대체되어 기존 고객의 유지가 새로운 고객의 창출보다 훨씬 더 높은 보상을 받도록 하는 문화가 되어야 한다는 것이다.

둘째, 관계마케팅이 성공하기 위해서는 내부마케팅의 원활한 수행이 이루어져야 할 것이다.
　　　내부마케팅의 목표는 직원을 관계마케팅의 새로운 비전으로 전환하

고, 새로운 기업문화의 개발을 촉진시키며, 관계마케팅 전략을 개발·수행하는데 능동적으로 대처하도록 동기를 부여시키는 것이므로 내부고객인 직원의 필요 욕구가 충족되어야 한다. 그렇지 않는다면, 외부고객과의 지속적인 관계를 구축하기 전에 직원은 조직을 떠날 것이다.

셋째, 고객의 기대 수준을 잘 이해하는 것이 필요한데, 시간이 경과함에 따라 고객의 기대는 변하기 때문에 지속적으로 변화하는 고객 정보가 기업 내부로 유입되어야 한다.

넷째, 관계마케팅 전략과 전술을 개발하고 통제하는데 필요한 정보를 제공해 줄 수 있는 정교한 고객 데이터베이스를 필수적으로 구축하여 고객에게 고도화되고 집중화된 서비스를 제공하며, 관계마케팅의 전반적인 활동을 통제할 수 있도록 해야 한다.

다섯째, 관계마케팅이 순조롭게 정착되기 위해서는 새로운 조직 구조와 보상 체계가 필요하다. 매스마케팅 환경에서는 상품이나 지리적인 세분시장을 주축으로 하여 전통적인 마케팅이나 판매기능이 조직화되었지만, 관계마케팅 환경에서는 고객을 중심으로 각 기능이 조직화되는 것이 바람직한 형태이다.

또한, 직원에 대한 보상 체계의 재검토도 필요한데, 대개 마케팅 관리자들은 판매량이나 고객 확보량을 일반적인 성과기준으로 많이 활용하고 있다. 그러나 관계마케팅에서는 고객 수익성(customer profitability), 고객 침투(penetration), 고객 유지를 보상 기준으로 삼아야 적절할 것이다.

Chap. 14 호텔 회계관리

1 회계의 개요

1. 회계의 이해

회계(accounting)는 특정의 경제적 실체(economic entity)에 관해 이해관계자에게 합리적인 경제적 의사결정을 할 수 있도록 재무적인 정보를 제공하기 위한 일련의 체계를 말한다. 즉, 재무적 성격을 갖는 거래를 화폐 단위의 방법으로 기록·분류·요약하여 기업의 재무정보를 전달하는 것이다. 이를 기업의 경영언어(language of business)라고 한다.

> 1953년 AICPA(American Institute of Certified Public Accountant : 미국 공인회계사회)는 ATB(Accounting Terminology Bulletin No.1)에서 "회계는 재무적 성격을 갖는 거래나 사건을 화폐단위에 의해 의미 있는 방법으로 기록·분류·요약하고 해석하는 기술이다"라고 정의하였고, 그 후 1966년 미국회계학회(AAA : American Accounting Association)가 "회계란 정보 이용자가 정보에 입각한 판단이나 의사결정을 할 수 있도록 경제적 정보를 식별하여 측정하고 이를 전달하는 과정이다"라고 정의하였다.
> 1970년 AICPA의 회계원칙심의회(APB : Accounting Principles Board)에서 "회계는 서비스 활동이다. 그 기능은 여러 가지 대체 방안 중에서 합리적인 선택을 하는 경제적 의사결정에 있어서 유용하도록 재무적 성격의 양적 정보를 경제적 실체에 제공하는 것이다"라고 규정지었다.

　우리나라 기업회계기준에서 재무회계는 재무제표라는 회계보고서를 기업 외부에 공표할 목적으로 작성하는 외부보고를 위한 회계이다. 즉, 기업의 외부 이해관계자들이 합리적인 의사결정을 할 수 있도록 필요한 회계정보를 제공할 목적으로 행하여지는 회계이다.

　회계는 국가·기업·학교·병원 등 사회 조직체의 활동상황 및 현상의 경제적 행위를 일정 방식에 따라 화폐 단위로 기록·분류·계산하여 이해관계자들에게 합리적으로 유용하게 의사결정을 하도록 재무적 정보(financial information) 제공을 하는 일련의 과정 및 체계로 정의할 수 있으며 경제주체에 따라 영리회계와 비영리회계로 구분할 수 있다.

　영리회계는 영리를 목적으로 하는 조직체의 회계로 업종에 따라 상업회계, 공업회계, 은행회계 등으로 분류되고, 대부분 재무·원가·관리·세무 회계로 분류하여 실시하며, 재무회계는 자금의 조달과 투자내역을, 원가회계는 상품과 재고품과 원재료 등에 대한 수지를, 관리회계는 임금과 관리비 등을, 세무회계는 법인세를 비롯한 각종 세금의 납부와 절세 등을 기록한다. 또한, 영리회계는 재무제표 작성을 통하여 불필요한 지출을 줄이고 자금의 효율적인 관리를 위해 이용한다. 비영리회계는 영리를 목적으로 하지 않는 경제 단위의 회계로 관리하며, 가사·관청·학교·병원 회계 등으로 세분된다. 이 가운데 가장 널리 이용되는 것이 기업회계이며, 이를 일반적으로 회계라 한다.

　따라서 기업회계의 실무와 이론이 회계 발전의 중추로 되어 있다. 회계 정보의 이용자는 내·외부 및 의사결정 종류에 따라 이용되는데, 호텔에서의 내부 이용자는 대표이사, 총지배인 등의 경영자와 기타 의사결정자 등이 이용하며, 외부 이용자는 투자자와 채권자 등의 직접 이용자와 노동조합, 세무서, 정부 경제 기관 등의 간접 이용자로 구분할 수 있다.

　현대 사회에서의 경제활동은 기업·국가·학교·병원 등의 사회조직을 통하여 이루어지며, 이들 사회조직에서는 이해관계를 가지는 개인이나 조직이 존재하게 되는데, 이들은 자신의 이해관계와 관련되는 기업의 정보를 알고 싶어 한다. 그리고 이해관계자들은 조직의 이익을 위한 의사결정을 해야 하는데, 합리적인 의사결정을 위해서는 의사결정의 결과가 자기 이익에 어떠한 영향을 미칠 것인지를 알아야 한다. 즉, 경영자는 기업경영을 위하여, 투자자는 주식투자 수익을 위하여, 주주는 배당 몫을 위하여, 세무당국은 적정한 세금 부과를 위해 목적에 맞는 정보를 얻기 원하므로 기업은 재무제표를 통하여 이해관계자들에게 적정한 정보를 제공하는 것이다. 이 정보를 이용하는 각 계층의 이해관계자에게는 결과에 영향을 미치는 요인 중, 전제되고 있는 실체와 관련된 현상이 매우 중요한 부분이 될 수 있으며, 이러한 현상을 화폐액으로 나타내 주는 것이 회계이다.

표 14-1 · 이해관계자와 정보 이용 목적

이해관계자	정보 이용 목적
경 영 자	수익산정 등의 내부 경영 목적
종 사 원	회사에 대한 임금산정(협상) 목적
채 권 자	기업에 대한 신용평가 목적
주 주	배당 수익의 산정 목적
투 자 자	투자에 대한 수익 획득 가능성 분석

〈호텔기업의 회계과정〉
- **거래파악** : 경제적 활동의 증거를 선별, 호텔의 객실 및 레스토랑 식음료 판매, 연회장 등 부가시설 판매와 직원급여 지급 등을 파악한다.
- **거래기록** : 호텔기업 조직의 재무활동 내역을 시기별로 체계적으로 유지하여 거래한 내용들을 분류·요약한다.
- **전달** : 정보 이용자들에게 표준화된 재무제표의 형태로 전달한다.
- **분석 및 해석** : 보고된 정보를 토대로 하여 호텔기업의 재무 상태를 분석한다.

[회계의 역사]

회계의 기원에 대한 정확한 정보는 없으나 화폐가 있는 곳에 반드시 회계가 있다고 본다면, 고대 바빌로니아와 이집트, 그리스 및 로마시대에도 회계가 있었을 것으로 추정되며, 근대적 의미의 회계는 중세 이탈리아에서 복식부기 원리에 의한 회계계산이 이루어지면서 그 때부터 시작되었다고 할 수 있다.

1929년 뉴욕 주식시장의 붕괴로 발생된 경제대공황으로 인하여 미국을 중심으로 증권거래법과 증권법을 제정하게 되었고, 이 법들을 바탕으로 일관성 있는 기업의 회계정보를 작성하여 투자자들에게 제공한 것이 근대 기업회계의 시초라고 할 수 있다.

　17세기 프랑스에서 상사조례商事條例가 공포되고 회계보고가 법제화되었으며, 18세기 영국에서 산업혁명으로 대규모 제조공업회사가 설립되어 초보 수준의 원가계산이 이루어졌다. 이어 미국·독일에서 제도적·이론적으로 고도화되었고, 1930년대에 이르러서는 통일된 규칙과 일관성 있는 기준에 의하여 비로소 그 틀이 갖추어졌다.

　20세기에 미국공인회계사협회·미국회계학회 등을 중심으로 회계에 관한 많은 연구 발표가 있었다. 제2차 세계대전 후 기업 규모가 확대됨에 따라 경영형태나 업무내용이 다양화, 복잡화되었고 이해관계자 사이의 대립도 격화되었다. 그 결과 회계는 종래의 주주와 채권자뿐만 아니라 소비자 보호, 사회적 책임, 공해 방지 등, 일반대중의 이익도 보호되어야 한다는 주장이 대두되었으며, 상품의 다품종화, 업무·조직의 다각화, 거래량의 증가 등으로 회계업무의 전산화가 되었고, 다량화된 자료·정보의 작성방법이나 내용의 통일, 경리업무의 간소화가 함께 이루어졌다.

> 우리나라는 전통적으로 사용된 「사개치부법(四介治簿法)」이라는 독특한 부기법(簿記法)이 있었는데, 고려시대 송도(개성)를 중심으로 쓰였다고 '개성부기'·'사개송도치부법(四介松都治簿法)' 또는 '송도사개치부법(松都四介治簿法)'이라고 한다.
> 현재 사용하는 서양 복식부기와 근본원리가 같아 일찍부터 국제학계의 주목을 받아 왔으며, 서양의 복식부기법보다 200년 이상 앞서 개발되었다는 점에서 역사적 의의가 크다.

2. 회계의 분류 및 기능

(1) 회계의 분류

　회계는 여러 관점에서 분류를 할 수 있으나 주로 회계정보 이용자에 의하여 분류해 보면, 재무회계(financial accounting)와 관리회계(managerial accounting)로 나눌 수 있다. 세무당국에서 세금을 부과를 위해 사용하는 세무회계(tax accounting)도 회계의 한 부류에 속한다.

① 재무회계

　재무회계(financial accounting)는 기업 외부의 이해관계자인 불특정 다수인(주주·채권자·투자자 등)에게 기업에 대한 효과적인 의사결정을 할 수 있도록 경영실적과 재정 상태에 관한 정보를 제공할 목적의 회계를 의미하며, 관리회계와 대비되는 것으로 외부보고 회계라고도 한다. 재무회계는 기업의 정보 제공자와 외부의 이해관계자 간에 의사소통이 이루어지게 하는 일정한 지침이 있어야 하는데, 그것이 기업회계기준이다. 이에 따라 모든 회계 처리가 이루어진다.

재무회계의 보고 수단으로는 대차대조표, 손익계산서, 이익잉여금(결손금) 처분계산서, 현금흐름표, 부속명세서 등의 재무제표가 있으며, 회계 방법은 일반적으로 '기간손익계산'이 있다. 이는 일정한 회계기간을 설정하여 그 기간 활동한 결과를 기업 자본의 투자·회수·재투자의 전말을 추적하고 손익계산서와 대차대조표를 통해 특정 기간 기업 자본의 손익 변화와 특정 시점의 기업 자본의 크기를 주식 차원에서 명확히 밝히는 것이다. 또한, 재무회계에는 경영 외의 비용과 수익 등을 포함시키며 사업의 활동 결과로 발생한 순손익도 산정한다.

② 관리회계

관리회계(managerial accounting)는 기업 내부의 이해관계자인 경영자에게 경영활동에 대한 적절한 의사결정을 할 수 있도록 필요한 정보를 보고할 목적으로 이루어지는 회계를 의미한다. 이는 기업 내에서 특정한 경제적 의사결정에 적합한 회계 정보만을 반영하여 보고하므로 특수목적 재무보고서라고도 한다.

관리회계에 전형적으로 포함되는 내용은 예산통제·표준원가계산·변동원가계산·투자여부의 결정 등이 있으며, 주로 미래를 예측하는 정보가 대부분이다.

관리회계는 원가회계에서부터 발달되어 왔으며, 현재는 원가회계를 포함하는 개념으로 사용되고 있다. 여기서 원가회계란 기업의 상품, 상품의 제조와 관련하여 투입된 비용을 산정하기 위한 회계를 말한다. 또한, 관리회계는 재무회계와 관련을 가지면서도 경영자가 기업 활동을 계획하고 조정하며 통제하는데 필요한 회계정보를 제공하는 목적을 가지고 있다.

[관리회계의 특징]

- **회계의 미래화** : 재무회계는 과거 실적에 관한 계산이지만, 관리회계는 과거는 물론, 미래의 예산이나 원가계산과 같은 경영계획을 위한 계산까지도 포함한다.
- **회계 기간의 단축** : 재무회계는 연 1회 또는 2회 결산기별로 회계결과를 파악하지만, 관리회계는 월별보고·주별보고·일일보고로 계산 보고가 행하여진다.

- **회계의 부문화** : 관리회계는 책임중심점별로 경영계획과 실적을 파악할 수 있도록 계산한다.(재무회계는 기업 전체의 경영성과 및 재정 상태를 계산 파악하는 것이다.)
- **수량 계산** : 관리회계는 금액 계산은 물론, 수량 계산도 동시에 행한다.(재무회계는 화폐적 척도에 의한 계산만을 한다.)
- **회계의 신속화** : 회계 결과가 경영에 이용되도록 하기 위해서는 그 결과의 신속한 보고가 필요하다.

③ 원가회계와 세무회계

원가회계(cost accounting)는 일반적으로 관리회계에 속하며 제조업의 경우, 생산·판매하는 생산품의 원가를 산정하기 위한 회계이다.

원가회계는 원재료를 사용하여 제조공정을 거쳐 상품이 생산되는데 소요되는 원가를 계산하기 위한 목적으로 하는 회계부문 또는 원가의 통제 및 적정 배분, 생산 계획수립을 위한 원가 자료의 제공 등으로 경영 의사결정을 위한 관리회계 분야에서 차지하는 역할과 비중이 높다.

세무회계(tax accounting)는 재무회계 분야에서 특수한 목적을 위한 회계로서 일반적으로 기업회계기준에 따라 처리한 회계를 세법규정에 맞게 바꾸는데 사용하는 회계이다.

세무회계는 기업회계 상의 이익계산과 세법상의 과세 소득계산에 대한 상호의존관계, 차이점 및 조정을 연구대상으로 하는 세법과 회계가 서로 겹치는 영역을 나타내는데, 이는 기업이 일반적으로 인정되는 기업회계기준에 따라 회계처리를 하였어도 세법에서 인정하는 것과 인정하지 않는 것이 있기 때문에 주로 세무당국에서 사용하는 회계제도이다.

표 14-2 · 회계의 분류

구 분	재무회계	관리회계	세무회계
정 의	일반적으로 회계라 하면 재무회계를 말한다. 재무회계는 상거래와 관련된 내역을 기록하기 위한 회계이다.	관리회계는 기업의 경영실적을 파악하기 위해 사용하는 회계로 일반적으로 경영자가 경영성과를 파악하기 위하여 사용하는 회계이다.	세무회계는 세금의 부과기준이 되는 회계로 기업회계를 세금부과 기준에 맞게 바꾸는 회계를 말한다.

목 적	외부의 관계되는 정보 이용자에게 의사결정에 유용한 정보 제공	경영자의 관리적 의사결정에 유용한 정보를 제공	과세표준의 정확한 산정
회계 원칙의 적용	일반적으로 인정된 회계원칙 적용	준거할 회계원칙은 없으며, 목적에 따라 상이한 보고서 작성	세법규정의 제반 원칙을 적용
보고시기	정기 보고	필요시 수시 보고	정기 보고
보고형식	정형화된 형식	임의적 형식	정형화된 형식
손익의 측정	일반적으로 수익비용 대응에 의한 측정(실현·발생주의 적용)	상이한 목적에 따른 원가 측정	공평과세를 위해 동일한 내용은 일률성 적용(발생주의)
자료의 중점	객관적 자료 중시	주관적이지만 목적 적합성 강조	객관적 자료중시
회계기간	일반적으로 1년	수시, 월별, 분기별	권리 의무 확정에 의한 인식
강제성 여부	강제성 있음	강제성 없음	강제성 있음

자료 : 고상순 외 2인, "최신 회계원리"(한올) 참고로 재작성

(2) 회계의 기능

회계의 근본적인 기능은 회계 사실을 있는 그대로 기록한다는 것을 전제로 하여 기업의 이해관계자인 경영자·주주·채권자·감사·정부기관 등의 요구에 응할 수 있도록 회계기능을 수행해야 한다. 이러한 회계 기능에는 이익측정기능·경영관리기능·정보전달기능이 있다.

① 이익측정기능

기업의 어떤 대상에 수를 부여하는 것으로, 기업이 가지고 있는 자원과 그것의 변동에 대하여 화폐 단위의 수(예 1,000,000원=백만원)를 부여하여 영리를 목적으로 하는 기업에서는 정확한 이익산정(손익계산)이 회계의 핵심으로, 영속적인 기업 활동을 기간으로 나누어 일정 기간마다 이익을 측정한다.

측정은 기간 이익측정을 위해서 영업이익 계산뿐 아니라 동일 기간 내 회사 자산에 대한 계산도 필요하게 되는데, 복식부기 수법에 의해 이익계산과 자산계산도 동시에 이루어져 측정이 가능하다. 측정에는 화폐단위가 가치 비교를 위한

가장 적합한 수단이면서 공통적인 척도이기에 모든 회계정보가 화폐 가치를 통하여 측정되는 것이다.

화폐 가치 측정 표시를 회계에서는 화폐 단위로 수를 부여하는 것으로 일억 원을 수치로 100,000,000원이라고 표시하는 것을 말한다.

② 경영관리기능

경영자(manager)가 기업을 관리·통제하기 위한 기능으로 이익관리·원가관리·자금관리·예산통제관리 등으로 이루어지는 경영활동의 회계적 관리기술이 이에 해당된다. 경영관리기능은 이익측정기능과는 달리 사후기록·계산에 한정하는 것이 아니고 사전에 계산적이고 미래적인 성격까지도 포함한다.

③ 정보전달기능

일정한 규칙에 따라 측정된 결과를 정보 이용자(경영자·주주·채권자·정부기관 등)에게 전달하는 것으로 회계정보 전달자는 회계 담당자를 의미하며, 전달 매체는 대차대조표, 손익계산서 등의 재무제표가 된다.

 ## 재무제표

1. 재무제표의 이해

재무제표는 회계상 재무현황을 기록하여 보고하기 위한 문서로 기업의 경영활동 결과를 기록, 분류, 요약하여 작성하는 회계보고서라 할 수 있다.

재무제표(F/S : Financial Statements)는 재무회계의 최종 결과를 기업의 이해관계자에게 일정기간(회계기간) 동안의 재무활동, 투자활동, 영업활동에 대한 경제적 실체와 상태에 관한 결과를 요약하여 보고하는 여러 가지 표를 의미한다. 즉, 필요로 하는 이해관계자에게 기업의 경영성과에 대한 재무 상태를 보고하는 수단으로 활용하는 것이다.

W. P. Trumbull은 재무제표란 경영자의 책임 수행에 관하여 투자자에게 보고하는 수단이며, 투자에서 생기는 손실을 투자자로부터 옹호하는 중요한 구실을 한다고 말하였다.

우리나라의 기업회계 원칙은 재무제표 작성에 관하여 회계기간 동안 일어난 일들을 나타내는 '손익계산서', '재무상태변동표 및 제조원가명세서', 기말의 상태를 나타내 주는 '대차대조표', '이익잉여금처분계산서', '결손금처리계산서' 등을 필수적이라고 정하고 있다.

정형화된 양식에 따라 작성된 재무제표도 때때로 정보 이용자의 필요와 요구를 충분하고 적절하게 충족시켜 주지 못하는 경우도 있으므로, 이러한 경우에는 정해진 양식에 구애받지 않고 추가적인 내용을 보충하여 보고함으로써 정보 이용자가 잘못 판단하는 오류를 방지하도록 하는데, 이때 보충설명을 위한 자료에는 '주기(foot note)'와 '부속명세서(supporting and supplementary schedule)'가 있다.

- **주기(註記)** : 재무제표상의 해당 과목 다음에 그 회계사실의 내용을 간단한 자구 또는 숫자로 괄호 안에 보충 표시하는 방법
- **주석(註釋)** : 재무제표상의 해당 과목 또는 금액에 기호를 붙이고 난외 또는 별지에 동일한 기호로 표시하여 그 내용을 간결·명료하게 추가하여 기재하는 방법
- **부속명세서** : 재무제표의 중요계정에 대하여 그 내용을 상세히 밝히는 명세서

재무제표 작성원칙

① **신뢰성의 원칙** : 객관적으로 정확한 자료와 근거
② **명료성의 원칙** : 이해용이, 간단·명료(과목, 용어)
③ **충분성의 원칙** : 중요방침·기준·과목·금액의 표시
④ **계속성의 원칙** : 기간별로 비교 가능하도록 계속 적용
⑤ **중요성의 원칙** : 과목이나 금액 중요성에 따라 결정
⑥ **안전성의 원칙** : 둘 이상 방법은 재무구조 안전을 고려

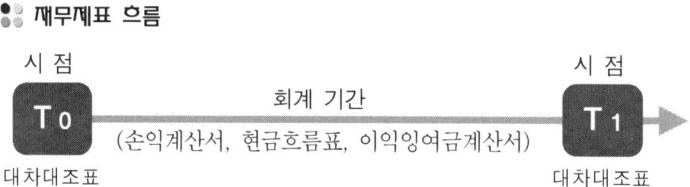

※ 재무제표 흐름

2. 재무제표의 종류

재무제표에는 대차대조표, 손익계산서, 이익잉여금처리계산서(결손금처리계산서), 현금흐름표, 기타 부속명세서 등이 있는데, 주기와 주석도 재무제표의 범주로 그 필요성이 강조되고 있다. 기업회계기준에서는 대차대조표, 손익계산서, 이익잉여금처리계산서(혹은 결손금처리계산서), 현금흐름표를 기본 재무제표로 규정하고 있다. 이들 중에서 대차대조표와 손익계산서를 주 재무제표(prime f/s)라고 하며, '기업회계기준'에 의하면 재무제표는 대차대조표, 손익계산서, 이익잉여금처분계산서(결손금처리계산서), 현금흐름표, 주기와 주석으로 되어 있고, 기타 필요한 명세서는 부속명세서로 작성한다.

상법 447조에 법인의 재무제표 가운데 대차대조표, 손익계산서, 이익잉여금처분계산서(결손금처리계산서)의 3가지는 이사회의 승인을 받도록 하고 있으며, '기업회계기준'에서도 제조업의 경우 이 명세서를 작성하도록 명시하고 있다.

이 외에 상법 449조에서는 정기총회의 승인을 얻은 때는 대차대조표를 공고하도록 규정하고 있으며, 증권거래법에서는 유가증권의 발행인이 증권관리위원회에 내는 등록서류에 재무제표가 포함되어 있고, 이를 공고하도록 규정하고 있다.

표 14-3 · 재무제표의 종류

기업회계기준(제5조)	상법(제447조)	법인세법(제26조)	USALI
대차대조표	대차대조표	대차대조표	대차대조표
손익계산서	손익계산서	손익계산서	손익계산서 부문별 손익계산서
이익잉여금처분계산서(or 결손금처분 계산서)	이익잉여금처분계산서(or 결손금처분 계산서)	이익잉여금처분계산서(or 결손금처분 계산서)	소유자 지분변동표
현금흐름표	-	세무조정계산서	현금흐름표

미국(AALA 협회) 기준 : '부문별 손익계산서'를 추가로 작성한다.

자료 : "관광·호텔 재무회계원리", 현학사, 미국자료인용 추가

(1) 대차대조표(Balance Sheet : B/S)

 기업은 수시로 재산 상태와 부채 상태를 점검하고, 아울러 현재의 부채 상태가 적절한 수준인지 파악하여 재산 구성 내용이 적절한지를 고려해야 한다.
 따라서 일정 시점에 기업의 재무 상태를 명확하게 보고하기 위해 작성일 현재의 자산, 부채, 자본을 일목요연하게 나열한 일람표를 대차대조표라 한다.

$$자산 = 지분(채권자\ 지분 + 소유주\ 지분)$$
$$자산 = 부채 + 자본$$

 통상 재무관리에서 임차보증금, 판매할 상품재고, 집기, 비품 등 재산적 가치가 있는 유무형의 재산권을 총칭하여 자산(asset)이라 하며, 재무관리에서 말하는 부채(liabilities)는 우리가 보통 말하는 부채와 거의 동일한 개념이다.
 대차대조표는 한 페이지에 좌측(차변), 우측(대변)으로 구획을 나누어 자산은 좌측(차변), 부채는 우측(대변)에 기재한다. 그리고 자산은 위에서부터 빨리 현금화할 수 있는 순서대로 기재하고 부채는 빨리 갚아야 하는 순서대로 기재한다. 재고 자산은 판매가격이 아닌 매입원가로 기록하고 파손 및 진부화로 가치가 감소한 부분이 있으면 그 부분만큼 재고자산에서 감액시켜야 한다.
 기업회계기준에서 대차대조표 양식은 보고식과 계정식을 모두 규정하고 있으며, 보고식 대차대조표는 차변, 대변의 구분 없이 자산, 부채, 자본의 순으로 배열하는 방법으로, 계정식 대차대조표 계정과 같은 형식으로 차변에 자산 항목, 대변에 부채와 자본 항목을 표시하여 대차 합계를 일치시키는 방법이다. 기업회계기준에 의한 대차대조표 작성 기준은 다음과 같다.

① 구분 표시 및 1년 기준
 자산·부채 및 자본으로 구분하여 표시하고, 자본은 자본금, 자본 잉여금 및 자본 조정으로 각각 구분하며, 자산과 부채는 1년을 기준으로 하여 유동자산 또는 고정자산, 유동부채 또는 고정부채로 구분하는 것을 원칙으로 한다.

② 총액 주의
 자산·부채 및 자본은 총액 기재를 원칙으로 하고, 자산 항목과 부채 또는 자본의 항목을 상계함으로 그 전부 또는 일부를 대차대조표에서 제외하면 안 된다.

③ 유동성 배열법

자산과 부채 항목 배열은 환금성이 빠른 것부터 기재하고, 느린 것을 뒤에 차례로 기재하는 유동성 배열법에 의함을 원칙으로 한다.

④ 자본, 이익 구분의 원칙

자본 거래에서 발생한 자본 잉여금과 손익 거래에서 발생한 이익잉여금을 명확히 구분하여 표시한다.

⑤ 미결산 항목의 표시 방법

가지급금 또는 가수금 등의 미결산 항목은 그 내용을 나타내는 적절한 과목으로 표시하고, 대조 계정 등의 비망 계정은 대차대조표의 자산 또는 부채 항목으로 표시하여서는 안 된다.

표 14-4 · B사의 대차대조표(예)

대차대조표 Balan co. 8heetg for Crughalt. Inc	October 전년도	October 금년도	Changes in Account
자산 (Assets)			
현금 (Cash)	$109.1	$69.3	-$39.8
단기 투자 (Short-term investments)	$72.7	$81.8	$9.1
미출채권 (Accounts receivable)	$162.3	$181.3	$19.0
재고자산 (Inventories)	$130.7	$144.0	$13.3
선급금 및 기타 유동자산 (Prepaid expenses and other current assets)	$30.6	$49.6	$19.0
총 유동자산 (Total current assets)	$505.4	$526.0	
유형자산 (Property, plant, and equipment, at cost)	$658.9	$856.3	$197.4
미상각자산 (Less accumulated depreciation)	-$377.1	-$424.3	-$47.2
유형자산 (Net property, plant, and equipment)	$281.8	$432.0	$150.2
무형자산 (Intangible assets)	$19.3	$17.2	-$2.1
기타 장기성자산 (Other long-term assets)	$9.3	$26.4	$17.1
총 자산 (Total assets)	$915.8	$1,001.6	
부채와 자본 (Liabilities and shareholders' Equity)			
단기차입금과 상환만기 장기차입금 (Short-term borrowings and current maturities of long-term obligations)	$23.2	$2.4	-$20.8
미입채무 (Accounts payable)	$74.5	$100.2	$25.7
국내대리점 미실현 수익 (Deferred income on shipments to domestic distibutors)	$18.9	$27.6	$8.7
법인세의무 (Income taxes payable)	$29.4	$50.1	$20.7
발생부채 (Accrued liabilities)	$60.2	$74.1	$13.9
총 유동부채 (Total current liabilities)	$206.2	$254.4	
장기차입금 (Long-term obligations less current maturities)	$80.1	$80.0	-$0.1
미지급 법인세 (Deferred income taxes)	$3.2	$5.0	$1.8
기타 고정부채 (Other long-term liabilities)	$4.5	$6.3	$1.8
총 부채 (Total liabilities)	$294.0	$345.7	
주식 (Common stock)	$12.5	$19.1	
추가 납입자본 (Additional paid-in capital)	$141.2	$149.5	
내부유보금 (Retained earnings)	$362.2	$481.5	
자본조정 (Cumulative translation adjustment)	$6.0	$5.9	
총 자본 (Total shareholders' equity)	$521.9	$656.0	$134.1
총 부채와 자본 (Total liabilities and shareholders' equity)	$815.9	$1,001.7	

'자본(capital)'은 기업이 가지고 있는 총 재산인 자산에서 남에게 빌린 부채를 차감한 후, 남은 잔여 소유주 지분을 말하며, 주주가 출자한 자본금과 영업활동의 결과로 생성된 잉여금으로 구분한다.

'자본금'은 주주의 돈으로 출자한 주식회사의 경우, 발행주식의 총액을 말하며, 개인 회사일 경우에는 개인이 납입한 출자액을 의미한다. 회사가 발행할 주식의 총수로 1주의 금액 및 발행한 주식의 수와 당해 회계연도 중에 증자, 감자, 주식배당 또는 기타의 사유로 자본금이 변동한 경우에는 그 내용을 '주석'으로 기재한다. 여기에는 '보통주 자본금'과 '우선주 자본금'이 있는데, 보통주 자본금은 특별한 권리가 없는 주식을 말하며, 우선주 자본금은 이익 배당 및 잔여재산 분배 등 일정한 권리에 대하여 우선적인 지위를 갖는 주식을 말한다.

[자본금 = 총 발행 주식수 × 액면가액]
보통주 자본금 = 보통주 발행주식 총 수 × 액면가액
우선주 자본금 = 우선주 발행주식 총 수 × 액면가액

'자본잉여금'은 증자, 감자 등의 자본 거래로 인하여 발생되는 잉여금으로서 영업활동의 결과로 발생하는 이익잉여금과는 구별되는 것이며, 주식발행초과금, 감자차익, 기타 자본잉여금(자기주식 처분이익 등)이 이에 속한다.

'자산(asset)'은 남에게 빌린 재산이던 기업 고유의 재산이던 상관없이 법인이 소유하고 있는 토지·건물·기계 등 유·무형 재산을 총칭하는 것으로 회계상 대차대조표의 차변에 기재된다. 자산은 크게 유동자산과 고정자산으로 구분되는데, 보통 1년을 기준으로 분류되며 미래의 경제적 효익이다.

- **유동자산** : 1년 안에 현금으로 바꿀 수 있는 자산을 의미한다.
  - **당좌자산** : 기업이 원할 경우, 즉각적으로 현금화할 수 있는 자산을 의미하며, 그 종류로는 현금 및 현금등가물, 단기금융상품, 유가증권, 매출채권(단기외상매출금, 받을 어음), 단기대여금, 미수금, 미수수익, 선급금, 선급비용, 기타의 당좌자산이 있다.
  - **재고자산** : 기업이 현재 판매를 위하여 생산 중인 자산 또는 생산을 위하여 직·간접적으로 소비되는 자산 및 판매를 위하여 보유하고 있는 자산을 의미하며, 온전한 제품, 반제품, 재고품, 원재료, 저장품, 기타의 재고자산 등이 여기에 포함된다.

- **고정자산** : 1년 이내에 현금화가 불가능한 자산을 의미한다.

  - **투자자산** : 타 기업을 지배하거나 장기시세차익 및 배당을 위하여 보유하는 자산을 의미하며, 장기금융상품, 투자유가증권, 장기대여금, 장기성매출채권(장기외상매출금, 받을 어음), 투자부동산, 보증금, 이연법인세 차, 기타 투자자산 등이 있다.

  - **유형자산** : 비교적 장기간 기업의 정상적인 영업활동 과정에서 재화 및 용역 제공을 목적으로 보유하고 있는 자산을 말한다. 그 내용은 토지, 건물, 구축물, 기계장치, 선박, 차량, 운반구, 건설 중인 자산, 기타 유형자산 등이 이에 속한다.

  - **무형자산** : 형태가 없는 자산으로서 물리적인 실체는 없으나 이 자산을 소유함으로써 미래에 경영상 효익을 기대할 수 있는 자산을 의미하며, 영업권, 산업재산권, 광업권, 어업권, 차지권, 창업비, 개발비와 같은 무형자산 등이 있다.

- **부채** : 기업의 총자산 중에서 외부에서 빌린 돈을 의미하며, 기업이 변제해야 할 의무를 뜻한다. 회계 형식에서 대차대조표의 부채에 기재되는 항목으로 내용은 대차대조표의 작성 목적에 따라 다르다.

  부채는 유동부채와 고정부채로 구분되며, 정상적인 영업순환 과정에서 생기는 부채는 유동부채로 하고, 이 과정 밖에서 생기는 부채에 대해서는 1년 기준을 적용한다. 반면 1년을 초과하여 도래하는 것은 고정부채라 한다.

  - **유동부채** : 1년 안에 현금으로 전환이 가능한 부채를 의미한다. 여기에는 매입채무(단기의 외상 매입금, 지급어음), 단기차입금, 미지급금, 선수금, 예수금, 미지급비용, 미지급법인세, 미지급배당금, 유동성장기부채, 선수수익, 단기부채성충당금, 기타 유동부채가 있다.

  - **고정부채** : 1년 안에 현금으로 전환이 불가능한 부채를 의미하며, 사채, 장기차입금, 장기성매입채무(장기외상매입금, 지급어음), 장기부채성충당금, 이연법인세 차, 기타 고정부채가 있다.

표 14-5 · 자산, 부채, 자본(기장 예)

자산(Asses)	부채와 자본(liabilities and shareholders' equity)
현금(Cash) 단기투자(Short-term investment) 매출채권(Accounts receivable) 재고자산(Inventories) 선급금 및 기타 유동자산 (Prepaid expenses and other current asset) 총 유동자산(Total current assets)	단기차입금 및 상환만기 장기차입금 (Short-term borrowings and current maturities of long-term obligations) 매입채무(Accounts payaable) 국내대리점 미실현 수익 (Deferred income on shipments to domestic distributors) 법인세의무(Income taxes payable) 발생부채(Accrued liabilities) 총 유동부채(Total current liabilities)
유형자산 (Property plant and equipment at cost) 미 상각자산 (Less accumulated depreciation) 　Net property, plant, and equipment 무형자산(Intangible assets) 기타 고정자산(Other long-term assets) 총 고정자산(Total non-current assets)	장기차입금(Long-term obligations less current maturities) 미지급법인세(Deferred income taxes) 기타 고정부채(Otherlong-term liabilities) 총 고정부채(Total non-current liabilities) 총 부채(Total liabilities) 자본(Common stock) 추가 납입자본(Additional paid-in capital) 내부 유보금(Retained earnings) 자본조성(Cumulative translation adjustment)
총 자산(Total assets)	총 자본(Total shareholders' equity)

자료 : http://home.megapass.co.kr/%7Esay4ever/financial/fa102.htm

(2) 손익계산서(Income Statement : I/S)

손익계산서는 기업에서 일정기간 동안 영업활동 결과로 얼마만큼의 소득을 올렸는지 경영성과를 밝히는 것으로, 한 회계기간 내에 발생한 모든 회계 실체인 수익과 비용을 대비시켜 당해 기간의 순이익을 계산·확정하여 경영성과를 보고하기 위해 작성한 경영성과보고서를 성격의 손익계산서가 필요하다.

손익계산서는 기업회계기준 및 상장법인 등의 재무제표에 관한 규칙 등에서 기업의 경영성과를 명확히 표시하기 위하여 그 회계 기간에 속하는 모든 수익과 이에 대응하는 모든 비용을 기재하여 경상 손익을 표시한다. 재무제표 작성 규정에는 특별 손익에 속하는 항목을 가감한 다음, 법인세·방위세·주민세 등을 차감하여 당기순이익을 표시하여야 한다는 내용 등이 규정되고 있다.

◆ 손익계산서는 크게 '수익(revenue)', '비용(expenses)', '이익 혹은 손실(profit or loss)'의 세 가지 요소로 구성되어 있다.

• **'수익'** 은 일정기간 동안 기업의 주 영업활동으로 창출된 재화나 용역을 고객에게 인도하고 반대급부로 받은 가치의 총계를 말한다. 즉, 자산의 유입이나 증가 또는 부채의 감소를 화폐액으로 표시한 것으로 이는 기업이 제공하는 재화 및 서비스의 대가이다. 그 양은 재화 및 서비스를 거래처 또는 고객에게 인도하고, 받은 현금수취계정(accounts receivable)과 기타 화폐적 자산에 의하여 측정된다. 수익은 매출액과 같은 뜻으로 쓰이기도 하나 업종이나 기업에 따라서 영업 외 수익(수입 이자·유가 증권 처분 이익 등)이 상당히 있으므로 꼭 그렇지는 않다. 또한, 수익을 이익과 같은 뜻으로 쓰는 경우도 있으나 이익은 수익에서 비용을 공제한 잔액을 의미하는 순개념 또는 차액 개념을 뜻한다.

■ 수익의 종류에는 '매출액', '영업 외 수익', '특별 이익'으로 구분된다.

- **매출액** : 매출액은 총 매출액에서 매출 에누리와 환입을 차감하는 형식으로 기재한다. 일정기간의 거래수량이나 거래금액에 따라 매출액을 감액하는 것은 매출 에누리에 포함한다.
- **영업 외 수익** : 영업활동 이외에 발생하는 수익을 의미하며 이자수익, 배당금수익, 임대료, 유가증권처분이익, 유가증권평가이익, 외환차익, 외환환산이익, 유형자산처분이익, 사채상환이익, 법인세환급액 등이 포함된다.
- **특별 이익** : 영업활동과 관계없이 비정상적으로 발생하는 수익으로 자산증식이익, 채무면제이익, 보험차익 등이 포함된다.

❖ 호텔업의 수익 원천 ❖

■ **주요 영업 부문(Operated Department)**

- 객실(Room)
- 레스토랑(Restaurant)
- 식음료(F&B)
- 커피숍(Coffee Shop)
- 수영장(Swimming Pool)
- 연회장(Banquet hall)
- 컨벤션센터(Convention Center)
- 고객세탁(Guest Laundry)
- 사우나(Sauna)
- 헬스센터(Health Center) 등

■ **기타 영업 부문**

- 임대 및 기타 수익(Rentals and Other Income)

- '**비용**'은 수익을 얻기 위하여 기업이 소비한 재화 또는 용역의 유출이나 사용 또는 부채의 발생을 의미하므로 소멸된 원가를 뜻한다. 즉, 회계학·경제학 상으로는 제품을 생산하는데 필요한 여러 생산 요소에 지불되는 대가, 즉 토지세·건물·기계 등의 감가상각비, 임금·이자·보험료 등이 포함된 의미로 본다.

■ 비용에는 '매출원가', '판매비와 관리비', '영업 외 비용' 그리고 '특별손실'이 있다.

- **매출원가** : 매출액으로 계산되어 판매된 재화나 서비스에 직접 관련되어 기업 외부로 유출된 원가를 의미한다.
- **판매비와 관리비** : 판매에 관련된 여비, 교통비, 통신비, 광고선전비, 접대비 등과 직원의 임금, 퇴직급여 충당금전입액, 복리후생비 및 수도 및 광열비, 임차료, 감가상각비, 무형자산상각비, 세금과 공과금, 연구비, 경상개발비, 대손상각비 등이 있다.
- **영업 외 비용** : 이자비용, 기타의 대손상각비, 유가증권처분손실, 유가증권 평가손실, 재고자산 평가손실, 외환차손, 외환 환산손실, 기부금, 유형자산처분손실, 사채상환손실 등이 있다.
- **특별손실** : 화재나 풍수해, 지진 등의 천재지변이나 도난으로 입은 거액의 손실 등, 돌발적인 사건으로 인하여 재고자산이나 유형자산에 입은 재해손실 등의 영업 외 비용을 의미한다.

> 비용의 발생은 차변, 소멸은 대변에 기재.
> 수익의 발생은 대변, 소멸은 차변에 기재.

- '**이익 혹은 손실**(profit or loss)'은 일시적이거나 우연적인 거래로부터 발생하는 소유주 지분의 증가는 이익이라 하며, 일시적이거나 우연적인 거래로부터 발생하는 소유주 지분의 감소를 손실이라 한다.

　이익은 회계상 매출총이익, 영업이익, 경상이익, 법인세비용차감, 전순이익 및 당기순이익 등으로 다르게 나타나지만, 일반적으로 총수익에서 총비용을 공제한 차액이 높은 경우를 말하며, 손실은 수익과 이득금액이 비용과 손실 금액보다 적게 발생한 것을 말한다.

　재무제표는 주로 회계기간마다 산출되므로 해당 회계기간의 이익 혹은 손실을 당기순이익(net income) 또는 당기순손실(net loss)라고 한다.

$$이익 = 수익 - 비용(+이득, -손실)$$

표 14-6 · 손익계산서(예)

손익계산서(Income Statesments for Crushall, Inc)	$000,000 omitted	
	X년(전도)	X년(금도)
매출(Net Sales)	$773.5	$941.5
매출원가(Cost of goods sold)	$394.4	$464.6
매출이익(Gross Profit)	$379.1	$476.9
연구개발비(Research and development)	$106.9	$134.3
판매 및 일반 관리비(Seling, marketing, general and administrative expenses)	$170.3	$184.9
총 영업비용(Total operating expenses)	$277.2	$319.2
영업이익(Operating income)	$101.9	$157.7
이자비용(Interest expense)	−$7.1	−$4.2
이자수입(Interest income)	$5.2	$8.1
기타 수익/비용(Other income / expense)	−$2.9	−$2.2
총 영업외 비용(Total nonoperating / expense)	−$4.8	$1.7
세전이익(Incom before income taxes)	$97.1	$159.4
법인세 할당(Provision for income taxes)	$22.4	$40.2
당기순이익(Net income)	$74.7	$119.2

손익계산서는 기업의 목적 달성 정도를 측정하는 기준이며, 경영 정책수립과 방향 설정에 있어 가장 중요한 자료가 되므로 계정식과 보고식의 형식을 가지고 있다. 그러나 기업회계기준에는 보고식으로 손익계산서를 작성할 것을 원칙으로 하고 있다. 계정식은 총계정 원장의 차변과 대변을 그대로 옮겨 놓은 형식으로 총비용과 총수익의 대조에 편리한 방식이며, 보고식은 수익과 비용을 발생 원천별로 대응시켜 위에서 아래로 순차적으로 가감하여 최종적으로 당기순손익을 계산하는 형식으로서 일반 이해관계자도 이해하기가 쉽고 형식이 편리하여 보고식을 택하고 있다.

(3) 이익잉여금처분계산서(Statement of Appropriation of Retained Earnings)

이익잉여금은 기업의 영업활동을 통하여 발생한 이익으로, 배당금 등을 통하여 주주에게 지급되거나 자본금 계정으로 전환시키지 않고 기업 내부에 남아 있는 부분을 말한다.

'이익잉여금처분계산서'는 기업의 이월 이익잉여금의 수정사항과 당기 이익잉여금의 처분사항 등의 변동사항을 명확하게 보고하기 위해 작성하는 재무제표로

한 회계기간 동안 전기와 당기의 대차대조표 일 사이에 기업의 이익잉여금이 어떻게 변화하였는가의 변동사항을 보고하며, 당기순이익이 확정되면 전기이월 이익잉여금을 합하여 처분 내역을 명확히 보고하기 위해 작성하는 재무제표로 대차대조표·손익계산서·현금흐름표와 함께 4대 재무제표라고 부르며, 주주총회의 승인을 얻어 확정된 처분 방침에 따라서 이사회의 처분 결의에 의하여 작성하는 것이 원칙이다.

◆ 이익잉여금처분계산서 작성방법에는 '처분 전 이익잉여금', '임의적립금 등의 이입액', '이익잉여금처분액', '차기이월이익잉여금'이 있다.

- **처분 전 이익잉여금** : 당기순이익에 의해 잉여금이 발생하였으나 특정적인 목적에 사용하기 위해 처분되기 전의 잉여금으로 전기이월이익잉여금, 당기순이익, 전기오류수정이익, 전기오류수정손실, 중간 배당액이 있다.
- **임의적립금 등의 이입액** : 이미 적립되어 있는 임의적립금을 이입하여 당기의 이익잉여금 처분에 충당하는 경우에는 그 금액을 당기말 미처분이익잉여금 처분에 가산하는 형식으로 기재한다.
- **이익잉여금처분액** : 이익잉여금처분 순서에 따라 처분하며, 이익준비금, 기타 법정적립금, 주식할인발행차금상각액, 배당금, 임의적립금이 이에 속한다.
- **차기이월이익잉여금** : (전기이월 이익잉여금+임의적립금이입액) - 이익잉여금 처분액을 의미한다.

기초이익잉여금 + 당기순이익 - 배당금 = 기말이익잉여금

> ▶ **이익잉여금(Retained Earnings)** : 대차대조표의 자본구성 항목
>
> ▶ **당기순이익(Net Income)** : 손익계산서의 마지막 항목
>
> ▶ **이익 배당(Dividend)** : 주주에 대한 배분으로서 손익계산서와 대차대조표를 연결하는 교량 역할을 한다.

표 14-7 · 이익잉여금 처분계산서(예)

[기업회계기준 별지 제7호 서식]

이익잉여금처분계산서

제 기	○○년 ○월 ○일부터 ○○년 ○월 ○일까지	제 기	○○년 ○월 ○일부터 ○○년 ○월 ○일까지
처분확정일	○○년 ○월 ○일	처분확정일	○○년 ○월 ○일

회사명 (단위 : 원)

과 목	제×(당)기 금액	제×(전)기 금액
Ⅰ. 처 분 전 이 익 잉 여 금		
1. 전 기 이 월 이 익 잉 여 금		
(또는 전 기 이 월 결 손 금)		
2. 당 기 순 이 익		
(또는 당 기 순 손 실)		
Ⅱ. 임 의 적 립 금 등 의 이 입 액		
1. × × 적 립 금		
2. × × 적 립 금		
합 계		
Ⅲ. 이 익 잉 여 금 처 분 액		
1. 이 익 준 비 금		
2. 기 타 법 정 적 립 금		
3. 배 당 금		
가. 현 금 배 당		
주당배당금(율)		
보통주 : 당기××원(%)		
전기××원(%)		
우선주 : 당기××원(%)		
전기××원(%)		
나. 주 식 배 당		
주당배당금(율)		
보통주 : 당기××원(%)		
전기××원(%)		
우선주 : 당기××원(%)		
전기××원(%)		
4. 사 업 확 장 적 립 금		
5. 감 채 적 립 금		
6. 배 당 평 균 적 립 금		
7. -------		
Ⅳ. 차 기 이 월 이 익 잉 여 금		

(4) 현금흐름표(Cash Flow Statement)

　매출이 많아 손익계산 상으로는 이익이 많이 창출되었음에도, 실제로는 기업 내에는 현금이 없는 경우로 심지어 지불 불능의 상태에 빠지는 경우도 있고, 손익계산 상으로는 결손임에도 기업 내에는 현금이 풍부한 경우도 있다.

　현금흐름표는 이러한 경우를 밝혀주는 것이다. 즉, 손익계산서 상 이익과 현금이 정확히 일치되지 않는 원인을 밝혀 주는 것으로 한 회계기간 동안 회계의 실체가 영업활동, 재무활동 및 투자활동에서 조달한 현금(현금의 유입 : inflow)과 사용한 현금(현금의 유출 : outflow)의 요약 보고서이다.

　자금 유입이 많을 경우에는 아무런 문제가 일어나지 않지만, 현금 유출이 유입 항목보다 많을 때는 사업성을 의심받게 되고, 채권자와의 마찰이 일어날 수 있다. 이러한 것을 밝히는 현금흐름표 작성방법은 직접법과 간접법 두 가지가 있는데, 직접법은 현금이 나가고 들어올 때마다 기록하는 것이고, 간접법은 간접적으로 현금의 유출입을 추정해서 작성하는 방식이다.

　기업의 재무 상 건전성을 평가하기 위해서는 대차대조표, 손익계산서와 함께 현금흐름표도 분석할 필요가 있는데, 현금흐름표 또한 과거 연도와 비교하여 보면 보다 유용한 정보를 얻을 수 있다.

$$\text{현금의 유입} - \text{현금의 유출} = \text{현금의 증(감)}$$

현금흐름 도표

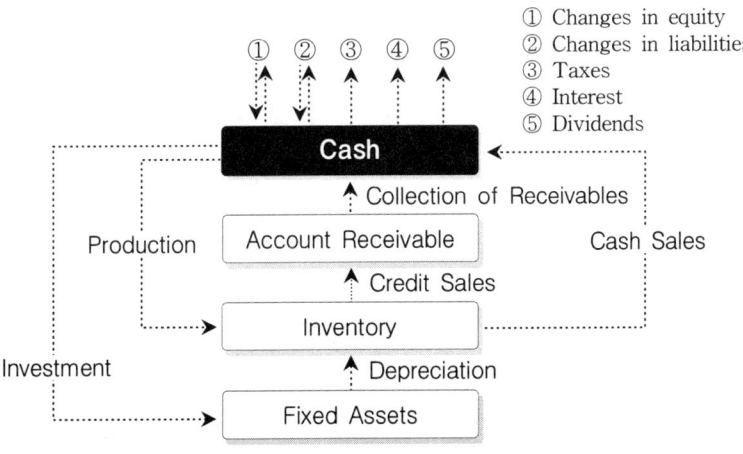

표 14-8 · 현금흐름표(예)

〈현금흐름표〉

대상계정: 기간 : 2×××/05/30~2×××/06/30		작성일 : 2×××-07-02
유입/유출	2×××/05/01 ~2×××/05/31	2×××/06/01 ~2×××/06/30
유입		
전기미월금	₩5,933,500	₩13,274,436
수입	₩0	₩0
기타수입	₩0	₩250,000
수입	₩5,632,936	₩0
식대	₩100,000	₩0
아르바이트	₩2,150,000	₩0
수입 합계:	₩7,882,936	₩250,000
기초유입	₩0	₩0
기초거래	₩0	₩12,000,000
기초유입 합계:	₩0	₩12,000,000
유입 합계:	₩13,816,436	₩25,524,436
유출		
지출	₩0	₩0
가사용품비	₩0	-₩263,500
광열, 수도비	-₩20,000	₩0
교통비	-₩10,000	-₩4,500
기타비용	₩0	-₩450,000
기호품	-₩482,000	-₩2,580
의 생활비	-₩30,000	₩0
지출	₩0	-₩1,420,370
지출 합계:	-₩542,000	-₩2,140,950
차기이월금	-₩13,274,436	-₩23,383,486
유출 합계:	-₩13,816,436	-₩25,254,436

표 14-9 · USALI(Uniform System of Accounts for the Lodging Industry)와 기업회계기준의 비교

구 분	재무제표의 종류	자산분류상의 차이점	부채 분류상의 차이점	자본 분류상의 차이점
USALI 숙박업회계 기준	• 대차대조표 • 손익계산서 • 부문별 손익계산서 • 소유자 지분 변동표 • 현금흐름표	유동자산(현금, 유동증권, 매출채권, 재고자산, 선급비용, 이연법인세차, 기타 유동자산) 장기채권 투자자산 유형자산(토지, 건물, 건설중인자산, 리스자산권과 리스자산개량권, 비품과 기구, 유리·도기·리넨·유니폼) 기타자산 : 영업권, 이연비용, 생명보험해약 반환금, 이연법인세차	유동부채 고정부채 기타고정부채 (이연보상금,이연위탁경영수수료, 리스보증금) 이연법인세대 (비유동분) 우발채무	자본금 자본잉여금 이익잉여금 자기주식
기업회계 기준	• 대차대조표 • 손익계산서 • 이익잉여금처분계산서(또는 결손금처리계산서) • 현금흐름표	유동자산(당좌자산, 재고자산) 고정자산(투자자산, 유형자산, 무형자산)	유동부채 고정부채	자본금 자본잉여금 이익잉여금 자본조정(주식발행차금, 배당건설이자, 자기주식, 미교부주식배당금, 투자유가증권평가익(손) 해외산업환대(차)

3 호텔의 회계제도

1. 호텔 회계의 중요성

호텔의 회계는 고객에게 상품/서비스를 제공함과 동시에 시작되어 당일 1일 마감 체제로 이루어지는데, 각 영업장에서의 회계업무는 고객에게 만족을 주기 위하여 신속하고 정확하게 이행하여 서비스의 질을 극대화하는 것과 매출 집계를 부문별로 세분화하여 정확하게 호텔경영에 필요한 정보를 제공해야 한다.

우리나라 호텔 회계는 내국인이 운영하는 호텔과 외국의 호텔과 경영협약을 맺은 체인(chain) 호텔로 구분할 수 있는데, 내국인이 운영하는 호텔의 경우는 우리나라 기업회계기준에 의거하고, 외국 호텔과 경영협약을 맺은 체인(chain) 호텔의 경우에는 1925년 '뉴욕호텔협회'가 중심이 되어 호텔 회계의 일정한 규칙을 만들어 작성한 표준화된 회계제도(uniform system accounts for hotels, 일일결산 체제)에 의거하여 시행하고 있다.

일반적으로 호텔의 회계처리는 객실과 레스토랑, 연회장, 부대시설에 대한 상품/서비스를 판매하고, 그에 대한 매출 기록과 수입 내용을 현금, 신용, 여행사 외상매출금, 일반 외상매출금, 투숙객 외상매출금 등으로 즉시 구별하고 기록하여 회계처리를 할 수 있게 관리한다.

2. 호텔 회계의 실제

(1) 프런트 캐셔(Front Cashier)

프런트 캐셔는 투숙객이 프런트에 등록과 동시에 업무가 발생하게 되는데, 주로 투숙객의 객실료 및 식음료 그리고 기타 부대시설 이용에 대한 모든 계산을 통합하여 관리하며 징수를 한다.

즉, 프런트에서 고객이 등록카드(registration card)에 기재하면서부터 발생하는 객실 및 호텔 내의 레스토랑, 커피숍 등의 모든 업장 이용료에 대한 Bill을 통합·관리하여 퇴실시 정산하여 수납하는 업무를 수행하며, 모든 계산은 고객 등록카드를 기본으로 하여 이용한 모든 사항이 Guest Folio에 기록이 되는데, 이를 정산하여 징수를 한다.

고객의 퇴실이 집중되는 시간(대개 오전 8~10시)에는 상당히 바쁘다. 따라서 호텔에서는 한꺼번에 많은 고객이 Check-out을 기다리는 문제를 해결하기 위해 호텔 머신(hotel machine)을 이용해서 미리 객실번호 별로 Bill을 작성해 두기도 하는 등의 조치를 취하여 신속하게 Check-out을 원활하게 처리하도록 해야 한다. 만약, 최후의 시간에 Check-out이 너무 지연되었다면, 일정이 바쁜 고객에게 그동안 제공한 모든 서비스는 버블(bubble)이 될 수 있기 때문에 미리 문제점을 예상 파악하여 불편함이 없도록 해야 할 것이다.

프런트 캐셔의 정산 항목들은 객실 및 식사, 음료, 세탁과 프레싱, 국제전화 등의 통신료와 미니바 이용료, 선수금(paid out), 사우나, 풀장 및 마사지 요금 등에 대한 호텔 매출의 대표적인 항목들을 취급하는데, 이중에서도 가장 중요한 매상 항목은 객실과 식음료 부문의 회계이다.

(2) 프런트 조직의 캐셔 임무

프런트 캐셔의 업무 성격은 경리부서(accounting department)에 속하지만, 고객과 직접 응대한다는 관점에서 업무의 효율성으로 보아 프런트데스크에 소속되는 것이 적합하다.

프런트 캐셔는 호텔 전체의 조직과 업무 흐름을 기준하여 결정되므로, 그 조직은 호텔 규모와 영업형태 등을 고려하여 회계절차와 통제가 잘 수행되도록 명령 계통이 복잡하지 않게 하여 모든 부서와 연관되어 유연하게 업무가 진행될 수 있게 해야 한다. 프런트 캐셔를 중심으로 한 회계 조직에서 보면, 프런트 캐셔에게 호텔의 각 영업 부문에서 발생하는 모든 계산이 집중되어 처리를 요하고 있다. 따라서 프런트 캐셔는 정확하고 철저하게 회계 관리를 해야 한다. 즉, 고객 영수증에 전기(posting)하고, 매상에 대한 모든 회계를 정산한다. 그리고 발생된 현금 또는 미수금 원장(city ledger)을 경리부 출납과에 제출한다.

[프런트 캐셔의 주 업무]

프런트 캐셔는 호텔 객실 등, 고객이 이용한 모든 회계 업무와 외화교환 업무 및 고객의 희망에 따라 귀중품을 보관하는 업무를 수행한다.

➡ 캐셔는 고객의 Bill을 작성·관리 업무를 담당하는데, 대개 호텔 머신을 사용하여 Bill을 작성하게 되므로 호텔 머신 조작법을 정확하게 숙지하여 착오가 없도록 한다.

- 영수증은 날짜, 성명, 객실번호, 객실요금, 인원수, 국적 및 지불조건 등을 명시하여 레지스트레이션 카드(registration card)에 첨부한다. 또한, 캐셔는 객실요금, 서비스료, 세금, 기타 각종 요금을 정확히 입력하여 고객이 퇴실할 때 정산한다. 또한, 고객이 이용한 국제전화·전보, 세탁, 식음료 등에 대한 전표를 각 부문에서 넘겨받게 되는데, 그 전표에 기재된 날짜, 이용객 성명, 객실번호, 해당 금액 등이 정확한가를 차질 없이 확인하여 고객에게 Bill을 제시하고 정산 처리한다.

- 고객 퇴실시 정산은 현금(cash)과 외상(city Ledger) 방법이 있는데, 현금 수납은 현금으로 받기 때문에 채권 관계가 자연히 소멸된다. 그러나 외상(city Ledger) 취급은 관리자(management)가 승인하는 경우에 대해 정확히 분별하여 처리해야 하며, 전표 위에 이용객의 주소 등을 상세하게 기입하여 이용객의 서명을 받아야 한다. Credit 소유자가 퇴실할 때 영수증 발급 전 Credit이 유효한가를 확인하고, Credit 승인자인가를 확인한 후 처리한다.

  ※특히, 호텔에서 정당한 체크아웃 절차를 이행하지 않거나 레스토랑 이용 등의 대금을 지불하지 않고 몰래 떠나는 스키퍼(skipper)에 대해 주의를 해야 한다.

- 외화교환 환전 업무는 비교적 단순한 것 같지만, 나라마다 그날의 환율이 다르기 때문에 세심한 주의를 기울여야 한다. 환전 업무는 현물 거래이기에 매우 중요하다.

  환전은 각 국가별 현금 및 여행자 수표를 환율에 근거하여 환산한 다음 교환해 주며, 환전소(Currency Exchange)는 잘 보이는 곳에 표지판이 붙어 있는 카운터를 두고 있다.

> [프런트 캐셔의 외환업무]
> - 매일 오전 거래은행에 문의하여 그 날의 환율(exchange rate)을 표지판에 게재하게 되는데, 우리나라에서는 일반적으로 달러($), 엔(￥), 위안화(元)를 포함하여 5개국 이상의 외화가 거래된다.
> - 업무 마감을 할 때, 고객이 교환한 외국통화를 국가별로 현금·여행자수표(traveller's check)를 구분하여 집계하고, 교환보고서(exchange report)에 정리·기입하여 외국통화 매입의뢰서와 외국통화를 출납과(general cashier)에 제출한다.

> **〈환전(Currency Exchange)〉**
>
> 환전상은 외국인과 의사소통이 가능하고 환전업무 관계법규를 교육 받은 사람으로서 외환거래은행에 환전상 신고를 한 사람이어야 하며, 외화 유출 방지 의무를 가지고 있다.
>
> 환율(exchange rate)은 외국환관리법 환전상관리규정에 의한 지정 외국환에 한하여 고객으로부터 매입할 때, 적용되는 환율로 당일 지정거래 외국환은행에서 정하는 대고객 전신한 매입율의 1/100 이내로 취급 수수료를 산출하여 통화의 형태에 따라 공제한 금액을 당일 환전상의 외국환 매입율로 하여 당일의 외국환 매입률을 통화별로 영업 장소에 게시하여야 한다.
>
> 미사용 원화를 재환전하고자 할 때에는 외국환은행 또는 통관 공항에 설치된 금융기관 환전상에게 외국환 매입 증명서에 의해 재환전할 수 있다.
>
> 여행자 수표(traveller's check)는 해외여행자의 현금 휴대에 따른 분실, 도난 등의 위험을 방지하기 위하여 고안된 수표로서, 은행에서 매입할 때 해당 금액만큼의 현금을 지불하고 발행 받은 수표를 말한다. 수표를 발행 받을 때, 본인 서명란과 사용할 때의 본인 서명란으로 되어 있어서 두 개의 서명을 대조하도록 되어 있다.

➡ 고객의 희망에 따라 귀중품은 안전한 금고(safe deposit box) 보관하였다가 돌려주는 업무이다. 신고하지 않은 고객의 귀중품을 호텔 내에서 분실하였을 때는 호텔 측으로서는 책임을 질 수 없으므로, 호텔의 숙박 약관에 명시하고, 호텔 내에 규정(regulation)을 게시하여 누구나 쉽게 알아 볼 수 있게 한다.

> **〈귀중품 보관〉**
>
> 고객 편의를 위하여 귀중품 보관소 설치한다. Safe Deposit Box는 투숙객에 한하여 사용할 수 있으며, 보관 시에는 고객등록카드에 직접 작성하도록 하고 Safe Deposit Box 대여자가 서명 한 다음, 열쇠를 건네준다. Safe Deposit Box를 사용하지 않는 경우는 금고에 보관을 하고 보관증을 발행해 준다.

> **[자금관리 지침]**
> ① 캐시박스 여닫이 서랍 앞에는 항상 캐셔(cashier)가 자리하고 있어야 하며, 자리를 비울 경우 반드시 잠그고 자리를 비운다.
> ② 캐시박스의 현금이 외부인에게 보이도록 열어 두어서는 안 된다.
> ③ 어떤 경우든 계산대에 현금을 올려 두고 전화를 받는다든지, 다른 일로 뒤돌아서거나 다른 곳으로 주의를 돌려서는 안 된다.
> ④ 캐시박스 안의 현금은 필요한 최저 수준으로 유지하고, 수납된 현금이 많을 경우, 필요량만 남기고 반드시 금고에 보관한다.
> ⑤ 고객으로부터 현금 지불 받을 때에 계산이 완전히 이루어진 다음 캐시박스에 넣어야 하며, 계산이 완전히 이루어지기 전에는 고객의 현금을 절대 캐시박스에 넣어서는 안 된다.
> ※ 객실 회계에 대한 영업 준비금이나 환전 준비금은 항상 적정 금액을 일정하게 준비해야 하며, 환전 준비금은 연휴 등의 상황에 따라 준비한다.

① 객실 회계

프런트 캐셔는 객실에서 발생되는 수입을 관리·정산하며, 퇴실 고객에게 신속하고 정중하게 정산 서비스를 한다. 또한, 다른 영업장 회계원에도 수시로 변동되는 투숙객 후불 계산서 처리 건에 대해 연락을 취하고, 잘못된 내용은 정정하거나 추가함으로써 정당한 요금을 정산하도록 한다.

객실요금은 투숙 당시 또는 예약 당시 정해져 있으므로 전기(posting)되었는지 확인한다. 만약, 도중에 고객의 요청에 의해 객실을 변경했을 경우에는 객실 변경전표(room change slip)에 따라 변경한다.

<숙박 등록카드(Registration Card) 정리>

고객의 성명, 여권번호, 주소, 전화번호, 국적, 등록번호는 컴퓨터에 정확히 입력되어야 한다. 이를 고객원장(guest folio)이라 한다.

객실번호는 곧 회계번호(account number)로서 투숙 중 고객이 이용한 모든 계산 관계는 회계번호에 따라 Registration Card에 입력되어 퇴실할 때까지 객실 회계원이 관리한다. 프런트에서 고객등록카드를 넘겨받으면 등록사항이 정확하게 기록되었는지를 확인한 후, 해당 객실의 보관철(guest holder)에 넣어두고, 각 영업장에서 발생된 투숙객의 후불 계산서도 함께 보관·관리하고 관리한다.

---

② 마감 정산

프런트 캐셔는 객실별로 고객원장에 식음료 캐셔가 정확하게 전기되었는지 확인하고, 그 외 계산서를 고객원장에 전기하여 고객 객실요금과 합산한 금액을 근거로 캐셔는 입금봉투를 작성하여 현금은 금고에 입금시키고, Credit 전표와 후불 계산서는 따로 확인한 후에 다음 근무자에게 인계한다.

[호텔회계 차변계정(Debit Account)]

- **객실 수입(Room Account)** : 객실 수입은 2주 이내의 단기 투숙객과 2주 이상의 장기 투숙객의 수입으로 분류한다.
- **봉사료(Service charge)** : 봉사료는 매출액의 10%가 부가되며, 봉사료가 부가되지 않는 매출은 전화료, 미니바, 사우나 이용료, 체련장 이용료 등이다.
- **부가가치세(Value Added Tax, VAT)** : 매출액과 봉사료를 합산한 금액에 10%를 부과하며, 외교관 면세카드 소지자나 주한 외국 군인에 대해서는 면세 처리한 다음, 면세기록부에 기재하여 부가가치세 신고시 증빙 자료로 세무서에 제출한다.
- **투숙객 식음료 수입(Restaurant Guest Ledger)** : 투숙객이 호텔 내의 식당이나 주장에서 발생된 요금을 퇴실할 때에 객실요금과 함께 정산한다.
- **현금 지급(Paid Out)** : 고객 택시비, 우편료 등과 고객이 임대업소를 이용할 경우, 현금을 빌려준 경우 등으로 현금지급전표를 작성하고 고객의 서명을 받는다.
- **이월(Transfer)** : (예) 720호에서 발생된 국제전화료 등을 721호 고객이 지불하고, 아침 식사비는 여행사에서 지불한다고 할 경우(계정과 금액을 이동시킬 때에 사용한다.)
- **정정(Correction)** : 당일 발생된 정정 건은 계정을 취소한 후 같은 방법으로 전표를 작성하여 야간회계 감사원에게 인계한다.
- **전화료** : 수화자 요금지불 전화(collect call)나 대화자 지정전화(person to person call)는 교환원을 통하여 신청하고, 계산서는 교환실에서 발행하여 객실 회계원이 전기하며, 사용한 전화는 자동으로 전화번호, 통화시간, 요금 등이 고객원장에 전기된다.
- **잡수입(Miscellaneous Revenue)** : 기물파손 변상비 등의 기타 금액을 전기할 경우, 전표에 간략하게 내용을 기재하여 해당 객실번호나 투숙객이 아닌 경우에는 미리 가상의 회계처리를 할 수 있도록 열어 둔 회계번호에서 처리한다.
- **전보 및 팩시밀리(Telex Facsimile)** : 전보는 교환실이나 비즈니스센터에서 접수·처리하고, 팩시밀리는 비즈니스센터에 의뢰하여 사용하면, 계산서를 발부하여 객실 회계원에게 전달하여 전기할 수 있다.
- **세탁(Laundry)** : 세탁은 물세탁, 드라이클리닝, 다림질 등이 있으며, 자체 세탁은 호텔 운영상 필요한 종업원의 유니폼 세탁과 리넨류 세탁으로 구분하며, 리넨 세탁은 객실 리넨과 식음료 리넨으로 다시 구분하여 처리한다.
- **기타 부대시설 이용료** : 사우나, 헬스클럽 등의 이용 수입으로서 기타 부문 수입이다.

[호텔회계 대변계정(Credit Account)]

- **조정(Adjust)** : 객실 수입, 식음료 수입, 그 밖의 수입 등 모든 수입 중, 그날의 마감이 완료된 후, 잘못된 금액을 정정하는 경우로, 이 경우에 회계원은 조정전표를 작성하여 해당 부서장의 확인과 총지배인의 결재를 받아야 하는데, 상황에 따라 당직 지배인의 승인을 얻은 후, 선 처리하는 경우도 있다.
- **연금** : 대금결제를 화폐, 수표(자기앞 수표, 가계수표, 당좌 수표, 여행자 수표)에 의하여 결제되는 계정이다. 외국인이 수표로 결제할 경우에는 신중하게 처리하여 해외 수표의 부도 발생에 손실이 없도록 해야 한다.
- **신용카드(Credit Card)** : 소비자 신용의 일종으로 상거래 상 현금과 수표를 대신하여 대금을 결제하는 수단으로 통용되는 제3의 통화이다.
- **외래객 우불(City Ledger)** : 일반 기업체, 개인, 국내외 여행사 및 항공사로 구분하여 해당 업체나 기관의 지불능력을 파악하여 계약을 체결한다.

(3) 식음료(F&B) 회계

호텔 내에서 발생한 고객의 식음료 매출 계산은 현금(cash), 외상(city ledger), 투숙객 계산(guest ledger)의 세 가지 방법이 있는데, 이들의 각 계산은 매출보고서(restaurant cashier record)에 집계하여 프런트 데스크 나이트 오디터(front desk night auditor)에게 제출되며, 현금은 수납과(general cashier)에 납입하고, 외상은 오디터(auditor)의 확인을 거쳐 외상 관리과(credit office)에 제출한다.

투숙객 계산은 레스토랑 또는 바 등에서 이용한 식음료 계산서를 층별 투숙객의 객실 앞으로 넘겨서 체크아웃 시 통합 정산하여 지불하도록 하는 것으로, 이 경우 고객의 사용 전표에 투숙한 객실번호를 기입하고 서명을 하는데, 이를 영업장 캐셔는 컴퓨터에 입력하고, 그 전표를 레스토랑 매출보고서에 기입한 다음, 프런트 캐셔에 송부한다.

[식음료 회계 절차]

주문 ⇨ 계산서 발부 ⇨ 회계기 및 판매 시점 단말기(POS : point of sales system)에 전기 ⇨ 정산 ⇨ 출력 확인 ⇨ 정정 ⇨ 마감

〈식음료 회계 처리 항목〉

- **주문서** : 계산서 자체가 주문서가 되며, 1조 2매 발행하여 회계원에게 전달한다.
- **정 산** : 객실 회계와 동일한 형태로 이루어지며, 투숙객의 지급이 후불인 경우에는 객실번호를 확인하여 계산서에 서명을 받고, 성명을 확인하여 해당 원장에 전기한다.
- **식음료 캐셔 보고서 작성** : 업무마감 시에 차변항목과 대변과목이 일치하는지 확인하고 보고서에 상세히 기록한다.
- **입금봉투** : 입금봉투는 현금 판매로 영업장 별로 수납된 현금을 봉투에 담아 대형 금고에 넣도록 된 봉투를 말한다.

※식음료 회계 단말기를 사용하면, 캐셔 업무를 자동화로 일일결산과 입금 형태를 자동 분류하며, 경영관리의 기초자료로 활용하고, 대 고객서비스 향상은 물론, 매출증대 효과도 가져온다.

(4) 나이트오디터(Night Audit)의 회계 업무

호텔은 24시간 영업을 하기 때문에 그날의 영업에 대한 회계를 그날로 종결짓지 않으면 안 된다. 따라서 호텔의 야간감사는 매우 중요하다. 야간감사 업무를 수행하는 사람을 나이트 오디터(night auditor)라고 한다.

나이트 오디터(night auditor)는 수입 감사실의 지시에 따라 각 영업장 부문별로 당일의 매상 수입을 마감하고 정산한다.

나이트 오디터(night auditor)는 자정에 영업을 마감하고 나면, 그 날의 영업에 대한 결산회계에 들어간다. 대개 야간감사는 객실부와 식음료부로 나누어 결산하여 최종적으로 집계한 후, 경영자에게 보고할 리포트를 작성한다.

[나이트 오디터(night auditor)의 주 업무]

나이트 오디터(night auditor)는 회계 상의 수취계정 총액과 개개 원장의 수취계정 총 잔액과의 일치하는가의 여부를 비교 검증하는 것이 주요 업무이다.

따라서 나이트 오디터는 각 부문 별로 당일 회계장부의 차변 및 대변이 정확하게 전기(posting)되었는지를 확인한다. 만약, 잘못된 것이 있으면 원인을 파악하여 오류를 정정(correction)하고, 차변·대변의 기록과 금액이 정확한가를 검증한다. 또한, 전날까지의 총 미수금 잔액과 당일의 총 미수금 잔액을 확인한다.

그리고 당일의 수입금일람표(summary)를 작성다. 이렇게 모든 계산이 정확하고 완전하게 되었는지를 검증하는 것이 야간감사에 대한 목적이다. 나이트 오디터의 부수적인 업무는 다음과 같다.

➡ 오후 근무자와 교대할 캐셔(cashier)의 마감 업무를 도와준다.
➡ 각 고객원장에 객실료, 세금 및 국제전화료 등의 요금을 전기한다.
➡ 고객 계산서 금액이 많은 때는 일일 명부를 작성하여 해당 부서에 보고한다.
➡ 야간 투숙객으로부터 객실요금 수령 및 기록과 투숙객의 객실을 지정하여 준다.
➡ 고객에게 호텔 이용관련 정보를 제공한다.
➡ 고객의 안전과 호텔의 안전 및 운영에 관하여 특별한 사건이 발생했을 때는 총지배인에게 상황을 정확히 보고한다.
➡ 야간 객실예약 접수업무를 수행한다.

Night auditor Check points

① Guest Folios 정리 및 예약 취소 Check.
② Room Availability Check.
③ No-Show Check.
④ Room Status Check.
⑤ High Balance Report Check.
  투숙객에게 허용된 신용판매액의 한도액을 초과한 모든 상황을 종합한 보고서로, 호텔의 미수금 관리를 위해 고객의 성명, 도착과 출발 일자, 정확한 청구금액, 예약 형태와 투숙 현황, 예상되는 해결방법 등이 표시된다.
⑥ Room Discrepancy Report Check.
⑦ Room Rate Variance Report Check.
⑧ 카페, 레스토랑의 매출 마감 확인. 카페 캐셔의 매출 계산서와 전산 시스템 입력 사항 Check.
⑨ 부대시설(사우나, 마사지 등) 이용 매출 체크 후, 매출 등록.
⑩ 각 업장에서 일일 마감한 매출의 총괄확인 Check.

① 식음료 회계 감사

레스토랑 및 연회장에서 발행된 Bill을 체킹 리스트(checking list)에 번호순으로 기입하고, 수익 감사원에게 제출한다. 여기서 잘못을 발견했을 경우에는 각종 보고서를 검토·정정하고, 일보(daily F/B report)를 재작성하여 제출한다.

② 레스토랑 회계 감사

레스토랑 캐셔는 당일 매출보고서에 전표 번호순으로 매출액을 기록하고, 매출보고서와 현금매출 전표를 나이트 오디터에게 제출하면, 나이트 오디터는 각 레스토랑 캐셔로부터 받은 매출보고서를 기본으로 레스토랑 매출에 대한 회계감사를 하는데, 투숙객 회계에 대해서는 투숙객의 식음료 매출 및 레스토랑 매출 집계 합계액이 프런트 캐셔가 전기(posting)한 합계액과 일치해야 한다.

❖ **식음료 감사 항목** ❖

- 인당 음식 매출(average food checks)
- 인당 음료 매출(average beverage checks)
- 식음료 업장 고객수(number of f/b guest)
- 음식 매출 총계(total of food sales)
- 객실 식음료 판매보고서(room service report)
- 음료 매출 총계(total of beverage sales)
- 외상 판매(city ledger)
- 현금 판매(cash sheet)

③ 객실 회계 감사

객실 회계 감사는 객실 통계 감사로 숙박 계산, 각 부문 매출, 하우스 카운트, 각 레스토랑 부문의 매출, 현금 및 외상에 대한 회계 감사를 한다.

④ 여신 회계 감사

- 외상 매출금 관리 및 회수 업무에 대한 감사
- 신용 관리에 대한 감사
- 불량채권 관리에 대한 감사

<재무회계 및 관리회계 감사>
- 식음료 원가관리에 대한 감사
- 구매 관리에 대한 감사
- 저장 관리에 대한 감사

3. 호텔의 영업회계

(1) 수납 회계 및 관리업무

① 연관 수납(front cashier)
- **숙박 고객 Guest Folio 관리** : Bill Interface. Bill Box에 넣기 전에 객실번호, 성명, 서명, 금액 등을 확인하고, 항상 Check-Out이 가능하게 준비해 두어야 하며, 지불 관계 Flag(trace report)도 확인해야 한다.

- **고객 퇴실시 수납관리**
  - **Guest Ledger** : 단기 외상매출금 관리(Cashier에 의해 관리)
  - **City Ledger** : 장기 외상매출금 관리(aging report로 관리). Credit은 Manager의 승낙에 의해 관리
  - **고객확인 및 지불수단 확인** : 현금(한화, 외국 화폐), 수표(자기앞 수표 등), Traveler's Check, Personal Check, 신용카드(유효기간, 취소카드 여부, 한도금액, 서명 일치여부)의 확인

- **환전 관리**
  - **환전 준비작업** : 투숙객의 국적과 인원수에 따라 예상 환전자금·환전인원 및 시간, 적용될 환율산출 등의 준비
  - **수수료 산출** : 주요 외환 매입율을 산출하여 게시

거래 은행의 현찰 매입율 − (한국은행의 전신환 매입율 × 특정 호텔이 정한 수수료) = 호텔 게시금액

[사례]
- 거래 은행의 현찰매입율 : $1062.60
- 전신환매입율 : $1142.29원
- 수수료 : 5%일 때,
  계산은 1062.60−(1142.29 × 0.05)=1005.485(반올림 ₩100.49)

■ 영업 수납 의무(Outlet Cashier Duty)
• Interface Cashiering, VIP Card Handling, 입금봉투 관리

※ 귀중품 보관 확인 : 고객의 귀중품 보관 및 확인, 서류 관리상의 완벽함이 요구된다.

< 환전업무 유의사항 >

① 고객으로부터 외국환을 매입할 때는 환전증명서를 작성해야 한다.
② 환전증명서는 한국은행이 위임한 외국환 취급은행에서 사용하는 외국환 매각신청서와 외국환매입증명서 용지를 사용한다.
③ 외국환 매각신청서(흑색)와 외국환매입증명서(청색)를 한조로 하여 50조 100매를 한 권으로 한다.
④ 외국환 매각신청서는 원본으로 비치하여 사용하고 외국환 매입증명서는 환전상이 서명 날인하여 고객에게 교부하는 증명서로 사용한다.
⑤ 동일번호 한 조로만 사용할 수 있으며, 이에 반할 때는 폐기해야 한다.
⑥ 환전증명서의 금액은 정정하지 못하며 오기, 파손된 용지는 폐기한다.
⑦ 폐기 용지는 별도 보관하였다가 환전증명서 교부신청 시 지정 거래 외국환은행에 반납하고 확인을 받는다.
⑧ 환전증명서는 금액에 관계없이 반드시 교부하여야 한다.
⑨ 환전원은 외국인과 의사소통이 가능하고 환전업무 관계법규를 숙지하며, 환전관리대장을 비치하여 기록 유지해야 한다.
⑩ 당일의 환전결과로 매입, 매각을 통화의 종류별로 합산하여 환전장부에 기장하고 환전상과 책임자의 날인을 한다.
⑪ 매입 외화의 대 외국환 은행 매각 의무를 지켜 매입외화를 불법유출하지 않아야 한다.
⑫ 환전상 인가증과 안내표지판을 고객이 잘 볼 수 있는 곳에 게시한다.
⑬ 미화 5,000달러 이상의 외화를 매입할 때는 한국은행 총재가 정하는 서식에 인적사항, 취득경위, 사용용도 등을 기재한 신청서를 제출 받아야 한다.
⑭ 위의 서식은 매월 10일까지 관할 세무서에 통보한다. 단, 매입금액이 건당 미화 100,000 달러가 초과될 시 국세청에 통보하여야 한다.
⑮ 재 환전은 외화유출을 방지하기 위한 것으로, 외국환은행을 제외하고는 취급이 불가능하므로 호텔 고객의 경우, 출국할 때 공항에서 재 환전하도록 안내한다.

② 영업회계 마감
- **입금 관리** : 입금확인 절차는 2명이 수행하고, General Cashier Report 작성.
- **영업 마감** : 영업 마감(A.M 02:00), Night Auditor's Report and Food & Beverage Auditor's Report를 작성, Report Production & Distribution.
- **수입감사 및 영업보고** : Internal Auditor/Revenue Auditor 업무, Daily Hotel Report의 작성 및 배부.

③ **Credit Management**
- **City Ledger 관리** : 외상 매출금 및 Skipper, Late Bill을 관리.
- **신용관리**
  - 여행사 신용관리 : Voucher로 Check-in 고객의 후불 관리
  - 개인 신용관리 : Personal Check 발행 고객 관리
  - 법인 신용관리 : Character, Capacity, Capital, Collateral, Condition 관리
- **숙박 고객의 여신 관리** : Long-term Guest와 Middle Payment, High Balance, 무전취식 및 투숙객의 강제 퇴실과 대금 회수조치 관리

(2) 호텔 원가계산

① 호텔 원가계산 제도

■ 재무회계와 원가회계의 차이점
- **재무회계**-기간 계산
- **원가회계**-상품, 용역의 일정 단위에 대한 원가계산

[호텔 회계의 부문구성]

호텔회계 = 수익 부문(객실, 식음료, 부대사업)+간접 부문(보조 부문 : 전기, 영선, 기계 사무 관리부)

〈 원가계산 절차 〉
- 각종 요소 원가를 부문별로 집계, 계산(수익 부문)
- 각원 원가 통계와 기간 계수를 정리
- 간접비(보조 부문 및 사무 관리 부문)를 수익 부문에 배부
- 총 원가(요소 원가+간접비)를 토대로 용역별 단위 원가 산출

② 요소별 원가계산
- **원가 요소** : 원가의 기초가 되는 요소로 직접 원가임.
- **재료 소비 단가 계산**
- **원가법 계산** - 구입 단가를 기초로 함.
- **시가법 계산** - 재료 출고 당일의 시장가격을 소비가격으로 간주함.
- **예정가격법 계산** - 실제 매입원가에 현재의 시장가격이나 시장의 변동 상황을 예상하여 결정함.
- **표준가격법 계산** - 표준단가를 정하여 소비 재료단가로 계산하는 방법.
  ※위 네 가지 중 원가법이 가장 일반적으로 사용되고 있다.
- **개별법 계산** - 출고된 식재료의 매입원가를 각각의 소비단가로 계산.
- **평균법 계산** - 평균단가를 기초로 함.
- **선입선출법(first-in first-out method) 계산** - 구입순서에 따라 구입일자가 빠른 것부터 먼저 출고하는 것에 대한 소비단가를 결정하며, 인플레이션 시 가공이익을 계산함.
- **후입선출법(last-in first-out method) 계산** - 재고자산 단가산정 방법으로 실제물량의 흐름과는 관계없이 가장 최근 매입한 상품이 먼저 판매된 것으로 가정하여 매출원가와 기말재고로 구분하는 방법이다. 후입선출법을 적용하는 주된 목적은 인플레이션(물가상승)시 가공이익을 배제함으로써 절세효과를 얻음과 동시에 자본유지를 도모하기 위함.

③ 간접비배부

직접비는 제품별로 식별되므로 직접 부과해서 계산하면 되지만, 간접비는 제품별 식별이 않으므로 생산 활동의 실태에서 얻을 수 있는 어떤 수치(배부기준)에 근거를 두어, 제품별로 배분하는 계산방법을 취하지 않으면 안 된다. 이를 간접비배부 계산이라고 한다.

호텔에서는 객실이나 식음료 생산 판매에 직접 사용되지 않는 공통적으로 발생하는 경비를 의미한다. 그 종류는 첫째, 보조부문 비용(전기비, 영선비, 기계비 등), 둘째, 사무관리 비용(사무비, 일반관리 사무원의 인건비, 복지후생비), 셋째, 공통부문 비용(임원인건비, 상여금, 교육비, 감가상각비, 보험료, 지급 임차료 등)이다.

간접비배부 방법은 총괄 배부율법과 개별 배부율법이 있는데, 총괄 배부율법은 고정적 총괄 배부율법(직접비×고정적부가율=간접비 배부액)과 변동적 총괄

배부율법(간접비 발생고의 기준을 정하여 배부)으로 구분된다. 개별 배부율법은 직접 배부율법(간접비를 각 보조 부문 사이에 주고받는 용역을 무시하고 간접 부문비를 수익 부문에 직접 배부하는 방법)과 상호 배부율법(간접 부문에서 상호간에 수수하는 용역을 측정하고 각 보조 부문비를 그 용역을 받은 정도에 따라 1차 배부하고 그 다음에 각 보조 부문으로부터 배부된 금액을 수익 부문에 직접 배부)으로 나누어진다.

④ 부문별 원가계산

일정한 기간 발생하는 원가 요소를 장소별로 분류하여 집계하는 방법으로 호텔에서 원가 수익 부문은 객실, 식음료, 부대사업의 부문을 의미한다.

부문별 원가계산은 첫째, 직접 원가계산 각 부문에서 직접 발생하는 재료비, 물품비, 인건비와 제경비, 둘째, 간접비인 보조 부문비, 사무 관리비, 공통 부문비를 부문 원가의 배부를, 셋째, 부문별 총 원가 산출로 이루어진다.

부문별 원가계산 목적은 부문원가와 부문비용을 정확히 파악하게 된다. 또한, 부문원가는 원가관리의 유용한 자료가 되며, 원가관리 상의 책임소재를 나타낼 수 있다.

⑤ 용역별 원가계산

용역별 원가계산은 단위 원가의 산출을 말한다. 즉, 부문별 원가계산에 의해 집계된 부문 총원가를 기준으로 산출되는 것이다.

$$\text{일일 사용가능 객실당 경비} = \frac{\text{객실 총원가}}{\text{총 객실수}}$$

$$\text{일일사용 객실당 경비} = \frac{\text{객실 총원가}}{\text{순 판매 객실수}}$$

$$\text{식음료 판매액 대비 원가율} = \frac{\text{부문 총원가}}{\text{총 판매액}} \times 100$$

$$\text{식음료 판매액 대비 재료비율} = \frac{\text{식음료재료 총소비원가}}{\text{식음료 총 판매액}} \times 100$$

$$\text{부대 영업 부문 수익대비 원가율} = \frac{\text{부문 총원가}}{\text{부문 총 수익}} \times 100$$

$$\text{임대(실,점포)㎡당 월평균 원가} = \frac{\text{임대 부문 총원가}}{\text{임대 총 면적}} \times \frac{1}{12}$$

Hotel Management

표 14-10 ▸ 일일보고서(예)

Page 1   Millennium Seoul Hilton
MANAGEMENT REPORT TOTAL HOTEL

	Day	MTD	YTD	LYSD	LYMTD	LYYTD
Rooms Occupide	582	9235	71757	668	10318	98679
Complimentary Rooms	10	149	1040	4	118	1357
House Use	2	143	239	2	14	17
Occ Rooms -House +Comps	580	9092	71518	666	10304	98662
Rooms Occupied -Comps/Ho	570	8943	70478	662	10186	97305
Available Rooms	97	2308	42555	13	1259	15729
Total Rooms in Hotel	679	11543	114312	681	11577	114408
Out-of-Order Rooms	8	1025	34814	0	0	296
Out-of-Service Rooms	42	468	2819	4	340	4870
Total Rooms -OOO	671	10518	79498	681	11577	114112
Dirty Rooms	582					
Clean Rooms	47					
% Rooms Occupied	85.71	80.01	62.77	98.09	89.12	86.25
% Occ -House +Comps	85.42	78.77	62.56	97.80	89.00	86.24
% Occ Rooms -Comps/House	83.95	77.48	61.65	97.21	87.98	85.05
% Occ Room -Comps/House -OOO	84.95	85.03	88.65	97.21	87.98	85.27
Room Revenue	117234002	1811677062	13650686471	123866232	1907821900	17858445409
Average Room Rate	201433	196175	190235	185428	184902	180975
ARR -House +Comps	202128	199261	190871	185985	185154	181006
ARR without Tax -Comps	205674	202580	193687	187109	187298	183531
% Double Occ	43.00	30.00	33.00	38.00	41.00	45.00
Average Person Rate	140737	150434	142716	134054	130825	124755
Hotel Revenue	256054276	4216104190	35698192589	282409256	4432955570	40845141317
Revenue per Guest	307388	350088	373221	305638	303981	285335
F&B Revenue	103105053	1789878779	17338756448	116416420	1915393029	17157910985
Direct Revenue	8798142	180555132	1264345896	37343673	234930707	1451921199
Group Revenue	58789950	1061674040	7341920003	73363660	1082329814	8951988574
Travel Agent Revenue	75094648	965903082	6757490338	78285019	1263515045	11394755279
Reservation Source Reven	49890177	933685780	7128195704	65533489	922364136	7987320893
Company Revenue	81073174	1704721215	13182325778	102853991	1497371299	13498206543
Adults (Total)	824	11978	94862	920	14521	142096
Children (Total)	9	65	787	4	62	1052
Direct Rooms	22	424	2165	13	303	2812
Number of VIP Guests	184	3205	26537	213	2976	31822
Single-Occupied Doubles	362	6720	50907	436	6470	60000
Arrival Rooms	322	4294	34601	284	4944	46687
Arrival Persons	486	5619	45884	424	6972	67963
Departure Rooms	268	4138	34563	261	4772	46596
Departure Persons	331	5321	46042	343	6791	68149
Early Departure Rooms	6	161	1076	9	129	1320
Departures Not Paid	0	0	0	0	0	0
Day-Use	5	36	190	1	30	344
Extended Stay Rooms	6	94	873	5	96	1095
Reservations Made Today	423	5078	36203	439	5434	54201
Cancellations for Today	57	921	9329	49	1102	10287
Late Cancellations	16	142	1502	7	172	1784
No-Show Rooms	2	46	244	0	38	239

호텔산업의 향후 전망

1 호텔산업의 동향

1. 인수·합병(M&A)

　호텔기업들은 기존 호텔을 향상시키거나 더 많은 호텔들을 흡수하는 정책이 90년대 후반부터 시작되었으며, 호텔의 인수·합병(mergers & acquisitions) 정책은 사세확장에 중심을 두고 있다. 이는 인수·합병을 기반으로 하여 마케팅 능력향상과 경영혁신으로 수익증대와 경쟁력을 확보하고 안정된 경영을 위함이다. 이미 호텔들은 M&A를 통하여 다른 호텔기업과의 체인화를 하거나 동일한 이름의 체인 호텔이 증가하고 있음을 볼 수 있다.

2. 기존 시설의 전환

　호텔의 시설을 확장 또는 개보수의 한 방법으로 기존 시설을 전환하는 것이다. 미래에 수요가 없는 몇몇 호텔들은 새로운 숙박시설을 건축하기보다는 기존 시설을 전환하는데 큰 관심을 보이고 있다. 특히, 소비자들의 가처분 소득 증가로 여행을 즐기는 빈도가 늘어나고 있으며, 장기휴가에서 심신 휴양을 위한 단기휴가로 전환되면서 단기체류자를 위한 All-Suite 호텔이 생기게 되었다. 이는 대개 전체 숙박시설의 5%를 차지하고 있다.

　예를 들면, 미국의 다국적 호텔 그룹 Radisson Hotel Group은 15%만 새로 건

축하고 85%는 기존시설을 전환함으로써 그 수요를 증가시킬 수 있었다.

또한, Choice Hotels International Inc.는 고급 호텔부터 이코노미 호텔까지 여러 브랜드를 소유하고 있으며, 작은 평수의 저 비용 호텔을 건설할 수 있다는 장점을 이용하여 80달러 이하의 최저가격 수준을 가진 Suite Hotel에 집중하였다. 여행은 언제든지 짧은 기간으로 갈 수 있고, 즐길 수 있기 때문에 여행경비 절감에 따른 All-Suite 시장의 수요가 매우 클 것으로 전망하고 있다. Choice Hotels International Inc.는 미국 메릴랜드주 록빌에 본사를 둔 환대 프랜차이즈 업체다. 세계에서 가장 큰 호텔 체인 중 하나인 이 회사는 고급에서 경제적인 측면까지 고려한 다양한 호텔 브랜드를 소유하고 있다.

3. 규모의 축소화

구조조정으로 경영층의 규모를 축소하여 보다 효율적인 운영과 질적 서비스 및 마케팅 활동에 집중할 수 있도록 광범위한 호텔조직을 재조직화하면서 축소화하는 것이다. 또한, 호텔의 부대시설도 영업장을 줄이는 대신 객실 수를 늘리고, 객실면적 또한 최소의 면적으로 만들어 지고 있는 것이 현실이다.

4. 증가하는 여성상용자 시장에 대한 대응

여성상용자가 증가하고 있다는데 관심을 가지고 대응하는 것이다. 여성상용자들은 상용호텔을 선정함에 있어서 몇 가지 기준을 가지고 있는데, 그들은 호텔을 선정할 때, 고려하는 사항이 무엇인지에 대하여 조사한 일부 상용호텔의 결과는 다음과 같다.

- 화려함
- 청결한 샤워가운
- 무료 리무진 서비스
- 24시간 객실 서비스
- Business Center
- 무료 구두닦이 서비스(24시간) 제공
- 샤워실/욕실
- Mini-Bar

5. 호텔 고객의 변화

호텔은 일부 부유층이나 외국인만 이용하는 곳으로 그동안 문턱이 높아 보였다. 하지만, 이제는 1,000만이 넘은 인 바운드(inbound) 여행객의 증가와 내국인 이용객의 일반화로 호텔기업에서는 고객에게 세밀한 관심을 갖고 영업을 하지 않는다면 호텔경영은 성공할 수 없을 것이다. 때문에 환경변화를 예측함에 있어서 가장 중요한 것은 고객의 마음을 움직일 수 있는 요인이 무엇인지 알아야 하는 것이다.

그동안 고객의 필요·욕구에만 중점을 두고 호텔경영이 이루어졌지만, 이제는 환경변화에 따른 일상적인 변화뿐만 아니라 계속적으로 변화하는 소비자행동에 많은 관심을 가지고 빠른 의사결정이 이루어져야 한다. 그리고 변화하는 고객의 태도를 파악하여 사소한 것도 중요하게 생각하는 것이 무엇이지를 살펴 많은 노력을 집중을 해야 하며 그에 대한 전략을 세워야 할 것이다.

6. 호텔 시스템의 변화

(1) 자동화 시스템

영업업무 시스템 자동화는 호텔의 대형화에 따른 객실 수의 증대, 체크인과 체크아웃의 절차상 불편, 각종 서비스 문제와 효율적인 에너지 관리문제를 해결하고, 노동력 절감, 생산성 향상 등, 호텔 영업을 효과적으로 대처하고, 자동화와 더불어 새로운 프로그램의 도입으로 과학적인 경영과 서비스의 극대화 등으로 호텔 영업을 혁신적으로 개혁한다는 것이다.

예를 들면, Marriott Hotel은 예약을 받을 때, 고객 스스로가 편의에 따른 호텔 선택을 할 수 있도록 자사 브랜드의 5가지를 고객이 원하는 호텔 타입과 지역에 배치하는 Interactive Mapping System을 운용하고 있다.

❖ 영업 자동화 효과 ❖

- 고객의 구매결정 및 행동 변화에 따른 새로운 서비스 제공
- 객실 재고 관리의 유연화
- 효율적인 Guest Folio 관리
- 정확한 수익률 관리
- 호텔의 자산관리 및 경영의사결정 도구로 활용

(2) 예약 시스템

호텔 예약은 전화나 제3자를 이용하는 중간 유통(여행사, 항공사, CRS, 호텔 전문 예약회사, 사이버 관광회사 등)과정에서 시스템을 통한 인터넷 또는 모바일을 통하여 직간접 예약 방식으로 변하고 있다.

이는 호텔과 고객 간의 연계 비용을 감소시켜 호텔 가격을 낮춤으로써 그 감소 비용을 고객에게 이익을 제공하는 영업전략 시행과 아울러 서비스를 대폭 강화하는 것이다.

7. 프랜차이징(Franchising)

호텔 프랜차이징 증가현상에 관심. 미국에 본부를 둔 다국적 호텔 프랜차이즈 사들 중 50% 이상이 세계 각국에서 영업을 하고 있으며, 아직 진출하지 않은 곳에도 진출계획을 하고 있는 것으로 나타나고 있다.

Global Hotel Chain

starwood Starwood Hotels & Resorts Worldwide	Best Western Bestwestern International	Marriott Marriott International
Hilton Hilton Hotels Corp.	HYATT Hyatt Hotels Corp. & Hyatt International Corp.	INTERCONTINENTAL HOTELS Intercontinental Hotels Corp.

8. 아웃소싱(Outsourcing) 경영의 확대

많은 기업들은 변화하는 경영환경과 치열한 글로벌 경쟁에 적절히 대응하기 위해서는 조직의 효율성과 핵심역량을 갖춘 조직을 필요로 하여 경영의 아웃소싱을 하고 있다.

호텔경영도 아웃소싱에 대하여 많은 관심을 가지고 양적 성장보다는 질적인 수익 경영을 위해 경영의 변신을 꾀하고 있다. 따라서 경쟁 환경에서 제한된 인력과 제한된 재정을 가진 호텔이 모든 부분에서 최고의 위치를 유지하기란 거의 불가능하기 때문에 호텔에서 수행하는 다양한 서비스 활동 중에서 전략적으로 중요하고 잘할 수 있는 기능이나 프로세스에 집중한 핵심역량 활동 또는 경영활동에 대해 해당 분야에서 가장 뛰어난 전문기업들과의 전략적인 통합으로 경쟁력을 강화한다는 것이다.

호텔기업의 아웃소싱 방법은 제3자 위탁 방식과 분사 개념인 자(子)회사 방식과 매각 방식 등, 다양한 형태로 나타나고 있지만, 호텔전문 아웃소싱의 형태는 호텔사업의 확대로 인한 컨벤션 및 스포츠 이벤트, 연회행사의 아웃소싱업체가 가지고 있는 개별적 핵심역량으로 전문분야를 분담하여 호텔 이벤트를 수행하는 주제별 아웃소싱(theme outsourcing)을 하는 것이다.

더 나아가 향후 신 호텔경영 기법으로 핵심역량이나 핵심 상품/서비스 등, 모든 기능의 아웃소싱으로 공급업체와 수평적 네트워크에 의한 시너지(synergy) 효과를 작용시키는 형태로, 복수의 주체가 각각의 자원을 서로 공유하고, 상호보완적으로 활용하는 개방적인 기업 간의 제휴로 새로운 아웃소싱 형태로 조직의 유연성 창출과 협력이 가능하도록 하는 것이다. Co-Sourcing이 그 예이다

9. 차별화된 소규모 호텔 전략

(1) 자연 친화적 호텔

자연환경의 숲 속이나 강가의 산책로와 같은 자연 친화적인 시설로 디자인되어 자연의 숲속과 강가에 온 것과 같은 분위기로 도시의 피로한 생활에서 떠나 이용할 수 있도록 한다. 또한, 이러한 호텔을 이용하여 업무, 출장, 건강, 운동(골프, 수영, 승마, 테니스, 산책 등)을 할 수 있도록 하며, 기분전환이 가능하도록 생활에 행복을 제공하는 것이다.

(2) 가족형 호텔

가족단위로 이용할 수 있도록 디자인하여 집에서 가정생활을 하는 것과 같은 분위기의 인테리어로 온 가족이 함께 기분전환을 하면서 즐거움을 느끼고, 개인적으로도 용무를 보면서 휴식을 취할 수 있도록 한다. 또한, 사업과 출장에 대한 목적의 일도 할 수 있는 호텔이다.

(3) 간단한 시설이용 호텔

Lodge 시설을 호텔 수준으로 하여 방, 욕실, 응접실, 주방이 구비되어 있어서 고객이 직접 음식을 해 먹을 수 있으며, 서비스는 거의 없이 청소 정도만 해주는 매우 간단한 숙박시설로 도심 외곽에 자리하고 있다.

(4) 주말 호텔

주말을 즐길 수 있도록 도심에서 좀 떨어진 곳에 위치하여 산책 코스 등, 자연의 분위기를 느낄 수 있도록 하고, 각종 운동(스키, 하이킹, 웨이크보드 등)이 가능한 시설이 구비되어 있으며, 숙박요금도 저렴하여 부담 없이 이용할 수 있는 호텔이다.

호텔산업의 향후 과제

여행객의 증가에 따라 관광산업이 점차 발전하고 있으며, 향후 더욱 발전할 것이 확실하다. 따라서 관광산업에서 가장 핵심 분야인 호텔은 세계적으로 급격한 환경변화와 함께 전략상으로 다변화를 요구할 것이며, 국가 발전의 원동력으로서의 역할과 변화하는 시장 상황에 따라 경영혁신과 새로운 경쟁 조건을 제시할 것이다.

세계 호텔의 환경 변화 및 여가문화와 레저를 즐기는 시대에 관광산업과 함께 각국의 호텔산업도 경쟁이 심화되고 있다. 이러한 상황에서 호텔업계에서 나타나고 있는 새로운 경영전략의 내용을 살펴보면 다음과 같다.

1. 레저 변화에 대한 제시

레저(leisure)는 생계활동 시간이나 생리적으로 필요한 시간 외에 자신의 만족을 위하여 여가를 활용하는 것이라고 할 수 있다. 즉, 자신이 좋아하는 스포츠, 등산, 국내외 관광지와 유적지 탐방 등의 각종 여가활동을 하는 것이다.

오늘날 레저 인구의 증가와 함께 환대산업도 많은 발전을 하고 있으며, 이러한 환경 변화에 따라 직장에서 생계활동으로 짓눌렸던 일터에서 잠시 벗어난 레저 활동은 더욱 활성화될 것이다. 따라서 레저 환경의 변화는 관광객의 증가를 가져와 호텔의 수요를 계속적으로 증대시킬 것이므로 호텔산업이 여행객의 다양한 욕구를 충족시켜 줄 새로운 개념의 레저 공간으로서 역할을 수행할 수 있도록 해야 할 것이다. 격변하는 사회 환경 속에서 기분전환과 재충전을 위해 여가 즐기려는 환대산업(hospitality industry)에도 4차 산업혁명시대를 맞이하여 많은 변화가 일어나고 있는 오늘날, 환대산업은 기술적인 융합·복합으로의 접목 여지가 많은 산업이므로 호텔산업도 이러한 변화에 따라 다각도로 궁리할 필요가 있다.

- 여행사에서 숙박, 음식, 쇼핑 등을 연결하던 것을, 플랫폼(platform)과 정보가 융합되어 VR(Virtual Reality)·AR(Augmented Reality)을 활용한 여행·관광 안내 및 숙박 리뷰 플랫폼 등의 신규 관광산업이 증가할 것이다.
- 플랫폼을 기반으로 한 변화의 대표적 사례는 세계 최대의 숙박공유 서비스인 '에어비앤비(AIRBNB)'를 비롯하여 교통서비스인 '우버(Uber)', 세계적 여행사이트인 '트립어드바이저(TripAdvisor)' 등이 있다. 이들은 자동성과 연결성을 기반으로 비즈니스 모델을 확장하고 있다. 예를 들어, 미국의 전문 IT 기업은 '에어비앤비'처럼 숙박공유업체를 위한 호스트봇(hostbot)을 개발했는데, 이는 집 주인이 애플리케이션을 다운 받아 고객들로부터 가장 많이 질문 받는 호텔 위치 등의 질문에 대한 답변을 미리 설정해 놓으면 '챗봇(chatbot/채팅로봇)'이 자동 답변을 하는 시스템이다.
- 미국을 여행하는 관광객들에게 'Open Table'이라는 애플리케이션이 큰 인기를 끌고 있다. 전 세계적으로 잘 알려진 'Michelin Guide'처럼 이용자들의 레스토랑 리뷰에 초점을 맞추고 있지만, 애플리케이션을 이용해 레스토랑 검색과 함께 즉석 예약도 가능하며, 또한 '우버'와 연계해 차량 예약까지 원스톱으로 이용할 수 있는 서비스이다. 이처럼 플랫폼을 기반으로 한 기업 간 업무 제휴가 확대되면서 관광상품 및 서비스의 흐름 구조가 혁신적으로 변하고 있다.
- 이제 여행형태는 개별여행 관광이 대세이다. 물론, 단체여행이 한 축을 담당하고 있지만, 국내외 여행객들을 보면, 소규모 가족단위나 친구, 또는 나홀로 여행하는 비중이 계속 늘어나고 있는 추세이다. 이들은 여행을 준비하거나 여행을 하면서도 스마트폰을 활용해 다양한 정보를 찾고 비교하며 과거보다 편리하게 여행지나 호텔, 음식점을 쉽게 찾아 선택할 수 있게 되었으며, 이런 흐름에 따라 여행 및 관광 서비스 역시 스마트 관광으로 향하고 있다. 또한, 다양한 서비스를 하나로 연결하고 개별 여행객에게 맞는 서비스들을 원스톱으로 제공하고 있다.
- 세계는 여행에 정치적 장벽도 없고, 개발도상국들도 경제가 향상되면서 이제 여행객은 꾸준히 증가하게 될 것이며 여행패턴 또한 크게 변화할 것이다.

2. 소비 형태에 따른 경영기법의 제시

새로운 경향이 대두되는 호텔산업에 있어서 빠른 정보의 변화에 대한 정확한 예측만이 숨 가쁜 경쟁 속에서 생존할 수 있는 방법이다.

정보통신망의 발달로 인한 상용여행객들의 감소와 호텔 이외의 대체 숙박시설들의 발달 등이 호텔 수요를 감소시킬 수 있다는 것이다. 이러한 환경변화에 민감하게 반응하는 호텔산업의 성패에 대한 열쇠는 다방면의 환경변화와 소비자의 행동변화를 신속하게 파악하여 적절하게 대응하는 것이 호텔산업을 지속적으로 유지하는 관건이 되리라 본다.

3. 창조적·혁신적 인재에 의한 경영관리 제시

21세기에 예상되는 호텔기업의 환경변화는 업종 간 확대될 성장의 격차 및 서비스의 복합화에 대처하며 얼마나 미래 지향적으로 발 빠른 인력구조 전환을 추진해 나가는가가 중요한 관건이 되리라 판단된다. 그러므로 이를 위해서는 구조 변혁과 동시에 고객만족을 목표로 한 경영 전 부문의 체질개선 방향에서의 복합적인 경영혁신이 요구된다 하겠다.

경영혁신은 인간에 의해서만 가능한 것이다. 따라서 환경변화를 정확히 예측하고 앞선 정보 입수와 함께 수준 높은 인재에 의한 경영전략으로 대응해 나가야 한다. 호텔은 가장 빠르게 소멸하는 상품/서비스를 대상으로 하는 산업이기 때문에 창조적이며, 혁신적인 인재의 경영관리가 그 어느 때보다도 요구된다고 할 수 있다.

4. 새로운 복합문화공간으로서의 활용방안 제시

세계 각국은 경제성장과 인간 수명의 연장, 가처분 소득의 증가 및 여가시간의 확대에 발맞추어 생활의 질, 삶의 질 개선을 선도하는 기업으로, 인류의 만남과 문화교류의 공간이자 안식처로서 미래 호텔은 활용되어질 것이다. 호텔은 이제 더 이상 향락·사치산업이 아니며 일부 계층의 전용물이 아니다.

오늘날 호텔에 대한 인식의 변화에 따른 고객층의 확대와 여가선용에 대한 사람들의 관심 고조 및 고객 욕구의 상승, 규제 위주의 세계경제에서 자유경제 체제로의 전환에 따른 다양한 사람들의 이동 등과 같은 여러 가지 환경 변화를 통하여 다 기능적인 호텔로 변모해 가고 있다. 따라서 미래의 호텔은 경영의 종합적이고 총체적인 시스템으로 단순히 쉬고, 자고, 먹는 숙식 개념을 뛰어 넘어 복합문화공간으로서 활용방안이 강구되어야 할 것이다.

5. 유비쿼터스 시대를 초월한 휴머니즘적 경영기법 제시

4차산업혁명 시대가 진행 중인 21세기는 눈에 보이지 않는 가상의 것까지 상품으로 만들어 제공하는 상상을 초월하는 세상이 되었다. 호텔기업도 IT를 활용한 편리성과 효율성 면에서 새로운 세상으로 변모해 가고 있다. 즉, 인터넷의 발달과 더불어 진화된 쌍방향 커뮤니케이션으로 효율적인 업무수행이 가능하게 되었음은 물론, 세계 주요 국가들과 대표적인 IT 기업들은 이미 컴퓨터와 인터넷 중심에서 유비쿼터스(ubiquitous) 시대를 맞이하여 어디에서나 자유롭게 네트워크에 접속하여 업무를 처리할 수 있는 시대가 되었다. 따라서 호텔 업무 처리도 IT기술을 접목하여 전사적으로 훌륭히 대처하고 있으며, 시간이 지나면서 단순히 시스템 상의 업무를 컴퓨터로 통제하던 것과는 달리 인간만이 할 수 있었던, 인간의 영역까지도 AI로 대체해가고 있는 실정이다.

호텔경영도 경쟁우위를 점하기 위해 새롭게 진화하는 IT기술에 한층 더 다가서야 할 것이다. 뿐만 아니라 인적서비스에 의존하는 호텔은 여러 가지 직종이 조화를 이루며 운영되고, 고객만족과 감동을 통한 서비스 경영의 완성을 추구하는 시스템으로 변화하고 있으므로 호텔의 시스템은 일반 제조업의 메커니즘과는 구별되는 휴머니즘의 집합체로서 새로운 경영기법을 제시하는 것이다.

3 산학협동 전략

호텔기업에서는 인적자원을 어떻게 활용하느냐에 따라서 경쟁력이 좌우될 수 있다. 호텔의 고부가가치 등이 국민경제 성장에 큰 효과를 가져 왔으며, 제조업 분야를 능가하는 전략적인 산업으로도 인식되고 있다.

호텔은 노동집약적이므로 직원들의 자질 향상이 호텔의 발전과 성공의 큰 관건이라 할 수 있다. 따라서 호텔에 대한 이론과 실기교육으로 전문인을 양성하는 호텔경영 관련대학에서의 교육생 배출로 인한 양적인 인력은 증가되었으나 이론 위주의 교육과정과 산학협동 체제의 연계 미흡, 현장에서의 적응력 결여

등으로 인하여 호텔기업으로부터 호평을 받지 못했던 것이 사실이다. 또한, 대학 이외의 전문교육기관 등에서 많은 인력이 배출되고 있으나 전공과는 무관한 곳에 취업하는 경우도 많다. 따라서 내실이 충실한 산학협동교육을 실시하여 수준 높은 인력수급이 원활하도록 호텔경영 전공자들을 호텔로 취업하게 하여 인력낭비를 없애기 위해서도 산학협동이 필요하다.

산학협동은 대학 및 관련교육기관과 호텔기업이 협동하여 적합한 인력개발을 위해 대학에서는 이론 교육을 실시하고, 호텔에서는 실무에 대한 실습교육을 연계하여 상호 보완적인 교육을 실시하는 방법을 의미한다.

본래는 대학과 산업체 간의 협동교육에 중점을 둔 상호관계를 의미하였으나, 이제 대학뿐 아니라 호텔관련 직업교육기관, 실업계고등학교까지 포함되고 있다.

산학협동은 프로그램에 따라 산학협동, 산학협동교육, 현장실습교육, 산학협동훈련으로 표현하며, 이를 샌드위치 시스템이라고도 한다.

이러한 산학협동을 종합해보면 "산학협동이란 산업체와 대학 또는 전문교육기관과의 연구활동 제휴를 통하여 기술력과 생산성 향상을 도모하기 위한 공동의 노력"이라고 할 수 있다.

표 15-1 · 산학협동의 유형

분류	교류분야	구분
교육을 위한 산학협동	인적	• 기업체 출장강의 및 기업체 직원 위탁교육 • 견학(work observation), 아르바이트 • 대학 전공과 관련된 산업 현장에서의 연수
	물적	• 실험실습 기구 및 시설의 이용 • 장학금 지급과 교육자료 및 정보교환
연구개발을 위한 산학협동	인적	• 특정 주제에 대한 기업체, 연구소와 공동연구 • 특정 주제를 대학교수에게 연구 위탁 • 대학교수로부터 연구 및 기술개발 자문
	물적	• 학술 활동비 및 연구비 보조 • 기업체 연구시설의 공동이용 • 연구결과 및 기술정보 교류

자료 : 산학협동교육의 활성화, 고등교육연구회, 직업교육학 원론, 교원과학

Hotel Management

> **Tip**
>
> 미국에서는 관광이라는 명칭보다는 호텔, 식음료 서비스, 환대(hospitality)라는 명칭으로 사용되며, 다양한 교육과정으로 체계적인 호텔전문인력 수급에 기여하고 있다.
>
> 코넬대학교(Cornell University)의 호텔스쿨은 9개의 전공학술 분야에 150개의 교과과정을 개설하고 있으며, 환대산업에 관한 학술지를 발간하고 있다. 또한, 1865년 호텔 분야를 학문적으로 도입하고, 1922년 전문적인 교육개발을 위해 가장 최초 대학과정으로 코넬호텔스쿨을 개설하여 운영하고 있다.
>
> 스위스의 IMI호텔관광경영대학교는 3년 과정을 이수하고 나면 학교 디플로마(diploma)와 영국 본머스대학교(Bournemouth University)의 호텔경영학 학사학위를 받으며, 매 과정마다 인증서를 받는다. 교과과정은 미국에 비하여 세분화되어 있지 않지만, 호텔실무에 역점을 두고 있다. 그리고 대학교에서 인정하는 호텔에서 매년 23주 과정은 필수과목으로 1학년은 케이터링(catering) 22주, 2학년은 프런트오피스(front office)와 하우스키핑(housekeeping) 23주, 3학년은 경영관리 분야에 대해 1년간 수업을 받고 있다.

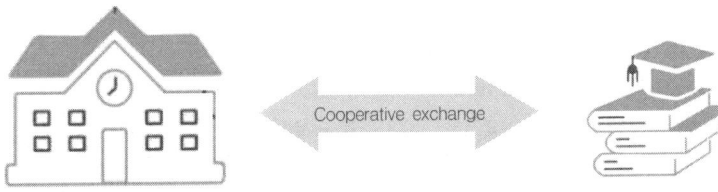

[호텔등급 별표시 제도(Hotel Rating System)]

1성급 ☆
고객이 수면과 청결유지에 문제가 없도록 깨끗한 객실과 욕실을 갖추고 있는 조식이 가능한 안전한 호텔.

2성급 ☆☆
고객이 수면과 청결유지에 문제가 없도록 깨끗한 객실과 욕실을 갖추며, 식사를 해결할 수 있는 최소한 F&B 부대시설을 갖추어 운영되는 안전한 호텔.

3성급 ☆☆☆
청결한 시설과 서비스를 제공하는 호텔로서 고객이 수면과 청결유지에 문제가 없도록 깨끗한 객실과 욕실을 갖추고 다양하게 식사를 해결할 수 있는 1개 이상(직영·임대포함)의 레스토랑을 운영하며, 로비, 라운지 및 고객이 안락한 휴식을 취할 수 있는 부대시설을 갖추어 고객이 편안하고 안전하게 이용할 수 있는 호텔.

4성급 ☆☆☆☆
고급수준의 시설과 서비스를 제공하는 호텔로서 고객에게 맞춤 서비스를 제공하며, 호텔로비는 품격 있고, 객실에는 품위 있는 가구와 우수한 품질의 침구와 편의용품이 완비되어야 한다. 비즈니스센터, 고급 메뉴와 서비스를 제공하는 2개 이상(직영·임대포함)의 레스토랑, 연회장, 국제회의장을 갖추고, 12시간 이상 룸서비스가 가능하며, 휘트니스센터 등 부대시설과 편의시설을 갖춘 호텔.

5성급 ☆☆☆☆☆
최상급 수준의 시설과 서비스를 제공하는 호텔로서 고객에게 맞춤 서비스를 제공하며, 호텔로비는 품격 있고, 객실에는 품위 있는 가구와 우수한 품질의 침구와 편의용품이 완비되어야 한다. 비즈니스센터, 고급 메뉴와 최상의 서비스를 제공하는 3개 이상(직영·임대포함)의 레스토랑, 대형 연회장, 국제회의장을 갖추고, 24시간 룸서비스가 가능하며, 휘트니스센터 등 부대시설과 편의시설을 갖춘 호텔.

별 문양
한국전통 기와지붕의 곡선을 모티브(motive)로 하여 별 형태를 만들었고, 전통적인 구름 문양을 별의 곡선 상에 부분적으로 가미하여 세련미를 주고 있다.

테이블 세팅(Table Setting)

"식사와 차를 보다 맛있게, 보다 여유 있고 풍미를 즐기고 싶다."는 손님에게 대접하는 마음을 전하기 위하여 빠뜨릴 수 없는 것은 식탁의 연출이다. 아름다운 Table Setting은 눈을 즐겁게 해줄 뿐 아니라, 대화를 풍성하게 하고, 화려한 분위기를 만들어 낸다. 그릇의 배치 등은 룰(rule)에 따르고 매너에 긴장하게 될 때 그것이 생겨난 이유를 생각해 보자.

테이블 세팅의 룰과 매너는 본래 나라와 민족의 식문화와 풍습이 다르다 해도 그와 함께 즐겁게 식사하기 위해 생겨난 약속이고 그 바탕은 바로 대접하는 마음이다.

프랑스식과 영국식의 Table Setting에는 약간의 차이가 있지만, 기본적인 방법에는 변화가 없다. 공식 만찬회 등의 격식을 차린 세팅(formal setting)에는 최상급 본차이나(bone china) 식기, 순은(silver)으로 만든 커트레이(cutlery), 고급 크리스털 글라스(crystal glass), 그리고 리넨에는 광택 모양이 도드라져 보이는 다마스크직(damask)의 흰색삼베, 또는 그것에 준하는 것이 등장한다.

이는 친한 친구를 초대한 Diner의 특별한 자리에 사용하는데, 가정의 Table Setting에는 자유롭게 즐길 수 있는 요소를 첨가해 보면 좋다.

기본이 되는 요소는 식기(bowl), 글라스(glass), 커트레이(cutlery), 테이블 리넨(linen), 생화(real flower)의 5가지 요소와 Table Accessory를 포함한 요소가 있다.

식기는 디너접시, 샐러드접시, 스프접시, 컵과 컵받침이 기본 아이템이고, 그것에 모두 함께 사용하는 타원접시(elliptic dish), 티 포트(tea pot), 크리머(creamer), 슈거포트가 있으면 가정에서는 충분하게 손님을 대접할 수가 있다.

커트레이와 글라스를 간략하게 하고 싶을 경우에는 나이프와 포크를 각 1조로 글라스를 음용수용과 와인용 1조로 해도 실례가 되지 않는다.

[테이블 세팅의 기본]

테이블 세팅의 기본 요소로는 '음식', '담은 모양', '그릇', '음악', '조명'을 꼽을 수 있다. 이 5가지가 잘 어우러져 균형을 이루고, 적당한 실내 온도와 그 집만의 향기를 지닌 공간을 사람과 테마에 맞게 연출하는 것이 포인트이다. 이는 어떤 이미지로 자신의 마음을 표현하는가의 문제로 항상 자신의 감성을 갈고 닦아야만 한다.

테이블 크로스(tablecloth), 음식(food), 접시(dish)의 Color를 고려해 Color Coordination을 테마에 맞춰서 메인 컬러(main color)를 정하고, 세 가지 컬러를 기본으로 한다.

> **동색 조화** : 테이블을 동색 계열로 코디네이션하면 아주 멋스럽다. 테이블클로스, 냅킨, 초, 꽃을 같은 색 계열로 하고, 그 중에서 냅킨을 약간 짙은 색으로 코디네이션하면 시선을 집중시키는 효과가 있다. 같은 색 계열이라고 하더라도 차이가 많아 한 가지로 통일하기보다 미묘한 농담(light and shade)의 차이가 있게 디자인하면 아주 세련된 멋이 있어 보인다.
>
> **무늬와 무늬의 조화** : 무늬가 다를 경우에는 같은 색 계열로 세련되게 하는 것도 좋다.
>
> **흰색의 역할** : 흰색은 색과 색 사이에 균형을 잡는 역할을 하므로 무늬가 있는 것에 흰색을 끼워 넣으면 잘 어울리게 된다. 특히, 계절에 따른 변화를 주어, 주로 봄과 여름에 집중해 사용하면 좋다. 흰색만으로 코디네이트를 할 때는 소재감이나 명도 차이로 변화를 주면 더욱 멋스럽다.

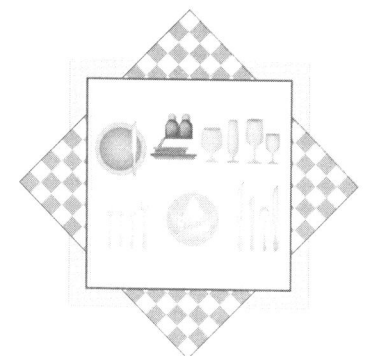

[테이블 세팅 요소 및 방법]

- Table 액세서리 중에서 계절감을 낼 수 있는 생화와 촛대, 장식화분 등의 Centerpiece는 테이블 중앙에 놓아 전체의 분위기를 이끌어 내는 것이 역할을 하도록 한다. Centerpiece는 대면하는 사람의 얼굴이 가려지지 않을 정도로 높이를 정하는 것이 필요하다.
- 생화의 향이 요리 맛을 방해하는 것은 좋지 않으며, 꽃잎이 떨어지지 않는 것을 선택한다. 그 밖의 Table을 장식하는 소품에는 Figurine(장식용 작은 조각상)과 Dinner bell, Name stand, Salt shaker, Pepper shaker, Egg stand, Knife rest, Napkin ring 등이 있다.
- 계절과 개성에 맞춰서 소재와 색감과 무늬를 함께 조화롭게 하면, 식탁의 대화가 보다 유연하게 된다. 또한, 특별히 즐거운 날에 케이크와 샌드위치를 먹으면서 하는 티파티도 컵과 컵받침, 티포트, 크리머, 슈거 포트 등으로 연출하여 세팅하면 멋스럽다. 또, 은(silver)그릇은 도자기에도 무리 없이 조화되기 때문에 포트류와 샌드위치 접시로 사용해 보는 것도 한층 화려한 분위기가 될 수 있다.
- Table Setting에 추구되는 최종적인 것은 "대접하는 마음" 즉, 친절함을 전한다고 할 수 있다. 따라서 법칙에 구애받지 않고 자신만의 개성 있는 Table Setting을 하는 것도 좋다.

[테이블 세팅 순서]

① Under Cloth를 테이블에 깐다.
② Table Cloth를 잘 덮는다.
③ Centerpiece를 Table의 중심에 놓는다.
④ Place Plate(charger)를 놓는다.
　(지름 30cm 정도의 접시로 호화스럽거나 좋은 황금그릇으로 자리를 잡는다.)
⑤ Cutlery를 놓는다.
⑥ Glass를 놓는다.
⑦ Napkin을 접어서 Fork의 왼쪽 또는 Dish의 중앙에 둔다.

자료 : http://www.jinsungpnc.co.kr/information01.htm

[테이블 매너]

Table Manner summary

① 테이블 매너는 요리를 맛있게 즐기기 위한 것이다.
② 매너는 자기 보호 및 안전을 위함이다.
③ 레스토랑 이용은 사전 예약을 하고 시간을 지켜야 한다.
④ 고급 레스토랑을 이용할 때는 정장을 한다.
⑤ 레스토랑에서는 직원의 안내를 받아 테이블로 간다.
⑥ 좌석을 정할 때, 누가 주빈인가를 생각해야 한다.
⑦ 웨이터가 맨 먼저 빼 주는 의자가 상석이다.
⑧ 여성이 착석할 때는 남성이 도와준다.
⑨ 옆 사람과는 주먹 두 개 정도의 간격을 두고 앉는다.
⑩ 여성의 핸드백은 등허리 아래와 의자 사이에 두는 것이 좋다.
⑪ 냅킨은 모두가 착석한 다음, 첫 요리가 나오기 직전에 무릎 위에 편다.

① 테이블 매너는 요리를 맛있게 즐기기 위한 것이다

테이블 매너는 요리를 맛있게 먹고 주위 분위기를 더욱 즐겁게 하는데 그 의미가 있다.

② 매너는 자기 보호 및 안전을 위함이다

식사 시에는 예상치 않은 일이 일어날 수 있다. 상처를 입거나 옷을 더럽히거나 손을 데이거나 테이블에 물이나 와인을 쏟는 등, 여러 가지 사태가 발생할 수 있다. 특히, 서양요리에서는 기본적으로 Knife와 Fork가 준비되어 있다. 만약, 동석한 사람 중에 Knife를 들고 손을 움직이면서 대화를 한다면 옆 사람은 불안하기도 하며 불편해 할 것이다. 따라서 테이블 매너는 습관화 하는 것이 중요하다. 실수는 부지불식간(不知不識間)에 일어날 수 있기 때문이다.

③ 레스토랑 이용은 사전 예약을 하고 시간을 지켜야 한다

손님과 함께 레스토랑에 갔을 때 레스토랑의 사정으로 인하여 모시고 간 손님을 기다리게 한다면 큰 실례가 된다. 예약할 때는 먼저 예약자 성명을 알려야 하고, 인원수와 일시를 정확하게 알려야 한다. 문명사회에서는 시간관념은 대단히 중요하므로 예약시간을 지키는 일은 테이블 매너에 있어서 가장 기본이 된다.

④ 고급 레스토랑을 이용할 때는 정장을 한다

정찬에서의 복장은 정해져 있는 것은 아니지만, 몇 사람이 동석하여 식사를 할 때, 다른 사람에게 정중하게 불쾌감을 주지 않는 최소한의 복장예절을 지켜야 한다. 특정한 나라의 국민복 같은 것은 무방하겠지만, 고급 레스토랑에 운동복 차림이나 등산복 또는 노타이 차림으로 입장하면 거절당하는 수도 있다. 이러한 장소는 나 하나 만을 위한 장소가 아니라 대중을 위한 장소이기 때문이다.

⑤ 레스토랑에서는 직원의 안내를 받아 지정하는 테이블로 간다

레스토랑에서는 반드시 입구에 직원이나 헤드 웨이터가 고객을 안내한다. 이때 "몇 분이십니까?" 또는 "예약을 하셨습니까?"라는 질문을 받게 되는데, 예약이 되어 있다면 예약 테이블로 안내되고 그렇지 않으면 적당한 빈 테이블로 안내된다.

만약, 빈 테이블이 없으면 기다려야 한다. 직원의 안내를 무시하고 마음대로 빈 테이블의 좌석에 앉으면 레스토랑 측에서는 아주 난처해한다. 왜냐하면, 그 테이블이 예약되어 있거나 그렇지 않으면 손님이 한곳에 집중이 되어 한 웨이터의 일이 과도해져 서비스에 지장이 생기기 때문이다. 결국은 손님이 피해를 보게 된다. 이런 점을 감안하여 직원의 안내에 따르는 것이 필요하며, 안내 받은 테이블이 마음에 들지 않으면 "저쪽은 어떨까요?"라고 말하면 직원이 알아서 처리해 준다. 그러나 정식 접대인 경우에는 미리 정해져 있으므로 가만히 있어도 초대 측에서 좌석을 안내해 준다.

⑥ 좌석을 정할 때는 누가 주빈인가를 생각해야 한다

테이블의 좌석은 어느 곳에 앉느냐에 따라 기분이 달라지기도 한다. 보통 상석에는 주빈이 앉는다. 일반적일 때는 연장자가 앉는다. 그리고 초면일 때는 사회적 지위가 높은 사람, 유명한 사람이 주빈이 될 수도 있다. 일반적인 모임에는 특정 주빈 또는 연장자를 상석에 앉게 하고, 친척, 친구, 가족은 말석에 앉으며, 남자와 여자는 좌석을 섞어서 앉는다.

상석은 테이블의 중앙이 일반적으로 상석이다. 중앙 상석에서부터 가까운 곳이 2차 상석이며, 높은 곳과 낮은 곳은 높은 곳이 상석이다. 공식 만찬의 경우는 주빈과 주최자가 맨 상석에 위치한다. 그리고 여성을 남성보다 우선하여 좌석을 배치를 한다. 그러나 남자가 스포츠에서 국가대표급이든가 사회적으로 유명인사와 같은 경우는 Lady First를 적용하지 않는다. 부부가 초대를 받았을 때는 보통 대각으로 마주 앉게 된다.

⑦ 웨이터가 맨 먼저 빼 주는 의자가 상석이다

웨이터가 없을 때는 남자가 주빈 또는 여자들의 의자를 빼줘야 한다. 사람들의 왕래가 많은 통로 쪽이나 출입문에서 가장 가까운 곳은 말석이다. 상석을 지정 받았을 때 지나칠 정도로 사양하는 것은 오히려 실례가 될 수도 있다.

⑧ 여성이 착석할 때는 남성이 도와준다

여성을 먼저 앉게끔 남성이 도와주는 이유는 여성을 될 수 있는 한 편하게 해 주려는 배려이다. 참석자 가운데 어른이나 윗사람 또는 여성이 있으면 그들의 좌측으로 들어서야 한다.

⑨ 옆 사람과는 주먹 두 개 정도의 간격을 두고 앉는다

식사가 시작될 때 의자의 거리를 고치는 행동은 좋지 않다. 테이블에서 한사람이 차지하는 거리는 대략 60~70cm가 기준이다. 따라서 식사 중, 몸을 움직이는 범위는 72cm 정도를 넘지 않는 것이 좋다.

⑩ 여성의 핸드백은 등허리와 의자 사이에 두는 것이 좋다

식당에 들어갈 때는 가방, 모자, 외투 등은 체크 룸에 맡기고 들어간다. 식사하는데 지장이 되는 것을 가지고 들어가지 않는 것이 좋다. 그러나 여성의 핸드백은 가지고 들어가서 등허리와 의자 사이에 놓아두는 것이 가장 좋은 방법이다.

⑪ 냅킨은 모두가 착석한 다음, 무릎 위에 편다

테이블에 모두 앉아 안정된 상태가 되면, 조용히 냅킨을 가져와 접혀진 부분을 살짝 열어 무릎 위에 펴서 놓는다. 식사 전 기도를 할 경우에는 기도가 끝난 후에 편다. 식탁에 앉자마자 성급하게 냅킨을 펴는 것은 좋지 않다.

※냅킨은 입을 가볍게 닦거나 핑거볼(Finger Bowl) 사용 후 물기를 닦을 때도 이용한다.

호텔 객실 관련 용어

오텔 유형 용어

- Downtown Hotel : 도심지 호텔
- Tourist Hotel : 관광호텔
- Airport Hotel : 공항 호텔
- Resort(summer resort/winter resort) Hotel : 휴양지 호텔
- Spa Hotel : 온천 호텔
- Youth Hostel : 청소년 간이 숙박소
- Motel : 자동차 여행자 호텔

객실 유형 용어

- Adjoining Room : 인접된(연결된) 객실
- Connecting Room : 인접된 객실로 2개의 객실이 하나로 연결될 수 있는 객실
- Cabana : 호텔 주 건물에서 떨어진 객실
- Double Room : 2인용 침대가 있는 객실
- Duplex : 2층 침대가 있는 객실
- Hospitality : 칵테일 파티 등 엔터테인먼트가 있는 객실
- Junior Suite : 침실과 거실이 떨어진 큰 객실
- Lanai : 경관을 볼 수 있는 객실
- Parlor : 침실로 사용하지 않는 객실
- Single : 1인용 객실
- Suite : 하나 이상의 침실이 있는 큰 객실
- Twin : 1인용 침대가 2개 있는 2인용 객실
- Vacant Room : 빈 객실
- Front Room : 정문쪽 방
- Room With Bath : 욕실이 딸린 객실
- Room With Running Water : 세면대가 딸린 객실
- Room On The Third Floor : 3층에 있는 객실
- Room Waiter : 내실 당번

프런트오피스 관련용어

- Front Desk : 호텔 접수대
- Reception Desk : 접수계
- Information Desk : 안내계
- Night Auditor : 야간 회계 감시자라고 하며, 야간에 영업이 종료되면 일일 영업 매출을 심사

하여 확정시키는 업무를 담당한다.
- Room Information : 객실 안내계
- Overnight Stay : 1박
- Hotel Register : 숙박부

🍸 객실 시설(Guest Room Accommodation) 용어

- Cabana : 수영장에 인접한 객실로서, 취침 시설이 있는 경우도 있고 없는 경우도 있다.
- Cot (Baby Bed) 어린 아기 침대를 말한다, 고객의 요청시 무료로 대여한다.
- Double : 두 명의 투숙객이 이용할 수 있는 객실.
- Efficiency : 주방 시설을 갖춘 객실
- EFL (Executive Floor): 호텔내의 특별층으로 귀빈층이라 불린다.
- Fire Alarm : 화재알람
- Handicap Room : 장애인용 객실(장애인 투숙객에게 필요한 시설을 갖춘 객실)
- Hospitality : 칵테일 파티 등의 접대에 사용되는 객실(행사용 객실 또는 응접실)
- Junior Suite : 침대와 응접실이 있는 객실(작은 '스위트'라고도 부른다. 침대가 응접실과 분리된 경우도 있다.)
- King Bed : 제일 큰 사이즈의 침대(크기 : 78×5×80 인치)
- Mini Bar : 객실내의 냉장고에 간단한 주류나 음료를 구비하고 이를 고객이 객실 내에서 이용하는 일종의 작은 바
- Lanai : 산, 바다, 강 등이 바라다 보이고, 발코니나 Patio를 갖춘 전망 좋은 객실
- Quad : 4명의 투숙객이 사용할 수 있는 객실로 2개 이상의 침대가 갖추어져 있다.
- Queen Bed : 킹 베드보다 작고 더블베드보다 큰 침대(크기 : 60×5×80 인치)
- Sample : 호텔의 광고, 홍보용으로 보여 주는 전시용 객실(취침 시설이 있는 경우도 있고 없는 경우도 있다.)
- Single Bed : 1인용 침대(크기 : 36×5×75 인치)
- Studio : 한두 개의 침대 겸용 소파가 갖춰 진 객실
- Twin Bed : 39×5×75 인치 크기의 침대

🍸 객실 예약(Guest Room Reservation) 용어

- Block : 숙박업소에 머물기로 된 그룹의 회원을 위해 예약이 합의된 수의 객실
- Book : 미리 객실을 예약하거나 파는 것
- Cancellation : 투숙객이 예약을 취소하는 것
- Cancellation Charge 고객이 호텔 예약의 일방적인 취소에 따른 예약취소 요금
- Cancellation Hour : 숙박업소의 정책에 따라, 모든 소유자가 없는 비보증 예약의 판매를 발표하는 특정한 시간
- Cancellation Number : 정당하게 예약을 취소한 투숙객에게 제공되는 번호로서 예약에 대한 취소가 접수되었다는 것을 나타낸다.
- Commercial Rate : 빈번한 투숙객을 위하여 회사와 숙박업소 간에 합의된 특별 객실요금

- Complimentary(Comp) : 객실 사용에 대해 투숙객에게 요금을 부과하지 않는 것을 가리킨다.
- Confirmed Reservation : 예약이 받아들여 진 숙박업소에 의한 구두 혹은 문서 확인(문서를 선호한다.)
- Day Rate : 1박을 하지 않는 특별 객실요금
- Departure Date : 다수의 회의 참가자가 숙박업소를 퇴실하는 날짜
- Early Check in : 고객이 예약한 날짜보다 일찍 호텔에 도착하는 고객
- Early Check Out : 고객이 예약한 일자보다 일찍 퇴숙 또는 호텔이 정한 시간보다 일찍 출발하는 경우
- Family Rate : 같은 객실을 가족이 사용하기 위한 특별 객실요금
- Flat Rate : 미리 숙박업소와 단체간에 합의된 특별 객실요금
- Government Rate : 어떤 숙박업소에서 정부 직원들에게 제공하는 특별 객실요금
- Guaranteed Reservation : 도착하는 날부터 퇴실하는 날까지 점유된 예약(지불이 보증되며 투숙객이 도착하지 않더라도 회사나 단체가 요금을 지불한다. 각 숙박업체가 정한 해약 절차를 밟지 않는 한 예약에 대한 요금 지불이 유효하다.)
- Housing Bureau : 지방의 컨벤션 사무소가(어떤 컨벤션 그룹에게는) 숙박 사무소 역할을 하고 도시나 지역의 여러 참가 숙박업체에게 객실을 할당한다.
- No-Show : 예약을 마친 후 예약한 기간에 나타나지 않는 경우
- Pre-Registration : 투숙객이 도착하기 전에 투숙객 등록 Information이 완료된 것(객실 배정이 포함되어 있다. 어떤 숙박업체는 프런트 데스크 가까이에 사전 등록용 책상이나 선반을 갖추고 있다.)
- Rack Rate : 숙박업체가 정한대로 각 시설에 대해서 부과하는 정규 요금으로 객실 계정 요금이라고도 한다.
- Walking The Guest : 예약이 확정된 투숙객에게 배정할 객실이 없을 때, 다른 시설을 구해주는 것.

객실 점유(Guest Room Occupancy) 용어

- Check-In : 투숙객의 도착과 등록에 대한 절차
- Check-Out : 투숙객의 퇴실과 계정(계산서)을 정산하는 절차
- Early Arrival : 예약한 날짜보다 일찍 숙박업체에 도착한 투숙객
- Late Arrival : 숙박업체가 정한 해약 시간 후에 도착하도록 계획하고 숙박업체에 그런 사항을 통지한 투숙객이 예약을 점유하고 있는 경우
- Late Check-Out : 투숙객이 숙박업체의 정규 퇴실 시간보다 늦게 퇴실하도록 허용된 경우
- Over-Booking : 가능한 객실의 수보다 더 많은 수의 예약을 받는 것
- Overstay : 정한 날짜 이후에도 숙박업소에 남아 있는 투숙객
- Room Night : 1박을 하는 1개의 객실
- Self Check-Out : 숙박업소의 로비의 전산화 시스템으로서 투숙객이 자신의 계정을 열람할 수 있고, 입실할 때 사용했던 것과 같은 크레디트 카드로 계산서를 정산하도록 한다.
- Understay : 정한 날짜 보다 빨리 퇴실하는 투숙객

호텔 식음료 관련 용어

- A La Carte : 메뉴에서 가격을 각각 부과하는 음식으로 된 식사
- Banquet : 특정 그룹을 위한 정식 저녁 식사
- Buffet : 각자 덜어 먹을 수 있도록 미리 식탁에 구색을 갖추어 차려 놓은 음식
- Cash Bar : 객실에 차려 놓은 음료 카운터로서 투숙객이 음료를 개인적으로 지불한다. (C.O.D. Bar 또는 A La Carte Bar라고도 한다)
- Chafing Dish : 연회장 행사시나 뷔페식당에서 뜨거운 음식이 식지 않도록 하기 위해 알코올이나 전기로 열을 가하면서 뜨거운 음식을 담아 제공하는 용기
- Continental Breakfast : 간단한 아침식사로서 음료와 롤빵에 버터, 잼 또는 마멀레이드를 곁들인다.
- Cork-Age : 다른 곳에서 구입한 주류를 숙박업소로 들여올 때 거기에 부과되는 요금
- Covers : 연회 시에 제공되는 실제 식사 숫자(○○ 인분)
- French Service : 모든 음식을 웨이터가 식탁에서 접시에 각각 내는 서비스 형태
- Function Room : 행사장
- Guarantee : 연회 전에 회의 기획자가 숙박업소에 알려 주는 참여자 수
- Head Count : 연회에 참석한 사람들의 실제 숫자
- Host Bar : 객실에 설치한 음료 카운터로서 스폰서가 음료에 대해 미리 지불한다. (Open Bar 라고도 한다.)
- Luncheon : 가벼운 점심 식사
- Paid Bar : 객실에 설치된 음료 카운터로서 모든 음료에 대해 미리 지불된 것 (간혹 음료를 위한 티켓을 사용한다.)
- Plated Buffet : 뷔페 테이블에 놓은 음식으로 웨이터가 선택하고 시중을 든다.
- Reception : 음식과 음료가 제공되며 서서하는 사교 행사
- Refreshment Break : 세션과 세션 사이의 기간으로 커피나 음료가 제공된다.
- Table D'Hote : 고정된 가격에 선택이 제한된 풀코스의 식사
- Theme Party : 음식, 여흥, 장식 모두가 한 가지 주제와 연관된 형태의 행사.

- American Plan : 객실요금에 매 3식의 식사 요금이 포함되어 있는 숙박 요금제도.
- Average Room Rate : 판매된 객실의 총실료를 판매된 객실수로 나누어서 구한 값으로 평균 객실판매 요금이라고도 한다.
- Aperitif : 식사 전에 식욕을 촉진시키기 위해 마시는 식전 음료를 지칭한다.
- Appetizer : 식사 전에 식욕을 촉진시키기 위하여 먹는 식전 요리를 말하며 '전채요리'라고도 한다.(전채요리前菜料理)
- Balance Sheet(B/S) : 기업의 활동을 수치적으로 표시한 재무제표 중에서 일정 시점에서 본 기업의 재산 상태의 구성 내용을 기록한 표를 말하는 것으로써 '대차대조표'라고도 한다.
- Bill 호텔의 객실 식음료, 기타 부대시설에서 쓰이고 있는 고객용 영수증
- Bin Card : 물품의 재고 및 출입 상황을 한눈에 알아 볼 수 있도록 창고 또는 물품이 저장되어 있는 장소에 비치하는 현장 재고 기록표를 말한다.

- Block List 거래중지자 명단으로서 불량카드의 정보자료. 통제되는 원인으로는 도난, 분실, 연체 등으로서 카드회사에서 작성하여 가맹점에 배부한다.
- Booking : 호텔의 객실, 식당 또는 연회 행사를 예약하는 것을 말하며, 예약(reservation)과 같은 의미로 사용되고 있다.
- Block : 호텔에 예약이 되어있는 국제 행사 참석자나 V.I.P를 위해 사전에 객실 일구획을 한꺼번에 예약하는 것을 말하며, 이를 '블록예약'이라고 한다.
- Break-even Point : 경영 분석의 한 방법으로서 매출 이익과 비용이 일치되는 매출액을 말하며, 이익도 손실도 발생하지 않는 상태로 '손익분기점'이라 한다.
- Baggage Tag : 화물을 맡겼을 때의 짐표
- Bus Boy : 식당에서 고객의 식사가 끝난 후 식탁 등을 치우는 등 Waiter를 보조하는 종사원을 말함.
- Back of the House : 호텔의 후방쪽, 즉 고객에게 노출되지 않는 장소 및 부서를 말한다.(사무실, 주방, 창고 위치 등)
- Beverage : 사이다, 콜라, 주스, 와인, 위스키 등 모든 음료의 총칭
- Cancellation Charge : 예약되었던 내용에 대하여 어떤 이유로 인하여 취소할 경우, 지불해야 하는 예약 취소 수수료를 말하며, 해약료라고 한다.
- Captain : 식당에서 손님의 주문을 받는 일을 수행하며, waiter, waitress와 함께 정해진 서비스구역을 책임지는 조장격의 종사원.
- Closed Date 객실이 만실이어서 판매가 불가능한 날짜.
- Cloak Room : 식당이나 연회장 등에서 고객이 코트 또는 휴대품을 맡기는 임시 보관소를 말하며, Check Room이라고도 한다.
- Claim Tag 수화물을 맡겼을 때의 짐표, 수화물 보관 표찰 등을 말한다.
- Complaint : 호텔에서 제공한 제반 서비스에 대하여, 만족스럽지 못한 점이나, 느낌을 지적하여 말하는 고객의 불평을 말한다.
- Continental Breakfast : 커피나 홍차 등의 음료와 주스, 그리고 간단한 빵 종류로 하는 간단한 아침 식사로 유럽식 아침 식사라고 한다.
- Corkage Charge : 호텔의 식당이나 연회장에서 그곳의 술을 사서 마시지 않고, 고객이 외부로부터 술을 가져와 마실 경우 그 서비스의 대가로 지불해야 하는 요금을 말한다.
- Coaster : 음료를 서비스할 때 음료 잔(glass)을 받치는 천이나 종이로 된 받침.
- Canape : 작은 빵 조각이나 토스트, 크래커 위에 정어리, 치즈, 엔쵸비 등을 얹어서 만든 식욕 촉진제의 일종으로 식전 음료에 제공되는 술안주를 말함.
- C.R.T : 전산 자료의 입력을 위한 장치로써 Cathode ray of Tube (브라운관)의 약자이다.
- Cart : 물건을 실어 나를 수 있는 바퀴 달린 모든 운반 기구의 총칭으로 Room Service Cart, Bell Man Cart, 구매용 Cart 등이 있다.
- Confirm : 호텔의 객실, 식당, 연회장 등의 이용에 관해 예약된 사항을 다시 한 번 확인하는 것을 말한다.
- Door Man : 호텔에 도착하는 고객의 자동차의 문을 열어 주고 닫아 주는 서비스를 하는 현관 종사원
- Duty Free Shop : 외국인 관광객을 위한 면세 물품을 판매하는 상점(면세점을 말함).

- Door Prize : 행사에 참가한 고객에게 추첨 등에 의해 제공되는 선물이나 경품을 말한다.
- Do Not Disturb Card : 호텔의 객실에서 고객이 종사원의 출입을 제한하기 위한 문의 손잡이에 걸어두는 표지판으로 '방해하지 말라'는 문구가 쓰여 있고, 흔히 D/D 카드라고 한다.
- European Plan : 객실요금에 식사 대금을 포함시키지 않는 숙박 요금 제도로, American Plan과 정반대의 개념.
- Espresso Coffee : 이탈리아식 특재 커피로서 커피 원두를 즉석에서 간 다음 증기 압축기를 사용하여 뽑아 낸 진한 커피
- Family Plan : 반드시 부모와 함께 같은 객실을 사용할 때에 14세미만의 어린이에게 적용하는 제도로서 Extra Bed를 넣어 주고 요금을 받지 않는 것을 말한다.
- Flush Valve : 변기를 씻기 위해 물통의 물을 내리는 손잡이
- Front style : 고객 앞에서 직접 요리하여 제공하는 서비스 방법의 일종
- F.I.T : 단체 여행의 반대되는 개념으로 원래는 개별적으로 움직이는 외국인 개인 여행을 뜻하는 것으로서 Foreign Independent Tour의 약자이다. 현재 호텔에서는 개별 여행자, 개인 여행자의 의미로도 쓰이고 있다.
- F/O Cashier : Front Office에 근무하는 수납원
- F/B Cashier : Food & Beverage 식당이나 바에 근무하는 수납원
- Flambee : French Service 기법 중의 하나로 음식에 술의 향과 맛이 베도록 하면서, 고객에게 볼거리를 제공하기 위해 '브랜디'나 '리큐르' 같은 특정한 술을 사용해서 불꽃을 만들어 보이면서 고객 앞에서 직접 조리하는 것을 말한다.
- General Manager : 호텔 영업을 총괄 관리, 감독하는 사람을 가리키며, 총지배인이라고 하고, 약자로 GM이라고 한다.
- Give away : 판매 촉진을 위한 경품이라든가 무료 증정품을 말한다.
- Guest History Card : 고객이력카드. 고객관리 카드로 고객의 방문기록 카드
- House Use Room : 업무상 부득이한 사정으로 호텔 종사원이 공무로 사용하는 객실.
- Hold Room Charge : 고객의 개인 사물을 객실에 놓아 둔 채 단기간 여행이나 지방에 다녀오는 경우 또는 실제 고객이 도착하지 않은 상태에서 객실을 고객의 성명으로 보류하여 둔 경우에 적용되는 추가 요금
- Hotel Day : 요금 계산 기준이며, 우리나라에서는 12 : 00부터 다음날 12 : 00까지이다.
- In Bound : 국내로 들어오는 외국 관광객
- In Order Room : 호텔객실의 정리 정돈이 완료되어 판매 할 수 있는 객실
- In Season Rate : 성수기 요금으로 수요가 급증하는 계절의 호텔 최고 객실요금
- Incentive Tour : 포상 여행
- Invoice : 거래 품목의 표시와 청구의 기능
- Key Rack : 각 객실의 열쇠를 보관하는 선반
- Late Arrival : 예약 시간보다 늦게 도착한 고객
- Lost & Found : 고객 분실물 습득 및 신고 센터.
- Mail Clerk : 우편물을 고객에게 전해 주고 퇴실한 손님의 우편물을 보관 또는 운송하는 업무를 담당하는 호텔 종사원
- Make Up : 고객이 객실에 등록된 동안 침대의 리넨을 교환하거나 정리·정돈을 하는 것.

- Morning Call : 호텔에 투숙한 고객이 다음날 아침, 시간을 정하여 전화로 깨워 줄 것을 부탁할 경우 그 시간에 전화 벨을 신호로 고객을 깨워 주는 전화 서비스를 말하며, 일명 Wake up call이라고도 한다.
- No Show (Guest) : 예약을 해 놓고 아무 연락 없이 나타나지 않는 것, 또는 그런 고객
- Out Bound : 국외로 나가는 국내 관광객
- Organized Tour : 여행사 또는 기타 단체가 기획, 주관하는 여행으로서 통상 단체 여행을 말한다.
- Outside Room : 거리의 정원, 호수 등 전면에 장애물이 없이 전망이 트인 객실
- Occupancy(rate) : 호텔의 객실 경영에 있어서 객실의 실제 가동 상태를 가리키는 지수로서 객실 점유율이라고 한다.[판매객실 수/판매가능실 수×100=객실점유율(%)]
- On Change : 객실 정돈 중이라는 표시
- Out of Order : 객실 고장, 보수 등으로 판매가 불가능한 객실(고장이라는 뜻)
- Optional Rate : 미결정 요금, 즉 객실 예약상 정확한 요금을 결정지을 수 없을 때 적용되는 요금제도
- Optional Tour : 임의 관광 즉 미리 계획하지 않고 필요에 따라 선택하는 관광
- Order Taker : 호텔의 식당이나 룸서비스에서 고객의 주문을 받는 종사원을 말한다.
- Pass Key : 각 층별로 주어지는 것으로 해당되는 층의 모든 객실은 어느 것이든 열 수 있도록 되어있는 비상용인 동시에 룸 메이드가 객실 청소 때 사용한다.
- Profit and Loss Statement(P/L) : 기업의 활동을 수치적으로 표시한 재무제표 중에서 일정기간 동안 기업이 영업 활동을 한 결과가 손해인가 이익인가를 나타내는 표를 말한다.
- Reception : 손님을 맞아들이는 곳 즉, Check-In 등록을 받는 곳이다.
- Restaurant Cashier : 식당 수납원
- Reservation Clerk : 예약 업무를 담당하는 종사원
- Repeat Guest : 다시 방문하는 고객
- Reservation Rack : 예약 카드를 보관하는 선반
- Registration Card : 숙박 등록 카드를 말하며, 대개 호텔명, 주소, 카드번호, 고객명, 객실번호, 주민등록번호, 요금, 도착 시간, 출발 예정시간, 취급자명 등이 기재된다.(보통 regi 카드라고 함.)
- Room Clerk : 객실의 예약, 판매 등 현관 실무를 담당하는 종사원
- Room Maid 객실의 청소와 정돈을 맡은 여자
- Room Rack : 고객의 카드를 각 층별, 객실 번호 순으로 정리하여 넣어 둔 선반
- Room Service : 객실에 투숙 중인 손님의 요청으로 식사, 음료 등을 객실에 운반, 서빙하는 호텔 식음료부서의 영업 기능 또는 식당을 말한다.
- Rooming list : 단체 고객의 예약에 따른 여행사에서 호텔에 사전 제출하는 고객 명단
- Off Season Rate : 비수기에 적용되는 할인된 객실요금
- Single Rate : 할인 요금의 일종으로, 예약은 Single로 되어 있으나, 당일 해당 룸이 없는 관계로 Double Bed Room을 제공하고 객실요금은 single 요금을 받는 것.
- Skipper : 호텔 숙박 요금을 지불하지 않고 몰래 도망가는 고객, 또는 식음료 업장에서 해당 요금을 지불하지 않고 도망가는 고객을 말한다.

- Sleeper : 사무 착오로 인하여 Room Rack에 투숙 중으로 되어 있는 빈 객실을 말한다.
- Single Room : 1인용 침대 1개만 있는 객실
- Sleep Out : 객실은 사용하지만 거기서 취침하지 않는 객실 또는 고객을 말한다.
- Steward : 주방에서 접시, 식기 등을 저장, 운반, 세척하는 일을 하는 종사원
- Tax Free : 면세
- Tip(To Insure Promptness) : 빠른 서비스를 보장받기 위하여 서비스 맨에게 베푸는 고객의 호의(봉사료)
- Turn Away : 객실 부족 사정으로 인하여 고객을 더 이상 유치할 수 없어 예약된 고객을 빈 객실이 있는 다른 호텔로 안내하여 보내는 것을 말한다.
- Tariff : 호텔에서 공표한 정규 요금을 지칭한다.
- Turn Over(rate) : ① 일정 기간 동안 재고량이 몇 번 순환되는가를 나타내는 재고회전(율) ② 식사 시간에 식당 좌석이 몇 번 사용되었는가를 나타내는 좌석회전(율)
- Twin Bed Room 트윈 베드 룸 : 1인용 침대가 2개들어 있는 객실
- Up Grading : 고객이 예약한 등급의 객실이 부족하거나 기타 호텔 사정에 의해 예약 객실보다 등급이 높고 비싼 객실에 예약 가격으로 투숙시키는 것을 말한다.
- V. I. P : Very Important Person의 약자로 귀빈이나 특별히 정중하게 모셔야 할 사람이나 주요 인사를 말한다.
- Walk-In Guest : 당일 예약 없이 들어오는 고객을 말함.(객실, 식당)
- Waiting List : 이미 예약이 되어 있는 식당의 좌석이나 객실을 예약하기 위하여 이미 예약된 것 중 취소되는 것을 기다리고 있는 대기자 명부

<참고 문헌>

- 강병남 : 호텔 식음료 상품의 효율적인 판매촉진 방안에 관한 연구, 한국관광산업학회, 'Tourism Research' 제12호, 1998
- 고범준 : "우리나라 기업의 발전과 산학협동의 필요성", 산학협동논총, 1979,
- 고석면 : "관광사업론" 기문사, 2000
- 고승익 : "호텔경영론", 형설출판사, 2002
- 고재용 외 (문주현, 박태수, 김정욱) : 관광마케팅, 현학사, 2004
- 고재윤 : 호텔 식음료부문의 시장세분화 및 표적시장전략에 관한 연구, 한국관광개발학회, '관광개발논총' 8. 1998
- 구정대 : 호텔객실실무서비스, 대왕사, 2004
- 권봉헌 : 호텔경영론, 백산출판사, 2010
- 권봉헌·임재문 : 호텔객실관리론, 연경문화사, 2009
- 김경환·차길수 : 호텔경영학, 현학사, 2002
- 김근종 : "호텔사업론", 학문사, 1999
- 김민주 : 종업원 교육훈련의 구성요소와 전이성과 간의 관계에 대한 산업별 비교연구, 관광학연구, 2001
- 김상호 : "산학협동교육의 활성화 방안", 공업기술학교, 1984,
- 김성규 : "2년제 대학 관광교육과정 비교 연구", 청주대학교 석사논문, 2000,
- 김세용 : "대학의 산학협동교육 지원체제에 관한 연구", 연세대학교 석사학위 논문, 2000
- 김시중·박정화 : 호텔경영론, 백산출판사, 2010
- 김영욱·민병준 : 한국외식시장에서의 서구외식업체의 영업실태 및 영향에 관한 연구, 한국호텔관광학회, <호텔관광연구>, 1999
- 김의근 외 7(박대환, 허정봉, 성백정, 심광현, 이병국, 이수열, 이정실) : 호텔경영학 개론, 백산출판사, 1999
- 김재민·신현주 : 신호텔경영론, 대왕사, 1996
- 김창곤 : 관광학의 이해, 대왕사, 2002
- 박영기 : 호텔 산업발전을 위한 산학 협동에 관한 연구, 경원대학교, 2002
- 박영기·안성근 : 호텔객실관리, 기문사, 2013
- 박영기·하채헌 : 호텔식음료경영론, 한올출판사, 2012
- 박정화 : 호텔종사원 직무만족을 증진시키기 위한 방안에 관한연구, 집현논집, 세종대학교 대학원, 1998
- 박호표 : 호텔관광마케팅, 학현사, 1998
- 반병길 : 경영학원론, 박영사, 1999
- 서성한 : 관광마케팅론, 법경사, 1997
- 손재근·하채헌 : 연회실무론, 세림출판사, 2007
- 송대근·강용관 : 호텔객실서비스 실무, 대왕사, 2011
- 신유근 : 인사관리, 경문사, 1987
- 신재영 : Review of Menu Profitability for the Family Restaurant. 한국호텔관광학회, <호텔관광연구>, 1999
- 신재영·송성인 : "최신호텔경영론" 백산출판사, 1997

- 신현주 : 관광학원론, 세종연구원, 1996
- 신형섭・전홍진 : 호텔객실서비스 실무, 학문사, 2000
- 송성인・김영식 : 새로운 호텔경영학, 새롬미, 2007
- 안광호・김영식・송필수・전용수 : 호텔객실서비스 실무, 기문사, 2012
- 안영면・박봉규・윤정현 : 인적자원관리, 대명, 2002
- 엄서호 : 레저산업론, 학현사, 1998
- 오문환・하헌국 : 호텔경영론, 한올출판사, 1998
- 오정환 : 국제호텔경영전략, 현학사, 2002
- 오정환 : 호텔경영학원론, 기문사, 1995
- 오흥진・강찬호 : 실전 호텔객실서비스론, 기문사, 2012
- 우찬복 : 호텔종사원 직무만족과 직무요인에 관한 실증적 분석, 관광학연구, 1995
- 원융희・임병설・이보연 : 호텔실무론, 백산출판사, 2002
- 유정남 : 호텔경영론, 기문사, 1998
- 이무근 : 산학협동교육의 구현, 산학협동노총 제2집, 재단법인 산학협동재단, 1991
- 이순구・서원석 : 호텔인사관리론, 대왕사, 2008
- 이정학 : 호텔경영의 이해, 기문사, 2007
- 이정학 : 호텔 식음료 실습, 기문사, 2008
- 이애주 : 식음료 관리론, 일신사, 1995
- 이학종 : 기업문화론, 법문사, 1999
- 이호성 : 식당서비스의 실체, 관광사업연구소, 1967
- 이화인 : 호스피탈리티 산업의 이해, 백산출판사, 2001
- 임경인 : 호텔경영원론, 대왕사, 1998
- 정종훈 : 호텔용어2000, 대왕사, 2000
- 정종훈・한진수 : 호텔 프런트&객실관리론, 현학사, 2003
- 조익순 : 신회계이론, 박영사, 1985
- 주상우 : 관광호텔재무회계원리, 현학사, 2003
- 차길수・윤세목 : 호텔경영학원론, 현학사, 2006
- 최복수・김원태 : 호텔객실 및 하우스키핑 실무, 대왕사, 2011
- 최순덕・부석현 : 호텔식음료 실무론, 현학사, 2003
- 최정길 : 호텔경영학, 백산출판사, 2011
- 하동현 : 신호텔경영론, 한올출판사, 2008
- 한진수 : 호텔환경변화에 따른 21세기 호텔경영전략연구, 한국호텔관광학회, <호텔관광연구>, 2000
- 허 위 : 산학협동에 관한 제도적 연구, 동국대학교 경영논총, 1976,
- 현창혁 : 현대경제연구원, 전략적 아웃소싱을 통한 기업경쟁력 강화 Prime Business Report, 45호, 1998.
- 홍성열 : 현대호텔경영론, 백산출판사, 1993
- 21세기 호텔관광연구회 : 호텔경영론, 현학사, 2002
- Naver 지식백과

- Feigenbaum, A. V., *Total Quality Control*, 3rd. ed., 1983
- Worriment, P. R., *Intrinsic and Extrinsic Factor in Job Satisfaction.*, Journal of Applied Psychology, 1966
- Jack D. Ninemeier, Ph.D., ChA, *Planning and Control for Food and Beverage Operations*, the Educational Institute, 1987
- Dr. Kim Seung-Chul, *Hotel and Tourism Case studies*, Sejong university college of Hospitality and Tourism Management Seoul, Korea, 2000
- Michael M. Coltman, *Cost Contral for the Hospitality Industry*, Van Mostrand Reinhold, New York, 1989
- Clement Ojugo, *Practical Food and Beverage Cost Control*, Delmar Publishers, 1999
- Denney G. Ruthherford, *Hotel management and operations*, New York:Van Nostrand Reinholds, 1995
- Suzanne Stewart Weissinger, *HOTEL/MOTEL operations-An Overvies*, Ohio: South-western Publishing Co., 1989.
- Eric F. Green, Garen G. Drake, and F. Jerome Sweeney, P*rofitable Food and Beverage Management:operations*, Hayden Book Company, Inc., 1978
- Paul J. McVety, Bradley J. Ware, and Claudette Levesque, *Fundamentals of Menu Planning*, 2nd ed, John Wiley & Sons, Inc., 2001
- Augustine, J.C., "Personnel Turnover", *Handbook of Modern Personnel Administration*, New York, Mcgraw-Hill, 1972
- Donald A. Lundberg. *Hotel and Restaurant Business*, Van Nostrand Reinhold Co., Inc. 1984
- Robert C. Lewis, Richard E. Chambers&Harsha E. Chacko, *Marketing leadership in hospitility*, Van Nostrad Reinhold, 1995
- Elgonemy, A.R., *The cornell HRA Quarterly*, The pricing of Lodging Stocks: A Reality Check, 1994
- Rushmore, S., &Goldhoff, G., *The cornell HRA Quarterly*, Hotel Value Trend: Yesterday, Today, and Tomorrow. 1997
- Yoder, D. *Personnel Management & Industrial Relation*, 5th ed., Prentice-Hall, 1962
- Korshak, S. R., *The Cornell HRA Quartely*, A Labor-Management Partnership, 2000
- Lewis, R.C., Chambers, R.E., & Chacko, H.E., *Marketing Leadership in Hospitality : Foundations and Practices*, 2nd ed., Van Nostrand Reinhold. 1995
- Chesser, Jerald W. *The art and science of culinary preparation*, MI: the Educational Institute of the American Hotel & Motel Association.
- Ramaswamy, Roit, *Design and management of service processes:keeping customers for life*, MA:Addison Wesley, 1996
- Vallen, Gray K. & Jerome J. Vallen, *Check in check out: principles of effective front office management*, Iowa:Wm.C.Brown Publishers. 1996

- Angelo, Rocco M. & Andrew N. Vladimir, *An introduction to hospitality today*, MI: the Educational Institute of the American Hotel & Motel Association. 1994
- Stutts, Allan T., *Hotel and lodging management: an introduction*, New York: Jhon Wiley & Sons, Inc.
- Prosser, Daniel F, President/CEO, Telman Hotel, "Partnership and Outsourcing", online"Idea & Trends, 1997, June.
- Graham Busby & Paul Brunt, "*Tourism sandwich placements: an apprasal*", Tourism Management, 18(2)

- http://kyungnam.hananet.net/univ/sju/htl_mng/htl_adm/10jucha/10-html/10week1.htm
- http://100.empas.com/pentry.html?i=2032900
- http://www.centerworld.com
- http://www.goodigood.com
- http://www.shilla.net
- http://www.hotel-online.com
- http://www.hri.co.kr
- http://www.seri-samsung.org

저 자

김용식 : 연성대학교 호텔외식조리과 교수
박영기 : 밀레니엄 서울힐튼호텔 지배인 역임
      청운대학교 호텔경영학과 교수
하채헌 : 밀레니엄 서울힐튼호텔 지배인
      연성대학교 겸임교수

호텔경영론

수정판 : 2022년 2월 25일
저 자 : 김용식·박영기·하채헌
발행자 : 양 준 석
발행처 : **에이드북**
주 소 : 서울 동작구 사당로9가길 6
전 화 : 02)596-0981
팩 스 : 02)595-1394
신 고 : 제2016-000001호
e-mail : aidbook@naver.com

정 가 : **25,000**원

ISBN : 978-89-93692-28-0   13320